Gerhardt · Selbstbestimmung

W0172929

Volker Gerhardt

Selbstbestimmung

Das Prinzip der Individualität

Philipp Reclam jun. Stuttgart

RECLAMS UNIVERSAL-BIBLIOTHEK Nr. 9761
Alle Rechte vorbehalten
© 1999 Philipp Reclam jun. GmbH & Co., Stuttgart
Satz: Satzpunkt Ewert, Kulmbach
Druck und Bindung: Reclam, Ditzingen
Printed in Germany 2007
RECLAM, UNIVERSAL-BIBLIOTHEK und
RECLAMS UNIVERSAL-BIBLIOTHEK sind eingetragene Marken
der Philipp Reclam jun. GmbH & Co., Stuttgart
ISBN 978-3-15-009761-8

www.reclam.de

Inhalt

3

Selbstherrschaft, Selbstbestimmung und Selbstzweck
Zur Geschichte des moralischen Problems

4

Selbstorganisation
Das Prinzip des Lebens

5
Selbstbewußtsein
Die Instanz des Handelns

6
Selbststeigerung
Der Impuls des Handelns

7
Selbstverantwortung
Anlaß und Grund des Handelns

8
Selbstbegriff
Der Mensch als Person

9
Selbstgesetzgebung
Das individuelle Gesetz

10
Selbstverwirklichung
Das Absolute im Dasein

Anhang

»Wir wissen zu sagen: ›Cicero spricht dieses oder jenes;
das ist Platons Art;
dies sind die eigenen Worte des Aristoteles.‹
Aber wir, was sagen wir für uns selbst?
Wie urteilen wir? Was tun wir selbst?«

(Montaigne, »Du pedantisme«; *Essais* I,25)

»Nur aus dem Bewußtsein der *Einzigkeit meines Lebens*
entspringt
Religion – Wissenschaft – und Kunst.«

(Ludwig Wittgenstein, *Tagebücher 1914–1916*, 1.8.16)

»An sich selbst hat jeder das Maß.«

(Pindar, *Pythische Oden* II,34)

Vorwort

Das Von-vorn-Anfangen ist unser Schicksal. Mit jeder eigenen Tat nehmen wir uns etwas heraus, das tatsächlich schon lange angefangen hat. Für jedes Individuum ist alles irgendwann das erste Mal: die ersten Zähne, die erste Reise, der erste Kuß. Irgendwann fängt man auch selbst zu denken an. Doch was man denkt, ist in der Regel schon milliardenfach von anderen gedacht. Und trotzdem kann man es nicht lassen. Denn der größte Reiz liegt im eigenen Anfang. Das ist nicht ohne Tragik, aber so unabänderlich wie das Schicksal.

Auch das philosophische Denken untersteht diesem Gesetz – und zwar von Anfang an. Schon die Vorsokratiker treten – vermutlich nach einer Reihe uns heute unbekannter Vorläufer – als *Individuen* auf, die für ihre Zeitgenossen so auffällig sind, daß man bis heute die Anekdoten überliefert, die bereits in der Antike über sie in Umlauf waren. Thales hatte den Gedanken, alles stamme aus dem *Wasser*. Eine Generation später macht Anaximander aus dem natürlichen *Ursprung* ein metaphysisches Prinzip. Dessen logischer Gehalt wird schon wenige Jahrzehnte später von Parmenides und seinen Schülern verabsolutiert und scharfsinnig zum unwandelbaren *Sein* erklärt. Dem setzt Heraklit noch zur selben Zeit seine hoch individualisierte Einsicht in das *Werden* aller Dinge entgegen. Eine weitere Generation später bietet Anaxagoras eine vermittelnde Lösung an, die nunmehr den in sich beweglichen, aber mit sich einigen *Geist* zum Prinzip erklärt.

So geht es weiter: Die Sophisten entwerfen aus dem schnell gewachsenen Fundus des Wissens eine bedeutende lebenspraktische Lehre, die jedoch einem von ihnen, Sokrates, bedenklich erscheint. Sein Schüler Platon sucht zu zeigen, warum Sokrates eben wegen dieser Bedenken kein Sophist mehr ist, und überbietet ihn durch die größte philosophische Leistung, die wir kennen. Die genügt aber schon

seinem Assistenten Aristoteles nicht. Denn er hat andere
Gaben und bringt sie in anderen Interessen zum Ausdruck.
Also geht er ungerührt über die Subtilität des Ideenbegriffs
hinweg, tut so, als gäbe es den *Politikos* und die *Nomoi*
nicht, und kümmert sich auch nicht um die hoch individualisierte Einheit von literarischer Kunst und philosophischer
Einsicht in den Dialogen seines Lehrers. Dafür schafft er
mit einzigartig erscheinender Kraft ein nach Disziplinen
geordnetes Ganzes, das den bis heute gültigen Rahmen für
das philosophische Denken abgibt.

Auf Aristoteles folgt die Reihe der Theorien und Schulen,
in der *alle* Epigonen sind und dennoch, wenn sie denn der
Wahrheit näherkommen wollen, *originelle* Denker sein
müssen. In diesem individuellen Übergang von der Epigo-
nalität zur Originalität liegt zwar nicht schon die Logik,
wohl aber die Dynamik der Forschung, und einen Großteil
der Anregungen zu neuen Ideen ziehen wir aus der historischen Rekonstruktion der Zusammenhänge, in der die Vorgänger stehen. Allein deshalb wäre es unsinnig, einen Gegensatz zwischen historischer und systematischer Arbeit
aufzubauen. Gleichwohl hat man sich gelegentlich zu entscheiden, ob man primär *historisch* oder *systematisch* vorgehen will.

Mit Ausnahme einiger Skizzen, die nur den Zweck verfolgen, die den Ansatz tragende Überzeugung von der *Pro-
blemkontinuität zwischen Antike und Moderne* anschaulich
zu machen, habe ich mich für eine *systematische Darstellung*
entschieden. Anders wäre der Stoff im Rahmen eines Buches
nicht zu bewältigen gewesen. Die Entscheidung schloß ein,
auch auf die Auseinandersetzung mit den Theorien der jüngeren Vergangenheit zu verzichten. Denn obgleich ich aus
den Debatten der letzten dreißig Jahre viel gelernt habe, gibt
es keine Position, der ich mich einfach anschließen kann. Jeder Verweis hätte somit eine Abgrenzung nötig gemacht.
Dadurch wäre der Text gewiß um mehr als das Doppelte an-
geschwollen.

Vor allem aber wäre meine Absicht, eine *Grundlegung der Ethik* möglichst in der Sprache vorzutragen, in der wir uns alltäglich über ethische Fragen verständigen, gar nicht mehr erkennbar gewesen. Die Schwierigkeiten einer lebensnahen Darstellung sind ohnehin groß genug, weil man trotz der offenkundigen *Eigenständigkeit moralischer Ansprüche* nicht an der ebenso offenkundigen Tatsache vorbeisehen kann, daß der Mensch – gerade auch in seiner kulturellen Existenz – ein *Naturwesen* bleibt. Es war also auch der Grund für diffizile methodologische Unterscheidungen zu legen. Um also überhaupt eine lesbare Fassung zustande zu bringen, mußte ich mich ganz auf die Darlegung des eigenen Gedankens beschränken. Lediglich die richtunggebenden Impulse einzelner Denker sind vermerkt. Wer meine Neigung zur Kritik, zur polemischen Klarstellung und zur Offenlegung auch der eigenen Hintergründe kennt, wird mir abnehmen, daß dies niemand mehr bedauert als ich selbst.

Einen gewissen Ersatz können die Texte bieten, die ich in den letzten zwanzig Jahren in Vorbereitung auf die vorliegende Grundlegung veröffentlicht habe. Aus meinen Schriften wird nichts wiederholt; aber sie dokumentieren ein Stück des Weges zur *Philosophie der Individualität*, die hier nun endlich vorliegt. Im Literaturverzeichnis sind einige der über diesen Weg Aufschluß gebenden Texte aufgeführt. Die früher publizierten Arbeiten geben auch zu erkennen, wovon in diesem Buch aus Platzgründen ebenfalls keine Rede sein kann: Das Ganze ist die Vorbereitung auf eine *Philosophie der Politik*, für die ich jetzt eine tragfähige, unseren gegenwärtigen Einsichten entsprechende Grundlage geschaffen zu haben glaube. Das gilt erst recht für die heute fast ausschließlich interessierenden Probleme der *Angewandten Ethik*, die ich aus Raumgründen gar nicht erst erwähne, die aber stets im Blick sind, wann immer es um den hier erstmals *normativ* eingeholten Kontext des Lebens geht. Dabei darf freilich nicht vergessen werden, daß wir ethische Ansprüche *nur an Menschen* stellen.

Vom eigenen Versuch darf ich nicht sprechen, ohne mich dankbar an meine Lehrer zu erinnern. Das sind in diesem Zusammenhang Friedrich Kaulbach, Helmuth Schelsky und Gerold Prauss. Der eine hat mich in den *Perspektivismus* eingeübt, der zweite hat mir das *Pathos der Wirklichkeitserkenntnis* vorgelebt – ein kraftvoll überspieltes Leiden, das nur durch praktische Wirksamkeit erträglich wird; der dritte hat mir die alles tragende Macht des *eigenen Impulses* (Prauss verwendet den heute üblichen Begriff der »Intentionalität«) vor Augen geführt. Und jeder von ihnen hat mich auf seine Weise gelehrt, daß selbst die äußerste Anstrengung der individuellen Kräfte, ohne die Wissenschaft nun einmal nicht produktiv betrieben werden kann, der Offenheit gegenüber anderen bedarf. Schelsky hat mit guten, auch persönlich bis in die letzten Lebensjahre bestätigten Gründen Wilhelm von Humboldts Formel *Einsamkeit und Freiheit* populär gemacht. Und dennoch hat er so gelebt, als sei die behutsam gegen Humboldt gesetzte Korrektur Schleiermachers sein eigentlicher Wahlspruch, nämlich: *Mitteilung und Tätigsein.*

Es ist in jeder Hinsicht ein Glück, wenn man eigene Gedanken mit anderen erörtern kann. Deshalb habe ich allen Grund, meinem Berliner Kolloquium, vor allem aber Dina Emundts, Beatrix Himmelmann, Axel Hutter, Karsten Malowitz, Matthias Schloßberger und Hector Wittwer zu danken. Mein besonderer Dank für Kritik und Korrektur gilt Karl-Heinz Gerschmann, Franziska Hennigsen, Jacqueline Karl, Reinhard Mehring, Udo Tietz, Marcus Willaschek und – nicht zuletzt – Birgit Recki.

Berlin, am 30. Oktober 1998   *Volker Gerhardt*

Einleitung

1. Das Neue in der Ethik

Dieser Versuch über Ethik enthält hoffentlich etwas grundsätzlich Neues. Robert Spaemanns großes Wort lassen wir für uns nicht gelten. Es besagt, eine moderne Ethik sei schon dadurch widerlegt, daß sie, nach zweitausendfünfhundert Jahren ethisch-philosophischer Tradition, überhaupt etwas Neues in Aussicht stelle.[1] Die gezielte Enttäuschung einer moralphilosophischen Fortschrittserwartung hat einen guten Sinn. Es ist immer wieder richtig, dem hektischen Innovationsverlangen der Gegenwart entgegenzutreten. Die Philosophie kann es nicht dabei belassen, sich den Moden zu entziehen; sie hat die Pflicht, ihnen zu widersprechen.

Gleichwohl kann es nicht bei Spaemanns Einsicht bleiben. Denn sie gilt nur für die elementaren *Ziele* des moralischen Handelns. Bei den Zwecken und Zielen, und damit bei den Tugenden selbst, dürfte es in der Tat schwerlich gelingen, etwas Neues zu empfehlen. Zwar gibt es, wie gegenwärtig etwa die Bioethik vor Augen führt, neue Situationen mit neuen Problemen; sie verlangen auch nach neuen Formen der Regulation, Kooperation und Sanktion. Sucht man aber in den hochkomplexen modernen Lagen nach dem Kernbestand des moralischen Handelns, kommt man auf die gleichen Antworten, die wir seit der Antike kennen. Daran will und wird auch das vorliegende Buch nichts ändern.

---

1 »Dieser Versuch über Ethik enthält hoffentlich nichts grundsätzlich Neues. Wo es um Fragen des richtigen Lebens geht, könnte nur Falsches wirklich neu sein.« Mit diesen beiden Sätzen eröffnet Spaemann sein Buch *Glück und Wohlwollen* (1989, 9). Spaemann erneuert eine Einsicht, mit der schon Kant 1785 seine *Grundlegung* eröffnet hatte.

Aber man darf nicht übersehen, daß sich die Philosophen schon seit Jahrhunderten gar nicht so sehr um neue Tugenden bemühen, sondern ganz und gar auf deren *Begründung* konzentriert sind. Und hier haben wir, wenn uns am Fortbestand einer philosophischen Ethik liegt, auf Neues zu hoffen. Denn die überlieferten Modelle der Rechtfertigung tragen schon lange nicht mehr.

Vielleicht muß man auch hier die Einschränkung machen, daß die Aussage *nur für das moderne Verständnis* jener alten Modelle gilt. Sie scheinen uns und unseren Vorgängern überholt, weil sie den neuzeitlichen Erwartungen an begriffliche Strenge, Allgemeingültigkeit und Wirklichkeitsbezug nicht mehr entsprechen. Zwar muß man bei genauerer Betrachtung zumindest Platon und Aristoteles zugestehen, daß ihre Begründungsverfahren im Ansatz keineswegs so veraltet sind, wie uns manche weismachen wollen. Aber gerade diese größten Bestände der Tradition bedürfen der *Interpretation* und der *Transformation,* ehe erkennbar werden kann, daß sie den verschärften Kriterien des gegenwärtigen Denkens durchaus genügen. Doch schon diese Deutung bedarf der *Innovation*; denn anders können wir die Gemeinsamkeiten zwischen der anscheinend so gründlich verlorenen alten Welt und unserer anscheinend so radikal verwandelten modernen Zeit nicht benennen.

Hinzu kommt, daß die Standards des gegenwärtigen Denkens alles andere als klar sind. Wenn Philosophen, die weltweit als Moraltheoretiker gelten, ziemlich abwegige *Unterscheidungen zwischen Moral und Ethik* einführen, so daß die *Ethik* nur auf eine angeblich nicht universalisierbare Frage nach dem guten Leben beschränkt sein, die *Moral* aber die Standards universaler Gerechtigkeit abgeben soll; oder wenn sich der *Utilitarismus,* in welcher Spielart auch immer, überhaupt als *Ethik* präsentieren kann und damit die Verwirrung demonstriert, in der ökonomisches Kalkül und moralischer Anspruch nicht mehr auseinandergehalten werden können; wenn die Ansicht verbreitet wird, in der zum zwischenmenschlichen Verkehr in der Tat unabdingbaren *Anerkennung* sei selbst schon ein Prinzip der Ethik zu entdecken; wenn gar ein solches Prinzip in einer angeblich neu entdeckten *Ich-Du-Beziehung* enthalten sein soll, aber kein Wort darüber verloren wird, daß schon Sokrates die Selbsterkenntnis nur im Angesicht des Anderen für möglich hielt; oder wenn eine ganze Schule der Moralphilosophie seit zwei Jahrzehnten mit dem Versprechen beschäftigt ist, sie werde nun aber endlich den *Übergang von der Ebene der Begründung zur Ebene der Anwendung* aufzeigen, so, als seien in der Ethik Theorie und Praxis ähnlich unterschieden wie in den Ingenieurwissenschaften die Phase der Konstruktion von der der Produktion – dann sind das alles deutliche Anzeichen dafür, daß kein klares Urteil darüber herrscht, worin Moral und Ethik eigentlich bestehen. Also haben wir allen Grund, nach *neuen Einsichten* zu trachten, die wenigstens klären, was eigentlich zum einen wie zum anderen gehört.

Das Neue, auf das ich hoffe, soll sich aus der Erinnerung an etwas sehr Altes ergeben, auch wenn es sich uns immer wieder als neu präsentiert. Gemeint ist das *Leben,* das wir *sind,* aus dem wir alles *haben* und in dem wir *völlig aufgehen.* Die älteste Ethik wußte von dieser vollständigen Einbindung des Menschen in den Lebenszusammenhang; und ihr gelang es auch, auf ihn bezogen zu bleiben. Denn sie beließ alles, was wir heute in ein Jenseits des Lebens verlegen – die Gesellschaft, die Geschichte, den Geist oder die Götter –, in der Sphäre des lebendigen Daseins.

Wie naheliegend dieser antike Ansatz des Denkens ist, wird auch heute augenblicklich sichtbar, wenn wir uns nur einmal versuchsweise vorstellen, *Gesellschaft* und *Geschichte* seien ohne jede Basis in der Natur, genauer: sie seien *nicht* in einem fundamentalen Sinne *immer auch Natur.* Wären sie nicht in allem immer auch Natur, gäbe es kein einziges *Ereignis* und damit auch keine *Struktur.* Auch der *Geist* mit seinen Einsichten, Begriffen und Schlußfolgerungen wäre null und nichtig ohne die spontane Lebendigkeit leibhaftiger Individuen. Und was bliebe von einem *Gott*, an den wir glauben, wenn er, wie der verzweifelte Nietzsche seinen Narren sagen ließ, wirklich »tot« wäre? Ein toter Gott kann eben kein Gott mehr sein.

Ganz ähnlich ist es beim *Menschen*: Solange er noch nicht geboren und noch nicht zu eigenem Handeln fähig ist, kann er kein moralisch zurechenbares Subjekt sein; und wenn er gestorben ist, erlischt sein Anspruch auf eigene Lebensführung ganz von selbst. Zwar können wir im institutionellen Zusammenhang gesellschaftlicher Organisation auch einem ungeborenen Wesen Rechtsansprüche übertragen; entsprechend können wir den Willen eines Verstorbenen verbindlich machen. Doch auch dies steht unter der *Prämisse des Lebens.* Wenn niemand lebt, der die Rechte und Pflichten ernst nimmt, fehlt der Träger. Und das ist – im Fall der Ethik – stets ein Mensch, der sein Leben selbstbewußt führt. Wo die Kette des Lebens reißt, sind auch rechtliche und moralische Verbindlichkeiten unterbrochen. Für jeden, dem Recht und Moral wichtig sind, ist das ein zusätzlicher Grund, für die Kontinuität des Lebens einzutreten.

Das war den antiken Denkern bewußt. Deshalb kamen sie nicht auf die Idee, das Verhalten der Menschen von den leibhaftigen Bedingungen ihres Daseins zu lösen. Selbst in den Mythen von der Unterwelt bewahrten sie den Toten ihre Schatten. Der Tod war nicht das Ende des Lebens, sondern die Wende in einer Metamorphose, die in der Geburt ihre Entsprechung hat. Alle ethische Überlegung stand somit im Dienste der »Lebensführung« (πρὸς τὸν βίον; *vitam agere; regimen vitae*). Sie war also auf das gerichtet, was der Einzelne – natürlich im Kontext seiner Gemeinschaft – aus seinem Leben macht. Es ist klar, daß sich dieser Bezug auf das gegebene Leben nur verschärft, wenn der Tod als das definitive Ende eines Individuums begriffen wird, ein

Ende, auf das weder Lohn noch Strafe, noch ein weiteres Leben folgt. Und so haben wir unter den modernen Bedingungen nur noch einen Grund mehr, auf die Basisbedingung unserer Lebendigkeit zu achten.

Dies gilt für die *grundlegenden Funktionen des Lebens* überhaupt, für die Tatsache der Endlichkeit, Verletzlichkeit und Triebhaftigkeit ebenso wie für die Angewiesenheit auf Eigenbewegung und Stoffwechsel; es gilt für den unumgänglichen Verkehr mit unseresgleichen und für das in aller Bindung offenkundige Verlangen nach Eigenständigkeit. Es gilt aber auch für die *spezifisch menschlichen Konditionen* des langen Wachsens und Reifens, der bewußten Außensteuerung durch Erziehung, Sitte und Recht sowie für die verlangte Binnensteuerung durch eigene Einsicht, die uns die Kenntnis von Stärken und Schwächen, von günstigen Gelegenheiten und möglichen Gefahren, von Glück und Gunst ebenso wie von Krankheiten, Notlagen oder zunehmendem Alter vermittelt und uns – alles in allem – das Bewußtsein der *Situativität* und der *Individualität* verschafft.

Alles dies darf der Ethik nicht gleichgültig sein. Sie kann keine Maßstäbe setzen und erst recht keine Gesetze vorschreiben, ohne auf die *Konditionen des Lebens* bezogen zu sein. Sie kann nicht die *Anpassung* ächten, wenn Anpassung zu den elementaren Bedingungen eines jeden Lebensvollzugs gehört. Sie kann nicht von *Autonomie* und *Freiheit* sprechen, ohne zu sagen, welchen Ort diese Prinzipien im Leben haben. Und sie kann keine *Universalität* behaupten, wo ein Handeln unter Bedingungen steht, die nur durch die jeweilige Position auf der Lebenskurve zu erklären sind.

Ich sage nicht, daß die alteuropäische Ethik diese allem Handeln zugrunde liegenden Konditionen nicht beachtet hätte. Das wäre schon deshalb eine höchst problematische Behauptung, weil die Lebensbedingungen so umfassend sind, daß man ihnen noch nicht einmal in ihrer Mißachtung oder Leugnung entkommt. Meine These zielt allein auf das Versäumnis, diese elementare Bindung an das Leben nicht genügend *ausdrücklich* zu machen.

Und so unternehme ich denn den Versuch, die *Beziehung zwischen Moral und Leben* genauer zu bestimmen. Daß dies auf so knappem Raum nur in extremer Beschränkung möglich ist, versteht sich hoffentlich von selbst. Mehr als eine *Grundlegung* ist nicht möglich. Mehr ist aber auch nicht nötig. Denn die Philosophie kann ohnehin nur einen *Zugang* zur Moral eröffnen. Die Moral selbst ist, wie wir sehen werden, ausschließlich Sache des *Individuums,* und zwar *des* Individuums, das *ein Problem mit sich selber* hat. Daß es bei dieser Akzentuierung wie von selbst zu einer Konzentration auf einige wesentliche Elemente des Lebens kommt, spricht für die Kohärenz zwischen beiden Seiten: Das Leben *haben* wir nur, sofern wir es *führen.* Und die Moral besteht in nichts anderem als darin, eben dies – theoretisch wie praktisch – *ausdrücklich* zu machen. Somit steht die – recht verstandene – *Moral* ganz und gar im Dienst eines – recht verstandenen – *Lebens.*

2. Die Entdeckung in der Krise

Der vorliegende Versuch einer Grundlegung der Ethik erscheint zum Ende eines Jahrhunderts. Man könnte spöttisch hinzufügen: am Ende eines Jahrtausends. Für manche sagt das schon alles. Zum Beispiel für Niklas Luhmann, der sich mit der Bemerkung hervorgetan hat, die Ethik habe immer nur zu den Jahrhundertwenden Konjunktur. Sie soll also nicht mehr sein als ein Zeitgeistphänomen, vielleicht nur die Folge einer unterschwelligen Angst, die den systemtheoretisch nicht hinreichend aufgeklärten Menschen vor vermeintlichen Epochenwenden ergreift. Luhmann wollte daher auch den Astrologen (!) die Erklärung überlassen, »wieso dieser Komet Ethik regelmäßig

gegen Ende des Jahrhunderts und ziemlich genau im
9. Jahrzehnt erscheint«.[2]

Daß ein Soziologe so leicht vor einer von ihm selbst behaupteten sozialen Tatsache kapituliert, geht uns nichts an.
Man darf ihm allerdings nicht durchgehen lassen, daß er anderen Disziplinen einfach ihre Probleme abspricht und sich
dabei auf höchst lückenhafte Daten stützt. Zum Beleg seiner These nennt er Kant für den Ausgang des 18. und
Nietzsche für den des 19. Jahrhunderts. Dabei bleibt uner-
wähnt, daß Kant mit seinen Überlegungen zur Grundlegung der Ethik bereits 1762 begonnen hat und Nietzsches
Beschäftigung mit moralphilosophischen Fragen spätestens
1875 ansetzt. Die Jahrhunderte waren jeweils noch in vollem Gang. Doch um seine Datenbasis ein wenig zu verbrei-
tern, bezieht Luhmann auch noch die siebziger Jahre der
vorangegangenen Jahrhunderte ein, verweist indirekt auf
Montaignes *Essais*, die erstmals 1580, und die Werke von
Lipsius, Pascal, La Rochefoucauld und Gracián, die zwischen 1670 und 1680 erschienen. Er vergißt Spinozas *Ethik*,
die, nach langjähriger Vorbereitung, 1677 veröffentlicht
werden konnte.

Doch man braucht die Auswahl nur geringfügig zu erweitern, um zu erkennen, daß hinter der These des Soziologen kaum mehr als eine Bosheit steckt: Descartes' *Les
passions de l'âme* erschienen 1649, Hutchesons *Inquiry into
the Original of Our Ideas of Beauty and Virtue* kam 1725
heraus, Hume folgte mit seiner *Enquiry Concerning the
Principles of Morals* 1751 und Adam Smiths bedeutende
Theory of Moral Sentiments 1755. Schellings *Freiheits-
schrift* erschien 1808; Hegel trug seine Moralphilosophie in
Vorlesungen zwischen 1817 und 1830 vor; Kierkegaard
legte seine moralphilosophische Überzeugung in *Entwe-
der/Oder* dar. Das Buch kam erstmals 1842 auf den Markt.
Kurz zuvor, nämlich 1839, hatte Schopenhauer seine

2 Luhmann, *Paradigm lost*, 1990, 13 ff. und 17.

(schon vorher verfaßten) Studien über *Die beiden Grundprobleme der Ethik* herausgegeben; seine *Aphorismen zur Lebensweisheit,* eine der schönsten Reflexionen zur Moralphilosophie überhaupt, erschienen 1851. Das sind nur die bedeutendsten Schriften, von den zahllosen Systemen, Lehr- und Handbüchern zur Ethik, die das Jahrhundert füllen, längst bevor es sich zum Ende neigt, ganz zu schweigen.

Und in unserem Jahrhundert? Da haben wir Moores *Principia Ethica* gleich 1903. Schelers ingeniöse Studien über *Sympathie* und *Ressentiment* erscheinen zwischen 1913 und 1916, Nicolai Hartmanns *Materiale Wertethik* kommt 1926 heraus, Eduard Sprangers *Lebensformen* werden 1923 publiziert. In diesem Zeitraum erscheinen John Deweys einflußreiche Arbeiten über Erziehung und menschliches Verhalten, Albert Schweitzers Lebensethik, Martin Bubers dialogische Moral und Karl Löwiths grundlegende Analyse über den Menschen in der Rolle des Mitmenschen. Karl Jaspers' dreibändige *Philosophie,* ein Systemversuch aus anspruchsvollster moralischer Gesinnung, ist 1930 abgeschlossen und erscheint 1932, zu einer Zeit, in der, wie Luhmann mit Sicherheit wußte, Edmund Husserl mit moralphilosophischen Untersuchungen beschäftigt war.

Die existentialistische Ethik wird im Frankreich der vierziger und fünfziger Jahre entworfen, in eben jener Zeit, in der die sprachanalytische Philosophie mit ihren Untersuchungen über *intentions* und *moral propositions* einsetzt; die Arbeiten von Elizabeth Anscombe, Kurt Baier, H. Paul Grice oder William Frankena liegen der Mitte des Jahrhunderts näher als dessen Ende. Die in den fünfziger Jahren ausgelöste Debatte beschäftigt die Philosophie seitdem unablässig und hat ihr zu wichtigen begrifflichen Abklärungen verholfen; doch gegen Ende des Jahrhunderts stehen die rein analytischen Untersuchungen auf einem toten Gleis.

Aber die Ethik hat nicht nur analytische Impulse erhalten: 1950 erscheint Otto Bollnows anschauliche Studie über die *Tugenden,* die vieles von dem enthält, was in der jüngeren Debatte über *virtues* angeblich erst wieder neu entdeckt werden mußte. Es folgen die, wenn auch von der akademischen Philosophie nicht immer ernstgenommenen, dafür aber um so stärker gelesenen und höchst beachtlichen Arbeiten von Romano Guardini und Josef Pieper. Émanuel Lévinas schreibt in diesen Jahren an seiner ethisch durchtränkten Theologie des Anderen; Arnold Gehlen deckt 1969 in *Moral und Hypermoral* auf, daß bereits sein grundlegendes anthropologisches Werk *Der Mensch* von 1940 und erst recht die Studie über *Urmensch und Spätkultur* von 1956 als Beitrag zur ethischen Selbsteinschätzung des Menschen gemeint waren. Schließlich tritt Hans Jonas bereits 1962 mit *Organismus und Freiheit* als bedeutender Moralphilosoph hervor. Seine große öko-moralische Bußpredigt von 1979, *Das Prinzip Verantwortung,* ist zwar der Jahrhundertwende schon etwas näher, bleibt dafür aber auch unter dem begrifflichen Niveau der früheren Studien.

Es ist also, mit Verlaub, der pure Unsinn, der Ethik nur eine Aufmerksamkeit zuzubilligen, die sich nach Art hysterischer Schübe einstellt. Richtig ist vielmehr die ganz und gar undramatische Auskunft, daß die Ethik eine der *Grunddisziplinen der Philosophie* darstellt und stets so viel Aufmerksamkeit erhält und verdient wie die Philosophie selbst. Es gibt sogar gute Gründe dafür, die ethische Selbstreflexion für den Ursprung und den stets benötigten Boden des philosophischen Denkens überhaupt anzusehen. Daß dies einem Soziologen nicht behagt, der von der Soziologie nur noch eine dem menschlichen Handeln denkbar fern stehende Systemphilosophie übrigläßt, ist verständlich. Denn die beste Art, den gegen ihn erhobenen Philosophievorwurf abzuwehren, ist, die Philosophie für obsolet zu erklären und ihren wichtigsten Gegenstand an die Astrologie zu verweisen.

Wäre es Luhmann ernsthaft um eine soziologische These über den Zusammenhang zwischen Epochenbewußtsein und Ethik gegangen, hätte er freilich ein ganz anderes Phänomen benennen können, nämlich die Verbindung zwischen der *Krisenerfahrung* und dem *Bedürfnis nach ethischer Selbstversicherung.* Denn es gibt in der Tat *geschichtlich-gesellschaftliche Einflußfaktoren,* die das Aufkommen ethischer Fragen begünstigen. So kann man schon die Entstehung der Ethik bei den Griechen mit der *politisch-kulturellen Krise* in Verbindung bringen, die insbesondere im Athen des 5. vorchristlichen Jahrhunderts bewußt erfahren worden ist. Wenn ein überliefertes Selbstverständnis fragwürdig wird, hat man sich eben *selbst zu* fragen, was nun zu tun ist. Das geschieht erstmals durch die *Sophistik* in demselben Jahrhundert. Im großen Stil und mit breiter Wirkung setzt sie ihre radikale Kritik an der Überlieferung durch und wirbt mit dem Versprechen, für alle Lebenslagen das passende praktikable Wissen bereitzustellen.

Epochengeschichtlich kommt der *Sophistik* größte Bedeutung zu. Mit guten Gründen erkennen wir in ihr die erste europäische Aufklärung und damit die bis heute fortwirkende Bewegung, der sich die Entstehung der eigenständigen Wissenschaften verdankt. Ihr bleibendes Verdienst liegt in der gesellschaftlichen Verselbständigung des kritischen Intellekts sowie in der Einsicht in die maßgebende Kompetenz des Menschen. Ihr Defizit aber war (und ist), daß sie den Menschen, den sie, nach einem Wort des Protagoras, für das »Maß aller Dinge« erklärte, als eine bloß *empirische Größe* begriff. Der Mensch war ihr nur das, was er *de facto* verlangte und erreichte. Die Erkenntnis, daß sowohl das Wissen wie auch das sich in ihm artikulierende Selbst des Menschen nicht einfach von der Art des gegenständlich Gewußten sein kann, blieb ihr verschlossen. Angesichts ihres virtuosen Umgangs mit dem Wissen kann man diese Unfähigkeit zur selbstkritischen Analyse ihres eigenen Mediums nur als tragisch bezeichnen. Es ist dies eine Tragik, die in der modernen Sophistik Friedrich Nietzsches ins Komische umschlägt; denn er hätte schon aus der Überlieferung wissen können, was Protagoras oder Gorgias allererst von sich aus hätten finden müssen.

Hier liegt das Verdienst des Sokrates. Er entdeckte, daß alles *Wissen* seinen Wert verliert, wenn es ohne Bezug zum selbstbewußten Anspruch des Menschen ist. Wenn man schon nicht weiß, *wer* man ist, dann muß man zumindest angeben können, *als was* man sich *unter welchen Umständen* versteht, um sich seines Wissens angemessen bedienen zu können. Sogar die Sachhaltigkeit des Wissens ist an die Referenz zum eigenen Können gebunden. Also kann man nichts *wirklich wissen,* wenn man sich nicht wenigstens um *Selbsterkenntnis* bemüht und das dabei erworbene *Wissen von sich selbst* zum Ausgangspunkt jeder bewußten Entscheidung macht.

Daraus zog Platon die methodologische Konsequenz. Er machte klar, daß die *Seele,* also das sich *im Wissen zeigende* und es *zugleich tragende Selbst,* nicht zu den sinnlich vorkommenden Gegenständen des Wissens gehören kann. Vielmehr muß es eine *grundsätzlich andere Stellung* haben. Das Selbst muß von den sinnlich vorkommenden Fällen des Wissens ebenso geschieden sein, wie das Wissen selbst sich von seinen Inhalten unterscheidet. Denn andernfalls wäre es nicht in *jedem* Wissen gegenwärtig. Das gleiche gilt für den *Begriff*: Er kann nur dann die sich selbst gleiche Form der begriffenen Sachverhalte sein, wenn er einen prinzipiell anderen Status hat als sie. Der *Begriff* des Tisches ist von allen möglichen Tischen grundsätzlich verschieden. Das gilt nicht nur für alle Begriffe von sinnlich gegenwärtigen Gegenständen, sondern selbst noch für *Begriffe von Begriffen.*

Damit war die *eigenständige Funktion der Begriffe* entdeckt. Platon vermochte sie an immer neuen Beispielen zu erläutern, hatte aber zur Bezeichnung ihrer besonderen Stellung gegenüber der sinnlich wahrnehmbaren Realität nur das zumeist mythisch verklärte Bild einer allem irdi-

schen Wandel entrückten *Idee*. Das hat ihm schon sein
Schüler Aristoteles als Versagen vorgeworfen. Erst heute
beginnt man zu begreifen, daß es an der Natur unseres Wissens liegen könnte, wenn wir diese Differenz tatsächlich
nicht anders als in metaphorischen Wendungen ausdrücken
können.[3]

Doch wie dem auch sei: Der Aufweis einer durch ihre innere Form ausgezeichneten Eigenständigkeit des Wissens
war zugleich die Geburtsstunde der *Ethik*. In ihr wurde der
allgemeine Rahmen eines *Wissens vom richtigen Handeln*
vorgegeben: eine Lehre von jenen menschlichen Fähigkeiten, die es dem Einzelnen erlauben, ein gutes Leben
(εὖ ζῆν) zu führen. Diese Fähigkeit nannten die Griechen
ἀρετή. Wir übersetzen das Wort zumeist mit »Tugend«;
treffender ist der Ausdruck »Tüchtigkeit«, denn gemeint ist
*die Leistungsfähigkeit, in der ein Mensch aus eigener Ein-
sicht sein Bestes gibt*. Wer »Tugend« oder »Tüchtigkeit« für
antiquiert oder hausbacken hält, der kann ἀρετή auch
ziemlich genau mit »Kompetenz« übersetzen. Nur darf er
dabei nicht vergessen, daß sich »Kompetenz« nicht auf eine
bloß technische Leistung beschränken läßt und daß jemand
mit seiner Kompetenz nur dann überzeugen kann, wenn er
ganz dahinter steht.

Mit der Konzeption eines allgemein verbindlichen,
gleichwohl von jedem Einzelnen für sich zu erwerbenden
Wissens war die Sophistik – als selbstvergessene Aufklärung zu beliebigen Zwecken – überwunden. Aber die tradierten Wertungen gewannen dadurch ihre Selbstverständlichkeit nicht zurück; die alten Tugenden wurden immer
wieder neu in Zweifel gezogen. Also verlor sich auch das
Bewußtsein der Krise nicht, und mit ihm blieb das von der
herrschenden Unsicherheit immer neu geschürte Verlangen, wenigstens *aus eigener Einsicht* zur Sicherheit der eige-

---

3 Am nächsten kommt dieser Einsicht: Wieland, *Platon und die Formen
  des Wissens*, 1982.

nen Lebensführung zu gelangen. So wurde die Ethik eine *Lehre in der Krise.*

Natürlich wurde und wird eine Krise – kollektiv und individuell – höchst unterschiedlich empfunden. Bei Niederlagen in Kriegen, im Niedergang einer Kultur oder eines Standes, zu dem man gehört, nach Naturkatastrophen oder vor befürchteten oder erhofften Zeitenwenden verstärken sich naturgemäß die Symptome einer allgemeinen Unsicherheit. Doch die stärkste Verunsicherung entsteht in jedem Einzelnen ganz von selbst: vor großen Herausforderungen, nach schweren Schicksalsschlägen oder in einer feindlichen Umgebung.

Unnötig zu sagen, daß es hier große individuelle Unterschiede gibt. Vielleicht gibt es Menschen, deren Selbstsicherheit aus natürlicher Kompetenz, aus Naivität oder aus Dummheit so groß ist, daß sie sich niemals ernstlich fragen, was sie denn tun sollen. Andere sehen sich durch ihre ängstliche, vorsichtige oder allgemein bedenkliche Natur ständig vor diese Frage gestellt. Entsprechend unterschiedlich fällt die individuelle Nachfrage nach Ethik aus. Es ist aber schwer vorstellbar, daß sich eines Tages *niemand* mehr für ethische Fragen interessiert. Denn es ist nicht zu erwarten, daß es ein menschliches Dasein ohne Krisen gibt. Und nach allem, was wir vom Menschen wissen, wird er sich in diesen Krisen auch immer wieder selbst zum eigenen Handeln nach eigenen Vorstellungen herausgefordert sehen. Also kommt er um das *eigene Nachdenken* über die Ziele und Mittel seines Handelns nicht herum. Er wird sich daher immer wieder fragen: *Was soll ich tun?* Mit dieser Frage aber ist er schon mitten in einer ethischen Reflexion.

Natürlich erfolgt eine solche Frage nicht voraussetzungslos. In der Regel braucht man ein gewisses Alter, eine elementare Erziehung, ein Minimum an Intelligenz und vielleicht auch ein Vorbild, an dem man sich orientiert. Doch alle physiologischen, psychischen und sozialen Konditionen werden äußerlich, sobald ein Individuum in

Nachdenklichkeit über sein eigenes Handeln verfällt. Dann stellt es sich seine Fragen *ganz von selbst.* Dann ist es das *eigene Problem,* von dem es selbst nicht loskommt und auf das es *seine eigene Antwort* finden muß.

Auch hier könnte es den Einwand geben, daß uns moralische Fragen doch auch von anderen gestellt werden. Ja, vermutlich sind es immer zuerst die anderen, die uns ins Gewissen reden; historisch-biographisch betrachtet sind *sie* es, die uns das Gewissen machen. Und dennoch bleiben auch diese initialen Fragen der anderen äußerlich, wenn wir sie uns nicht *zu eigen* machen. Nur wer sich die an ihn herangetragenen Probleme wirklich aneignet, wer sie sich *ernsthaft selbst vorlegt,* hat darin ein moralisches Problem. Also liegt das entscheidende, das die Ethik allererst schaffende Moment in der *individuellen Selbstbezüglichkeit* einer *ernsthaft an sich selbst* gestellten Frage. – Das ist die These des vorliegenden Buches. Es verfolgt eine *systematische Absicht* und verweist nur insoweit auf den historischen Hintergrund, als es für das Verständnis der These unerläßlich ist.

Selbsterkenntnis

Zum Selbstverständnis der Philosophie

1. Selbstdenken

Der Reiz, immer wieder von neuem sagen zu wollen, was Philosophie eigentlich ist, hängt keineswegs bloß an der Flüchtigkeit ihrer Gegenstände. Wichtiger dürfte sein, daß die Philosophie mit jedem Menschen einen neuen Anfang macht. Deshalb kann man, wie Kant gesagt hat, eigentlich auch nicht *die Philosophie*, sondern nur *das Philosophieren* lernen.

Die Pointe dieser These ist, daß man etwas zu lernen hat, was sich strenggenommen gar nicht lernen läßt, weil man es letztlich nur *selber* machen kann. Denn es gibt da nichts, was von anderen so und genau so gemacht würde. »Philosophieren lernen« besteht nicht darin, korrekt nachzumachen, was ein Lehrer tut. Das »Philosophieren«, von dem Kant spricht und um das es wohl schon Sokrates ging, wenn er seine Gesprächspartner zum eigenen Denken zu bewegen suchte, ist letztlich *nur das*, was man *selber* tut. Also ist das Philosophieren, wie es im Deutsch des 18. Jahrhunderts hieß, nichts anderes als ein *Selbstdenken*. Der Philosoph ist der ***Selbstdenker*** par excellence.

Das ist leichter gesagt als verstanden; noch schwerer ist es offenbar, es auch tatsächlich zu tun. Mit Sicherheit kann man die Formel von der *Philosophie als Selbstdenken* nur dann wirklich verstehen, wenn man selber denkt. Selbstdenken kann aber nur der, der über dieses Selbst verfügt, genauer: der es *ist* und es im Umgang mit sich *gebraucht*. Also fordert schon das bloße (theoretische) Selbstdenken eine elementare Form der (praktischen) Selbstbestimmung.

Wenn aber das Selbst sowohl theoretisch wie auch praktisch zum Subjekt *und* Objekt eines Selbstverhältnisses werden muß, um der Anforderung des Selbstdenkens zu genügen, wird erkennbar, wie allgegenwärtig der Einsatz des Selbst tatsächlich ist. Es hat jeweils *dieses konkrete Selbst* zu sein, das da denkt, wenn es wirklich ein *Selbstdenken* sein soll. Folglich ist die Aufgabe wirklich nur *individuell* zu erfüllen. *Ich selbst* muß denken, wenn eine Philosophie daraus werden soll. Wie aber denke *ich selbst*?

Mit dem Selbstdenken kann nicht das Strukturmerkmal gemeint sein, dem zufolge es sowieso immer nur »Ich«-sagende Wesen sind, bei denen wir den Vorgang des Denkens feststellen können. Jenes »es denkt«, das Lichtenberg mit Recht als zuweilen adäquate Kennzeichnung des Denkvorgangs benennt, steht (empirisch wie logisch) immer in Verbindung mit einem »Ich«. Auch wenn der Gedanke auftaucht wie ein Blitz, ist er doch – und zwar in Abgrenzung von dem, was *andere* denken – stets der *eigene* Gedanke; auch wenn man mitunter ganz »bei der Sache« ist, wird der Zustand als Denken nur durch Zuordnung *zu mir selbst* bewußt. So verknüpft sich das Ich mit allem, was uns äußerlich oder innerlich zugehört, mag es uns ursprünglich auch noch so fremd gewesen sein.

Also steht Kants »Ich denke«, das alle Vorstellungen begleiten können muß, auch nicht in Widerspruch zu dem »es denkt« Lichtenbergs – vorausgesetzt, es wird überhaupt etwas Sachhaltiges gedacht. Denn jedes sachhaltige Denken ist an ein Ich gebunden, auch wenn das Ich das Gefühl haben kann, selbst gar nicht der Urheber seiner Gedanken zu sein. An der Tatsache, daß jeder Gedanke an ein »Ich«-sagendes Individuum gebunden ist, ändert die Erfahrung, daß uns Gedanken zufliegen oder daß sie sich uns aufdrängen, nichts.

Doch wie gesagt: Diese rein formale Verknüpfung zwischen dem Denken und dem jeweiligen Ich kann nicht gemeint sein, wenn das *Selbstdenken* gefordert wird. Denn sonst erfüllte schon jedes beliebige Denken die Bedingung des Selbstdenkens, weil über das notwendig mit anwesende Ich jedes beliebige Denken ein selbstbezügliches Denken ist.

Also fordert das Selbstdenken ein *profiliertes Selbst*, ein Ich, das sich seiner konstitutiven und situativen *Eigenart* derart bewußt ist, daß sie nur durch unverwechselbar *eigenes* Denken zum Ausdruck gebracht werden kann. Dabei wird das Selbst, das jedem Denken anhängt, als selbstverständlich vorausgesetzt. Das *allgemeine* Selbst kommt *jedem* zu. Davon braucht somit beim Selbstdenken keine Rede zu sein – es sei denn, das Selbst ist ein Gegenstand unter anderen, der uns sachlich interessiert (4.6; 5.4).[1] Die ausdrückliche Aufforderung zum Selbstdenken hat vielmehr nur dort einen Sinn, wo sich *ein seiner Individualität bewußtes Selbst* in seinem *eigenen Denken* bestimmt. Ich, *dieses konkrete Ich*, als das *ich mich selbst* erfahre, muß **meine eigenen** Gedanken zu **meinen eigenen** Problemen *und Zwecken* denken. *Das Philosophieren als Selbstdenken ist somit eine Tätigkeit der ausdrücklich* **selbstbewußten** *Individualität.*

Das ist keine neue Definition des Philosophierens, auf die man erst in einer hoch individualisierten Zivilgesellschaft am Ende des 20. Jahrhunderts verfällt. Im Anspruch auf das *Selbstdenken* hat bereits das 18. Jahrhundert nur eine Forderung erneuert, die schon dem dialogischen Philosophieren bei Sokrates und Platon zugrunde liegt. Kants didaktische Ersetzung der »Philosophie« durch das »Philosophieren« macht lediglich kenntlich, welchen grundlegenden Anteil das Individuum *schon immer* hatte und hat: Ob es überhaupt eine Philosophie gibt, die diesen Titel verdient, hängt allein davon ab, daß es eigenständig denkende Individuen gibt. *Philosophieren kann immer nur der seiner*

---

1 Die durch einen Punkt getrennten Ziffern verweisen auf Kapitel (erste Ziffer) und Abschnitte (zweite Ziffer) des vorliegenden Buches.

selbst bewußte einzelne Mensch, auch wenn er es im fakti-
schen oder virtuellen Gespräch mit Anderen tut.

Das *symphilosophein*, der Anspruch, im freundschaft-
lich-freien Gespräch *miteinander zu philosophieren*, steht
dazu nicht im Widerspruch. Schon die Antike kannte die
individualisierende Sprengkraft des Philosophierens. Deshalb ist im *symphilosophein* bereits ein soziales Korrektiv
zu sehen, das dem individuellen Denken förderlich sein
kann. Das freie Gespräch über das eigene Denken zwingt
nicht nur zur Verdeutlichung der Ansichten und Gründe,
sondern eben dabei auch zur Klarstellung der *eigenen* Position. Also verstärkt es in der situativen Darlegung des eigenen Überlegens die Individualisierung des ja stets *für sich*
Nachdenkenden. Auch wenn ich aus Sorge *für einen Ande-*
ren zu denken versuche oder wenn ich mich in hermeneu-
tischer Absicht an die Stelle eines Anderen denke, bleibt es
stets *mein eigenes* Denken.

Aus diesem *elementaren Tatbestand der unaufhebbaren*
Individualität unseres Intellekts macht die Philosophie ihr
Pathos und ihr *Prinzip*. Aus dem *habitus* des Denkens wird
das *ethos* intellektueller Eigenständigkeit. Aus den Voll-
zugsbedingungen des Geistes wird ein Programm, das eigentlich nur die Konsequenz dessen ist, was sich in jedem
einzelnen Denkvorgang zeigt: *Wenn es wirklich immer nur*
der Einzelne ist, der denken kann, dann hat sich der ernst-
haft Denkende auch ausdrücklich als Individuum zu prä-
sentieren.

Das ist die gleichermaßen theoretische wie praktische
Grundstellung dessen, der philosophiert. Folglich hängt
die Philosophie als Wissenschaft von der *Eigentätigkeit der*
Individuen ab, die aus den tradierten sowie aus den aktuellen Problemen ihres Fachs *ihre eigenen Fragen* machen, um
ihre eigene Antwort zu suchen.

2. Die eigene Einsicht suchen

Nun könnte man mit guten Gründen einwenden, daß alle menschlichen Einrichtungen letztlich an der Aktivität einzelner Personen hängen. Wenn nicht wenigstens *einer* da ist, der etwas tut, kommen auch die unendlich vielen Leistungen nicht zustande, denen wir das Gros unserer gesellschaftlichen Tatsachen verdanken. Prinzipien, Institutionen und Strukturen gibt es nur, sofern Individuen tätig werden. Das gilt natürlich auch für die Philosophie; also wäre gar nichts Besonderes daran, daß die Philosophie als Selbstdenken die Eigentätigkeit von Individuen fordert.

Doch dieser Einwand übersieht, daß wir im Selbst des Selbstdenkens die bloß formale Zuständigkeit eines einzelnen Wesens bereits überschritten haben und auf *den* Menschen setzen, der sich ausdrücklich *seiner* Individualität bewußt ist. Es reicht also nicht, daß hier überhaupt ein Einzelner tätig wird; gefragt ist vielmehr ein *seiner selbst* bewußtes Individuum, das sich *in seiner Eigenart* denkend auf *sich selbst* bezieht. Andernfalls ergäbe es keinen Sinn, das Selbst des Denkens zu akzentuieren. *Suche* **deine eigene** *Einsicht und folge ihr* – das ist der Wahlspruch der Philosophie. Jeder solle sich, so hat Kant es für die Aufklärung formuliert, *seines eigenen Verstandes* bedienen. Wäre das Ich nur insoweit gefragt, als es ohnehin bei jedem intellektuellen Akt beteiligt ist, bedürfte es der Betonung des jeweils *eigenen* Verstandes nicht. Also lebt die Philosophie tatsächlich aus einer *selbstbewußten Forcierung der Individualität*, eine Besonderheit, die sie, wie Platon bereits wußte, mit den Künsten teilt.[2]

---

2 Die Gemeinsamkeit mit der Kunst konnte so lange unbetont bleiben, wie die Künste selbst sich noch wesentlich als Handwerk verstanden. Seit aber die Kunst ihre produktive, kreative Eigenständigkeit akzentuiert, muß man hervorheben, daß auch die Philosophie nicht kunstlos sein kann. Keine Wissenschaft, wenn sie denn produktiv ist, kommt ohne künstlerische Elemente aus.

Die Philosophie also braucht die Individualität der Philosophierenden. Das ist eine durch die Jahrtausende hindurch so selbstverständlich mitgenommene Prämisse, daß sie erst in der Bedrohung durch gesellschaftliche Formierung ausdrücklich gemacht werden mußte. Erst als mit der verbreiteten Kenntnis der Schrift die Bildung allgemein wurde, erst als die Wissenschaft ansetzte, zum Großbetrieb zu werden, also im Übergang vom 18. ins 19. Jahrhundert, sahen sich Philosophen genötigt, die Individualität ihres Denkens zu exponieren. Auch hier fällt die Gemeinsamkeit mit den Künstlern auf, die sich zur selben Zeit als *Genie* oder *Dandy* kultivierten und aus dem Einzelgängertum eine Lebensform zu machen suchten.

Daß dies den mit ihnen gemeinsam aufkommenden *Ideologen* verdächtig war, bedarf keiner Erklärung. Alle Partei- und Weltanschauungslehren des 19. und 20. Jahrhunderts haben die Individualität zu verfemen gesucht, am stärksten der Marxismus. Denn er machte den Intellektuellen die größten Versprechungen, weil er in seinem Machtanspruch nahezu ausschließlich auf sie angewiesen war; eben deshalb mußte er die Eigendynamik des Denkens vor allem anderen fürchten. Mit dem Wissen, das die Kapitalanalyse den Intellektuellen zur Verfügung stellte, hatten *sie* den Schlüssel zur Macht. Also bedurften sie auch der schärfsten Kontrolle durch die parteiliche Organisation, der sie sich vorab durch die Abkehr von »Subjektivismus« und »Individualismus« zu unterwerfen hatten. Dazu haben bereits Marx und Engels den Grund gelegt; und so stand ihre Herrschaftslehre von Anfang an im Gegensatz zur Philosophie.

Die Abwehr des Individuellen gehörte auch zum Gemeingut der rassistischen, nationalistischen, kulturalistischen und semireligiösen Ideologien, die in der Reaktion auf die dramatischen Veränderungen der modernen Lebenswelt entstanden sind. Ihre trüben Erfindungen werfen noch heute einen Schatten auf die Individualität. Wie anders ist es zu verstehen, daß sich in einer Kultur, die sich wesentlich den Leistungen ihrer Individuen verdankt, so viel dumpfe Sorge verbreitet, nur weil sich nach dem politischen Ende des Marxismus der Individualismus mit größerem Selbstbewußtsein entfaltet?

Doch wie dem auch sei: Die Philosophie betreibt seit über zweitausendfünfhundert Jahren eine Vertiefung und Steigerung der Individualität. In ihr wird das Selbst des Denkens ausdrücklich. Aus dem unumgänglichen Selbstbewußtsein eines *jeden* wird die Emphase jedes *Einzelnen*. Aus den Akten von Erkenntnis und Einsicht, denen sich die menschliche Kultur wohl nicht unwesentlich verdankt, geht eine eigene Praxis hervor, nämlich die *Theorie selbst*. Und die wendet der Philosoph von der Erkundung und Beschreibung der Sachverhalte auf sich selbst zurück, um sie zur *Selbsterkenntnis* zu sublimieren. Aus dem γνῶθι σαυτόν, dieser Aufforderung des Weisheit spendenden Gottes an alle, die von ihm Aufklärung erhofften, machte Sokrates seine Lebensmaxime. Sie wurde zum Imperativ für alle, die nach seinem Vorbild Aufschluß über das *Ganze ihres Weltzusammenhangs* suchen und dabei in der Erfahrung, daß sie nur in der *Selbsterschließung* zu *Einsichten* gelangen, die *Bedeutung* für sie haben, zu *Philosophen* geworden sind.

3. Das Individuelle im Allgemeinen

Im Philosophieren gewinnt ein Wissen, ganz gleich worauf es sich bezieht, Bedeutung für einen **selbst**. Wäre der Begriff nicht in Verruf geraten, könnte man sagen, daß letztlich jedes Philosophieren in eine *Existenzphilosophie* mündet. Denn in der Selbsterkenntnis als dem A und O des Philosophierens vertieft sich das Bewußtsein unserer endlichen Existenz. »Vertiefung« eines Bewußtseins ist aber nur als *Steigerung einer Intensität* zu erfahren. Folglich liegt bereits im Ansatz des Philosophierens eine *Steigerung der Individualität*.

Natürlich schließt die konstitutive Individualisierung im Akt und im Prozeß des Selbstdenkens die *Allgemeinheit* sowohl im Anspruch wie auch im Ertrag des philosophischen Erkennens nicht aus. Wäre es anders, müßte schon der Begriff des Denkens vermieden werden. Denken ist stets Denken an oder von *etwas*. Damit hat es ursprünglich den Charakter der *Objektivität* (5.8). Und bereits das Denken an oder von etwas, obgleich es stets von einem individuellen Ich vollzogen wird und sich vielleicht nur auf dieses spezielle Etwas richtet, bewegt sich im *Medium des Begriffs* und ist insofern ursprünglich *allgemein*.

Daran ändert nichts, daß dieses Etwas auch ein Phantasieprodukt sein kann. Auch der mich vielleicht in diesem Augenblick beschäftigende Versuch, den afrikanischen Pegasus (ein so vermutlich nur von mir vorgestelltes geflügeltes Zebra) zu denken, benötigt den *Begriff* und ist insofern *allgemein*. Denn anders ließe sich der afrikanische Pegasus noch nicht einmal in meiner Vorstellung als *dieser* gesuchte Pegasus identifizieren. Schon das Minimum des Wissens, welche Sache ich eigentlich meine (ganz gleich, ob sie nur eingebildet ist oder offen vor aller Augen liegt), benötigt einen *Begriff* von dieser Sache. Im Begriff aber ist *Allgemeinheit* impliziert.

Üblicherweise wird an der Allgemeinheit philosophischer Erkenntnis nicht gezweifelt. In unserem Fall aber könnten Zweifel aufkommen, weil wir die Individualität des Ausgangspunktes als unabdingbar ansehen. Da könnte sich die Frage einstellen, ob denn der extreme Bezug auf das Individuum überhaupt Aussagen von allgemeiner Tragweite erlaubt. Oder spricht jedes philosophierende Individuum nur für und von sich selbst?

Die Frage unterstellt eine Unvereinbarkeit von Individualität und Allgemeinheit; sie legt zumindest eine Schwierigkeit in ihrer Vermittlung nahe. Doch von beidem kann keine Rede sein: Das Individuelle steht dem Allgemeinen nicht entgegen; es bereitet ihm auch keine nennenswerten

Probleme. Denn im Erkennen sind beide nur zwei Seiten ein und desselben Zusammenhangs.

Das ist leicht zu sehen, weil alles Wirkliche individuell verfaßt ist, aber schon in dieser Verfassung weder benannt noch erkannt werden könnte, wenn es sich nicht im Medium des Allgemeinen präsentierte. Dieser Text, so wie er jetzt vor mir auf dem Papier steht, ist von unbestreitbarer Individualität. Jedes Wort kommt in seinem speziellen Kontext *nur einmal* vor, obgleich es sich in anderen Kontexten mehrfach wiederholt. Jeder Buchstabe steht an seiner Stelle *nur dieses eine Mal*, auch wenn er im Text unablässig wiederkehrt. Doch alle diese Einsichten in die Einmaligkeit und Einzigartigkeit einer jeden Sache an ihrer Stelle in Raum und Zeit eröffnen sich mir nur, indem ich *diesen* Text überhaupt *als Text*, *dieses* Wort überhaupt *als Wort* und *diesen* Buchstaben überhaupt *als Buchstaben* identifizieren kann. So findet sich das Individuelle immer *als Fall* eines Allgemeinen, das selbst wieder auf anderes Allgemeines verweist.

Aber es ist nicht nur das Individuum, das ohne Allgemeines nicht erkannt werden kann: Auch das Allgemeine ist nichts ohne den Fall, in dem es sich exemplifiziert. Ohne das Individuelle, in dem es sich konkretisiert, bliebe es bedeutungslos. Schließlich weiß ich mich selbst als das individuelle Wesen, das sich jetzt dieses epistemische Wechselspiel vor Augen führt, nur als ein zur Einsicht fähiges Wesen überhaupt. Also gilt für alle Dinge und Beziehungen dieser Welt – einschließlich meiner selbst –, daß sie *als individuelle nur generell* ansprechbar sind. Das Einzelne ist nur im Allgemeinen.

Das gilt selbst für absolute Singularitäten, also für etwas, das nicht nur an dieser Raum-Zeit-Stelle, sondern überhaupt nur einmal vorkommt: Auch das vollkommen Einmalige (gesetzt: es kommt vor) kann nur im Medium des Allgemeinen benannt und erkannt werden. Ja, selbst für den äußersten Begriff der Individualität des Menschen wird ein allgemeiner Begriff unterlegt. Denn hier wird der Begriff zur Ausgrenzung des Nicht-Begrifflichen nicht weniger dringend benötigt als in jenen weniger dramatischen Fällen, in denen ein Individuelles restlos zu der Menge gehört, die der Begriff definiert.

Soviel mag genügen, um den Zweifel auszuräumen, ein seiner selbst in seiner unverwechselbaren Eigenart bewußtes Individuum sei nicht zu allgemeinen Einsichten disponiert. Ist dies erst einmal anerkannt, kann man das Individuum genauso behandeln, wie es die Philosophie schon immer getan hat, wenn sie den Menschen als erkennendes und handelndes Wesen betrachtet. Nur darin hat sie hinzuzulernen, daß sie die Individualität ihres Ausgangspunktes endlich ernster nimmt.

4. Wirklichkeit und Wirksamkeit des Selbst

Darüber aber darf man nicht vergessen, daß die philosophische Erkenntnis, wie alle Erkenntnis, *Welterkenntnis* ist. Welt nennen wir das Ganze der Wirklichkeit, in der wir sind. Also ist Erkenntnis auf die *Wirklichkeit* gerichtet, in der wir nicht nur gleichsam wie in einem großen Gehäuse leben, sondern *die wir selber sind*. Wären wir nicht selber wirklich, ginge uns die Wirklichkeit nichts an.

Wie sehr sie uns aber etwas angeht, zeigt sich vor allem daran, daß sie uns *Probleme macht*. Und da sie, die Wirklichkeit, es zugleich ist, in der sich einzig *Probleme lösen* lassen, haben wir augenblicklich einen Eindruck von dem uns ganz und gar umfassenden Charakter der Realität. Ihr entkommen wir nur in der Illusion. Doch schon die Frage, ob die Illusion uns *tatsächlich* aus der Realität entkommen läßt, holt uns automatisch in die Wirklichkeit zurück. Man müßte die Illusion völlig unabhängig von der Realität, ganz ohne Differenz zu ihr entdecken können, um die Kraft der Imagination zur vollen Entfaltung zu bringen. Aber ohne den abgrenzenden Bezug zur Wirklichkeit bleibt der Illusion nichts, was sie noch gefährlich oder verführerisch machen könnte. Also bleibt auch sie ganz und gar der Realität verpflichtet.

Daß angesichts der dichten, durch uns hindurch-, in uns hineingehenden und alle Unterscheidungen vereinnahmenden Gegenwärtigkeit des Wirklichen der *Idealismus* überhaupt eine Chance hatte und hat, liegt daran, daß es allererst die *Erkenntnis* ist, die uns auf die Wirklichkeit als etwas allgemein Verbindliches verweist. Erst im Anspruch auf Erkenntnis kommen wir zur Unterscheidung zwischen dem, was wirklich, und dem, was nur ein Irrtum ist. Die Erkenntnis sondiert die Realität; erst in ihrem Licht lernen wir, zwischen dem Realen und dem Irrealen zu unterscheiden. Und es ist diese Unterscheidung, von der, im Bewußtsein des erkennenden Wesens, alles abhängt: Kann der Deich dem Druck des Wassers standhalten, oder wird er brechen? Ist dort eine wasserspendende Oase, oder falle ich wieder nur einer Halluzination zum Opfer? Gibt es das Medikament, das mich retten könnte? Liebt sie mich wirklich, oder spielt sie mir nur etwas vor?

Diese Fragen sind, wie alle anderen ihrer Art, darauf gerichtet, ob etwas *wirklich* ist oder nicht. Sie eruieren die Realität: Im mehr oder weniger expliziten Bewußtsein von Alternativen suchen sie zu erkunden, ob es das *tatsächlich* gibt, was wir erwarten. Dabei wäre es selbst eine Illusion zu glauben, die Wirklichkeit sei so etwas wie der uns ganz umschließende, vollständig mit Gegenständen ausgefüllte Raum, in dem wir uns mit der Apparatur unserer Erkenntnis bewegen, um sie in die Registratur unseres Wissens aufzunehmen. Denn die *Wirklichkeit* haben wir zunächst und in allem *an uns selbst* – und damit auch an unseren Erwartungen und Wünschen. Die Realität, die *wir selber sind*, zeigt sich an unserer *Wirksamkeit*, die bereits in unseren *Bedürfnissen* zum Ausdruck kommt und notwendig auf deren *Befriedigung*, also auf *Erfolg* und *Erfüllung* angelegt ist.

Mit der Ausrichtung auf *Erfolg* aber fügt sich die Gesamtheit unserer eigenen Organisation in den Ablauf des uns nicht nur äußerlich berührenden, sondern leibhaftig durch uns hindurchgehenden Geschehens, das sich ebenfalls als »Erfolg« beschreiben läßt: als der objektive Prozeß, in dem aus einer Wirkung unablässig die nächste *erfolgt*. So sind wir mit dem ursprünglichen Streben nach *Erfolg* von Anfang bis Ende in die lückenlose *Folge* von Ursachen und Wirkungen eingebunden. Und auch dies sind wir keineswegs bloß äußerlich. Denn wir setzen in unserer impliziten Erfolgserwartung auf eben diese lückenlose *Folge von Ereignissen*. Wäre dies anders, wäre jedes Handeln zum Scheitern verurteilt, und Erkenntnis, sofern sie überhaupt möglich wäre, bliebe ohne jeden Effekt.

Um kenntlich zu machen, wie dicht der Stoff der Realität gewirkt ist, können wir auch sagen: Die Erkenntnis steht im Dienst der *Wirksamkeit* unserer *individuellen* Wirklichkeit in der Wirklichkeit *überhaupt*. Sie ist das Organ individueller Aktivität in eben der allgemeinen Realität, die *wir selber* immer auch im unmittelbaren Zusammenhang mit allen und allem anderen *sind*. Als Individuen sind wir durch und durch Teil der physischen Welt. Und nur weil das so ist, können wir in ihr, als Teil eines Ganzen, wirksam sein. Für die soziale Welt, die ebenfalls durch und durch Teil der physischen Welt ist, gilt das entsprechend: Auch ihr gehört das Individuum in seiner Wirksamkeit vollständig zu. Die Gleichung von *actio* und *reactio* hat keine Ausnahme. Und nur weil das so ist, kann es als Individuum sozial tätig sein. Es muß mit seinesgleichen von außen wie von innen her verbunden sein, um überhaupt in Gesellschaft handeln zu können.

5. Selbsterkenntnis in der Welt

Die durchgängige Wirksamkeit – gerade auch bei effektiv
gezogenen Grenzen – ist schließlich auch das Kennzeichen
des *Lebens*, dem das Individuum in allen seinen Leistungen vollständig angehört: Es muß, um überhaupt *es selbst*
zu sein, in einer *leibhaftig-lebendigen Beziehung* zu seinesgleichen und zu seiner Umgebung stehen. Die Grenzen, die es dabei zwischen sich und allem anderen
vorfindet, Grenzen, die es teils selber erweitert, verstärkt
und sichert, teils durchlässig macht oder aufhebt, zu einem
nicht geringen Teil aber einfach nicht ändern kann, sind
Funktionen seiner biologischen Organisation, die beim
Menschen von den psychischen, sozialen, kulturellen und
geistigen Momenten seines Daseins nicht zu trennen sind.
Als Grenzen wirken sie nur bei durchgängiger Wirksamkeit der zugrundeliegenden Kräfte. Die Schwerkraft muß
den Organismus *ganz* erfassen, wenn er sich – gegen sie
und zugleich mit ihrer Hilfe – fortbewegen will; zum
Stoffwechsel kommt es nur, weil es die gleichen chemischen Gesetze sind, die innen wie außen wirken. Entsprechendes gilt für die überkommenen Gewohnheiten, die
Lautbildung der Sprache oder auch für die Blicke der
Anderen, die jeweils durch das hindurchgehen, was ein
Individuum als seine *Grenze* behaupten oder aufheben
möchte.

Das Gleiche gilt schließlich auch für die *Erkenntnis*, die
auf der Ebene der bewußten Organisation des individuellen
Lebens selbst Ausdruck der kontinuierlichen Wirksamkeit
zwischen äußeren und inneren Vorgängen ist. Gäbe es die
Durchgängigkeit der Wirkungsstränge nicht, fehlte die Gewähr dafür, daß überhaupt etwas Sachhaltiges ermittelt
werden kann. Erkenntnis im alltäglichen wie im strikten
Sinn des Wortes wäre somit gar nicht möglich. Also haben
wir davon auszugehen, daß auch die Erkenntnis eine organische Leistung im Feld der uns durchwirkenden Kräfte ist,

ungeachtet der Befürchtung, daß sich die Probleme der biologischen *Selbstorganisation* ins Unabsehbare potenzieren, sobald es um einen adäquaten Begriff der *Selbsterkenntnis* geht.

Diese Andeutungen stehen hier nur, um erahnen zu lassen, daß wir mit dem Versuch einer *Erkenntnis der Erkenntnis* vor dem Abgrund der Selbstreflexion stehen, der sich mitten im Massiv der Realität auftut. Die einzige Sicherheit, die sich uns hier theoretisch bietet, ist, daß uns zwar schwindlig werden kann, aber kein Absturz möglich ist. Denn der Realität entkommen wir nie – weder außen noch innen. Wirklich scheitern können wir nur *mit unserer eigenen Aktivität*. Nur sofern *wir selbst* auf etwas aus sind, können wir die Realität verfehlen, die wir erwarten. Also ist auch das, was wir als »wirklich« ansehen, auf die *Selbständigkeit* gegründet, also auf das *individuelle Selbst*, das sich schon im (theoretischen) Selbstdenken (praktisch) selbst bestimmt. Der Zugang zur Realität bleibt somit unvollständig, nein: er wird verfehlt, wenn die *individuelle Verfassung des Selbst* nicht einbezogen wird. Das Individuum hat sich, so wie es ist, als *wirksamer Teil der Wirklichkeit* zu denken, wenn es einen adäquaten Begriff der Welt in Anschlag bringen will.

Wer also die Absicht hat, erkennend auf die Wirklichkeit zuzugehen, der hat nicht nur der Vollständigkeit halber auch sich selber einzubeziehen; *er hat vielmehr von sich selber auszugehen*. Denn nur *in ihm* liegt der Impuls zur Wirksamkeit und zugleich die Ursache für das Treffen oder Verfehlen der jeweils gemeinten Wirklichkeit. Also zeigt sich auch von hier, daß die **Selbsterkenntnis** *das Element der Philosophie* ist, und sie bleibt es auch dann, wenn ein Denker im Ausgriff auf das Ganze der Realität sich anscheinend unendlich weit vom selbsttätig-selbstdenkenden Individuum, das er selber ist, entfernt. Wann immer Vollständigkeitserwartungen im Spiele sind – und sie sind im Spiel, wann immer *konsequent* gedacht werden soll –, ist die Realität des selbsttätig-selbstdenkenden Individuums unabweisbar. Folglich wird man die Selbsterkenntnis in der Philosophie auch dann nicht los, wenn man sich ganz auf die Erschließung der scheinbar rein objektiven Gegenstandsbereiche des Lebens, der Natur oder gar des Seins verlegt.

Es besteht andererseits aber auch keine Gefahr, die Welt zu verlieren, wenn man sich ganz auf die Selbsterkenntnis zurückzuziehen sucht. Denn auf ein Selbst stoßen wir nur, sofern es *wirksam* ist. Um nicht dogmatisch zu erscheinen, kann man noch vorsichtiger formulieren: Wir stoßen nur dann auf ein Selbst, sofern *etwas* an uns selbst wirksam ist, das wir in Abgrenzung zu anderen, uns nicht in der gleichen Weise zugehörigen Momenten der Wirksamkeit als »Selbst« bezeichnen (4.7). Doch wie immer wir die Zusammenhänge auch benennen: Die *Wirksamkeit,* in der etwas als Folge unserer eigenen Tätigkeit erscheint, werden wir nicht los. Und da diese Wirksamkeit gleichsam durch uns hindurchgeht, also nur *wirklich* ist, sofern sie nicht nur auf uns selbst beschränkt ist, sondern wir in etwas anderem auf *Widerstand* stoßen, sind wir niemals bloß bei uns selbst, sondern immer zugleich auch bei der Welt. *Selbsterkenntnis, konsequent betrieben, führt zur Welterkenntnis – und umgekehrt.*

Allein dadurch steht die Philosophie, die sich seit Sokrates mit guten Gründen als *Selbsterkenntnis* begreift, in engster Verbindung mit den alltäglichen Formen der neugierigen Erschließung der Welt. Zur Erkenntnis als Organ unserer Wirksamkeit gehört alles, was wir als flüchtige Kenntnis, Beobachtung, Entdeckung, Einsicht oder gut gesichertes Wissen ansehen. Zu ihr gehört aber auch der methodisch validierte Bestand der *Wissenschaft,* und es gibt keinen Grund, die Einsichten der Philosophie mitsamt der von ihr angestrebten Selbsterkenntnis des Einzelnen davon auszunehmen. Das Pathos, mit dem der Erkenntnisanspruch des Philosophierens immer wieder von dem der einzelnen Wissenschaften abgehoben wird, führt letztlich zur

Preisgabe der Erkenntnis. Das prominenteste Beispiel ist
Heidegger, der die Einzelwissenschaften »transzendieren«
will, um zur Philosophie zu gelangen.[3] Kein Wunder, daß
er nirgendwo mehr anlangt und im Andenken des Seins
schließlich auch das begriffliche Erkennen fahrenläßt.

Gerade wenn man glaubt, Philosophieren sei ursprünglicher und umfassender als die Wissenschaft, muß man auf
die Gemeinsamkeit in Anlaß und Anspruch achten. Und
die liegt nun einmal in dem *Verlangen nach Erkenntnis*.
Konsequent verfolgt führt jede Erkenntnis auf philosophische Fragen, die sich, konsequent verfolgt, weder von der
alltäglichen Erfahrung noch von den Erträgen der einzelnen Wissenschaften ablösen lassen. – Vielleicht kann man
sogar ein *verbindendes Motiv* hinter der engen Beziehung
zwischen den unterschiedlichen Erkenntnisformen entdek-
ken. Es liegt, wenn man nicht zu tief in den Abgrund der
Selbstreflexion hineingezogen werden will, in der Erwartung der *Bewältigung eines Problems*.

6. Das Selbst und seine Probleme

Die Philosophie hat sich bislang keine sonderliche Mühe gegeben, aufzuklären, was ein *Problem* eigentlich ist.[4]
Dabei verdanken wir doch nahezu alles, was wir können

---

3 Heidegger, *Einleitung in die Philosophie* (1928/29), 1996, 217 ff.
4 Das ist angesichts der Tatsache, daß der Begriff des *Problems*
(πρόβλημα) von Platon bis Popper eine durchgängige epistemische
Verwendung findet, durchaus erstaunlich. Erst Cohen und Natorp
haben dem Begriff selbst einige Aufmerksamkeit gewidmet; im
Anschluß an sie hat Nicolai Hartmann den Begriff in differenzierter
Weise zur Charakterisierung wissenschaftlicher Aufgaben und Einstel-
lungen verwendet; seine Schüler Wein (*Untersuchungen über das Problembewußtsein*, 1937) und Landmann (*Problematik*, 1949) haben
dann einen vielversprechenden Anfang zur phänomenologisch-anthro-
pologischen Analyse gemacht. Doch die Erörterung wurde nicht fort-
geführt. Seitdem gibt es m. W. nur Arbeiten, die sich auf Begriffsge-
schichte und Methodenfragen beschränken.

und haben, *unseren Problemen*. Nur was problematisch ist, fordert uns heraus, verlangt Aufmerksamkeit und eigenen Aufwand. Doch obgleich wir den Problemen nahezu alles verdanken, möchten wir sie los sein: Was uns an Problemen letztlich interessiert, ist ihre *Bewältigung*. Probleme können ein Ärgernis, ein Reiz oder auch eine große Herausforderung sein. Wir können uns im Vollbewußtsein unserer Kraft sogar immer neue Probleme wünschen, können die Spannung genießen, in die uns Probleme versetzen, und in lebenskluger Einstellung auch dafür sorgen, daß sie uns nicht ausgehen. Letztlich aber wollen wir jedes einzelne Problem hinter uns lassen. Der Königsweg dazu ist die *Lösung* des Problems. Gelingt sie uns trotz größter Anstrengung nicht, kann es ein Glück sein, wenn wir es uns erlauben können, das Problem wenigstens auf sich beruhen zu lassen.

Zur generellen Struktur von Problemen gehört, *daß sie uns etwas angehen* und daß sie, wenn sie drängend sind, eine *eigene Anstrengung* herausfordern. Sie tangieren unsere Empfindlichkeiten und unsere Bedürfnisse, sind vor allem aber direkt auf unsere *Ansprüche* bezogen. Sie haben also mit unseren physischen, physiologischen und psychischen Dispositionen zu tun und stehen in direkter Korrelation zu unserem *Selbstverständnis*. Denn Probleme werden auf dem Niveau wahrgenommen, auf dem *wir uns selbst* begreifen.

Ein Problem ist somit etwas, das uns wesentlich ist – das uns *in unserem Begriff von uns selbst* berührt. Es stellt eine echte Herausforderung dar. Deshalb ist es auch keine Überspanntheit, vom *intellektuellen Charakter* des Problems zu sprechen. Man hat eben »kein Problem« mit einem Sachverhalt, der einen unterfordert, und »echte« Probleme sind solche, an denen man wächst. Im Problem gelangen Welt und Selbst zur bewußten Entsprechung. Auch wenn es zu keiner Lösung kommt, so besteht doch eine Adäquation in der Wahrnehmung zwischen dem Selbst und *seinem* Pro-

blem. Das aber heißt: *Ein Problem indiziert die praktische
Aneignung der Welt auf dem Niveau der eigenen Kräfte.*
Denn es wird nicht nur als Problem erkannt, sondern auch
als *eigenes* Problem akzeptiert. Erst dadurch entsteht die
Disposition, für Abhilfe zu sorgen.

Es sei jedem selbst überlassen, sich die Vielfalt der möglichen Probleme auszumalen: Wir haben Probleme mit der
Gesundheit, mit dem Beruf und der Liebe, und wenn wir
weiter keine Probleme haben, haben wir Probleme mit dem
Wetter, mit dem Urlaub oder mit der Langeweile. Allen
diesen Problemen liegen die Grundprobleme der Nahrungssuche, des Schutzes vor Feinden oder vor Kälte und
Nässe zugrunde, denen sich meist unmittelbar die der sozialen Selbstbehauptung, der Zukunftssicherung oder der
Partnersuche zugesellen. Und für alle diese Probleme gilt,
daß sie nicht als solche in der Welt enthalten sind, sondern
sie entstehen immer erst *mit dem* und *für das Individuum*,
das in ihnen *sein* Problem entdeckt. *Probleme gibt es überhaupt nur für jene Wesen, die auch die Chance haben,
sie durch eigene Aktivitäten als ihre eigene Aufgabe anzugehen.*

Ursprünglich, so könnte man sagen, sind alle Probleme
durch die Organisation unserer physischen, psychischen
und sozialen Natur bedingt. Sie haben dabei sämtlich einen
technischen Aspekt, denn es geht im Umgang mit ihnen
stets um die Suche nach den *geeigneten Mitteln*, um sie zu
bewältigen – und sei es durch Flucht oder Vergessen. Probleme haben überdies einen durch und durch *realen Charakter*, obgleich sie nur uns selbst angehen und somit
strenggenommen *nur für uns selber* sind. Aber sie verlangen von uns, *tätig* zu werden, *aktiv* – aus uns herauszuge-
hen. *Im Problem ist das Individuum immer schon selbsttä-
tig mit seiner Welt vermittelt.* Schon in der Wahrnehmung
von etwas als Problem ist es bereits »außer sich«, d. h. in einer Welt, in der es Probleme nur mitsamt den Individuen
gibt, die sie haben. *Probleme sind die Konstellationen der*

*Welt, zu denen sich ein Individuum immer schon herausge-
fordert sieht.*

Also besteht auch keine Gefahr, in einen »Problem-
idealismus« zu verfallen. Denn anders als bei den (nach
idealistischer Lehre) durch das Bewußtsein konstituierten
»Gegenständen« erkennt man bei den Problemen von
vornherein, wie sehr sie mit der gesamten prozeßhaften
Organisation des Lebewesens verknüpft sind. Dabei liegt
die Wirklichkeit auf beiden Seiten, also sowohl beim Individuum wie auch bei seinem Problem. Deshalb besteht
auch kein Grund zu der Annahme, daß mit dem Wegfall eines Problems gar nichts mehr übrigbliebe. Eine Welt ohne
Probleme wäre zwar nicht mehr unsere Welt, aber sie wäre
damit immer noch einiges mehr als nichts.

In ihrem Bezug auf unsere spezifische Organisation haben Probleme *Aufforderungscharakter*: Sie »wollen« von
dem gelöst werden, der sie als Problem erfährt. Insofern
sind sie stets auf die Wesen bezogen, die sich ihnen gegenüber *als Akteure* angesprochen fühlen. Probleme verlangen
danach, *daß wir tätig werden* – und sei es auch nur durch
das Minimum, *aufmerksam zu sein*. Letztlich zielt die Herausforderung durch ein Problem auf ein Individuum, das
sich (oder anderen) die *Lösung* zutraut. Fehlt die Erwartung in die problemlösende Kraft, erlischt auch die Aufmerksamkeit. Auch darin zeigt sich der hohe Anteil des
Selbst in jedem Problem.

Die unabdingbare Anwesenheit des Selbst läßt sich bekanntlich schon auf der Ebene des Gegenstandsbewußt-
seins kenntlich machen, und man kann dies tun, ohne dabei
gleich in die idealistische Selbstisolation zu geraten. In einem gewissen Sinn ist das Selbst tatsächlich der Ursprung
dessen, was immer als »Problem« gelten kann. Wir wüßten
nicht zu sagen (geschweige denn zu denken), was ein »Problem« eigentlich ist, wenn wir nicht über das Bewußtsein
unserer selbst verfügten. Da es Probleme, so wie wir sie
verstehen, nur für das *Bewußtsein* gibt, in dem wir uns sel-

ber gegenwärtig sind, dieses Bewußtsein somit *Selbstbe-wußtsein* ist, verliert der Begriff des Problems jede Bedeu-tung, wenn er nicht etwas bezeichnet, das eine »Herausfor-derung« für ein Selbstbewußtsein ist.

Solche Schlußfolgerungen wird jeder heute mit größtem Argwohn vernehmen. Mit entsprechenden Existenzaussa-gen verbunden, führen sie mitten in einen Idealismus, in dem jede Existenzbehauptung am Ende sinnlos wird. Aber wenn wir die Einsicht in die epistemische Koppelung von Selbst, Bewußtsein und Sachverhalt nicht auf beliebige Ge-genstände beziehen, sondern mit Bedacht am Begriff des *Problems* vorführen, wird immerhin der *Ursprungsbereich der Problemerfahrung* sichtbar, den es philosophisch ernst zu nehmen gilt: *Was ein Problem ist, kann jemand in der Tat nur wissen, wenn er es **selbst** erfahren hat.* Obgleich er das Wort (beim Spracherwerb) gewiß erstmals hört, wenn von *Problemen der Anderen* die Rede ist (oder wenn er an-deren Probleme macht), und selbst wenn er sich später viel-leicht nur für Probleme seiner Mitmenschen (oder für Pro-bleme der Technik oder des Sports) interessiert, so wird er nur wissen, wovon die Rede ist, wenn er *an sich selbst* erlebt hat, was ein Problem eigentlich ist. Und ganz gleich, ob er seine ersten bewußten Problemerfahrungen primär mit der Selbstbehauptung gegenüber den Geschwistern, beim Auf-türmen von Bauklötzen oder im Lateinunterricht hatte, es sind allemal *leibhaftige*, ihn ganz und gar betreffende Er-fahrungen, die er macht.

Somit reicht das an uns selbst erfahrene Problem über das bloße Bewußtsein hinaus. Hier gibt es, wenn man so sagen darf, eine *Apriorität des existentiellen Erlebens*, ohne das wir nicht verstehen könnten, was ein Problem eigentlich meint. Probleme tangieren das Selbst in einem elementaren Sinn, von dem wir annehmen müssen, daß er dem Selbstbe-wußtsein in einer das ganze Dasein umfassenden Weise vor-ausliegt. Selbst wenn wir annehmen, alles Leben – schon auf den niedrigsten Stufen der Organisation – sei Problemlösen,[5] dann ist das *von uns selbst her* gedacht. Also ist das Selbst der Ursprung unseres Verständnisses von Problemen überhaupt.

Das ist die *epistemische* Seite des Problems. Aber man sieht sogleich, daß sie von der *praktischen* nicht zu trennen ist. Denn Probleme erkennt man nicht wie einen Gegenstand, von dem man sich jederzeit wieder abwenden kann. Wenn es echte Probleme sind, die uns ganz berühren, dann fordern sie uns auch ganz und verlangen eine *eigene, aus uns selbst kommende Aktivität.* Zwar können wir nur hoffen, daß sich im Umgang mit möglichst vielen Problemen Routine einstellt, die uns dann nicht weiter berührt. Und es ist ein Glück, wenn uns, wie in der Kindheit, die Bewältigung lästiger Aufgaben von Anderen abgenommen wird. Doch bereits dabei stellen sich, wie man weiß, jeweils eigene Probleme ein, so daß niemand, solange er lebt, jemals wirklich frei von Problemen ist. »Das Sorgen«, so stand es über dem Küchenherd meiner Großmutter, »höret niemals auf«.

Das Eigentümliche der an uns selbst erfahrenen Problemstellung aber ist, daß sie keineswegs bloß in der Dimension reiner Sachaufgaben bleibt. Nur zu häufig werden wir uns *angesichts eines Problems* – **selbst** *zum Problem.* Die Zweifel an der eigenen Zuständigkeit und Fähigkeit melden sich schon früh in den Fragen, ob man etwas darf oder kann. Sie verlassen uns selbst im größten Selbstvertrauen nicht und stellen sich vor allem dann mit besonderer Hartnäckigkeit ein, wenn wir viel von uns verlangen. Es gibt keine absolute Selbstverständlichkeit, obgleich gerade das Selbstverständliche der Welt seinen Ausgangspunkt nirgendwo anders haben kann als im Selbst, das wir – als unser individuelles Selbst – immer schon fraglos hingenommen haben.

So haben wir als selbstbewußte Wesen nicht nur diese

5 Popper, *Alles Leben ist Problemlösen*, 1994.

und jene praktischen Probleme, sondern wir haben vor allem *unser Problem mit den Problemen: Das Problembewußtsein wirkt auf uns selbst zurück.* Und auch hier meint das »Selbst« nicht nur das in der Reflexion synchron mitlaufende Ich, sondern dieses individuelle Ich mit allen seinen Fähigkeiten und Fertigkeiten. Also hat auch die (sich angesichts der an uns selbst erfahrenen Probleme einstellende) *Problematisierung unserer selbst* eine *praktische* Dimension. In ihr wird allererst der Grund für die sachliche Problemstellung gelegt. Denn wenn wir uns in jeder Hinsicht für unfähig ansehen müßten, verlöre auch jeder einzelne praktische Handlungsanspruch seinen Sinn. Um den fundamentalen Charakter der *Problematisierung unserer selbst* zu kennzeichnen, können wir auch von ihrer *existentiellen Bedeutung* sprechen. Damit ist keine Anleihe bei einer Existenzphilosophie gemacht; es soll lediglich zum Ausdruck kommen, daß hier eine *Selbsterfahrung* gemeint ist, die uns *ganz* berührt und die schlechthin entscheidend dafür ist, wie wir mit allem, was überhaupt Problem für uns sein kann, umgehen – einschließlich des Umgangs mit uns selbst.

7. Die Individualität wissenschaftlicher Fragestellung

Nach alledem läßt sich sagen, daß sich auch unser *Wissen* der gelungenen Herausforderung durch Probleme verdankt. Wissen ist die aus dem Umgang mit Problemen gewonnene Disposition zum schnelleren Umgang mit neuen Problemen. Erkennen aber ist das, was zum Erwerb von Wissen führt. Alles, was für das Erkennen und Wissen eigentümlich ist, ist in der Struktur der Probleme angelegt. Das gilt für die dynamische, lösungs- und damit zukunftsorientierte *Dimension der Zeitlichkeit* ebenso wie für die *Potentialität des Gebrauchs*, in der die fundierende *Zweck-Mittel-Relation* zum Ausdruck kommt, die allen organi-

schen Leistungen eigentümlich ist. Wissen und Erkennen haben somit, wie alles, was dem Leben zugehört, einen
instrumentellen Charakter. Erst in einer hoch entwickelten, hoch individualisierten Kultur, in der es den Einzelnen gelingt, *sich selbst* als Zweck auszuzeichnen, gibt es
selbstbewußte Selbstverhältnisse, in denen die Leistungen
des Wissens ihren *bloß* instrumentellen Charakter verlieren, weil sich *das Individuum selbst* als Zweck begreift
(3.8; 8.10).

Und auch diese Entwicklung wird durch die *Struktur
von Problemen* vorbereitet: Sie haben durch ihre herausfor-
dernde Sachhaltigkeit offenkundig *objektiven Charakter*,
sind zugleich aber durch ihren appellativen Zuwendungs-
anspruch, der eine Beschäftigung mit dem Problem verlangt, eindeutig *individuell* angelegt. Die zwischen dem Individuum und seiner Welt ausgespannte Natur des Wissens
ist somit durch die *Problemstellung überhaupt* präformiert.
Fragt man nun aber, wie sich ein Wesen selbst einschätzt,
das aus einem sich selbst mit den Dingen verknüpfenden
Wissen einen *eigenen Anfang* zur Problemlösung macht,
dann ist man der Selbstauszeichnung dieses Wesens als
Selbstzweck zum Greifen nahe. Denn ein solches Wesen
muß in der Wahrnehmung und Hinwendung zum Problem
den eigenen Ausgangspunkt verteidigen. Wenn es tatsächlich einen durch sein Wissen bestimmten Zugang zum Problem hat, dann muß es die darin liegende *eigene* Zwecksetzung betonen. Ein Wesen aber, das sich in der bewußten
Auseinandersetzung mit seiner Welt *eigene Zwecke* setzt,
muß die *Kompetenz der Zwecksetzung überhaupt* in Anspruch nehmen. Dabei ist allerdings nie ausgeschlossen,
daß es selbst der Zwecksetzung durch seinesgleichen unterworfen und zum Mittel wird.

Gegen eine solche Vermittlung des selbständigen Indivi-
duums ist nichts einzuwenden, wenn das seine eigenen
Zwecke setzende Wesen nicht zum *bloßen* Mittel für die
Zwecke der anderen wird. Denn dann würde es seinen An-

spruch auf eigene Zwecksetzung preisgeben. Also muß es die Zumutung einer vollkommenen Instrumentalisierung durch seinesgleichen abwehren. Und dies geschieht, indem es seine Kompetenz zur Zwecksetzung für unantastbar erklärt und sich als *Selbstzweck* behauptet. Letztlich liegt darin der Anspruch, das Problem, das man selbst darstellt, auch wirklich selbst angehen zu können. Wäre sich der Mensch nicht selbst ein Problem, könnte er mühelos auf seine Selbstauszeichnung als Zweck an sich selbst verzichten.

Soweit wir wissen, stellen sich Probleme nur unter den Bedingungen des *Lebens*. Wäre da nicht die unablässig unter Bedürfnisdruck stehende knappe Zeit des Lebens, gäbe es keins von den Problemen, die wir kennen. Da sich jedoch alles Erkennen (mitsamt dem daraus resultierenden Wissen) Problemen verdankt, sind auch Erkennen und Wissen auf das Leben bezogen. Also hat die Erkenntnis ihren Ursprung in den *Vollzügen des Lebens*, und sie hat damit einen *technisch-praktischen* Ausgangspunkt. Denn die intendierte Beseitigung, Umgehung oder Lösung von Problemen steht im *Dienst des Lebensvollzugs*, den wir als *Grundform aller Praxis* begreifen.

Die heute wieder in Umlauf gekommene aristotelische Formel von der Praxis als dem »gelingenden Leben« macht das kenntlich. Schließlich ist alles Leben, sofern es sich am Leben hält, ein irgendwie »gelingendes Leben«. Erst unter menschlichen Lebensbedingungen, wenn es um ein *Leben nach eigenen Vorstellungen* geht, bekommt die Formel einen spezifischen Sinn und meint die Übereinstimmung der *eigenen* Ziele mit Verlauf und Ertrag des *eigenen* Daseins. Darüber wird noch zu sprechen sein. Zunächst ist es wichtig, auch gegen die Anwälte einer kategorialen Trennung von Technik und Praxis festzuhalten, daß die *Lebenspraxis* im elementaren Sinn von der *Technik* nicht geschieden ist. Denn die Probleme werden als *Störung* wirksam. Störungen aber müssen entweder beseitigt oder (möglichst ohne

Schäden) ausgehalten werden können. Der Umgang mit ihnen ist somit *technisch-praktisch*. Zweck und Mittel des Lebens verweisen wechselseitig aufeinander zurück.

Selbst wenn man das *bloße* Leben (und damit den Fortbestand des Lebens) als absoluten Zweck begriffe, hätte man keine klare Unterscheidung zwischen Zweck und Mittel. Wir müßten jeden Organismus und jede Generation als Mittel für den Fortbestand des Lebens ansehen und hätten doch als Beleg für den vorerst erreichten Zweck nichts anderes als eben die (zuvor als Mittel betrachteten) Individuen der gerade lebenden Generation. So gesehen ist jedes lebende Wesen zugleich Zweck und Mittel des Lebens. Also zeigt sich erneut, daß Praxis und Technik im Vollzug des Lebens nicht zu unterscheiden sind.

Auch die *wissenschaftliche Erkenntnis* verdankt sich dem Problemdruck des leibhaftigen Daseins. Obgleich sie in ihrer heute erreichten institutionellen Verselbständigung weitgehend auf selbstgestellte Fragen antwortet, sucht sie in allem doch nach *Lösungen* für das, was als allgemeines, d. h. viele Menschen tatsächlich oder möglicherweise berührendes *Problem* verstanden wird. Insofern untersteht sie immer einem gesellschaftlichen Anspruch, vor dem sie sich auch in Aufwand und Ertrag auszuweisen hat. Entscheidend aber ist auch hier, daß da *Individuen* sind, die sich das Problem *zu eigen* machen und daraus *ihre* Fragestellung entwickeln.

Es ist nicht zuletzt diese notwendige Individualität wissenschaftlicher Fragestellung, die eine aufwendige *Methodik des wissenschaftlichen Arbeitens* nötig macht: Der Forscher muß *geordnet* vorgehen, um sich und anderen deutlich zu machen, daß er sein Gebiet gründlich bearbeitet hat. Gerade weil er als Individuum tätig ist, muß ihm an der *Sicherung seiner Ergebnisse* sowie an der *Kenntlichkeit seiner Voraussetzungen, Verfahren und Erträge* gelegen sein. Weil er Individuum ist, muß er aus seiner individuellen Perspektive *heraus*, um in einem methodischen Verfahren auch an-

deren Individuen mit anderer Perspektive zu der gleichen
Einsicht zu verhelfen. Also liegt auf der *Sicherung* einer
Leistung sowie an ihrer *Überprüfbarkeit* durch andere
größtes Gewicht, gerade weil sie *individuell* gewonnen ist.
Schon die Mühe, die ein Wissenschaftler auf die Ermittlung
seiner Erkenntnisse verwendet, läßt darauf schließen, daß
es um Einsichten geht, die nicht offen zutage liegen. Also
kommt es wesentlich auf ihre *Darstellung* und *Mitteilbarkeit* an. Außerdem muß man die wissenschaftliche Form
des Erkennens stets von konkurrierenden Erkenntnisan-
sprüchen aus politischen, religiösen oder rein privaten Motiven abgrenzen. Aus alledem entwickelt sich die *Methodik
des wissenschaftlichen Arbeitens*.

Will nun die *Philosophie* ebenfalls allgemeine Einsichten
gewinnen, die nachprüfbar und mitteilbar sein sollen, hat
sie sich der wissenschaftlichen Methodik zu unterwerfen.
Insofern ist sie *Teil der Wissenschaft*. Sie hat ihre Quellen
auszuweisen, ihre Verfahren offenzulegen, und ihre oberste
disziplinäre Pflicht besteht darin, klar und nachvollziehbar
zu argumentieren. Da sie auf eben die Wirklichkeit bezogen ist, die auch die einzelnen Wissenschaften zu erschließen suchen, wird sie sich der szientifischen Einsichten ihrer
Zeit bedienen müssen. Schon dabei darf sie nicht gegen den
Sinn verstoßen, der mit diesen Ergebnissen verbunden war
und ist. Also bleibt sie im Umgang mit der Erkenntnis den
Methoden der Wissenschaft verpflichtet.

8. Identität, Konsequenz und System

Bis hierher haben wir in eigenen Worten vorbuchstabiert,
daß die Philosophie als *Selbstdenken* zwar unvermeidlich
individuell zu sein hat, aber als *Selbsterkenntnis*, weil sie
Erkenntnis ist, gleichwohl *allgemeingültige* Aussagen
machen kann. Wir haben vor Augen geführt, daß die Philosophie sich weder von den *alltäglichen Leistungen* des

Erkennens noch von den *Ansprüchen der Wissenschaft* lossagen kann und in allen ihren Anstrengungen durch die
Problemstruktur des menschlichen Daseins gekennzeichnet
ist. So ist sie zwar von Anfang an auf das *Leben* verwiesen,
im Umgang mit dem Leben aber an *Methoden der Mitteilung und der Nachprüfung* gebunden.

Also bestätigt sich auch in systematischer Perspektive,
was historisch gesehen gar nicht in Zweifel stehen kann:
Die Philosophie ist eine szientifische Disziplin. Sie gehört in
den Kanon der Wissenschaften, auch wenn sie dort nirgendwo eindeutig verortet werden kann. Man wird ihr daher nicht verwehren können, als *Universitätsfach* betrieben
zu werden, auch wenn sich nicht bestreiten läßt, daß sie gerade für ihre originären Leistungen auf die Universität
nicht angewiesen ist.

Ein Indiz für die originäre Wissenschaftlichkeit der Philosophie liegt in ihrem *Ausgangspunkt in der menschlichen
Erfahrung.* Auch wenn viele ihrer Vertreter den Vorrang
der *begrifflichen Analyse* behauptet haben, so geschah das
doch nur, weil die Erfahrung allein nicht als sicher genug
gelten kann. Durch die Favorisierung der kritisch-analyti-
schen Arbeit entsteht aber kein Gegensatz zu den einzelnen
Wissenschaften. Denn welche Disziplin (einschließlich der
antiken Geschichtsschreibung) hätte sich jemals *bloß* auf
Erfahrung gestützt? Die *Klärung der Begriffe*, die *Kritik
des Sprachgebrauchs* und die Sicherung der Zusammenhänge durch *logische Schlüsse* waren schon immer die Verfahren zur *Fundierung des Wissens überhaupt.*

Die Philosophie hat von Anfang an – und zwar ausdrücklich im Interesse der wissenschaftlichen Erkenntnis
überhaupt – an der Verfeinerung des begrifflichen Instru-
mentariums gearbeitet. Durch ihre eben dabei nur in Ausnahmefällen aufgegebene Verpflichtung gegenüber der *Erfahrung*, also dem, was den Menschen *sinnlich gegenwärtig* ist und *als Tatsache berichtet* werden kann, ist sie
Schrittmacher einer Säkularisierung, die nicht erst im 18.

nachchristlichen, sondern im 5. vorchristlichen Jahrhundert begonnen hat. So wurde die Philosophie selbst, um mit Kant zu reden, zu *Disziplin* und *Kanon* der Wissenschaft. Sie war deren *exercitium*. Vermutlich müßte sie diese Rolle auch heute noch spielen, wenn nicht die einzelnen Disziplinen durch die Verselbständigung ihrer methodologischen Selbstkontrolle insoweit längst selbst philosophisch geworden wären.

Gegen ein verbreitetes Vorurteil muß man auch feststellen, daß die Philosophie gewiß *keine bloße Geisteswissenschaft* ist. Wie hätten sonst die Natur- und die Sozialwissenschaften aus ihr entstehen können? Wie anders wäre zu erklären, daß die Grundlagentheoretiker der Physik, der Biologie oder der Politik ganz von selbst ins philosophische Nachdenken geraten? Von den Problem- oder Objektbereichen her geurteilt, kann die Philosophie also keine bloße Geisteswissenschaft sein, denn ihr Erkenntnisinteresse zielt auf alles, was in der Welt vorkommt. Aber auch wenn sie ihre Identität nur durch das Medium ihres Erkennens gewinnen wollte (so wie Dilthey es mit dem »Verstehen« vorschlug), verbleibt gerade sie nicht beim bloßen Geist, weil ihr durch ihre Selbstreflexion bewußt wird, wie sehr zumindest die Rahmenbedingungen ihres Erkennens in die Natur eingelassen sind: Jede Einsicht ist an die Entsprechung von Individuum und Einzelding gebunden; jeder logische Schluß nimmt die Bedingungen der Endlichkeit in sich auf; jedes Argument unterstellt – wie übrigens auch jedes Verständnis – die naturgegebene Differenz eines Ich zu einem anderen.

Auf weniger Widerspruch wird die Feststellung stoßen, daß die Philosophie deutlich von den *bloß empirisch* verfahrenden Disziplinen getrennt ist. Ihre Verbindung zur Logik oder auch zu den ästhetischen Wissenschaften macht dies kenntlich. Ihre Medien sind neben *Begriff* und *reiner Anschauung* immer auch die *produktive Vorstellungskraft*, wie sie in den Künsten und den sie behandelnden Disziplinen gefordert ist. So ergibt sich ihre Nähe zu den literarischen Gattungen, denen sie durch ihre uneinholbare Individualität sogar besonders verbunden ist. Aber ihr Spezifikum geht schnell verloren, wenn sie *nur* noch als Kunst, *bloß* als Rhetorik und literarische Essayistik betrieben wird. Die Philosophie benötigt zumindest die ernsthafte *Option auf den Begriff*, der stets *etwas* – und zwar *wirksam* – zu erfassen sucht, das *wirklich* ist.

Ist das aber zugestanden, kann sich die Philosophie nicht länger gegen *systematische Ansprüche* sperren. Denn dann gehört es zu ihrem originären Impuls, so weit zu gehen, wie der Begriff es erlaubt. Dann will, ja, dann *muß* sie aufs Ganze gehen. Und da dieses von ihr begrifflich erschlossene Ganze durch die (zumindest methodisch erzeugte) Ordnung als *Einheit* erfaßt wird, zielt alles *konsequente* Denken auf *systematischen Zusammenhang*. Damit ist keineswegs vorgegeben, daß Welt oder Wirklichkeit bereits ein entsprechend einheitlicher Zusammenhang *sind*. Es ist erst recht nicht unterstellt, daß der widerspruchslose Systemzusammenhang alternativlos ist. Viel wahrscheinlicher ist, daß man immer wieder neue Widersprüche finden kann, und es wäre in der Tat eine flagrante Unredlichkeit, die Ungereimtheiten aus bloßem Interesse an der Geschlossenheit des Systems beiseite zu schieben. Gleichwohl steckt allein schon in der Aufmerksamkeit gegenüber solchen Widersprüchen ein Interesse an der logischen Kohärenz des begrifflich zugänglichen Ganzen.

Natürlich haben nicht alle Denker die Kraft, ein solches Ganzes zu ermitteln und in einer Darstellung anschaulich zu machen. Überdies gibt es die Artisten der Selbstkritik, die sich, wie Pascal, Lichtenberg, Nietzsche oder Wittgenstein, durch scharfsinnige Einwände selbst daran hindern, einen Systementwurf auszuführen. Es wäre aber bereits ein Mißverständnis philosophischer Systeme, wollte man sie wie eine Rekonstruktion der Wirklichkeit verstehen, die dem Ganzen so entspricht wie der Bauplan dem Haus, nach

dem es gebaut ist. Denn e r s t e n s ist das Ganze nicht wie
ein Gegenstand gegeben, sondern es ist stets nur spekulativ
erschlossen; folglich verbieten sowohl der systematisch
ermittelte Zusammenhang wie auch die der Ermittlung
zugrunde liegenden Verfahren, von einer *objektiven* Kor-
respondenz zu sprechen. Z w e i t e n s kann ein System
niemals mehr sein als ein *Versuch*; ob er als gelungen
angesehen werden kann, wird stets auch von den theoretischen und praktischen Erwartungen abhängen, die mit ihm
verknüpft sind. D r i t t e n s liefe es auf einen puren Selbstwiderspruch hinaus, mit dem Argument aufzutreten, Systeme seien heute überhaupt nicht mehr möglich; denn zur
Begründung brauchte man wenigstens das *Minimalsystem*
von jener Welt, die keine Systeme mehr erlaubt.

Doch so bescheiden die Ansprüche und so ungewiß die
Aussichten auch sind: Die Philosophie *muß* das, was sie als
Problem begreift, als *Einheit* denken – schon weil die *Erfahrung des Individuums* es so fordert. Denn das Individuum begreift sich als *Einheit* gegenüber seinem Problem,
das es *als Ganzes* zu fassen bekommen muß, um auch nur
die Chance einer Bewältigung zu haben. Und so wie es *sich*
als Einheit auffaßt, so versteht es auch die *Welt*, die es mit
seinen Problemen als ein *Ganzes* umfaßt. Also ist das Philosophieren stets auf dem Weg zu einem *systematischen* Begriff der Welt, auf die sich das Individuum *von sich aus* bezieht. Es benötigt den Begriff um so mehr, als es die Erfahrung ständigen Wechsels und unablässiger Auflösung
individueller Einheiten macht. Das Problem *stört*. Es ge-
fährdet die Einheit. Um so stärker ist der Impuls, durch ein
Problem nicht alles – buchstäblich *alles* – zerstören zu lassen. *Es ist somit die fortgesetzte Gefährdung der von uns
benötigten Einheiten, die den philosophischen Anspruch auf
Einheit und Zusammenhang trägt.* Diesem das selbstbewußte Leben bestimmenden Impuls folgt die Philosophie
mit *begrifflicher Konsequenz* – also *systematisch*. Dabei
wird kein Wissen »transzendiert«, sondern lediglich auf die

Einheit zurückbezogen, die der einzelne Mensch in jedem
Akt für sich in Anspruch nimmt (8.2). Eine bestimmte Verbindung von *individueller Identität, logischer Konsequenz*
und *philosophischem System* kann immer nur im Medium
sachhaltigen Wissens gerechtfertigt werden.

Zweifellos ist mit dem *Ausgriff auf ein Ganzes* ein Spezifikum des philosophischen Denkens genannt. Schon im alltäglichen Verständnis wird es »philosophisch«, sobald größere Zusammenhänge in den Blick geraten. Im wissenschaftlichen Kontext sind es Fragen nach »Grund« oder
»Abschluß« eines epistemischen oder eines praktischen
Programms, die als philosophisch begriffen werden.[6] Schon
lange ist strittig, ob man diese ersten und letzten Fragen
noch unter den Titel der *Metaphysik* stellen kann. Der Streit
ist müßig. Der ostentative Verzicht auf Metaphysik lenkt
nur vom jeweils verhandelten Thema ab. Die Postmetaphy-
siker, welcher Provenienz auch immer, profitieren vom Ur-
vertrauen des Positivismus, die Todeserklärung der Metaphysik eröffne den von Vorurteilen endlich freien Zugang
zur Gegenwart. So möchten sie die geschichtsphilosophi-
sche Aktualität auf Dauer stellen. Tatsächlich aber wird nur
ein *Wort* suspendiert. Da jedoch die Fragen nach Grund
und Abschluß unseres Wissens nicht nur einfach fortbeste-
hen, sondern ständig neu aufgeworfen werden, bleibt auch
die Sache der Metaphysik auf der Tagesordnung der Philosophie. Letztlich fallen Philosophie und Metaphysik in
eins.

9. Das Problem der Probleme

Aber reicht der Ausgriff auf ein zunächst nur praktisch
unterstelltes und dann sukzessive begrifflich erschlossenes
Ganzes aus, um die Aufgabe der Philosophie zu benen-

6 Dazu: Henrich, *Fluchtlinien*, 1982, 23 und 53 ff.; ders., *Grund und
Gang spekulativen Denkens*, 1988, 83–87.

nen? Genügt der Hinweis auf *Begriffsanalyse* und *Kritik* einerseits, auf die im Interesse der individuellen Einheit verfolgte *systematische Konsequenz* andererseits, um die Besonderheit des philosophischen Denkens hinreichend deutlich abzugrenzen? Ist es purer Zufall, daß die Maxime des *Selbstdenkens* so nachdrücklich gerade in der Philosophie erhoben wurde? Hätten nicht auch Mathematiker, Biologen, Psychologen oder Soziologen gute Gründe, das Selbstdenken für ihre Disziplin zu reklamieren? – Sie hätten durchaus; nur müßten sie, wenn sie denn das Selbstdenken intensiv und konsequent betrieben, – mitten in ihrer Disziplin – zu Philosophen werden. Mitten in ihren einzelwissenschaftlichen Fragen würden sie durch die Verschärfung des Selbstdenkens zu Grenzgängern ihres Fachs. Der Philosoph aber gerät durch Selbstdenken und Selbsterkenntnis nur noch tiefer in sein Metier hinein. Wie läßt sich das verstehen?

Vielleicht dadurch, daß wir uns erneut klarmachen, was Selbstdenken heißt: Wir *denken* nicht nur einfach eine Sache, sondern wir denken sie nachdrücklich *selbst*. Und indem wir *uns selbst* in den Kontext unseres Denkens einbringen, nehmen wir das *Problem* mit auf, *das wir selber sind*. Das *Problem unseres eigenen Daseins*, dem wir alle anderen Probleme verdanken, wird ausdrücklich selbst zum Thema, wenn der Denkende sich selbst als Ursprung und Unruhe seines Denkens mitbedenkt.

Diese abstrakte Aussage wird bei jedem beliebigen philosophischen Thema konkret. Will man dessen philosophischen Rang nicht einfach mit dem Hinweis auf eine Tradition oder Konvention ausweisen, muß man seine sachliche Reichweite benennen und zu erkennen geben, welcher szientifische oder pragmatische Problemdruck dahinter steht. So versteht man gut, daß es von Interesse ist, Alter und Ausdehnung des Weltalls nachzurechnen. Die Relevanz des astrophysischen Problems steht normalerweise nicht in Frage. Doch ein philosophisches Thema wird daraus erst, wenn es sich mit vergleichbaren anderen verknüpfen läßt, so daß die *allgemeinere Frage* nach der Ausdehnung von Zeit und Raum entstehen kann. Die hat sich von jedem bestimmten Gegenstand gelöst und gehört in ihrer *universellen Reichweite* zu den klassischen Themen der Metaphysik. Aber die Generalisierung der Gegenstände reicht nicht aus, um aus einem speziellen wissenschaftlichen Thema ein philosophisches Problem zu machen: Die physische Endlichkeit aller Dinge führt erst dann zum *philosophischen Denken*, wenn einer sich klarzumachen versucht, was sie eigentlich *für ihn selbst* – als endliches Wesen – bedeutet.

Hinter dem philosophischen Problem der Endlichkeit steht also die *eigene Endlichkeit*, die so offenkundig und dennoch so unglaublich ist, weil sie scheinbar *sub specie aeternitatis* gedacht werden kann. Was aber läge einem Denker an der Endlichkeit, wenn sie ihn nicht selber beträfe? Natürlich spricht er dabei nicht jederzeit von sich persönlich, von *seinem* Leben und *seinem* Tod; er thematisiert die Sterblichkeit des *Menschen*, weil er nicht nur die Dinge, sondern auch sich selber generalisiert. Das muß er tun, wenn er sich auch *selbst* begreifen will. Dazu braucht er einen *Begriff von sich selbst*. Wenn dieser Begriff nun der des »Menschen« ist (es sind, wie wir sehen werden, auch andere Selbstbegriffe möglich), dann macht er angesichts der schwer faßbaren Ausdehnung von Raum und Zeit die Endlichkeit des *Menschen* zu seinem Thema. Doch die Anteilnahme der Philosophie an Lage und Schicksal der Menschen hängt einzig daran, daß der Philosoph – die hier und jetzt denkende Existenz – *sich selbst* als Mensch begreift.

Oder nehmen wir das Beispiel der Suche nach dem Erreger einer epidemischen Krankheit. Das ist ein Fall für die Medizin oder die Biochemie, der aber jederzeit auch das philosophische Nachdenken in Gang bringen kann. Die Intensität der Forschung, die beim Mediziner bis zum riskanten Selbstversuch führen kann, verstehen wir augenblicklich, wenn wir nur daran denken, daß wir selbst oder unsere

Nächsten Opfer der Seuche werden könnten. Aber warum die Sorge um uns und unsere Nächsten? Sterben müssen wir doch ohnehin. Lohnt sich der große Einsatz für mich und meinen Nächsten? Muß nicht schon die Menschheit als ganze ins Feld geführt werden, um die grausamen Experimente mit unzähligen Labortieren zu rechtfertigen? – Doch andererseits: Was liegt an den paar Millionen Menschen, die von einer Epidemie bedroht sind, wenn um ihrer ungewissen Zukunft willen Milliarden und Abermilliarden Erreger vernichtet werden? Haben die nicht auch einen Anspruch auf Leben? Was berechtigt uns, planvoll als Herr über Leben und Tod zu fungieren, wo wir doch selbst nur unser eigenes Leben leben – wie es, jeweils auf ihre Weise, alle anderen Lebewesen ebenfalls tun?

Die Fragen illustrieren, wie man aus einer konkreten Problemstellung unweigerlich ins Philosophieren gelangen kann. Und man sieht auch ohne weitere Analyse, daß die Fragen, je allgemeiner sie werden, ihr Schwergewicht auf den Einzelnen verstärken. Was will ich denn zur Überlebensalternative zwischen Mensch und Tier theoretisch beitragen, wenn ich nicht darauf reflektiere, wie *ich mich selbst* – und dies nicht nur theoretisch, sondern auch praktisch – zu *meinem eigenen* Überleben verhalte? Dieses Minimum der Selbstachtung, meinen eigenen Wert zu schätzen und zu wahren, kann mir niemand erlassen.

Angesichts der Suche nach dem Erreger einer epidemischen Krankheit können wir uns aber auch darüber wundern, daß Krankheiten von Lebewesen nur in Ausnahmefällen nicht von anderen Lebewesen verursacht sind. Die größte Bedrohung eines Lebewesens geht immer von anderen Lebewesen aus. Warum aber wildert das Leben ausschließlich in den eigenen Reihen? Warum wuchert es überhaupt so verschwenderisch mit sich selbst? Bei solchen Fragen mögen die Biologen und Chemiker noch gerne folgen. Sie rechnen vor, daß die Gesamtbilanz des Lebens durchaus positiv abgeschlossen werden kann: Die Gesamtheit der im

Stoffwechsel um- und angesetzten Materialien wächst nicht nur quantitativ, sie gewinnt auch qualitativ im Grad der physiologischen Organisation. Doch diese mutmaßliche Optimierungstendenz des Lebens macht die Frage nach Sinn und Zweck des Lebens nur drängender. Ihr werden sich die Biologen vermutlich nicht mehr stellen – es sei denn, sie vollziehen den Schritt zur *Philosophie* und fragen mit ihr nach dem *Sinn* des Lebens.

Die Philosophie ist den *Sinnfragen* von Anfang an verpflichtet; sie darf ihnen auch heute nicht ausweichen, obgleich die Fachphilosophen es derzeit weitgehend tun. Sie schenken sich die Fragen – nur weil es keine eindeutigen Antworten gibt. Das klingt ökonomisch; nur wäre nach dieser Ökonomie die Philosophie als ganze überflüssig. Denn eindeutige Antworten findet sie gerade auf ihre großen Fragen so gut wie nie. Gleichwohl sucht sie nach Lösungen, und die liegen nicht selten schon darin, daß sie sagen kann, was es mit den Fragen auf sich hat: was Sinnfragen bedeuten; warum wir Warum-Fragen stellen; welche Antworten sich bestenfalls erwarten lassen und welche Konsequenzen sie für die Lebenspraxis haben können.

Und spätestens hier ist die Philosophie wieder beim *Menschen* und seinen Problemen, genauer: bei dem *Problem, das er sich selber ist* und das sich in den Fragen der Philosophie in allgemeiner Weise artikuliert. Doch schon der Sinn dieser Artikulation, so allgemein sie in Ausdruck und Begriff ist, hängt an der *Individualität* des Sprechers, der im allgemeinen Problem *sein eigenes* erkennen können muß, um damit philosophisch umzugehen.[7]

---

7 Bücher oder Computer haben »selbst« keine philosophischen Fragen. Wohl aber gibt es Individuen, die ihre Fragen einem Medium in der Hoffnung anvertrauen, daß es andere Individuen gibt, die sie auch (oder gerade) in dieser Vermittlung verstehen. Allein um das Verstehen zu ermöglichen, müssen die individuellen Fragen *allgemein* formuliert werden. Um aber selbst in ihrer Allgemeinheit wirklich verstanden zu werden, bedürfen sie der Rückbindung an den *individuellen* Sinn.

Die Philosophie also stellt sich dem *Problem der Probleme*, nämlich *der Frage, die sich der Fragende selbst ist*. Zwar kann sie sich auf *alle* Probleme dieser Welt beziehen; sie kann sich theologischen, kosmologischen, transzendentalen oder logischen Rätseln zuwenden; sie kann ihre jeweiligen Themen in denkbar größte Entfernung zum denkenden Subjekt rücken und dabei gerade aus der Distanz zu größten Einsichten gelangen. Was sie jedoch *als Philosophie* an ihren Gegenständen interessiert, ist eben niemals bloß, wie sie denn als solche beschaffen sind, sondern was sie – so wie sie sind oder sein könnten – *dem Denkenden selbst bedeuten*. Die Philosophie kann sich alle möglichen Fragen der Wissenschaft stellen, aber Philosophie bleibt sie nur, wenn sie in diesen Fragen immer auch wissen will, was alle diese Fragen *den Fragenden eigentlich angehen*. Sie ist die *Selbstreflexion des Individuums im Bewußtsein seiner endlichen Existenz*. Sie behandelt ihre Themen mit der Unruhe dessen, der wissen will, *worauf es ankommt* – worauf es *ihm* oder *ihr* ankommt.

In diesem Rückgang auf sich selbst liegt zunächst nur eine *formale Notwendigkeit*: Die *Konsequenz*, nach der das philosophische Denken trachtet, verlangt nach *Vollständigkeit* im Gang des Gedankens. Der aber treibt in dem Versuch, das jeweils Denkbare abzuschreiten, zwangsläufig auf das denkende Selbst zurück. Denn wann immer der Gedanke einen weiteren Schritt im Erschließen einer Ganzheit tut, muß er sich vergewissern, ob er der systematischen Intention noch folgt, d. h., er muß reflexiv auf seinen Ausgangspunkt zurück. So tritt in dem auf Vollständigkeit bedachten Denken die Grundfigur des Denkens, nämlich die *Selbstreflexion*, ausdrücklich hervor.

Kant hat ein Oxymoron geprägt, das diese Rückversicherung aus einem allem Denken vorausliegenden Impuls des Denkens kenntlich macht: Er spricht immer wieder vom »Bedürfnis der Vernunft«. Paradoxerweise meldet sich dieses Bedürfnis immer stärker zu Wort, je weiter sich die ihren Umkreis erschließende Vernunft vorwagt. Das aber ist nur ein Indiz für die vordringende Präsenz des Selbst im Ausgreifen des Denkens. Also ist es ein Gebot der intellektuellen Redlichkeit, die bereits mehrfach betonte *Anwesenheit des Selbst* im Philosophieren ausdrücklich zu machen.

10. Selbstbesinnung

Die Besonderheit der Philosophie liegt nun in nichts anderem als darin, in allen ihren Analysen von Welt und Selbst die existentielle Erfahrung des Individuums, das sich selbst Problem ist, mit zu bedenken. Was immer sie untersucht: Sie erfaßt ihre Gegenstände in deren *Bezug zum Ich*, das sich normalerweise zwar nie völlig fremd, aber eben auch nicht gänzlich *selbstverständlich* ist. Das Staunen, mit dem der Platonische Sokrates das Philosophieren beginnen läßt, bezieht sich am nachhaltigsten auf uns selbst. Aber es ist *das Selbst mit seinen Problemen*, also in seiner unmittelbaren Einlassung auf die Welt. Folglich ist in dem stets auf das erschlossene Ganze eines Zusammenhangs gerichteten Philosophieren das Selbst kein isoliertes Thema. Es erschließt sich vielmehr nur im Zusammenhang mit den Problemen, die es mit der Welt hat und die, um es noch einmal zu betonen, zu philosophischen Themen erst dadurch werden, daß sich an ihnen das Ich selbst problematisch wird. Das Ich und seine Welt sind in Problemen verbunden, die – sofern sie sachhaltig sind – auch von den Wissenschaften behandelt werden können.

Die Philosophie aber ist die Wissenschaft, die alle diese sachhaltigen Probleme nur zum *Ausgangspunkt* ihrer Fragen nimmt. Weil sie auf Vollständigkeit ausgerichtet ist, kann sie nicht von den Problemen des Ich handeln, ohne die Selbstzweifel mit zu bedenken, die das Ich angesichts seiner Probleme hat. Dabei ist nicht entscheidend, daß sie mitunter sachlich »weiter« geht als einzelne Disziplinen.

Sie »transzendiert« auch nichts mit dem Ziel einer höheren oder sachlich umfassenderen Einsicht, sondern sie *konzentriert* ihr Wissen auf den, der etwas weiß oder wissen will. Darin liegt eine *Intensivierung*, die bedeutet, daß sie sich von den das Selbst berührenden Problemen stärker mitnehmen läßt. *Jeder wird zum Philosophen, der sich auch durch die stärksten sachlichen Erkenntnisinteressen nicht von sich ablenken läßt.* Jedes ernste Weltproblem wird ihm zur Frage an sich selbst.

Philosophieren aber ist kein bloßes Erkennen, kein rein intelligibler Akt. Es ist eine *Tätigkeit*, eine *Arbeit an sich selbst*. Ihre Praxis beginnt keineswegs erst in der Umsetzung ihrer ethischen Einsichten. Schon in der *Selbstanwendung der Einsichten auf das erkennende Selbst*, längst bevor daraus ein »äußeres« *Verhalten* wird, liegt ein bewußter Akt. »Alles Anschauen ist ein Thun, alles Erkennen ist ein Handeln.«[8] Um so mehr ist es die Reflexion, in der sich ein Selbst zum Gegenstand hat. Sie ist nicht auf die Aktivität der konzentrierten Selbstbeziehung beschränkt, in der das jeweils Wesentliche festgehalten und das Nebensächliche abgeschattet wird. Sondern die Arbeit besteht in der im Denken mitvollzogenen *Ausrichtung des Selbst*, das immer wieder bei der Sache gehalten werden muß. Die Anstrengung des suchenden, ausgreifenden und ergründenden Nachdenkens nötigt zur *Selbstkontrolle*, in der wohl ein Moment der *Selbsterziehung* des Individuums enthalten ist. Insofern liegen im Vollzug der Theorie die Elemente einer menschlichen Praxis. Es war die große Entdeckung des Sokrates, daß Wissen und Handeln inwendig aufeinander bezogen sind. Im Wissen liegt eine *Disposition zum Handeln*, auf die das Handeln *von sich aus* angewiesen ist. Folglich hat die Erkenntnis eine »königliche« Stellung; sie ist auf *Regentschaft* angelegt – zunächst und vor allem anderen als *Herrschaft über sich selbst*.

8 So paraphrasiert Simmel den Ansatz Kants in: *Was ist uns Kant?* (1896), 1992, 156.

Bei genauerem Hinsehen aber beginnt die praktische Eigentätigkeit noch etwas früher, nämlich bereits in der *Selbstbezeichnung des Ich*. In ihr tritt das individuelle Selbst zwar allererst als dieses bestimmte Ich hervor; zugleich aber macht es sich eben darin zu einem *allgemein* hervortretenden und *vergleichbaren* Selbst. Es positioniert sich ausdrücklich in einer Welt, in der es so, wie es sich bezeichnet, auch von anderen benannt und erkannt werden will. So wird in der realen Kommunikation die Selbstbezeichnung unmittelbar *praktisch*. Sie wird zu einem Vorgang, in dem wir uns auf die Verständnisweisen der anderen zubewegen. Spätestens hier ist der Akt auch *logifizierbar*. So wird in der kommunikativen Selbstbezeichnung die Konzentration auf das bloß eigene Ich überschritten und für andere Sprecher, die ebenfalls problembewußt »Ich« sagen können, aufgeschlossen.

Die darin liegende Praktizität geht auch in der philosophischen Selbsterkenntnis nicht verloren. Im Gegenteil: Sie steigert sich! Aus der Selbstbezeichnung wird eine *Selbstauszeichnung*. Die Beziehung von Selbst und Welt wird im Selbstdenken exponiert, in dem sich, wie gesagt, das Ich – im Zusammenhang mit allem anderen – *zu profilieren* hat. Denn e r s t e n s kann gerade die vollkommene theoretische Integration eines jeden einzelnen Datums in ein systematisches Ganzes nicht dem Urteil entkommen, eine *herausragende Leistung* eines denkenden Einzelnen zu sein. Und z w e i t e n s liegt in der theoretischen Leistung mindestens der *Versuch* einer *Lösung eines Problems*. So tritt das philosophierende Ich selbst noch im Akt seiner Selbstintegration in den theoretischen Entwurf einer systematischen Beziehung von allem zu allem *praktisch* als *souveränes Individuum* hervor, das sich – aus eigener Einsicht – in den Zusammenhang mit allem anderen stellt, um so dem problembewußten Anspruch an sich selbst zu genügen. Die Selbstauszeichnung könnte größer nicht sein, denn sie erfolgt vor dem Hintergrund des Ganzen.

Das klingt maßlos. Doch die Selbstkonturierung des Individuums in und durch seinen eigenen Weltbegriff vollzieht sich in einem unscheinbaren Vorgang, der jederzeit stattfindet, sobald jemand denkend innehält. Wilhelm Dilthey hat ihn »Selbstbesinnung« genannt und vermutlich bewußt unscharf gehalten, weil damit das Philosophieren insgesamt bezeichnet werden sollte.[9]

Dieser unprätentiöse Begriff hat zunächst den Vorteil, daß er den *alltäglichen Ursprung* des Philosophierens zu erkennen gibt. »Sich zu besinnen« erfordert wenig Aufwand, ist angesichts von Problemen stets empfehlenswert und kann, sowenig an der rein gedanklichen Natur dieses Vorgangs zu zweifeln ist, doch gerade auch aus *praktischen Gründen* angeraten werden. *Die Selbstbesinnung vertieft die Selbsterkenntnis. Selbsterkenntnis* ist nur möglich, indem man sich, wie Sokrates es in der *Apologie* beschreibt, mit anderen vergleicht; ja, man muß, wie es im *Alkibiades* heißt, ins Auge des Anderen sehen, um sich darin, wie in einem Spiegel, zu erkennen. *Selbstbesinnung* zieht aus dieser im Angesicht des Anderen gewonnenen Einsicht die Konsequenz für das eigene Leben. Darin *konzentriert* sie das Individuum auf sich selbst und weist so den möglichen praktischen Weg über das Staunen hinaus. In der Selbstbesinnung liegt auch ein *meditatives Element*, das auf andere Weise die *praktische Implikation* des Philosophierens erkennen läßt. Es ist aber eine Praxis, deren Produktivität nicht in der zielsicheren Verfügung erfahren wird, sondern der wir uns zu überlassen haben. Auch diese Tätigkeit nimmt uns mit.

Wörtlich verstanden, vollzieht sich im nachdenklichen Besinnen die Konzentration auf den *Sinn*. Ihm geht das

---

9 Dilthey, *Einleitung in die Geisteswissenschaften* (1883), GS 1, 97; ders., *Das Wesen der Philosophie* (1907), GS 5, 407 ff. Neben der *Selbstbesinnung* kommt hier auch die *Selbstauslegung* vor. Mit dem *Selbstbegriff* (8.4/5) wird versucht, die fehlende Präzision dieser Termini zu beheben.

Selbst für sich selber nach. Aber indem es dem *Sinn* nach-
sucht, überschreitet es notwendig die Grenzen seines privaten Selbstbezugs. Obgleich vollkommen auf sich zurückgenommen, fragt es in seinen gedankenvollen Zuständen nach
etwas, das in seiner Allgemeinheit als *Sinn* längst die Grenzen des bloß Individuellen überschritten hat. Dabei lassen
wir hier noch ganz beiseite, inwieweit die *Sinnlichkeit* (oder
wenigstens *Sinnhaftigkeit*) des Sinns die Bewegung zum
Allgemeinen schon dadurch antreibt, daß hier schwer zu
verarbeitende *(sinnliche) Eindrücke* nach einem (immer
auch *sinnlichen*) *Ausdruck* verlangen. Jedenfalls liegt in der
Selbstbesinnung die Paradoxie eines *Gangs nach innen*, der
sich doch notwendig *nach außen* kehren muß, um überhaupt mit der Erwartung eines Ziels beschritten werden zu
können. So wird bereits an der Selbstbewegung der Selbstbesinnung, obgleich sie einen Rückzug nach »innen« anzu-
treten scheint, die ontologische Unterscheidung zwischen
Innen und Außen obsolet.

Schließlich erfahren wir die Selbstbesinnung – auch dort,
wo sie nicht zu einem greifbaren Ergebnis führt – als einen
gelungenen Akt der *Versicherung jener Kräfte*, die uns auch
angesichts größter Schwierigkeiten letztlich noch geblieben
sind. Und so liegt in ihr, wenn nicht der Ursprung, so doch
wenigstens die Verstärkung jener Kraft, ohne die wir uns
nicht selbst bestimmen könnten. Die Selbstbesinnung ist
daher das Element, in dem die Selbstbestimmung ihre nach-
drücklichen *Gründe* erhält. Folglich gehört die Philosophie
zu dem, worin sich der Mensch ohnehin als wesentlich erfährt: Sie ist ein unverzichtbarer Teil seiner *Selbstbestimmung*.

Fassen wir zusammen: *Philosophie ist die systematische
Selbsterkenntnis des Menschen, also des Wesens, das sich
auch noch über den Charakter und die Funktion seines
Selbst- und Weltverhältnisses verständigen möchte. Sie ist
ausdrückliche Selbsterkenntnis des sich begrifflich vor Anderen auf anderes beziehenden Lebewesens. Und da dieser*

Akt niemals bloß theoretisch vollzogen werden kann, sind
Selbstbesinnung und Selbstbestimmung letztlich nicht zu
trennen. Es genügt einem Individuum offenbar nicht, sich
einfach als Grieche, als Bürger von Athen, als Sophist oder
vernunftbegabtes Wesen zu bezeichnen, sondern es möchte
sich und anderen verständlich machen, was es im Zusammenhang mit allem anderen heißt, so und nicht anders zu
sein. Es möchte erläutern, in welchem sachlichen Beziehungsgeflecht es sich begreift. Auf eine Formel gebracht:
Die Philosophie möchte unser Begreifen begreifen. Gelingt
dies weitgehend widerspruchsfrei, wird daraus eine *Theo*
rie, also eine in sich selbst stimmige Selbstauslegung im
Wirkungskomplex der Welt. Das Individuum legt sich aus
– etwa als ein Lebewesen, das in den Zusammenhang der
Natur gehört und sich folglich nur in diesem Zusammenhang wirklich wirksam verstehen kann. Auf diese Weise gelangt es etwa zur *Naturphilosophie*.

Es kann sich aber auch als ein Wesen begreifen, das Ansprüche an sich selber hat, folglich *tüchtig* und *kompetent*
sein will, ein Wesen, das in diesen Ansprüchen auch Erwartungen an die Verläßlichkeit der Anderen hat, sich in dieser
Erwartung konsequenterweise aber auch den Erwartungen
der Anderen nicht entziehen kann, sofern es von ihnen in
seinen Ansprüchen ernstgenommen wird. So kommt es zur
Ethik.

In diesem Sinn kann die nachfolgende Untersuchung
auch als Beispiel für den hier nur in Umrissen skizzierten
Philosophiebegriff verstanden werden: Es ist der Versuch
zu einer Grundlegung der *Ethik*, die im Kern nicht mehr ist
als die *Selbstbesinnung eines Wesens*, das *eigene Ansprüche*
hat und darin von seinen als prinzipiell »gleich« begriffenen
Anderen, also von »seinesgleichen« *ernstgenommen* werden will. Und da die Selbstbesinnung immer auch eine *Pra*
xis ist, gibt es gute Gründe, sie von der *Selbstbestimmung*
nicht zu trennen.

2

Selbständigkeit

Zum Ursprungsproblem der Moral

1. Entstehen und Bestehen der Krise

Es mag dramatisch klingen, aber gemeint ist nur ein für das Leben ganz normaler Sachverhalt: *Alle Probleme entstehen in der Krise.* Zumindest steht die mögliche Krise drohend im Hintergrund. In der Regel steuert das Leben schon Lösungen an, bevor es wirklich kritisch wird. Aber wenn sich die Lösung nicht einstellt, ist das Problem manifest: Dann quält uns der Hunger, dann fehlt uns der Schlaf, oder es reut uns, nicht gleich zum Arzt gegangen zu sein. Deshalb wäre es gar nicht weiter bemerkenswert, daß auch die Probleme der Ethik in einer Krise entstehen.[1] Wie alles Nachdenken ist auch die ethische Selbstreflexion auf Zustände bezogen, die wir möglichst vermeiden, in den Griff bekommen, hinter uns lassen oder auch nur vergessen wollen. Doch das Paradoxe ist hier, daß wir Anlaß und Ausweg nicht exakt unterscheiden können. *Denn das, was die Krise hervorruft, soll sie auch bewältigen.* – Wie ist das zu verstehen?

Die Krise, die uns vor moralische Fragen stellt, zeigt sich in einer *Situation nachhaltig empfundener Selbständigkeit*: Ein Mensch stellt fest, daß er *sich selbst* zu entscheiden hat. Die überlieferte Autorität, sei es (allgemein) die der traditionellen Normen oder (konkret) die des elterlichen oder rechtlichen Gebots, enthält keine eindeutige Verbindlichkeit mehr. Also fragt er *sich selbst*, was zu tun ist. Und auch wenn er die Frage an einen Anderen richtet, will er den Rat,

1 Dazu: Cassirer, *Axel Hägerström*, 1939, 55 f.

um nach Möglichkeit besser entscheiden zu können; doch dies muß und will er *selber* tun. Natürlich kennt er die alten Pflichten noch; aber sie haben ihre bindende Kraft verloren. Mit einem Mal gibt es *offene Alternativen*, die sich mit guten Gründen empfehlen, und die durch die hergebrachte Autorität naheliegende Handlung wird zu einer Möglichkeit unter vielen. Es mag sein, daß die überkommene Wertung allein dadurch weniger attraktiv ist, daß sie sich *nur* auf das Gewicht der Tradition berufen kann. *Jetzt* aber fordert die Gegenwart ihr eigenes Recht; und in dieser Gegenwart steht der Handelnde *selbst*.

So wiegt das *Gewicht des eigenen Daseins* alles andere auf. Es wird nicht nur als reizvoll, sondern sogar als notwendig erfahren, *eigene Wege* zu gehen und dafür *eigene Gründe* zu haben. Und in dem Bewußtsein der Unabhängigkeit von dem, was bisher üblich war, verstärkt sich die Selbständigkeit, die sich in der Ablösung von den überkommenen Autoritäten artikuliert. Kurz: Es ist die sich regende *Selbständigkeit des einzelnen Wesens*, die vor Probleme führt, die nicht länger unter Berufung auf die Tradition gelöst werden können. Und es ist eben diese Selbständigkeit, die nun auch eine *eigene Lösung* verlangt. Denn das in der Verselbständigung des Individuums allererst entstandene Problem kann nicht durch Verzicht auf eben diese Selbständigkeit gelöst werden – zumindest nicht aus der Sicht des Individuums. Vielmehr fordert das mit der Verselbständigung entstandene Problem nun auch die *volle Selbständigkeit in der Lösung*. So liegt in der Problemerfahrung der Selbständigkeit mindestens auch der Anspruch auf ihre *Wahrung*. Vor großen Problemen wird eine *Steigerung* daraus. Das aber heißt: *Die moralische Problemerfahrung radikalisiert ihren Ausgangspunkt.*

Wir nehmen an, daß ein solcher Vorgang zunehmender Verselbständigung der Individuen epochengeschichtlich mit der ersten Aufklärung im Griechenland des 5. vorchristlichen Jahrhunderts stattgefunden hat.[2] Wir nehmen es an, können es aber nicht beweisen, zumal es auch aus den vorangegangenen Zeiten Symptome individueller Selbständigkeit gibt; Der Zorn des Achilleus, von dem die *Ilias* handelt, die Eigenwilligkeit und Empfindsamkeit des Helden, von dem die *Odyssee* berichtet, oder auch nur die Eigenständigkeit, mit der Hesiod sich in den *Erga* von seinem glücklosen Bruder abgrenzt, lassen immerhin vermuten, daß die Selbständigkeit der Individuen eine ältere Geschichte hat. Auch die frühen Zeugnisse der ägyptischen Kultur sprechen dafür.[3]

Doch der epochengeschichtliche Zeitpunkt mag so unbestimmt bleiben wie der Augenblick, in dem der einzelne Mensch in seinem Wachstum zur Mündigkeit erwacht: Entscheidend ist, daß bereits die sich regende Selbständigkeit des Individuums an der *Entstehung des Problems* beteiligt ist, das dann im Anspruch auf selbständiges Handeln begegnet. Und mindestens ebenso wichtig ist, daß dieses durch Selbständigkeit evozierte Problem als *Stimulans eben dieser Selbständigkeit* weiterwirkt. Es ist, als sähen wir unmittelbar auf das im Innersten unseres Selbstverständnisses wirkende Schwungrad der menschlichen Selbsterziehung.

Zwar ist es nicht ausgeschlossen, daß sich jemand selbst in seinen persönlichen Dingen kein eigenes Urteil zutraut und deshalb auch vor einer selbständigen Entscheidung zurückschreckt. Bei extremen Belastungen oder abnorm verminderten Kräften können wir eine solche Schwäche gut verstehen. Im beratenden Gespräch, sei es unter Freunden, in der Familie oder in der Therapie, wird man auf jede Hemmung oder Unfähigkeit nachsichtig eingehen. Aber gerade in solchen Gesprächen versteht es sich von selbst, daß man nach Möglichkeit dafür sorgt, daß der Andere das

2 Snell, *Die Entdeckung des Geistes*, 1986, 151 ff.
3 Assmann, *Stein und Zeit*, 1991, 96 ff. und 159 ff.

Selbstvertrauen in seine eigene Kraft zurückgewinnt. *Die Eigenständigkeit ist das **Ziel** und zugleich die **Bedingung** für das zurechenbare individuelle Handeln.* Also wird im Normalfall von jedem erwachsenen Menschen erwartet, daß er »mündig« ist. Das aber heißt: Er ist *für sich selbst zuständig*, hat *sein eigenes Urteil* zu fällen und *seine eigene Entscheidung* zu treffen.

Nichts anderes meint der Begriff der *Selbständigkeit.* Selbständigkeit kündigt sich schon an, wenn sich das Kind von der Hand des Erwachsenen löst und die Richtung selbst bestimmen will; sie artikuliert sich im ersten »Nein« des Kindes, steigert sich im pubertären Eigensinn des Jugendlichen und bleibt bis ins hohe Alter, in dem man möglichst nicht zum Pflegefall werden möchte. Und in diesem elementaren Verlangen nach Selbständigkeit liegt der *Ursprung des moralischen Problems*, dessen Lösung in nichts anderem besteht als in der *mit Gründen gesicherten Klarstellung eben dieser das Problem erzeugenden Eigenständigkeit.* Die Selbständigkeit ist das *Symptom* der Krise und zugleich ihr *Remedium.* Sie treibt den Zweifel an, drängt zu Abweichung und Widerstand und führt so zur Erosion der alten Ordnung. Zugleich ist sie es aber auch, in der das Handeln der Subjekte neue Sicherheit und Verläßlichkeit gewinnt; nun liegt die Ordnung darin, daß jeder *selbst* entscheidet. So fallen das Entstehen und das Bestehen der Krise in eins.

Und in diesem Vorgang, der sich in der Entwicklung der Kulturen wohl mehr als einmal ereignet und wohl von jedem bewußten menschlichen Leben immer wieder neu durchgestanden werden muß, *steigert sich die naturwüchsige Selbständigkeit zur ausdrücklichen Selbstbestimmung.* In ihr gelangt das Individuum zur selbstbewußten Einheit; es versucht, sich selbst seine Identität zu geben und sie praktisch auszuweisen; es gründet seine Beziehung zu sich und zur Welt auf seine *beste Kraft.* Und dies ist die *eigene Einsicht*, an der für den Menschen, so wie er sich selbst – zumindest in der Tradition unserer Kultur[4] – versteht, alles hängt. Und sobald das Individuum sich ausdrücklich *durch seine eigene Einsicht bestimmt*, untersteht es – ganz von selbst – dem *Anspruch der Moralität*. Das ist die einfache These des vorliegenden Buches.

2. Niemand will sich zwingen lassen

Kann man die Selbständigkeit, die hier als Auslöser der moralischen Krise bezeichnet ist und die zugleich den Ausweg weisen können soll, noch näher erläutern? Muß man sagen, daß keine Steuerklasse und keine Unternehmertugend gemeint sind, sondern nur *die elementare Lebensverfassung des auf seine Einsicht und seine Erfahrung gestützten Individuums*? Wer diese Eigenständigkeit nicht hat und auch nicht anstrebt, wird einfach nicht verstehen, wovon die Rede ist, selbst wenn man es an Hunderten von Beispielen vorführen würde. Denn was diese Selbständigkeit bedeutet, läßt sich nicht von außen ermitteln. Ihr Impuls nämlich kommt ganz und gar *von jedem selber*; er ist durch und durch *individuell*. Im strikten Sinn

---

4 Es wäre fragwürdig, Urteile über einen Kulturzusammenhang zu fällen, in dem man selbst nicht steht. Deshalb gehen die Überlegungen dieses Buches natürlich von der *alteuropäischen Überlieferung* aus. Deren Bedeutung besteht freilich nicht zuletzt in ihrer Offenheit für andere Kulturen. Die Eigentümlichkeit Europas liegt ja gerade darin, nach Kräften über die Grenzen Europas hinaus gedacht (und gehandelt) zu haben. Der Vorwurf des »Eurozentrismus«, der in der Sache berechtigt ist, wo er den europäischen Imperialismus, Kolonialismus und Missionarismus meint, enthält, terminologisch betrachtet, einen Selbstwiderspruch. Doch darauf heben wir hier nicht ab. Vielmehr läßt die Exposition der *Krise* als der auslösenden Bedingung der moralischen Reflexion *anderen Individuen* in ihren *jeweiligen Lagen* genügend Raum, zu prüfen, ob die hier gemachten Aussagen auch auf sie selbst zutreffen. Insofern ist der Zugang über die Selbständigkeit gegenüber Individuen aus anderen Kulturen offen.

ist er nur der *Selbsterkenntnis* zugänglich. Und wer diesen Zugang zu sich selbst nicht hat, wird nie verstehen, was es damit bei den anderen auf sich hat.

Aber es kann immerhin den Zweifel geben, ob die Selbständigkeit denn tatsächlich so grundlegend für das Entstehen und Bestehen der moralischen Krise ist. Und man kann sich fragen, was uns denn überhaupt an ihr liegt. Gibt es nicht wichtigere Zustandsformen des menschlichen Daseins? Ist unsere Fähigkeit zur Verständigung und Zusammenarbeit nicht der höhere Wert? Brauchen wir nicht primär Vertrauen und Verantwortlichkeit? Was kann im Leben eines Menschen ohne Wohlwollen – von ihm und von den anderen – denn schon gelingen?

Alle diese Fragen legen Antworten nahe, denen man gar nicht widersprechen kann. Natürlich legen Kommunikation und Kooperation den Grund für das gesellschaftliche Zusammenleben; ohne die basalen Elemente der Solidarität im Kleinen wie im Großen gäbe es kein menschliches Dasein. Doch auf wen sind die hier geforderten Kompetenzen bezogen, wenn nicht auf das einzelne Individuum? Gewiß können auch Gemeinschaften ihre Tugenden haben: Freunde und Familien können zusammenhalten, so wie es auch von einer Mannschaft auf See oder auf dem Sportplatz gefordert ist; in ganzen Belegschaften kann sich ein Geist der Leistungs- und Hilfsbereitschaft zeigen, und in Katastrophen kommt es vor, daß ein ganzes Volk freiwillig Opfer bringt. Aber wenn es überhaupt in größeren sozialen Zusammenhängen diese und andere Eigenschaften gibt, dann nur, sofern sie sich als Verhaltensweisen der einzelnen Individuen zeigen.

Natürlich kann die Gemeinschaft die Ausbildung solcher Handlungsmuster fördern; in einem genetisch-historischen Sinn bringt sie die Verhaltensformen ihrer einzelnen Glieder vermutlich sogar hervor. Doch wenn sich ein Attribut einer Gruppe *aktuell* ausprägt, dann nur, sofern die *Individuen* entsprechend handeln. Eine Gesellschaft kann nicht kommunikativ oder kooperativ genannt werden, wenn deren Glieder die Zusammenarbeit verweigern. Also kommt es *aktual* auf die *Individuen* an. Und sobald wir diesen Individuen auch nur ein Minimum an Zurechenbarkeit (oder gar an Verantwortlichkeit) zuschreiben, unterstellen wir ihnen die Selbständigkeit, die jeder tatsächlich schon für sich beansprucht, sobald er mit Bewußtsein etwas *von sich aus* tut.

Um dem Verständnis nachzuhelfen, brauchen wir uns nur anschaulich zu machen, was wäre, wenn wir über die Selbständigkeit *nicht* verfügten. Da gibt es *drei* Möglichkeiten: Entweder wir wissen von dieser unserer Eigenständigkeit nichts, und dann ist es uns gleichgültig, ob sie uns zukommt oder nicht. Dieser e r s t e Fall ist eine Konstruktion, die wir auf andere beziehen und die wir auf uns selbst nur wie auf einen Anderen anwenden können: also etwa auf uns zu einer Zeit, an die wir uns nicht mehr erinnern, weil wir in ihr noch nicht über einen bewußten Willen verfügten. Dementsprechend können wir uns vorstellen, daß wir eines Tages unheilbar im Koma liegen und nur noch ein von Apparaten versorgter Organismus sind. Nach diesem Muster läßt sich auch eine primitive Vorstufe oder horrible Endstufe der Menschheit konstruieren, in der es den Anspruch auf individuelle Selbständigkeit einfach noch nicht gab oder nicht mehr gibt.

Oder wir wissen zwar von der Eigenständigkeit, schätzen sie auch, sind aber zeitweilig nicht an ihr interessiert; vielleicht haben wir sogar gerade im Interesse unserer Selbständigkeit Veranlassung, kurzfristig auf sie zu verzichten. Dieser z w e i t e Fall liegt vor, wann immer wir uns dem Schlaf hingeben und dabei hoffen, daß er uns Erholung bringt. Auch wenn wir uns einem Arzt anvertrauen, der uns für die Zeit einer Operation anästhesiert, oder wenn wir einen Rausch oder ein extremes Erlebnis suchen, stellen wir den Anspruch auf unsere Selbständigkeit hintan. Im Normalfall geschieht dies im Bewußtsein einer Ausnahme und mit der Erwartung, anschließend über erstarkte Kräfte zu eigenem Erleben und Handeln zu verfügen.

Der d r i t t e Fall ist dann gegeben, wenn jemandem die Selbständigkeit gegen seinen Willen genommen wird. Dabei braucht man sich nicht lange bei schicksalhaften Vorkommnissen aufzuhalten: Wo uns der herabstürzende Dachziegel trifft, wo die Fluten über uns zusammenschlagen oder wo uns das steigende Fieber das Bewußtsein nimmt, da geht auch unsere Selbständigkeit verloren. Wenn das Leben selbst in Frage steht, wird dessen Verfassung sekundär – es sei denn, es gelingt dem Bewußtsein, selbst im Augenblick höchster Gefährdung, unbeirrt an einer vorgefaßten Wertung festzuhalten. Ähnlich ist es, wenn uns die äußeren Umstände an der Ausführung unserer Pläne hindern: Das Hochwasser im eigenen Haus, der fehlende Wind in den Segeln oder das verbreitete Unverständnis der Mitmenschen schränken mich zwar empfindlich ein: sie rauben mir aber nicht die Selbständigkeit. Genauso ist es dort, wo wir uns aus eigenem Entschluß völlig anderen Bedingungen überlassen, die uns ihr Gesetz aufnötigen: beim Schwimmen, beim Bahnfahren oder beim Fallschirmsprung, bei einer Massenkundgebung oder beim Aufenthalt in einer völlig fremden Kultur. Hier zeigt sich nur im Extrem, daß wir auch unter alltäglichen Lebensbedingungen vielfältigen Gesetzmäßigkeiten – von der Schwerkraft bis zu den Tischsitten – unterworfen sind, die uns keineswegs die Selbständigkeit nehmen. Im Gegenteil: *Erst im kundigen Umgang mit den natürlichen, geschichtlichen und gesellschaftlichen Konditionen und Konventionen unseres Daseins tritt unsere Eigenständigkeit hervor.*

Deren Verlust ereignet sich eigentlich nur dann und dort, wo mir ein *anderer Mensch* seinen Willen aufnötigt und mich zwingt, das zu tun, was *er* verlangt. Erst hier, wo der eigene Wille durch den Willen eines Anderen mißachtet oder gebrochen wird, liegt ein eklatanter Verlust der Selbständigkeit vor. Beispiele für diesen echten Fall eines Angriffs auf die eigene Selbständigkeit gibt es mehr als genug: Nötigung, Raub, Vergewaltigung, Erpressung, Geiselnahme, Folter und was dergleichen mehr ist. Und hier, so ist geltend zu machen, weiß *jeder* geradezu instinktiv, was er an seiner Selbständigkeit schätzt: Wer bei Verstand ist, will unter keinen Bedingungen das Opfer einer Gewaltanwendung sein. Niemand möchte dem Willen eines Anderen wehr- oder rechtlos unterworfen sein. Und das berechtigt uns zu dem Umkehrschluß, daß jedem an seiner Selbständigkeit gelegen ist, sobald es um die Beziehung zu seinesgleichen geht.

Doch: Was spricht eigentlich gegen den Zwang? Wäre es nicht schön, wenn wenigstens ein Autor seine Leser zum Lesen zwingen könnte? Sie *müßten* dann die Gedanken zur Kenntnis nehmen, die er sich ausgedacht und aufgeschrieben hat. Lesen ist doch eine nützliche Tätigkeit, erst recht, wenn es sich um ein wohlmeinendes und jeden Einzelnen über sich selbst aufklärendes Buch handelt. Der Wissenserwerb wäre garantiert, und die vielen lästigen Entscheidungen, die sich nicht nur zu Beginn einer Lektüre, sondern auch bei deren Fortsetzung einstellen, wären jedem abgenommen. Der Autor könnte mit einem festen Leserkreis rechnen, der ihm eine kontrollierte Entwicklung des Gedankens erlaubt und die Lückenlosigkeit der Rezeption garantiert. Der Erfolg der Wissensvermittlung ließe sich exakt vorhersagen. Also hätten Leser und Autor gleichermaßen ihren Vorteil.

Man könnte noch hinzufügen, daß ein Autor, wenn er sich schon einmal die Mühe gegeben hat, ein Buch zu schreiben, auch eine gewisse Garantie dafür haben sollte, daß der Leser sein Werk auch wirklich zur Kenntnis nimmt. Damit daraus kein imperialer Anspruch eines Verlages wird, kann man sich ja auf die Leser beschränken, die das Buch ohnehin schon gekauft haben. Die haben ja bereits ihr Interesse geäußert, und so wäre es eigentlich nur ein Entgegenkommen, wenn sie sich zwingen ließen, das

Buch auch wirklich Wort für Wort mit Sinn und Verstand
zu lesen.

»Sich zwingen lassen« ist natürlich ein vornehmer Ausdruck, mit dem wir gewiß nicht weit genug kämen. Ich ver-
mute, daß jemand, der *sich* zwingen ließe, schon bald auch
wirklich gezwungen, also gegen seinen Willen *genötigt*
werden müßte. Dann brauchte man echten Druck mit einer
im Hintergrund stehenden Sanktion, die nur wirkt, wenn
bei andauernder Renitenz tatsächlich *Gewalt* angewendet
werden müßte.

Aber was spricht eigentlich gegen *Gewalt*? Die Frage
läßt sich genauso stellen wie die nach dem *Zwang*, ohne den
doch keine Erziehung möglich ist. Verdanken wir ihr nicht
ebensoviel Gutes wie dem Zwang? Was wäre das *Recht*
ohne die »Befugnis zu zwingen«? Was wäre der *Staat* ohne
sein Gewaltmonopol? Ist nicht die Entstehung und Entwicklung einer jeden Gesellschaft, ja eines jeden Menschen
von Gewalt begleitet? Hätte sich je eine Gesellschaft ohne
die Androhung und Anwendung von Gewalt – gerade auch
gegenüber ihren eigenen Mitgliedern – entfalten lassen?
Gehören nicht beide, Zwang und Gewalt, zu den formen-
den Elementen der Kultur?

Niemand wird diese Fragen abschlägig bescheiden können. Und dennoch sind wir in unserer Ablehnung von
Zwang und Gewalt – zumindest gegenüber uns selbst –
vollkommen sicher: *Wir* **wollen** *uns nun einmal nicht zwingen oder nötigen lassen.* Wir wollen unseren *eigenen Willen*
haben. Das ist eine gut gegründete, in unserer Zivilisation
gewachsene, durch und durch menschliche und überdies
rechtlich abgesicherte Erwartung. Sie hat offenbar ein tief
in die Geschichte der Menschheit hinabreichendes kulturelles Fundament. Selbst aus ganz anderen ethnischen und
historischen Zusammenhängen wissen wir, daß niemand zu
seinem Glück gezwungen werden möchte. Selbst das
Fürchten will einer noch selber lernen. Er möchte *seine eigenen Erfahrungen* machen und *seine eigenen Wege* gehen.

3. Der eigene Impuls als Apriori der Tat

Die einfache Frage, was eigentlich gegen Zwang und Gewalt spricht, führt, wie wir sehen, zu einer Antwort von geradezu monolithischer Eindeutigkeit: Wenn man sie in einer Situation stellt, in der ohne Zwang geantwortet werden kann, scheint geradezu *alles gegen* die Gewalt zu sprechen – und dies so sehr, daß man die Frage entweder als Zumutung oder als billigen Scherz versteht. Es erweist sich als völlig verfehlt, die möglichen Vorteile der Gewalt für bestimmte Erfolgsabsichten auch nur zu nennen. Denn das Urteil steht fest: Auch wenn jeder wohl die Regung kennt, einen Anderen (zur eigenen Befriedigung oder zu dessen Glück) zu *nötigen*, so wird es doch als gänzlich abwegig angesehen, *für sich selbst* den Wunsch zu haben, gezwungen zu werden.

Die Abwehr des Zwangs ist so selbstverständlich wie die Tatsache, daß man von sich und seinen eigenen Einsichten und Absichten spricht. Die Frage nach dem Zwang führt somit direkt auf eine elementare *Bedingung des eigenen Selbstverständnisses*, das offenbar mit dem Anspruch identisch ist, vor dem direkten Zugriff eines Anderen unabhängig zu sein. *Jeder will der sein, der er ist, und er will das tun können, was seiner eigenen Einsicht entspricht.*

Aber könnte man nicht auch darin etwas »Zwanghaftes« entdecken? Liegt nicht ein manisch-repressiver Anspruch vor, wenn jemand immer nur der sein will, der er ist? Wenn es beispielsweise einen »Waschzwang« gibt, wenn etwa die Neurosen mit zahllosen anderen »Handlungszwängen« verbunden sind, wenn die »Mechanik« unserer Gewohnheiten keineswegs bloß kritisch bewertet, sondern als hilfreiche Entlastung gesehen wird, die uns den Kopf für die vordringlichen Aufgaben freihält: Kann es da nicht auch einen krankhaften Identitätszwang geben, der das Individuum nötigt, immer nur das zu tun, was seiner Einsicht entspricht?

Doch damit stießen wir an die Grenze des Begriffsgebrauchs. Es kann nur eine ironisch distanzierte Übertragung sein, wenn vom »Zwang« des besseren Arguments oder der überzeugenden Einsicht gesprochen wird: Alle Rede vom »Zwang« verlöre ihren Sinn, wenn auch die selbständige, aus eigener Einsicht erfolgende Tat »zwanghaft« genannt würde. Im alltäglichen Verständnis ist »Zwang« der natürliche Gegenbegriff zu »Freiheit«; er lebt aus der Unterscheidung, die sich eben darin zeigt, daß jemand »von selbst«, »aus eigenem Antrieb«, »aus eigener Einsicht« handelt oder nicht.

Aber was spricht denn für die Freiheit von Zwang? Warum ziehen wir es vor, aus eigenem Antrieb zu handeln? Was liegt uns denn an unserer eigenen Einsicht, obgleich wir doch zugeben müssen, daß die Einsicht Anderer in vielen Fällen treffender ist? Wir könnten noch weiter fragen: Warum sind wir uns überhaupt in unserem eigenen Verlangen so nahe? Was macht denn unsere eigenen Wünsche so attraktiv? Was macht denn ausgerechnet unsere eigene Einsicht so überzeugend? – Die Fragen mögen so trivial erscheinen, daß es an Absurdität grenzt, sie überhaupt zu stellen. Und vermutlich haben die meisten Menschen sie nicht nötig, weil ihnen die Antworten selbstverständlich sind. Doch die Philosophie kann sie nicht überspringen. Sie muß auf das Selbstverständliche aufmerksam sein, vor allem auf das, wovon wir bereits in unserem Selbstverständnis ausgehen. Und das ist *die unvordenkliche Nähe eines jeden Individuums zu sich selbst* sowie die Tatsache, daß wir uns selbst nicht umgehen können. *Der eigene Impuls ist das Apriori einer jeden Tat.*

Das läßt sich nur als elementare Tatsache unseres lebendigen Daseins feststellen. Ob es dafür je eine Erklärung geben kann, vermag heute wohl niemand zu sagen. Denn sie hätte wohl bis auf den *Grund unserer physischen, emotionalen und intellektuellen Lebendigkeit* vorzustoßen. Nur wenn man sagen könnte, welchem Impuls sich das Leben selbst verdankt, würde man erläutern können, warum es notwendig beim einzelnen Organismus ansetzt. Denn der bringt nichts ohne seinen aus ihm selbst stammenden Antrieb zustande, es sei denn, er wird selbst nur als bloßes Instrument gebraucht. Wo Lebendiges lebt, geschieht das *aus sich heraus*. Ja, Leben *ist* das Geschehen aus einem eigenen Impuls, dessen Ursprung, Mittel und Zweck der Organismus ist. Nur durch Auftritt und Wirksamkeit dieses Impulses ist es möglich, einen Naturgegenstand als »Organismus« zu bezeichnen, der wohl nichts anderes ist als eine Wirkungseinheit sui generis: Nur durch die aus ihm selbst stammende Aktivität wird er zu einem lebendigen Ganzen. Erst ein solches aus sich heraus bewegtes Individuum erlaubt es, von »Selbsttätigkeit« zu sprechen. Und die wiederum geht jeder Zuschreibung von »Eigenem« und »Fremdem« voraus.

4. Alles Lebendige geht von sich selber aus

Alles dies führt natürlich nicht auf »erste« Ursachen. Es kommt zu keiner Erklärung im strikten Sinn – wohl aber zu einer *Aufklärung*, in der ein Zirkel abgeschritten wird, in welchem sich ein mögliches *Verständnis der unvordenklichen Selbsttätigkeit* bewegt. Die Schwierigkeit einer Erklärung liegt nicht zuletzt darin, daß schon in der Aktivität des Erklärens jener eigene Impuls individuellen Lebens wirksam sein muß, den es zu erklären gilt. Gleichwohl ist es nicht sinnlos, sich in diesem *Zirkel von individueller Organisation, organischer Selbsttätigkeit, ursprünglicher Aktivierung, aus sich selbst stammendem Antrieb und eigener Einsicht* zu bewegen. Denn wir schreiten darin, gleichsam *mit* und *in* uns selbst, den *Funktionskreis des Lebens* ab, dem auch noch unsere sublimen geistigen Regungen zugehören. Und indem wir dies tun, sind wir keineswegs bloß bei uns selbst. Denn mit dem Blick auf unsere eigene

Lebendigkeit sind wir immer auch schon bei dem Leben, das wir mit unzähligen anderen Lebewesen teilen.

Ein nicht geringer Effekt einer solchen Selbstaufklärung unserer eigenen Lebendigkeit besteht somit in der Versicherung unseres Wissens von der *Einbindung in das Leben*. Dieses Wissen leitet unseren Umgang mit der Natur, insbesondere mit den in unserer Nähe lebenden Tieren, von Anfang an. Schon als Kind reagiert man auf Katze, Hund oder Pony wie auf seinesgleichen; und mit selbstverständlicher Phantasie wird der Teddybär zum engsten Gefährten, der überall mit dabei sein muß. Daß auch der von der ländlichen Natur weitgehend abgeschirmte Städter sein Bewußtsein von der ursprünglichen Verbindung mit anderen lebendigen Wesen nicht verloren hat, wird durch die Unzahl aller möglichen Tiere und Pflanzen, selbst in kleinsten Wohnungen, bestätigt.

Dieses *Bewußtsein von der ursprünglichen Verbindung mit anderen lebendigen Wesen* wird im Nachdenken über unsere spontane Abwehr von Nötigung und Zwang vertieft. Wir erkennen, daß wir mit unserer ursprünglichen Impulsivität nicht alleine sind. Ähnlich wie in der damit vermutlich eng verknüpften spontanen Schmerzvermeidung manifestiert sich nichts anderes als *Natur – unmittelbar in uns selbst*. Es ist dies die *Lebendigkeit* einer Natur, die eben nicht nur die elementaren Regungen der Selbsterhaltung umfaßt, sondern auch noch die subtilsten emotionalen und intellektuellen Innervationen disponiert: *Alles Lebendige geht von sich selber aus*. Alles strebt nach Wachstum und Entfaltung aus eigenem Impuls. Jedes Lebewesen vollzieht sein Dasein nach eigenem Gesetz. Und indem alles Lebendige von seinen eigenen Antrieben ausgeht, widersetzt es sich auch dem äußeren Zwang. Wo es ihm nicht ausweichen und ihn auch nicht überwinden kann, bleibt auf Dauer nur dessen Integration, Assimilation oder »Einverleibung«, so daß der zunächst fremde Zwang selbst zum Moment der eigenen Wirksamkeit wird und den Charakter des Gewaltsamen verliert. Wo dies nicht gelingt, bleibt nur der Tod. Der trifft ebenfalls immer nur die Individuen, kann aber (bei massenhaftem Auftritt) auch das Ende einer Population zur Folge haben.

Alles dies kann hier nicht mehr sein als ein Indiz für die Naturzusammenhänge, die uns nicht nur physisch tangieren, physiologisch organisieren und psychisch disponieren, sondern die uns offenbar auch intellektuell präformieren, so daß wir nur dort anfangen können, wo wir de facto sind, und uns nur *der* Mittel bedienen können, die wir prima facie haben. Es ist die *Natur* – und ihre an uns selbst zum Ausdruck kommende *Geschichte* –, die dem *Geist* sein Feld eröffnet, die ihm darin seine *Möglichkeiten* einräumt und ihm auch noch seine *Mittel* vorgibt. Und zu den größten Rätseln dieser Natur gehört, daß dieser von ihr entwickelte, durchgängig getragene und verfaßte *Geist* in eben dieser natürlichen Spezifikation eine schwer erträgliche Schranke seiner eigenen Tätigkeit moniert. Er begreift es – offenbar aus seiner eigenen Anlage heraus – als Einschränkung, nur das *Organ eines Organismus* zu sein.

5. Die Eigenständigkeit des Geistes

Aus dieser Lage hat sich der menschliche Geist durch eine Selbstidentifikation mit etwas *Übernatürlichem* zu befreien gesucht und hat sich als *göttlich* verstanden. Diese Option wird heute philosophisch kaum noch verfolgt; nach der Säkularisierung scheint sie wissenschaftlich obsolet geworden zu sein. Man braucht sich aber gegenüber der aufgeklärten Religionskritik keineswegs taub zu stellen, um die Selbstaufwertung des Geistes (als göttlich oder gottähnlich) nach wie vor höchst aufschlußreich zu finden. Nur muß man sie als das verstehen, was sie nach dem Stand unserer Erkenntnis einzig sein kann: nämlich eine *Selbstauslegung des Intellekts*, der sich damit anschaulich zu machen versucht, daß er nicht einfach auf jene Natur reduzierbar ist, die ausschließlich er selbst als einen ihm gegebenen Zusammenhang erkennt. Denn mindestens in dieser Erkenntnis der Natur geht der Geist funktional über das Erkannte hinaus. Und wie anders soll er sich in dieser Leistung begreifen, wenn nicht als *grundsätzlich* überlegen? So verstanden ist das Attribut des Göttlichen nur ein anspruchsvoller Ausdruck für die in den Leistungen des Geistes offenkundig werdende Differenz zwischen sich und der von ihm erkannten Natur.

Ein Verständnis für den über seine eigene Natur hinausgreifenden Anspruch des Geistes dürften wir heute freilich um so eher aufbringen, je entschiedener der Geist – zuvor oder zugleich – alle Möglichkeiten nutzt, seine Stellung in der Natur auszuloten. Er hat die Parallelen und Analogien zu prüfen, die sich in vergleichbaren Leistungen der Natur erkennen oder auch nur vermuten lassen. Also darf er sich durch den immer wachen Reduktionismus-Verdacht nicht lähmen lassen und muß nach *Entsprechungen* suchen. Allein in der dabei unvermeidlichen Annahme, daß nur die belebte Natur verwertbare Anhaltspunkte liefert, verschafft er sich bereits eine bedenkenswerte Selbstaufklärung.

Ähnliches gilt für die einfache Einsicht, daß nur *zentrale Steuerungsleistungen* sich selbst bewegender Organismen für den Vergleich in Frage kommen, und dies um so eher, je größer der Koordinationsaufwand in der Vermittlung zwischen sinnlicher Rezeption und eigener Motorik ist. *Überdies scheinen wir den geistigen Leistungen immer näher zu kommen, je vielfältiger das soziale Umfeld der Naturwesen ist.* Schließlich ist Geistiges wohl nur dort anzutreffen, wo ein Wesen etwas *von selbst*, ja, wo es *sich selbst* zum Ausdruck bringt. Natürlich können wir eine solche Leistung strenggenommen nur an uns selbst wahrnehmen. Aber gibt es nicht doch vergleichbare Ausdrucksformen auch der anderen Lebewesen? Und wenn es allein die Vermutung ist,

daß etwas dem Geist Entsprechendes wohl nur dort anzutreffen ist, wo man *Aufmerksamkeit* unterstellen darf, hat
sich der Geist bereits über eine wesentliche Kondition seiner eigenen Leistung aufgeklärt.

In diesem Sinn kann und muß der Mensch nach *geisti-
ger Verwandtschaft* zumindest im Reich der Tiere suchen.
Und da ist es nicht eben wenig, wenn er die für den Selbst-
ausdruck des Geistes bereits so entscheidende *Selbständigkeit* analogisch ausgeprägt findet. Wir brauchen nur unsere
Augen aufzumachen, um zu erkennen, daß die Abwehr von
Zwang eine Verhaltensdisposition ist, die *beinahe alles Lebendige* umfaßt, das zu Ortsveränderungen in der Lage ist.
Kein Lebewesen läßt sich, so haben wir den Eindruck, seine
Bewegungen widerstandslos von außen vorschreiben. Jeder
glaubt zu erkennen, daß sich der Hund gegen die Leine, das
Pferd gegen den Sattel oder die Katze gegen den Käfig
sträubt. Die Tiere in freier Wildbahn laufen bis zur Er-
schöpfung, ehe sie sich einfangen lassen; und auch dann
mobilisieren sie die letzten Kräfte gegen ihre Jäger. In Gefangenschaft folgen sie, wenn überhaupt, dann nur unter
dem Diktat von Schmerz, Entbehrung und Drohung (die
für Belohnung besonders empfänglich macht) dem Willen
des Dompteurs.

Natürlich gibt es Unterschiede in der Bereitschaft, einem
Zwang zu folgen: Sogar mit Strafe und Belohnung, wenn
sie nur auf den Bedürfnis-, Wahrnehmungs- und Bewe-
gungsrahmen des Lebewesens zugeschnitten sind, läßt sich
bekanntlich Erstaunliches erreichen. Die Dressurpferde,
die Jagdhunde, die Delphine oder die zur Krankenpflege
herangezogenen Rhesusaffen führen es vor. Gelingt die Zu-
richtung durch eine Dressur, hat es den Anschein, als ließe
das Tier seinen Bewegungsspielraum von selbst einengen.
Das ist beim Menschen nicht viel anders. Wenn wir auf
seine Empfindungen und Bedürfnisse Rücksicht nehmen,
können wir mit sanftem Druck und aussichtsreichen Versprechungen – und natürlich mit Gewöhnung – einiges er-

reichen. Das muß noch gar nicht einmal auf äußere Bewegungen beschränkt bleiben. So wie man einen Gefangenen zwingen kann, einen bestimmten Text zu lesen, kann man ihn auch nötigen, eine Botschaft an seine Angehörigen zu schreiben, mit der sie erpreßt werden sollen. Man kann ihn zwar nicht zwingen, eben das zu fühlen und zu denken, was der Andere will; aber man kommt sehr weit mit Versuchen, ihn durch Drohung und physische Druck von seinen normalen Gedanken abzubringen.

6. Selbsterkenntnis als Akt der Selbständigkeit

Im Wechsel der Betrachtung von Mensch und Tier läßt sich somit die offenbar durchgängige Tendenz eines jeden lebendigen Wesens annehmen, *nach seiner eigenen Ordnung* zu verfahren. Gewaltsame Einschränkungen werden abgewehrt und nach Widerstreben nur hingenommen, sofern dafür im eigenen Verhaltensrepertoire Reaktionsmöglichkeiten zur Verfügung stehen. Bei sozial lebenden Wesen ist darüber hinaus die Bereitschaft und die Fähigkeit zur *Selbstbeschränkung* des eigenen Bewegungsspielraums zu erkennen, sofern es soziale Anlässe gibt, die mit der eigenen Handlungsdisposition vereinbar sind. Wollte man diese Beobachtung systematisieren, dann könnte man die *Bestimmung der eigenen Bewegung* als ein Attribut der *Selbstorganisation des Lebens* ansehen, ein Attribut, das sich durchgängig bei allen Individuen zeigt, ganz gleich, ob sie in sozialen Verbänden oder vornehmlich einzeln leben.

Doch so offenkundig die durchgängige Tendenz zur Selbständigkeit bei allen Lebewesen auch ist: Alle vorab über das *Leben* gemachten Aussagen müssen mit einem *Fragezeichen* versehen werden. Sie stehen sämtlich unter einem *methodologischen Vorbehalt*. Denn Selbständigkeit im strikten Sinn kennen wir zureichend nur *von uns selbst*. Ohne die *Selbsterfahrung der Eigenständigkeit* bleibt der

Begriff unvollständig, ja, er hätte ohne sie vermutlich gar keinen Sinn. Also läßt er sich auch nicht treffsicher auf Wesen übertragen, die sich nicht von selbst in (unseren) Begriffen äußern. Ausdrückliches Wollen findet sich, soweit wir wissen, nur beim Menschen. Folglich kann ein Zwang im strikten Sinn *nur von einem Menschen* ausgehen, und Opfer – im strikten Sinn – kann auch *nur ein menschliches Wesen* sein, so sicher wir uns auch sind, wenn wir für die durch den Menschen gequälten Tiere Partei ergreifen.

Dennoch hat es den Anschein, daß wir mit der Disposition, unserem eigenen Antrieb zu folgen, keineswegs so singulär im Kontext des Lebens stehen, wie dies die philosophische Ethik seit Jahrtausenden suggeriert. Die *Selbständigkeit*, so scheint es, entspricht einer *Grundtendenz des Lebens überhaupt*. Da es uns bis heute schwerfällt, genauer anzugeben, worum es in der moralischen Wertung und Steuerung eigentlich geht, sollten wir die sich zeigenden Parallelen zu den Verhaltensweisen anderer Lebewesen nicht unbeachtet lassen. Denn wir verstehen unser eigenes Verhalten besser, wenn wir versuchen, es im *Zusammenhang des Lebens* zu deuten.

Also wird man es – trotz des methodologischen Vorbehalts – als nützlich ansehen müssen, den *Seitenblick auf das nicht-menschliche Leben* zu üben. Ja, ich hoffe, daß sich im Gang der Untersuchung zeigt, daß es zur Arrondierung unseres eigenen Selbstverständnisses unvermeidlich und unerläßlich ist, auf das uns »innen« wie »außen« tragende *Leben* zu achten. Mehr noch: Wir können in dem, worin wir uns verstehen, *nicht von unserer eigenen Lebendigkeit* absehen. Wir erleben und erfahren uns stets als Teil der lebendigen Natur. Und so müssen wir im eigenen Selbstverständnis auf andere Lebewesen ausgreifen und uns *zugleich* von ihnen abgrenzen, um genauer sagen zu können, *als was wir uns verstehen* und *wie wir in unserem Tun begriffen werden wollen*. Nichts anderes aber ist die Frage der Ethik: *Wer bin ich? Wie (und worin) verstehe ich mich selbst?*

Es kommt nun alles darauf an zu zeigen, daß dies selbst schon *praktische Fragen* sind, mit denen wir bereits mitten in der *Ethik* sind. Die meine Untersuchung leitende These lautet, *daß die moralische Frage bereits mit der* **Selbsterkenntnis** *beginnt*. Es ist nicht etwa so, daß wir uns *zuerst* selbst erkennen, um *dann* zu fragen: »Was soll ich tun?« Sondern **Selbsterkenntnis** *ist bereits ein Anspruch, der aus dem Impuls zur Selbständigkeit folgt.* Nur *weil* wir Probleme mit unserem Verhalten haben, wollen wir wissen, wer wir sind. Die Selbsterkenntnis gehört in ihrer entwickelten Form unmittelbar zu jenem Vorgang, den wir *Selbstbestimmung* nennen. Demnach ist Selbstbestimmung ein Akt, in dem theoretische und praktische Momente notwendig ineinander spielen. »Denn«, so sagt Sokrates, »ich will eigentlich nur den Satz prüfen, aber es ereignet sich dann wohl, daß dabei auch ich, der Fragende, und der Antwortende geprüft werden.« (*Protagoras* 333 c) Diese von der theoretischen Beschäftigung einfach nicht zu trennende *Selbstprüfung* aber hat einen notwendigen Bezug zum »Heil des Lebens« (σωτηρία τοῦ βίου) (356d f.).

7. Das Problem der Ethik

Doch was bedeuten eigentlich die jetzt schon so selbstverständlich in Anspruch genommenen Begriffe? Was heißt »Ethik«, und wie verhält sie sich zur »Moral«? Nach den bereits in der griechischen Klassik gebräuchlichen Einteilungen ist die *Ethik* (etwa als ἠθικὴ θεωρίας oder als ἠθικὴ πραγματείας) eines der drei Hauptgebiete der Philosophie. Gleichrangig neben ihr, wenn auch nicht im gleichen Umfang behandelt, stehen die *Logik* und die *Physik*. An die Stelle der Physik trat später die *Metaphysik*, die bis in die frühe Neuzeit hinein noch die Abhandlungen über die *Physik* umfaßte. Mit diesen Unterscheidungen aber war die Ethik nicht ausgegrenzt: Sie war stets Teil des

Nachdenkens über eine Welt, als deren Element sich der Mensch gerade in seiner Eigenständigkeit begriff.

Zur Ethik wurde alles gerechnet, was mit dem *Leben und Handeln der Menschen* verknüpft ist, also nicht nur die Betrachtungen über das *Tun und Lassen der einzelnen Menschen*, nicht nur die Lehren von den *Tugenden*, von der *Lust*, von der *Freiwilligkeit* oder von den Unterschieden zwischen dem *Guten* und dem *Schlechten*, sondern auch die Untersuchungen über die Gesetze der *Polis* oder die Betrachtungen über die *Liebe*, die *Musik*, die *Bilder*, die *Rhetorik* oder die *Poetik*. *Ästhetik* und *Politik* waren noch Bestandteil der *Ethik*, die ihr verbindliches Element in der *Praxis* hatte. Deshalb konnte in der Neuzeit auch die *Praktische Philosophie* zum Synonym für *Ethik* werden.

Bei dieser neuen Bezeichnung hat sich freilich der Begriff der *Praxis* bereits beträchtlich eingeengt. Meinte er noch bei Aristoteles jedes Verhalten eines lebendigen Wesens, jede das Ganze eines Organismus mitnehmende Bewegung,[5] so wurde er im 18. Jahrhundert auf die *Bewegung des Menschen* eingeschränkt, und zwar nur auf die seiner *Einsicht* zugängliche und seinem bewußten *Wollen* unterworfene Bewegung. Das ist, wie wir es heute verstehen, das menschliche *Handeln*. Als Handeln aber begreifen wir das ausdrücklich (oder wenigstens ausdrückbar) mit einer *bewußten Steuerung* verbundene Tun, zu dem natürlich auch das (Unter-)Lassen gehört. Gleichwohl darf diese Einschränkung auf das bewußt geleitete Tun nicht dazu führen, das auch hier wirksame *Lebensfundament* zu vergessen.

---

5 »*Praxis* meint bei Aristoteles mehr als eine von anderen Verhaltensweisen unterschiedene Tätigkeit; sie meint das Leben des Lebendigen überhaupt, weil es sich im Tun und Wirken vollzieht und Praxis die Form seiner Bewegung ist. *Praxis* ist daher auch synonym mit den bestimmten Formen lebendigen Verhaltens (βίος), so daß die Verschiedenheit der Lebewesen selbst sich in der Verschiedenheit ihrer Praxis darstellt und zu Tage tritt.« (Ritter, *Das bürgerliche Leben* [1956], 1969, 59)

Auch Praxis im Sinne eines durch Vernunft und Willen bestimmten Tuns bleibt ein *Vorgang des Lebens*.

Die alte Trias von *Ethik*, *Metaphysik* und *Logik* hat sich
bis ins 18. Jahrhundert gehalten. Sie bestimmt noch die
Lehrsysteme der Schulphilosophie und ist, durch die Vermittlung Kants, in der Sache bis heute dieselbe geblieben.
Nur der Ausdruck *Ethik* wurde zunehmend durch den der
Praktischen Philosophie ersetzt, die alle Bereiche des
menschlichen Handelns, auch die des Rechts und der Politik einbeziehet. *Metaphysik* fiel – zusammen mit der Grundlegung der Naturwissenschaften, der Erkenntnis- und See-
lenlehre sowie der (theoretischen) Gotteslehre – unter den
Titel der *Theoretischen Philosophie*. Damit blieb, wenn
auch unter anderen Namen, die überlieferte Einteilung in
Kraft. Das läßt sich an Kants *Metaphysik der Sitten* (1798)
nachvollziehen: Nach dem Vorbild der alten Ethik umfaßt
sie gleichermaßen die Lehre von den *Tugenden* wie auch
die von *Staat und Recht*. Als *Sittenlehre*, die letztlich alle
durch menschliches Handeln zu ordnenden Lebensberei-
che einbeziehet, wird die *Ethik* der Sache nach weiterge-
führt.

Schon der antike Begriffsgebrauch von *Ethik* spiegelt die
Tatsache, daß alles Tun und Lassen von Menschen stets *individuelles Handeln* ist. Bereits die unter dem Titel der
Ethik stehenden Schriften des Aristoteles behandeln primär die *Probleme des Strebens einzelner Menschen* – obgleich sie zu ihrer Entfaltung nur als Teil der Polis gelangen.
Tugend ist das, wodurch sich jeder *selbst* auszeichnet, mag
er auch von noch so vielen physischen und politischen Bedingungen abhängig sein.

In der Neuzeit hat sich diese Akzentuierung verschärft,
so daß man die *Ethik* heute durchgängig auf die Fragen beschränkt, die *Individuen* in ihrer *eigenen Lebensführung*
haben. Natürlich gehören die Probleme, die sich im Verhältnis zu den Mitmenschen sowie zu den Tieren, den Pflanzen
sowie zur Natur, zur Technik oder zur Kunst ergeben, dazu.

In diesem Sinn spricht man etwa von *Medizin-, Bio-, Technik-* oder *Wirtschaftsethik*. Die Grundsatzfragen der *Politik* oder des *Rechts* haben dagegen ihr heute von der Ethik abgegrenztes eigenes Feld – allerdings im Rahmen der *Praktischen Philosophie*. Gleichwohl zeigen gerade die neu hinzugekommenen »Bereichsethiken«, daß sich keine scharfe Trennlinie zwischen der *Ethik* einerseits und der *Politik* andererseits ziehen läßt.

8. Ethik und Moral

Eine zusätzliche Schwierigkeit ergibt sich daraus, daß neben der Ethik, die sich vom *griechischen* Wort *Ethos* (ἦθος) herleitet, auch eine *lateinische* Version in Umlauf kam, die sich auf *mos, moris*[6], den Parallelbegriff zu *Ethos*, stützt. *Ethik* – als philosophische Disziplin – kann somit auch *Moralphilosophie* genannt werden. Beides zielt auf eine *Lehre von den Handlungen, die der Mensch von sich selber fordert*. Insofern handeln beide von den *Normen, unter denen sich der Mensch selbst begreift*. Wer sich aber selbst unter einer Norm begreift, steht unter dem Anspruch, ihr *entsprechend zu handeln. Also sprechen **Ethik** und **Moralphilosophie** davon, wie der Mensch – nach seinem eigenen Verständnis – handeln soll.*

Es ist eine Eigentümlichkeit unserer Sprache, daß man eine Bezeichnung für die Art, in der man mit einer Sache verfährt, auch für die Sache selber verwenden kann – und umgekehrt. Nur so konnte es überhaupt zu den Titeln für die philosophischen Disziplinen kommen: Die *Ethik* behandelt das »Ethos«, also die Art und Weise, wie Menschen nach eigenen Vorstellungen leben; *Moralphilosophie* befaßt

---

6 ἦθος: gewohnte Sitze, Aufenthalt, Wohnort, Heimat; Herkommen, Brauch; Charakter, Sinnesart, Grundsätze, Sittlichkeit; älter: ἔθος: Gewohnheit, Brauch, Üblichkeit, Sitte; *mos, moris:* guter Wille, Gehorsam; Sitte, insb. gute Sitte, Brauch; Art, Beschaffenheit.

sich mit allem, was zu den *mores* gehört. Folglich können »Ethik« und »Moral« auch die Sache bezeichnen, mit denen sich *Ethik* und *Moralphilosophie* beschäftigen. Diese Differenz haben wir zu beachten. In der Regel ist durch den Kontext klar, ob »ethisch« (oder »moralisch«) die philosophische Disziplin (und ihre Fragestellung) oder ein bestimmtes Verhalten kennzeichnet.

Der Terminus der *Moral* hat – insbesondere durch Hegels Deutung – eine *subjektive Färbung* erhalten, so daß er häufig nur auf das *individuell* verantwortete Verhalten des einzelnen Menschen bezogen wird. Diese Akzentuierung der Individualität ist der Sache überaus angemessen, auch wenn sie, wie wir später (5.6; 7.1) sehen werden, nichts mit »Subjektivität« zu tun hat. Auf diese Weise ist das »moralische« etwa vom »politischen«, »juridischen« oder »ökonomischen« Handeln abgegrenzt, so schwierig es auch sein mag, die damit unterstellte Grenze im Einzelfall zu ziehen. Die Akzentuierung aber hat die *Moralphilosophie* keineswegs von der *Ethik* entfernt. Vielmehr ist, wie gesagt, die Spezifikation auf das individuelle Verhalten schon für die antike Ethik kennzeichnend gewesen. Also kann man *ethisch* und *moralisch* in jeder Hinsicht als synonym behandeln. Daran ändert auch die eigenwillige Umdeutung durch Jürgen Habermas nichts.[7]

Der Gegenstandsbereich von Moral und Ethik umfaßt alles Handeln, das unter *Normen* steht, *die der Mensch auf sich bezieht,* genauer: *unter denen er sich selbst begreift*. Es wird später noch zu zeigen sein, daß letztlich alles menschliche Handeln, auch das Sprechen und Denken, unter *Re-*

---

7 Habermas vertauscht die nach Hegel übliche Gewichtung der Begriffe. *Ethik* gilt ihm als *Lehre vom guten Leben* und ist auf die individuell verantworteten Teile des menschlichen Handelns eingeschränkt; *Moral* wird dagegen auf die (wie Habermas fälschlich glaubt) einzig universalisierbare Lehre von der *Gerechtigkeit* bezogen. Siehe dazu: *Erläuterungen zur Diskursethik*, 1991, 77 ff. und 100 ff.; zur Kritik siehe: Thyen, *Was bedeutet: Autonomie der Moral?*, 1998, 122 ff.

geln steht, von denen wir abweichen können (9.3). Solche Regeln werden *Normen* genannt. Folgen die Normen aus einer spezifischen Sachgesetzlichkeit (etwa der Sprache, der Wissenschaft oder des Sports), dann gehören sie zu einem spezifischen Regelkanon etwa der Grammatik, der Methodologie oder des Spiels. Diese Normen gehören nicht zur Ethik, auch wenn sich manches ethische Problem vermeiden ließe, wenn sich jeder konsequent an sie hielte. So etwa ließe sich Betrug in der Wissenschaft am einfachsten dadurch vermeiden, daß man die methodologischen Prinzipien wissenschaftlichen Arbeitens befolgte. Eigentlich sollte klar sein, daß sich ein Wissenschaftler wissenschaftlichen Regeln verpflichtet fühlt.

Doch leider liegen die Dinge nicht immer so einfach. Es gibt Unsicherheiten, persönliche Mängel, überschießende Erwartungen, maßlosen Ehrgeiz und in deren Folge Rollenkonflikte. Die können es sehr schnell zu einem Problem werden lassen, wie sich ein Wissenschaftler zu den wissenschaftlichen Regeln verhält. Und eben damit haben wir den Fall eines spezifisch *moralischen Problems*. Dann muß geklärt werden, wie sich der Betreffende – angesichts des szientifischen Regelkanons – *selbst versteht. Also geht es in der Ethik nur um solche Normen, die den **Selbstbegriff des handelnden Wesens** regulieren, die ihm helfen, das Problem zu bewältigen, das es sich selber ist.*

9. Die Aufgabe der Ethik

Wenn dieser Bezug auf das Selbstverständnis des handelnden Wesens erkannt ist, läßt sich in wenigen Worten ableiten, worin die *Aufgabe der Ethik* besteht: Sie hat *zunächst und vor allem anderen* zu klären, *worin denn eigentlich ein moralisches Problem besteht*. Das kann sie aber nur, wenn sie kenntlich macht, auf *wen* und auf *welche Handlungslagen* es sich bezieht. Will sie das gründlich leisten, dann muß sie herausarbeiten, unter *welchen Bedingungen* überhaupt derartige Probleme entstehen und *was das für ein Wesen ist*, dem sie etwas bedeuten. Also hat sie die *Lebens- und Handlungsbedingungen* zu ermitteln, unter denen Individuen auftreten, die *sich selbst zum Problem* werden können – Individuen, die somit genötigt sind, ihr *Selbstverständnis* zu klären.

Darin liegt die *Grundlegung der Ethik* im eigentlichen Sinn. Sie läßt sich allein durch die *Analyse der menschlichen Ausgangslage* angehen, und sie ist nur zu bewältigen, indem sie auch die empirischen Lebensbedingungen des Menschen zum Thema macht. Um es deutlich gegen Kant zu konturieren: *Eine Grundlegung der Ethik ist vornehmlich eine Aufgabe der philosophischen Anthropologie* – die freilich den *ganzen Menschen* zu erfassen sucht, damit auch sein *Selbstverständnis* einbezieht und somit empirische wie auch nichtempirische Elemente umfaßt.

Diese e r s t e Aufgabe der Ethik ist nach dem unerhörten Anfang, den Platon darin gemacht hat und an den Aristoteles anschließt, bis heute vernachlässigt. Die Anläufe, die Nietzsche, Dilthey und Simmel, Mill, James und Dewey unternommen haben und die sich heute durch zahlreiche psychologische, soziologische und biologische Erkenntnisse ergänzen lassen, sind zwar beachtlich; aber sie verfehlen den von Platon so unübersehbar exponierten, von Cicero, Augustinus, Montaigne und Kant auch erkannten, aber nicht hinreichend gedeuteten **Selbstbezug** des *lebendigen Wesens*. Sie verfehlen entweder den *situativen Ausgangspunkt* mit seinem radikalen Bezug zum *handelnden Individuum*, oder sie unterschätzen die dominierende Stellung des *Begriffs*, der bereits in der Problemerfahrung auf eine *Allgemeinheit* ausgreift, der nur durch eine Lösung entsprochen werden kann, die den *Kriterien der Vernunft* genügt.

Zu dieser Grundlegung gehört z w e i t e n s die *Klärung der fundierenden Begriffe* im Selbstverständnis des aus eigenem Anspruch handelnden Menschen. Das sind vornehmlich die Begriffe des *Lebens* und des *Handelns*, dann die des *Wollens*, der *Freiheit*, der *Verantwortung* und der *Person*, schließlich auch die der *moralischen Verpflichtung* überhaupt. Spätestens hier muß klar werden, daß die Aufgabe der Ethik nicht allein mit den Mitteln einer rein empirischen Analyse zu erledigen ist. Selbstbezug und Selbstverständnis gehören zu den *Bedingungen* einer jeden empirischen Aussage und können folglich nicht selbst empirisch sein.

Von der vorbereitenden Begriffsklärung läßt sich die Suche nach *Kriterien* abgrenzen, nach denen sich moralische Urteile begründen bzw. moralische Entscheidungen treffen lassen. Bei diesem d r i t t e n Schritt ist man in der Regel bei dem *Prinzip*, das der Moral zugrunde liegt. Ein solches *Prinzip* kann man in einem gelingenden Leben, im persönlichen oder im mehrheitlichen Glück, im Konsens, im Gewissen, in der Natur, in der Vernunft oder auch in einem göttlichen Willen entdecken. Wir können alle diese kriteriellen Prinzipien gelten lassen, wenn am Ende klar ist, daß sie ihren Ursprung letztlich im *Selbstverständnis des handelnden Wesens* haben müssen. Denn nur im Bewußtsein eines *konsistenten Selbstbegriffs* kann die Berufung auf eine wie immer auch beschaffene natürliche, gesellschaftliche oder göttliche Instanz handlungsentscheidende Bedeutung haben (8.9).

Damit ist man schon beim v i e r t e n Schritt, in dem die dem Einzelnen bewußte Norm der Entscheidung, das *ethische Grundgesetz* – oder der *kategorische Imperativ*, das *Sittengesetz* oder wie immer es heißen mag – beschrieben und begründet wird. Hier also werden die ausschlaggebenden *Kriterien* hergeleitet, die alles moralische Urteilen und Handeln sondieren sollen.

Bis in die jüngste Zeit gibt es dann noch die Forderung nach einem f ü n f t e n und letzten Schritt, nämlich der Angabe *konkreter ethischer Gebote*. Man will zeigen, was die Ethik in der Anwendung bedeutet und welche Regeln oder auch Ratschläge sie im großen und ganzen, aber auch in einzelnen Fällen gibt. Die klassische Ethik hat hier die *Tugenden* erörtert, die jeder freilich *selbst* auf sich und seine Handlungslagen beziehen muß. Schon die antiken Autoren waren in diesem Punkt weiter als mancher moderne Moralphilosoph: *Man kann von einer Ethik nicht erwarten, daß sie Vorschriften für alle Individuen in allen Situationen entwickelt.* Sie ist kein Katechismus ethischer Gebote. Wollte sie zu einzelnen Handlungslagen überhaupt etwas sagen, könnte sie *allgemein* nur *in Beispielen* reden. Das schließt nicht aus, daß man in der persönlichen Beratung auch zu ganz konkreten Schlußfolgerungen kommt. Die aber sind auf den *Einzelfall* beschränkt und können für andere nur *exemplarische Bedeutung* haben.

Eine *Grundlegung der Ethik* kann sich auf die ersten drei Schritte beschränken. So geschieht es im vorliegenden Text. Dabei wird sich zeigen, daß die einzelnen Schritte auch von ihrer eigenen Logik her ineinanderübergehen: Die *anthropologische Beschreibung der Ausgangslage* des auf eigenes Handeln angewiesenen Menschen führt ganz von selbst auf die *tragenden Begriffe* des moralischen Handelns. Deren Gebrauch aber legt von sich aus schon das *Prinzip* des moralischen Handelns frei, das den *Kriterien* zugrunde liegt.

Die Ethik hat es also gar nicht nötig, ihr Prinzip zu »deduzieren«; sie braucht es auch nicht aus speziellen Erfahrungen, Eingebungen oder Gefühlen herzuleiten; sie ist erst recht auf keine Unterstellung eines anderen, eines »besseren« Menschen angewiesen, den sie dann zum Ideal erklärt. Es reicht, wie sich zeigen wird, völlig aus, *den Menschen so zu beschreiben, wie er sich nach seinen eigenen Ansprüchen versteht, um schließlich zum Prinzip des moralischen Handelns zu gelangen.* Man braucht eigentlich nur zu erkennen und zu erörtern, wie sich der Mensch in seinem aktiven Dasein *selbst begreift*, und schon ist man beim Grundprinzip der Ethik. Dieses Prinzip ist das der *Selbstbestimmung durch eigene Gründe.*

Aufs Ganze gesehen ist die Ethik eine *Selbstaufklärung des Individuums in praktischer Absicht.* Sie zielt letztlich auf nicht mehr und nicht weniger als auf die *Selbstsicherheit*, die ein Individuum gewinnt, das unter dem Anspruch lebt, ein nachdenkliches und vorausschauendes, ein begründendes und erschließendes Wesen zu sein – ein Wesen, das von seinen Abhängigkeiten und Unzulänglichkeiten weiß und eben deshalb von sich aus größten Wert darauf legt, in Übereinstimmung mit sich selbst zu sein. – Es versteht sich von selbst, daß die Ethik selbst praktischen Anteil an dem nimmt, was sie beschreibt.

Die Ethik ist somit die Wissenschaft von der praktizierten Selbständigkeit des Menschen. Ihr eigenes Interesse führt notwendig zum Ungenügen des bloßen Wissens. Ihr Ziel liegt in dem, was die Alten *Weisheit* und *Tapferkeit* nannten und was sich von der sozialen Tugend der *Gerechtigkeit* so wenig trennen läßt wie von dem Bewußtsein einer (wie auch immer beschaffenen) Macht, die unsere eigene Macht trägt und begrenzt. Insofern gehört auch das dazu, was die Alten als *Frömmigkeit* bezeichneten.

Überall dort, wo mich etwas *persönlich* betrifft, immer dann, wenn ich mir *als Individuum* etwas zurechne, was mein *Selbstverständnis* berührt, so daß ich überzeugt bin, *selbst etwas tun zu müssen*, da bin ich moralisch gefordert. Dabei können die Momente dieses Selbstverständnisses ganz unterschiedlicher Herkunft sein: Ich kann der Überzeugung sein, daß etwas gegen mein Ethos als Wissenschaftler oder gegen meine Rolle als Bürger geht, ich kann Wert darauf legen, daß ich als leidenschaftlicher Spieler diese Schlappe nicht hinnehmen darf oder daß ich ganz persönlich meinen Ehrgeiz als Patient darein setze, dem ärztlichen Vorsatz zu folgen: In allen diesen Fällen bin ich *selbst* berührt und stehe unter dem Anspruch, daß *von mir aus*

(also *aus eigener Einsicht*) etwas getan werden muß – ganz
gleich, ob dies dann in einer Anweisung an andere, in einem
eigenen Vorsatz, einer allgemeinen Aufforderung, einer
einfachen Tat oder im eigenen Opfer besteht. Ich fühle
mich *als ganze Person* gefordert und muß infolgedessen *aus
Selbstachtung* etwas tun. *Die Lösung eines moralischen
Problems ist nur durch eine* **eigene Initiative**, *nur durch einen* **Akt, der von mir selbst ausgeht**, *zu lösen* – es sei denn,
die Herausforderung entfällt.

10. Vom tätigen Leben ausgehen

Wenn sich die Ethik mit dem *Selbstverständnis* des handelnden Menschen befaßt, hat sie naturgemäß da anzusetzen, wo der Mensch tätig ist und sich über sein Tun
verständigt. Das geschieht in den üblichen Begriffen des
täglichen Lebens. Da ist ohnehin vom »Ich« und vom
»Selbst« die Rede, da werden der »Wille«, das »Bewußtsein« oder das »Gewissen« in Anspruch genommen, da
gibt es »Freiheit«, »Zwang« oder »Gewalt«, und da kennt
man »Gebote« und »Verbote«, »Gesetze«, »Befehle« und
»Strafen« und weiß in der Regel sehr gut, was diese Ausdrücke jeweils meinen. Das gilt insbesondere für Begriffe wie »Handlung«, »Entscheidung«, »Verantwortung«,
»Pflicht« oder »Zuständigkeit«, für »Tun«, »Tat« oder
auch »Praxis«.

Wenn der Moralphilosoph zeigen will, wovon er spricht,
dann hat er sich auf diese *Alltagsbegriffe des praktischen
Handelns* zu beziehen. *Sie sind die unverzichtbaren Elemente seiner Reflexion.* Zwar geht es im Nachdenken über
unser Tun letztlich immer um das, *was* wir tun. Nicht selten
natürlich auch darum, *wie* wir es tun: Da ist die Frage, ob
ich dem Rat der Eltern oder der Stimme meines Herzens
folge? Ob ich alle Termine absage, um dem in Not geratenen Freund helfen zu können? Ob ich, ohne Rücksicht auf

die Kollegen, alles sage, was ich weiß? Ob ich meinen eigenen Fehler eingestehe, auch wenn es mir bei der Schadens-
regulierung durch die Versicherung Nachteile bringt? Bei
alledem denke ich in *Kategorien meiner Zuständigkeit*. Ich
unterstelle, daß es *auf mich ankommt* und daß sowohl mein
Nachdenken und Entscheiden wie auch mein Tun *etwas
bewirken*. Und so lächerlich es aus einer soziologischen
oder metaphysischen Perspektive auch erscheinen mag: *Ich
nehme mich* ernst, *sobald ich mir eine moralische Frage
stelle*. Zu diesem Ernst aber gehört die Gültigkeit der Begriffe, mit denen ich beschreibe, worauf es mir ankommt.
Es mag ja sein, daß »Absicht«, »Wille«, »Entscheidung«
oder »Schuld« aus der Sicht eines Hirnphysiologen etwas
ganz anderes bedeuten als im täglichen Leben. Aber wenn
der Hirnphysiologe nach einem Verkehrsunfall, in den er
selbst verwickelt ist, seine Schuld bestreitet, weiß er offenbar genau, welcher praktische Sinn dem Ausdruck zukommt.

Von dieser praktischen Bedeutung geht die Ethik aus.
Darin liegt weder Naivität noch Nachlässigkeit. Denn die
moralischen Probleme entstehen im praktischen Zusammenhang des Lebens und verlangen *eben dort* nach einer
Lösung. Solange es diese Praxis gibt, wird es auch diese
Probleme geben. Und eine Ethik wird ihrer Aufgabe nur
dann gerecht, wenn sie sich der Sprache bedient, in der sich
die praktischen Probleme stellen. Tatsache also ist, daß die
Ethik in ihrem Nachdenken über das, was zu tun ist, nicht
von *den Begriffen loskommt, in denen wir das Tun an uns
selbst erfahren*. Folglich bleibt sie auf Begriffe wie »Entscheidung«, »Wille« oder »Verantwortung« angewiesen.
Wer dies zugesteht, muß auch einräumen, daß die »Freiheit« *notwendig* hinzugehört.

Spätestens damit ist aber klar, daß wir die Termini der
menschlichen Praxis nicht unbefragt hinnehmen dürfen.
Bekanntlich zweifeln Philosophen noch heute, ob es Freiheit »gibt«. Im Kontext einer theoretischen Metaphysik

oder einer Theorie der Natur ist das eine sinnvolle Frage. Doch wie immer die Antwort auch ausfällt: Die Ethik muß vom *gegebenen Anspruch* auf Freiheit ausgehen; den kann sie nur um den Preis eines Selbstwiderspruchs negieren. Denn ihre eigene Frage ist vom Anspruch auf Freiheit bestimmt. Also hat sie sich darauf zu beschränken, den *Sinn* des praktisch unverzichtbaren Begriffs zu klären. Sie muß sagen, was es heißt, von »Freiheit« zu sprechen, und wie diese Bedeutung mit dem »Nachdenken«, »Wollen« und »Handeln« eigentlich zusammenhängt (6.4/7).

Von der *aus sich selbst stammenden Initiative des Menschen* hängt also ethisch-moralisch alles ab. Hier liegt der Ursprung für alle Handlungsmomente der Moral. Und auch hier könnten wir sagen, daß es die *Probleme* sind, die alle typischen Handlungsimpulse des Menschen aktivieren. Vieles ist eine *Realität* allein dadurch, daß es *Problem* ist. Und die Theorie hat die Aufgabe, die Probleme so zu erörtern, daß *Lösungen* gefunden werden können. Die praktischen Lösungen aber bestehen darin, daß man etwas tut. Und bei diesem Tun wird das *Selbstverständnis des Tuns* vorausgesetzt und natürlich auch alles, was im normalen Verständnis dazugehört: also das *Wollen*, das *Sollen* und alles, was mit dem *Anspruch auf eigenes Handeln* verbunden ist. Folglich tut man gut daran, die Phänomene, die uns die Fragen verschaffen, als *Tatsachen unseres menschlichen Daseins* anzuerkennen.

Ohnehin ist die *Theorie*, als die sich die *Praktische Philosophie* versteht, keine bloße »Schau« auf die Fragen, die es im Alltag gibt. Die Ethik unternimmt ihre ganze Anstrengung keineswegs bloß, um etwas in seinen begrifflichen Bestandteilen zu beschreiben, sondern um mit dieser Beschreibung Antworten auf praktische Fragen zu finden. *Ihr Problem ist selbst ein praktisches.* Also sollte sie ihre theoretische Leistung so anlegen, daß sie jederzeit wieder rückübersetzbar in Praxis ist. Sie muß mit ihrer theoretischen Begrifflichkeit direkt in die moralischen Ausgangssituationen zurückfinden. Das wird ihr um so eher gelingen, als sie *möglichst nahe bei den Begriffen der alltäglichen Verständigung über die moralischen Probleme bleibt.*

Daran versuche auch ich mich zu halten. Ich gehe also nicht nur von den Alltagsbegriffen unserer Selbstverständigung aus, sondern bemühe mich, sie – bei aller gebotenen Distanz – in der theoretischen Erörterung terminologisch abzusichern. Damit, so hoffe ich, gibt es einen kurzen Weg zurück zu den Problemen, die zur Ethik führen und die auch unabhängig von ihr weiterbestehen. *Sie wird von dem Problem angetrieben, das jeder mit sich selber hat.* Sie entsteht angesichts der Frage, was in einer schwierigen Lage eigentlich zu tun ist – und zwar von dem, der *sich* diese Frage selber stellt. Dort, wo es nicht mehr allein darum geht, die technischen Risiken, die sozialen Effekte oder die ökonomischen Kosten abzuschätzen, sondern wo der Handelnde *sich selbst* zu fragen hat, was er eigentlich *selber will* und wie er *sich in diesem Wollen selbst versteht*, da ist das ethische Problem gestellt. Und das geschieht, soweit wir wissen, nicht erst, wenn ein Jahrhundert sich seinem Ende nähert, sondern immer dann, wenn zwei Bedingungen erfüllt sind: Wenn sich, e r s t e n s, die Lösung eines Problems, das einen selbst betrifft, *nicht einfach von selbst versteht*, und wenn sich, z w e i t e n s, das Individuum in seinen eigenen Handlungsansprüchen *wichtig nimmt*.

Sind diese beiden Bedingungen gegeben, dann verlangt das Individuum eben damit nach einer *eigenen Einsicht*, die es ihm erlaubt, aus *seinen eigenen Gründen* zu handeln. Wenn es dem Menschen tatsächlich um etwas geht, das er mit seinem Selbstverständnis verbindet, dann verlangt er nach Aufklärung über Möglichkeiten und Ziele seines eigenen Tuns. Und diese Aufklärung ist systematisch unter dem Titel der *Ethik* zusammengefaßt. Die Ethik entsteht somit aus der *Selbstproblematisierung des Individuums*, das sich in seiner Zuständigkeit *ernst nimmt* und damit bereits von einer *Verantwortung für das eigene Tun* ausgeht.

Sobald ein Individuum in eine *Krise* gerät, aus der es durch eigenes Tun einen Ausweg sucht, ist die ethische Frage unausweichlich. Das gilt selbst für aussichtslos erscheinende Handlungslagen.[8]

8　Jan Philipp Reemtsma gibt im literarischen Bericht (*Im Keller*, 1997) über seine Entführung eindrucksvolle Beispiele für die Sicherung individueller Selbständigkeit des Wahrnehmens, des Handelns, ja des Fühlens selbst noch unter räuberisch-mörderischem Zwang. Sein Buch führt vor Augen, daß es für eine »postmoderne Ethik« mit Sicherheit noch etwas zu früh, für die antike Tugend der Tapferkeit aber nie zu spät ist. – In diesem Zusammenhang sei die Bemerkung erlaubt, daß die beachtenswerte Untersuchung von Zygmunt Baumann, auch wenn sie unter dem Titel *Postmoderne Ethik* (1995) steht, mit dem in den achtziger Jahren herrschenden Zeitgeist nur wenig zu tun hat. Baumann betont zu Recht mit der *Pluralität* die *Individualität* und geht, in der Nachfolge von Emanuel Lévinas, von normanalogen Verpflichtungen durch die *Gegenwärtigkeit des Anderen* aus. Ihm fehlt allerdings ein Begriff für die *Verbindlichkeit* moralischen Handelns. Das allein macht seine Konzeption aber noch nicht »postmodern«.

3

Selbstherrschaft, Selbstbestimmung und Selbstzweck

Zur Geschichte des moralischen Problems

1. Die Selbständigkeit des mündigen Menschen

Das Streben nach Selbständigkeit gehört zu den ältesten überlieferten Werten der europäischen Kultur. Deshalb muß es erstaunen, daß die herrschende Meinung so hartnäckig dabei bleibt, das Verlangen nach Eigenständigkeit als späte historische Errungenschaft auszugeben. Sie soll erst mit der *Emanzipation der Bourgeoisie* auf den Plan getreten sein, und die in dieser fragwürdigen Diagnose mitschwingende Prognose ist, daß sie mit dem Bürgertum alsbald wieder verschwindet. Natürlich wissen wir nicht, was aus dem Bürgertum eines Tages wird. Aber wir können uns schlechterdings keine Menschheit wünschen, in der die Ideen der bürgerlichen Welt *nicht* realisiert sein sollten. Für *Freiheit* und *Gleichheit* ist das inzwischen weitgehend anerkannt. Die *Brüderlichkeit* wird nur beargwöhnt, weil man sie nicht für geschlechtsneutral hält; deshalb spricht man gegenwärtig lieber von *Solidarität*. Wenn das Naturmoment, das in der Brüderlichkeit so offenkundig ist, nicht verlorengeht, ist gegen den neuen Terminus nichts einzuwenden.

Um so lohnender ist es, daran zu erinnern, daß schon Kant die Trias der politischen Ideen der *Französischen Revolution* in politischer Absicht abwandeln wollte. An die Stelle der *Brüderlichkeit*, die er, wohl zu Recht, für einen primär moralischen Anspruch hielt, sollte das staatsbürgerliche Kriterium der *Selbständigkeit* treten. Jeder sollte nicht nur in moralischer, sondern auch in sozialer Hinsicht sein eigener Herr sein, wenn er als aktives Mitglied einer politischen Gemeinschaft handeln können sollte (Kant, *Gemeinspruch*; 8, 290 und 294).

Das Mißliche an Kants Vorschlag war, daß er sein neues Kriterium viel zu eng anlegte; es sollte zum Ausschluß der Frauen, Arbeiter und Hausangestellten von der politischen Verantwortung taugen. Das entsprach zwar der herrschenden Auffassung seiner Zeit, war aber ein schwerer Mißgriff. Wenn wir jedoch sehen, daß die *soziale Eigenständigkeit* eines Menschen zu einem hohen politischen Gut geworden ist, daß dem *Recht auf Arbeit* Verfassungsrang zugeschrieben wird und daß *Unmündigkeit und Abhängigkeit* die Zustände sind, die gerade auch politisch überwunden werden sollen, dann erscheint Kants Ergänzung in einem anderen Licht: Sie drückt eine elementare *politische Einsicht* aus; nur darf sie nicht zur Diskriminierung einzelner Gruppen führen. Sie hat vielmehr der Dynamisierung der politischen Entwicklung zu dienen.

Das Problem, um das es geht, läßt sich auch alltagssprachlich leicht anschaulich machen: Lesen wir im Wirtschaftsteil einer Zeitung von den »Selbständigen«, dann sind die »Unternehmer« gemeint – vom selbständigen Handwerksmeister über die niedergelassenen Ärzte und Rechtsanwälte bis hin zum Eigentümer eines Großbetriebs. Lesen wir dagegen in der Rubrik Innenpolitik einen Bericht über Erfahrungen im offenen Strafvollzug, dann bedeutet »neu gewonnene Selbständigkeit« nicht mehr, als daß jemand lernt, sich nach der Gefangenschaft wieder als freier Bürger zu bewegen. Und ist eine berufstätige Mutter stolz darauf, was ihr kleiner Sohn während ihrer Abwesenheit schon alles erledigen kann, dann lobt sie seine »Selbständigkeit«. Die Bedeutung des Begriffs hängt also an den jeweiligen Erwartungen im sozialen Feld; im Kern drückt er die auf den einzelnen Menschen bezogene Fähigkeit aus, *auf eigenen Füßen* zu stehen, sich *aufrecht unter seinesgleichen* zu bewegen und so zu handeln, wie man es von einem Menschen *mit einem eigenen Standpunkt* erwartet.

Fassen wir den Begriff in dieser Weise, dann ist sofort erkennbar, daß die *Selbständigkeit* auch in sozialer und politischer Hinsicht unverzichtbar ist. Ohne sie kann niemand eine *eigene Meinung* haben; ohne sie kann der Mensch keine *Privatsphäre* aufbauen, die er als Bürger braucht, um unter Umständen auch selbst für seine *Freiheit* und sein *Recht* (das seine *Gleichheit* wahrt) eintreten zu können.

Dieser Zusammenhang gilt heute als selbstverständlich. Die Politik fordert den »mündigen Bürger«. Das ist jemand, der, wörtlich genommen, *seinen eigenen Mund* zum Sprechen hat und auch im öffentlichen Zusammenhang *sein eigenes Wort* führen kann. Er muß *für sich selber sprechen* können. Dabei wird unterstellt, daß er auch *selbst denken* und *in eigener Verantwortung handeln* kann. In vielen Fällen liegt ja schon im eigenen Wort die eigene Tat, etwa wenn ein Versprechen, ein Interview oder eine Zeugenaussage zu Protokoll gegeben wird. Für sich selber sprechen, selber denken und eigenständig handeln gilt als ein und dieselbe Fähigkeit, die als Mündigkeit nicht nur beschrieben, sondern vom erwachsenen Menschen auch *gefordert* wird. Aus unserem Kulturkreis wird sich wohl niemand dem *normativen Anspruch* der *Mündigkeit* entziehen können: Nach Möglichkeit *soll* jeder für sich selbst eintreten können. Das aber heißt nichts anderes, als daß wir jedem Menschen die *Fähigkeit zur Selbständigkeit* nicht nur unterstellen, sondern auch *abverlangen*. Bringt er sie nicht auf, ist er entweder noch nicht alt genug, oder er ist krank und somit aus psychischen oder physischen Gründen der Hilfe bedürftig.

Alles dies zeigt, wie selbstverständlich uns die Selbständigkeit – unsere eigene wie die der Anderen – ist. Und wenn wir uns vorzustellen versuchen, daß die Generationen nach uns diesen Anspruch auf Selbständigkeit eines Tages aufgeben sollten, so könnten wir uns dies nur unter Bedingungen einer politisch-sozialen Katastrophe denken. Daß jemand freiwillig auf seine Selbständigkeit verzichtet, erscheint als ein Widerspruch in sich – und zwar sowohl moralisch wie auch politisch. In der Selbständigkeit haben wir die Voraussetzung, ohne die weder Moral noch Politik denkbar sind.

2. Die antike Sorge für sich selbst

Wenn uns etwas derart selbstverständlich geworden ist, können wir von Glück sagen, daß es nicht erst vor zwei- oder dreihundert Jahren in Umlauf gekommen ist. Nachweisbar ist der Anspruch seit mehr als zweitausendfünfhundert Jahren; aber vieles spricht dafür, daß er noch um einiges älter ist.[1] In dem ältesten Text, den wir auf einen als historisches Individuum identifizierbaren Autor zurückführen können, in Hesiods *Erga*, heißt es:

> »Der von allen ist gut, der selber (αὐτός) alles erkannt hat,
> wohl überlegt, was später und bis zum Ende am besten.
> Aber auch jener ist edel (ἐσθλός), der gutem Rate vertraut hat.
> Wer aber weder selbständig denkt (αὐτὸς νοέῃ) noch anderen zuhört,
> um sich ihr Wort zu eigen zu machen, den nenne ich unnütz.«

(Hesiod, Erga, 292–296.)

Dieser eindrucksvolle Spruch findet sich nur wenige Zeilen unter jener Sentenz, der zufolge die unsterblichen Götter den »Schweiß vor die Tugend« gestellt haben. In

---

1 Ich verweise nur auf das um 2000 v. Chr. entstandene und um 1200 v. Chr. aufgezeichnete Gilgamesch-Epos, auf die ägyptischen Grabstellen (Assmann, *Stein und Zeit*, 1991) und auf Homer.

der knappen deutschen Fassung dieser Einsicht: »Ohne Fleiß kein Preis« geht die persönliche Ansprache verloren, auf die es Hesiod ankommt. Denn seine Worte sind an seinen Bruder Perses gerichtet, der es offenbar an Tüchtigkeit hat fehlen lassen. Und so müssen wir auch im Lob der Eigenständigkeit eine *individuell* bewertete Erkenntnis sehen, die einem Individuum als mahnende Aufforderung vorgehalten wird.

Wenn Aristoteles die Verse Hesiods in der *Nikomachischen Ethik* zitiert (*NE* 1095b 10–12), entfällt der *persönliche* Charakter der Ermahnung zur Selbständigkeit des Denkens und Handelns. Der Philosophie kommt es auf *allgemeine Einsichten* an, die unabhängig von besonderen Lebenserfahrungen sind. Und dennoch kann auch Aristoteles das individuelle Moment dieser Erkenntnis nicht tilgen. Denn die Tugend, so sagt er, müsse etwas sein, »was uns zuinnerst (οἰκεῖον) zugeordnet und nicht leicht ablösbar ist« (*NE* 1095b 25/26). »Zuinnerst« aber ist jeder bei sich selbst.

Damit ist klar, daß die Tugend immer an die *Tüchtigkeit des Einzelnen* gebunden ist. Natürlich können sich auch viele Menschen gemeinsam als tüchtig erweisen, so daß sie als Kollektiv Anerkennung gewinnen oder Bewunderung auf sich ziehen. Und es wäre unsinnig anzunehmen, sie würden sich in ihrer Leistung nicht wechselseitig stützen und fördern. Aber was immer in der großen Zahl an Großem zustande kommt: Es beruht auf dem Beitrag der einzelnen Menschen. Sie sind die zurechnungsfähigen Träger der Handlung. Ohne sie geschieht nichts.

Mit Hesiods Versen begegnet noch vor der Entstehung der philosophischen Ethik ein Anspruch, den viele für typisch modern oder neuzeitlich halten, der in Wahrheit aber der alte, ursprüngliche Impuls der ethischen Frage ist.[2] Es ist der Anspruch auf *Selbständigkeit*, der sich bereits in der

2 Snell, *Die Entdeckung des Geistes*, 1986, 220 sowie 151–177.

Antike von dem des *Selbstdenkens* nicht ablösen läßt. Zwar gibt es dabei keine terminologische Eindeutigkeit; der Sachverhalt ist so elementar, die Eigenständigkeit des Individuums hat – je nach Anspruch und Umfeld – so viele Ausdrucksformen, daß auch die Begrifflichkeit fließend ist. Der Sache nach aber hat die Antike sowohl die *Selbständigkeit* wie auch das ihr inhärente *Selbstdenken* sehr wohl gekannt. Mehr noch: Nur weil sie den Anspruch auf beides erhob, konnte sie überhaupt die Frage aufwerfen, mit der die Ethik entstand.

Für das *Selbstdenken* dürfte dies, so glaube ich, auch gar nicht bestritten werden. Schon in der *Ilias* gibt es – bei Achill, bei Hektor oder bei Patroklos – unzweideutige Anzeichen individueller Eigenständigkeit; die *Odyssee* singt das Lob ihres Helden, der »viel und tief im Gemüte« duldete und um »die eigene Seele rang« (I,5). Wir würden nicht verstehen, was eigentlich »Tragödie« heißen soll, wenn es in ihr nicht um das individuell erfahrene Menschenschicksal ginge. Und schließlich müßte die Sophistik des 5. vorchristlichen Jahrhunderts eine nachträgliche Erfindung der Neuzeit sein, wenn es in ihr noch keine eigenständig reflektierenden Individuen gegeben haben sollte.

Einen Fingerzeig in diese Richtung gibt die Wertung eines zweifelsfrei modernen Denkers: Nietzsche hat in Sokrates *seinesgleichen* erkannt und in ihm den ersten »modernen Menschen« namhaft gemacht. Ob damit die historische Priorität richtig diagnostiziert wird, mag man auf sich beruhen lassen; aber daß Sokrates den »Typus« der modernen Existenz sichtbar ausprägt, ist offenkundig (*GT* 15; 1,98). Dazu gehört, daß weder der Sokrates Platons noch der Xenophons für sich irgendeine Ausnahme will, sondern er stellt jeden seiner Gesprächspartner unter den gleichen Anspruch wie sich selbst. Sokrates verlangt von sich selbst und von allen, mit denen er sich unterredet, eben das, was jeder, einmal darauf angesprochen, schon von sich selbst zu verlangen scheint, nämlich: *selbst zu denken* und *nach eigener Einsicht* zu entscheiden.

Das *Selbstdenken* ist aber vom *Selbsthandeln* nicht zu trennen. Wer sich auf eine eigene Erkenntnis beruft, wird unglaubwürdig, wenn er nicht auch bereit ist, sich nach ihr zu richten. Folglich tritt spätestens mit dem »Typus« des Sokrates der *selbständig tätige Mensch* auf den Plan. Kein anderer als er kommt als Träger jener Tugenden in Frage, um deren Beschreibung, Abgrenzung und Begründung sich die Ethik seit Platon bemüht. Ja, die philosophische Disziplin der Ethik hätte gar kein Anwendungsfeld, wenn sie nicht das *eigenständige Individuum* voraussetzen könnte, ein Individuum, das ihre Lehren nicht nur theoretisch auf sich selbst beziehen, sondern sie auch praktisch auf sich übertragen kann.

Also denkt spätestens der antike Mensch in den *Kategorien individueller Selbständigkeit*: Er will für sich selber sorgen (ἐπιμελεῖσθαι ἑαυτοῦ) und somit in allem auch für sich selbst zuständig sein. Er möchte ein »freier«, »unbevormundeter« und insofern aus eigenem Antrieb handelnder Bürger sein, ein σπουδαῖος, ein »Ernsthafter«, der auf den Respekt seiner Mitbürger rechnen kann. Im Begriff des *spoudaios* ist nicht nur die Ursprünglichkeit und Freiheit des Von-selbst-Anfangens, sondern auch das Moment der gesellschaftlichen Anerkennung mitgedacht. Nicht von ungefähr wird Kallikles von Sokrates immer wieder von neuem aufgefordert, endlich ernsthaft zu reden (*Gorgias* 495c, 500b, 503d).

Ein Ausdruck dieses Anspruchs auf die respektierte Zuständigkeit für sich selbst ist das Streben nach *Autarkie* (αὐτάρκεια). Das ist kein bloß politisch-ökonomisches Ideal der freien Staats- oder Stadtgemeinde. Im Gegenteil: Das Ideal der »Selbstgenügsamkeit« kann für eine *Polis* nur überzeugen, wenn es auch für den einzelnen Menschen gültig ist; Platons Analogie zwischen dem in großen und in kleinen Buchstaben geschriebenen Menschen gilt auch hier

(*Politeia* 368d). Im Bewußtsein der stets gefährdeten Bedingungen des Daseins möchte schon der antike Mensch die Abhängigkeit des eigenen Daseins von dem der anderen so klein wie irgend möglich halten; das ist ein gleichermaßen ethisches wie politisches Ideal.

Das Verlangen nach Eigenständigkeit in Denken und Handeln tritt in Leben und Lehre des Sokrates in existentieller Dramatik hervor. Nach einem Bericht des Diogenes Laertios pflegte er zu sagen: »Die anderen Menschen leben, um zu essen; er selbst [Sokrates] aber esse, um zu leben.« (*DL* II,34) Welche Schärfe in der Abgrenzung zwischen sich und allen anderen! Welches Bewußtsein, nicht nur von der Zuständigkeit für die eigene Tat, sondern auch für deren Ziel, über das niemand anderes bestimmt als er selbst! Aber daß er dabei keineswegs nur an sich selber denkt, zeigt eine andere Äußerung, die ebenfalls von Diogenes Laertios überliefert ist: »Für die Jünglinge stellte er [Sokrates] die Regel auf, sie sollten sich immer wieder im Spiegel betrachten, um, wenn sie schön wären, sich dessen würdig zu machen, wenn aber häßlich, diesen Mangel durch gute Bildung (παιδεία) auszugleichen und [so] zu verdecken.« (*DL* II,33 f.)

Fehlt die äußerliche Auszeichnung durch Schönheit, dann hat man sie durch Streben nach Tüchtigkeit auszugleichen. Diesen Ausgleich aber hat man *selbst* zu erbringen. Zwar kann man dazu auch durch andere angehalten werden; doch die Erziehung kommt letztlich nur durch *eigene Anstrengung* zum Ziel, vor allem dann, wenn sie einen Mangel ausgleichen soll, den man (etwa durch Betrachtung im Spiegel) *an sich selbst* festgestellt hat. Fügt man nun noch hinzu, daß *jeder* Mensch mit den Jahren die ihn äußerlich als schön auszeichnenden Attribute verliert, erkennt man in der Sentenz des Sokrates die allgemeine Anweisung an *jeden Einzelnen, sich selbst zu bilden*.

Der Bildungsanspruch verrät, daß es *Mühe* kostet, der zu sein, der man sein will. Und da man als Mensch gar nicht ohne eigenen Willen sein kann, verlangt es beträchtlichen

Aufwand, der zu sein, der man *ist*. Hinter der Mühe steht die *Sorge um sich selbst*, die auf die gesamte Wirksamkeit des Menschen bezogen ist. Die »Schönheit« mag zunächst für alles stehen, was dem Einzelnen durch das göttliche Geschick mitgegeben ist. Dem antiken Menschen war jederzeit gegenwärtig, daß er sich selbst nicht alles verdankt. Aber seine ganze Anstrengung ist darauf bezogen, aus seinem Los das Beste – im wörtlichen Sinne: das Edelste, Tüchtigste und insofern: Tugendhafte – zu machen. Man braucht nur an die Herkunft des griechischen Wortes für *Tugend* (ἀρετή) aus dem Begriff des besten, edelsten, vornehmsten und tüchtigsten Mannes (ἄριστος) zu erinnern, um den hohen Selbstanspruch zu erkennen, unter den sich jeder stellt, für den *Tugend* mehr ist als bloß ein Wort.

Entsprechendes kommt auch in dem Begriff zum Ausdruck, der das angestrebte Ziel der Lebensführung umschreibt: Die *Eudämonie*, gewiß nicht schlecht mit »Glückseligkeit« übersetzt, ist der *von jedem selbst* herbeizuführende Zustand erlebter Erfüllung. Schon durch den initialen Anteil des Selbst ist es ausgeschlossen, diese Erfüllung nur im Gefühl sinnlicher Lust zu finden. Durch das bewußte *eigene* Streben gehen von vornherein die *eigenen* emotionalen und intellektuellen Ansprüche mit ein. Wollte man diese anspruchsvolle geistige Lust, dieses streitlustig-eifernde, von stärksten Lebensinteressen getragene Verlangen der Griechen nach »Glückseligkeit« kenntlich machen, dann brauchte man εὐδαιμονία nur wörtlich zu übersetzen – und dann heißt es: *von allen guten Geistern besessen*.

3. Herrschaft über sich selbst

Bekanntlich ist es der Platonische Sokrates, der die Frage, »wie man leben soll«, erstmals ausdrücklich für sich selber stellt (*Politeia* 353d und 352d) und der es ablehnt, darauf eine generelle, unterschiedslos auf alle Menschen zutreffende Antwort zu geben. »Wie soll ich leben?«[3] ist eine Frage, die niemand abweisen kann, der sich die Endlichkeit seines eigenen Daseins vor Augen führt. Und wer die Selbsterkenntnis nicht als eine Zumutung abwehrt, hat schon akzeptiert, daß es dabei immer auch um die Konsequenz für das *eigene* Leben geht. Es ist die jeweils *individuelle Seele*, die nach ihrem Weg zu ihrem Lebensziel sucht. Wäre es anders, brauchte vom »Selbst« (τὸ αὐτό) und von der »Seele« (ψυχή) gar keine Rede zu sein.

Damit ist das gesuchte »ethische Wissen« (ἐπιστήμη ἠθική) primär auf *das gute Leben des Einzelnen* bezogen. Nur sofern dieses Wissen überhaupt eine individuelle Bedeutung hat, kann es auch auf Gemeinschaften übertragen werden, in denen Menschen unter Einsatz ihrer eigenen Einsicht zusammenleben. Die Suche nach dem individuellen Lebensziel trägt noch den Sinn der politischen Gemeinschaften. Das gilt selbst für den so totalitär erscheinenden Staatsentwurf Platons.

Denn die *Gerechtigkeit*, also jene Tugend, auf der die *Polis* basiert, besteht bekanntlich darin, daß »jeder das Seinige und Gehörige hat und tut«. Was aber jeder einzelne Mensch selbst als *das Seinige* zu tun hat (*Politeia* 433e und b), kann nur *jeder selbst* durch Prüfung seiner eigenen Gründe ermitteln. Eine »Menge« (πλῆθος) kann eben nicht philosophisch sein (*Politeia* 494a). Und in der Stunde der größten Gefahr wird es letztlich so sein, daß der einsichtige Einzelne »mit dem Seinigen auch die Gemeinschaft rettet« – und nicht umgekehrt: μετὰ τῶν ἰδίων τὰ κοινὰ σώσει (*Politeia* 497a).

Auf dieses Ergebnis hin ist die gesamte Erörterung der *Politeia* angelegt: Sie vollzieht sich in der strikt *individuel*-

---

3 Zur Übersetzung und zum Ich-Bezug dieser Frage siehe meine Ausführungen in: *Der groß geschriebene Mensch*, 1997, 50; und: *Das individuelle Gesetz*, 1997, 12 ff.

len Weise des Platonischen Dialogs, in dem bekanntlich keine Theorien abgehandelt, sondern immer nur Ansichten *bestimmter* (meist sogar historisch ausgewiesener) *Personen* in *bestimmten* (zeitlich und räumlich genau beschriebenen) *Situationen* vertreten werden. Gesteigert wird das Ganze hier noch dadurch, daß Sokrates dieses angeblich in einer Nacht geführte Gespräch in wenigen Stunden gleich am nächsten Morgen wiedergibt. Am Ende des Dialogs wird dann das Gespräch wieder auf das Lebensschicksal des Einzelnen zurückgeführt: Im Schlußmythos hat jeder *sein* Los nach *seinen* Verdiensten *selbst* zu wählen: »Nicht euch wird der Daimon erlosen, sondern ihr werdet den Daimon selbst wählen.« (ἀλλ᾽ ὑμεῖς δαίμονα αἱρήσεσθε) (*Politeia* 617e) Für die Eigenständigkeit der ganzen Lebensführung spricht, daß die Seele nur durch *Selbstbeherrschung* (ἐγκράτεια), unter der Anleitung einer aus ihr selbst kommenden vernünftigen Überlegung (φρόνησις), zur Übereinstimmung mit sich und mit anderen kommt (*Phaidon* 108a; *Phaidros* 256b).

Platons Sokrates ist es schließlich auch, der vor Augen führt, daß dieses individuelle »Selbst« (τὸ αὐτό) nicht mehr ist als die letztlich abstrakt bleibende Steuerungsinstanz, die wir in uns selbst annehmen, *sofern* und *soweit* wir über unseren Leib, über unsere Triebe und über die Ziele unseres Handelns verfügen. Und wenn uns dies in seiner Allgemeinheit individuell nicht genügt, wenn uns unser eigenes Selbst durch das eigene Tun nicht ausreichend bestimmt zu sein scheint, so daß wir nach einer tieferen Bestimmung verlangen, dann haben wir – *von uns weg* in das Auge des Mitmenschen zu sehen (*Alkibiades I* 129b–131a).

Wenn Platon verlangt, daß der Mensch nicht Diener, sondern Herr seiner Reden und Taten sein soll (*Theaitet* 173c), daß er »in Freiheit und Muße« (ἐν ἐλευθερίᾳ τε καὶ σχολῇ) erzogen werden soll (175e), um sein Leben »mit Einsicht« (μετὰ φρονήσεως) führen zu können (176b), und wenn er hinzufügt, daß anders der Mensch »sich selbst nicht gefal-

len« werde (177b), dann scheint sogar der Topos der Selbstbestimmung bereits vollständig ausgebildet. Auch die
Übertragung in den öffentlichen Raum ist vorbereitet,
wenn die Politik als die »selbstgebietende Kunst« (αὐτε-
πιτακτική) und die in Gemeinschaft einsichtig handelnden
Bürger als die »Eigengebietenden« (αὐτεπιτάκται) bezeichnet werden (*Politikos* 260e; 275c). Es ist die historisch-
anthropologisch begründete *Sorge des Menschen für sich
selbst* (ἐπιμέλεια ἑαυτοῦ), die ihn nötigt, über sich selbst
zu herrschen (272d ff.).[4] Indem er aber zum politischen
Selbstherrscher (αὐτοκράτωρ) wird, ahmt er nur (wenn
auch auf unvollständige Weise) die selbstherrschende
(αὐτοκρατής) Bewegung des Kosmos nach (274a).

Der Bezug auf das einsichtig begründende, entscheidende
und schließlich handelnde *Selbst* ist offenkundig. Und an
der Überzeugung von der Eigenständigkeit des zur Tugend
fähigen einzelnen Menschen halten alle antiken Theorien,
einschließlich ihrer mittelalterlichen Interpreten, fest. Die
Möglichkeit der *Selbstherrschaft* (ἐγκράτεια) mit dem Ziel
der *Selbstgenügsamkeit* (αὐτάρκεια) ist die Grundbedingung aller Tugenden. Alle sokratischen Schulen haben in
dieser Zielsetzung ihre Gemeinsamkeit; Differenzierungen
ergeben sich vor allem aus der Entschiedenheit, mit der sie
das Ideal der einsichtigen Verfügung über sich selbst vertreten. Diogenes von Sinope wird zum sprichwörtlichen Beispiel einer sich von äußeren und inneren Zwängen distan-
zierenden Selbstgenügsamkeit, die formal bereits alle Bedingungen der modernen Selbstbestimmung erfüllt. Jeder
kennt die Anekdote mit der Tonne und dem kühnen Wort
an Alexander, der ihm aus der Sonne gehen solle. Daß auch
dies höchst *individuell* gemeint ist, wird an der Forderung

---

4 Die systematische Bedeutung der *Selbstsorge* ist in der Rezeption des
   antiken Denkens stets bewußt gewesen. Daß sie heute wie eine Entdek-
   kung Foucaults behandelt wird, ist eine Kapriole des Zeitgeistes, über
   die man sich im Interesse der Sache nur freuen kann.

deutlich, man müsse durch die Straßen gehen »und das Auge nur auf sich selbst gerichtet« haben (*DL* VI,31).

In diesem Sinne lenken auch die epikureischen und stoischen Schulen die Aufmerksamkeit des Einzelnen auf sich selbst: Lukrez sieht die Freiheit darin, daß da etwas »selber, von sich aus, spontan [...] alles vollführt« (*ipsa sua per se sponte omnia dis agere*) (*De rerum natura* II,1091 f.). Chrysipp definiert die Freiheit des Menschen als Vollmacht, »aus sich selbst zu handeln« (*SVF* III,355); ihm folgen die Denker der mittleren Stoa wenigstens insofern, als sie den vernunftbegabten Menschen ausdrücklich mit der Macht ausstatten, *Herr seiner selbst* (αὐτοκράτωρ) zu sein. Das wird schon bei dem Platon-Schüler Xenokrates als eine aus Einsicht vollzogene Internalisierung äußerer Gesetze verstanden: Man solle aus eigenem Antrieb (*sua sponte*) handeln, ehe man durch die öffentlichen Gesetze dazu gezwungen werde. So jedenfalls wird es von Cicero an prominenter Stelle (*De re publica* I,3) zitiert.

Cicero selbst betont den »Lebensernst« (*severitas*), der in der Herrschaft über die Begierden, in der Bewältigung großer Aufgaben und überhaupt in der Gestaltung des eigenen Lebens (*cuius cultus vitae*) zu walten habe (*De officiis* I,29; II,1). Das ist durch individuelle Dispositionen erschwert: Denn lange bevor die Urteilskraft ausgebildet ist, folgt der Einzelne seinen eigenen Vorlieben und legt damit eine Art zu leben (*cursus vivendi*) fest (I,117). Gleichwohl ist die Mäßigung (*modestia*) mit Blick auf die »Lebensgestaltung eines jeden« (*ad cuiusque vitam institutam*) möglich (II,29). Die *Disziplin*, die dabei aufzubringen ist, möchte Cicero freilich behutsam angewendet wissen. Die für die Politik gemachte Unterscheidung zwischen »Herrschaft« (*imperium*) und (väterlicher) »Schirmherrschaft« (*patrochinium*) wird nicht umsonst in der Ethik exponiert (II,27).

Das sind nur wenige Hinweise auf eine große Überlieferung. Sie lassen mit einiger Sicherheit vermuten, daß schon in der Antike jener Grundzug des menschlichen Selbstverständnisses ausgebildet ist, in dem wir uns als *eigenständige Wesen* begreifen. Und wo von *Selbsterkenntnis*, *Selbstsorge* und *Selbstherrschaft* die Rede ist, kann die *Selbstbestimmung* nicht weit sein.

4. Antike und Moderne

Die bemühten Versuche, eine Postmoderne herbeizureden, haben beinahe vergessen lassen, wie intensiv und differenziert der Streit um die Moderne einmal war. Damit ist nicht allein der Ursprung des Streits in der italienischen und französischen Renaissance des 15. und 16. Jahrhunderts gemeint, auch nicht die *querelle des anciens et des modernes*, mit der sich an der Wende vom 17. zum 18. Jahrhundert das Epochenbewußtsein der Neuzeit ausgebreitet hat. Wir brauchen von heute aus nur dreißig Jahre zurückzugehen, um auf die gelehrte Diskussion über die »Legitimität« der Neuzeit zu stoßen, in der es nicht nur um die Grenzlinie zur Spätscholastik und zur Renaissance, sondern eben auch um die Frage ging, was die Moderne der Antike verdankt.

In Abgrenzung von den Arbeiten Wilhelm Diltheys und Ernst Cassirers und unter Aufnahme der von Hans Jonas vorgelegten Untersuchungen zur Gnosis hat vor allem Hans Blumenberg die Eigenständigkeit des neuzeitlichen Geistes exponiert. Er wollte die Neuzeit vom Stigma der »Säkularisierung« befreien; sie sollte nicht länger als abtrünnige Nachfolgerin der vormals vollständig auf Gott und Welt bezogenen Epochen gelten. Denn bei einer »Säkularisierung« scheint immer etwas verlorenzugehen, was nur unter den Bedingungen des ursprünglichen Rechts gewahrt – oder zumindest – verstanden werden kann.

Auch wenn es schwierig ist, Blumenbergs verschlungene Beweisführung auf ein thetisches Ergebnis zu bringen, so kann man sein primäres Beweisziel – die Demonstration der *Eigenständigkeit des neuzeitlichen Denkens* – doch auf paradoxe Weise als erreicht ansehen: Die Moderne hat sich nicht geradewegs durch die Entdeckung der Natur von den großen Fragen der Theologie und der Metaphysik ablenken lassen, um sich *dann* – in Verleugnung ihrer Herkunft – aus den alten Verbindlichkeiten gegenüber der göttlichen Heilsordnung zu lösen. Es ist vielmehr so, daß sich die *Metaphysik der Spätscholastik* in konsequenter Fortsetzung ihrer genuin *theologischen* Impulse selbst zersetzt hat. Und in diesem Prozeß der Selbstauflösung der Theologie sind die Antriebe zur Beschäftigung mit der sinnlich wahrnehmbaren Natur verstärkt worden. Die Theologie hat ihren Gott für so groß und so unbegreiflich ausgegeben, daß *aus ihrer eigenen Logik* von *Erkenntnis* nur noch mit Blick auf die *Natur* die Rede sein konnte. Ein *Deus absconditus* lenkt selbst noch das theologische Interesse zurück auf die gegenständliche Welt.

So hat die Spätscholastik von sich aus die Beschäftigung mit Mathematik, Physik und Astronomie gefördert; also stammt die Ablenkung des wissenschaftlichen Geistes von den Problemen der Theologie aus der Theologie selbst; folglich, so Blumenberg, könne der Gang des neuzeitlichen Denkens auch nicht unter das Verdikt theologischer Illegitimität gebracht werden. Im Gegenteil: Was der Scholastik in Renaissance und Humanismus als Opposition entgegentrete, komme aus dem Geist einer Theologie, die mit ihrem verfeinerten und selbständig gewordenen Instrumentarium an ihrem Gott kein Genüge mehr finden konnte. Die genetische Verknüpfung zwischen scholastischer Theologie und neuzeitlicher Wissenschaft ist also viel *enger* als zuvor angenommen, und deshalb gibt es auch keinen theologischen Grund zur Abwertung der »säkularen« Ausrichtung der modernen Welt.[5]

5 Blumenberg, *Die Legitimität der Neuzeit*, 1966.

Dieses staunenswerte Resultat zeigt freilich mehr Kontinuität als Differenz zwischen Mittelalter und Neuzeit. Um dennoch keinen Zweifel an der Innovation der Moderne aufkommen zu lassen, hat Blumenberg sich um so stärker um eine *Kontrastierung von Moderne und Antike* bemüht. Dabei hat er auf zwei Errungenschaften besonderen Wert gelegt:

Die e i n e liegt in den neuen technischen Beobachtungsinstrumenten, vor allem in Fernrohr und Mikroskop. Sie vermitteln eine ganz andere Vorstellung von der Unendlichkeit der Welt im Großen wie im Kleinen. Sie öffnen den vorher als geschlossen, ja heimatlich-vertraut gedachten Kosmos ins Unermeßliche. Dadurch verliert die Natur die innere Nähe zum Menschen, der sich nicht länger als kosmisches Mittelpunktwesen begreifen kann. Der teleologischen Welterklärung wird ihr vorher so selbstverständlich erscheinender Ausgangspunkt abgesprochen; sie erscheint unwissenschaftlich und wird lächerlich gemacht. Als Erkenntnis der Natur gilt nur, was der *causa efficiens* gehorcht.

Damit hängt die z w e i t e von Blumenberg unterstellte epochenkonstitutive Einsicht zusammen: Mit dem Verlust seines natürlichen Ortes wird die Triebdynamik des Menschen entfesselt. Die *Selbsterhaltung* wird Motor einer Entwicklung, die nun zunehmend als *menschliche Geschichte* begriffen wird. Was der Selbsterhaltung entgegensteht, hat nur mehr die Funktion eines bloßen *Widerstandes*, den es zu überwinden gilt. Übergreifende Ordnungsmächte eines Gottes oder der Natur werden zwar nicht geleugnet, gelten aber als depotenziert, und da sie allein nach dem Kausalprinzip begriffen werden, hält man sie auch prinzipiell für beherrschbar.

Somit scheint es nichts mehr zu geben, was der *Selbsterhaltung des Menschen* substantiell entgegensteht. Sie ist die letztlich allen anderen Ansprüchen überlegene Triebkraft. Sie setzt zwar beim einzelnen Menschen ein. Doch die kontraktualistischen Staatslehren nach dem Vorbild des *Leviathan* führen vor Augen, wie sich die Individuen zu großmächtigen politischen Körpern organisieren können. Alles Recht verdankt sich hier der Macht.

Nach dieser Darstellung hat die Beziehung der Moderne zur Antike die Qualität eines *Bruchs*. Die kosmische Geborgenheit in einer teleologischen Ordnung ist verloren; der Mensch ist der entdeckten Unendlichkeit einer von Kausalursachen ziellos angetriebenen Welt ausgeliefert, in der er sich nur behaupten kann, wenn er seine wissenschaftlich angeleitete Herrschaftsmacht entfesselt. So wird die *Selbsterhaltung* des Menschen zum signifikanten Topos der Moderne. In dieser Eigenschaft wurde sie in den sechziger und siebziger Jahren dieses Jahrhunderts eingehend diskutiert.[6]

Aber es sind Zweifel angebracht, ob die Betonung der *Selbsterhaltung* tatsächlich ein Novum der Moderne darstellt. Selbsterhaltung ist ein so weitverbreitetes Kennzeichen des Lebens, daß es nicht zur Abgrenzung geistesgeschichtlicher Epochen taugt. Daran ändert auch die Tatsache nichts, daß der Begriff als *conservatio sui* gehäuft in jenen Texten auftaucht, die in Analogie zur mechanischen Naturerklärung eine Deutung der menschlichen Selbstbewegung versuchen. *Life it selfe is but motion*, heißt es bei Thomas Hobbes (*Leviathan* VI,130); folglich muß eine passende Bewegungsursache für den Menschen benannt werden. Das ist dann das Streben, *den eigenen Zustand zu erhalten* (*conservation*) oder einfach: das Streben nach *Macht* (*power, potentia*) – dem Medium, das Selbsterhaltung ermöglicht.

Reicht das aber zur Charakterisierung einer Epochenschwelle tatsächlich aus? Ist es nicht so, daß auch schon dem antiken Denken, wenn es sich mit derart einfachen Erklärungen begnügte, der Rekurs auf die Selbsterhaltung zu

6 Siehe den Diskussionsband von Ebeling (Hrsg.), *Subjektivität und Selbsterhaltung*, 1976.

Gebote stand? Haben nicht die epikureischen Atomisten, einzelne Stoiker oder der skeptische Akademiker Cicero ähnlich argumentiert? Vieles spricht dafür, daß sich die Betonung der *selfpreservation* durch Thomas Hobbes eben diesen antiken Einflüssen verdankt.[7]

Doch wie dem auch sei: Aufs Ganze gesehen hat man größere Zusammenhänge zu beachten. Der antike Kosmos ist keineswegs so harmlos und heimatlich, wie ihn die Anwälte der Moderne in ihrer Exposition des vermeintlichen Novums der Selbsterhaltung darstellen. Man kannte die *Unendlichkeit*, setzte auf den *Fortschritt* sowie auf die *Naturbeherrschung* durch Körperkraft und Technik, hatte gleichwohl ein Bewußtsein von der *Vergeblichkeit* aller menschlichen Kultur und gab sich keiner Täuschung über die *Maßlosigkeit* des Menschen hin. Die Antike war nicht die Idylle, gegen die man nun die Brutalität der Moderne als etwas völlig Neuartiges absetzen kann. Cicero betont nicht einfach nur die staatsgründende Leistung der Sprache, sondern bindet sie ausdrücklich an die öffentliche Bewährung *in der Gefahr* (*De oratore* I,83 ff.). Das Risiko des Lebens war den antiken Autoren derart bewußt, daß niemand mit der Entdeckung hätte aufwarten können, die Gesellschaft sei nunmehr eine »Risikogesellschaft« geworden.

Deshalb können auch die Einwände nicht überzeugen, die Blumenberg gegen Dilthey und Cassirer vorbringt. Die verschiedenen Renaissancen, aus denen die Moderne hervorgegangen ist, so meint er, hätten mit der Antike nichts zu tun, obgleich man sich im Neo-Aristotelismus, im Neo-Platonismus, im Neo-Stoizismus und im Neo-Epikureismus mit großer Gelehrsamkeit auf sie berief. Da man sich über den wirklichen Abstand zwischen Antike und Moderne getäuscht habe, besagten diese Erneuerungs- und Rückbesinnungsversuche des modernen Humanismus in

---

7 Dazu: Ludwig, *Die Wiederentdeckung des Epikureischen Naturrechts*, 1998.

Wahrheit nichts. Man habe zwar die Begriffe und Denkfiguren der Antike rezipiert; der Geist ihrer Verwendung aber sei ein anderer gewesen.[8]

Doch wenn die Prämisse, nämlich die Annahme über die Harmlosigkeit der antiken Welt, nicht stimmt, kann auch diese Konsequenz nicht richtig sein. Deshalb bleiben die älteren Ansichten Burckhardts, Diltheys und Cassirers im Recht.[9] *Die Moderne ist nicht das absolut Neue gegenüber der Antike, sondern sie stellt eine Steigerung, Verschärfung und Überzeichnung dar.* Sie radikalisiert die Einsichten und Absichten der antiken Weltanschauung, steht aber gleichwohl in einer unübersehbaren Kontinuität mit ihr.

In der These von der Steigerung und Radikalisierung sind die Unterschiede zwischen Antike und Moderne ausdrücklich mitgedacht. Nur die Eitelkeit der Modernisten, die danach verlangt, in einer Epoche der absoluten Innovation zu leben, läßt sich nicht befriedigen – zumal die Kehrseite der *Dramatisierung der eigenen Gegenwart* – die *Verharmlosung der Vergangenheit* – unannehmbar ist. Deshalb tut man besser daran, die gut belegte *Kontinuität der europäischen Geschichte* zu betonen. Es ist eine Kontinuität in einer wechselvollen Entwicklung. Die erreichte historische Differenzierung zwischen den Epochen wird dadurch keineswegs vergessen gemacht; aber der Abstand ist eben nicht groß genug, um ein Argument gegen die *Einheit der abendländischen Kultur* abzugeben. Vor allem für die *praktische Philosophie* ist es von Vorteil, wenn sie davon ausgehen kann, in der Frage des Sokrates »Wie soll ich leben?« immer noch ihr *eigenes* (und immer noch *modernes*) Problem erkennen zu können.

Im folgenden wird nur angedeutet, wie sich die *Radikalisierung der modernen Ethik* vollzieht. Die Skizze be-

---

8 Blumenberg, *Selbsterhaltung und Beharrung*, 1969, 333–383.
9 Sie werden durch die Arbeit von Abel, *Stoizismus und frühe Neuzeit*, 1978, weitgehend bestätigt.

schränkt sich auf den initialen Vorgang in der italienischen Renaissance und auf eine kurze Explikation der Selbstzweckformel Kants. Alles, was zur Vorgeschichte in Gnosis, Augustinischer Theologie, Scholastik oder spätmittelalterlichem Nominalismus gehört, muß hier ebenso entfallen wie die Darstellung des geistesgeschichtlichen Umfeldes. Die Aufmerksamkeit richtet sich allein auf den entscheidenden Schritt der *Verselbständigung des Individuums* in der Renaissance – und damit auf den Akt, der von keinem der nachfolgenden Denker – weder von Montaigne noch von Bacon, weder von Descartes, Hobbes, Spinoza oder Hume noch von Rousseau, Kant oder Hegel und erst recht nicht von Nietzsche – zurückgenommen wird. Hier wird auch deutlich, daß, trotz der bis ins 18. Jahrhundert fortstehenden religiösen Einbindung, tatsächlich eine Abkehr vom scholastischen Denken erfolgt. Gleichwohl erkennt man, welch prägenden Einfluß die christliche Lehre hat. Insbesondere der Glaube, daß Gott in seinem Sohn *Mensch* geworden ist, verstärkt das Pathos der menschlichen Eigenständigkeit.

Bei allem aber ist die leitende *Orientierung an der Antike* offenkundig. Der Aufbruch in ein neues Zeitalter wird *im Geist der Alten* gesucht, die in Theorie wie in Praxis als vorbildlich gelten. Und es ist diese Zeit der angestrebten *Wiedergeburt* der Antike, in der man sich erstmals um ein philologisch genaues Verständnis der überlieferten antiken Schriften bemüht. Die Moderne, die schon im 15. Jahrhundert bewußt in eine ungewisse Zukunft aufbricht, nimmt sich die *Antike zum Vorbild*. Und an Kant, dessen lückenhafte historische Kenntnisse immerhin ausreichten, in Sokrates den Prototyp der kritischen Ethik zu entdecken, läßt sich dann mit Deutlichkeit demonstrieren, wie der bei Hesiod erstmals eindeutig nachweisbare und an Sokrates philosophisch artikulierte Anspruch auf *Selbständigkeit* in moderner Zuspitzung zur Geltung kommt und zur expliziten begrifflichen *Selbstbestimmung* wird.

5. Menschliche Würde aus der Ähnlichkeit mit Gott

Als »Prototyp des sich seiner selbst bewußten Individuums« gilt seit langem der spätmittelalterliche Dichter Francesco Petrarca.[10] Ernst Cassirer versteht ihn als »modernen Menschen«, und der Dilthey-Schüler Bernhard Groethuysen führt ihn in seiner *Philosophischen Anthropologie* sogar als den »ersten modernen Menschen« vor.[11] Wer heute Petrarcas *Ego sum unus utrinamque integer* (»Ich bin einer und möchte auch einer bleiben«)[12] auf sich wirken läßt, kann daran schwerlich zweifeln – ungeachtet des immer wieder irritierenden Berichts, dem zufolge der Dichter nach seiner Besteigung des Mont Ventoux nicht augenblicklich durch das sich ihm bietende grandiose Panorama gebannt ist, sondern zuerst in den ihn auch hier begleitenden *Confessiones* des Augustinus nachschlägt, um sich daran zu erinnern, daß man als Mensch stets *in sich* zu gehen hat.

Die Bergbesteigung wird dadurch jedoch nicht ungeschehen gemacht, und die Rückversicherung im Buch des Kirchenvaters ist das schönste Beispiel für das Ineinander von Altem und Neuem. Schließlich hat die Moderne in ihrer rasanten Extravaganz das intravagante Interesse der Individuen nur noch gesteigert, ja, sie steht darin, wie man an Montaigne, Pascal, Nietzsche oder Wittgenstein zeigen kann, den mantischen und mönchischen Mystagogen aus Antike und Mediävum um gar nichts nach. Jedenfalls ist das Augustinische Motto: *Noli foras ire, in te ipsum redi* (Augustinus, *De vera religione*, 36) vom Sokratischen Pro-

---

10 Buck, »Einleitung« in: Giannozzo Manetti, *Über die Würde* (*De dignitate*), 1990, VIII; Ritter, *Landschaft*, 1963. Wichtige Anregungen zur Geschichte des Begriffs der Individualität enthält: Rudolph, *Odyssee des Individuums*, 1992.

11 Cassirer, *Individuum und Kosmos*, 1927, 152; Groethuysen, *Philosophische Anthropologie* [1931], 1969, 99.

12 Petrarca, *Semiles* XV,11; in: *Opera, Basileae*, 1554, 1046.

gramm der Selbsterkenntnis gar nicht so weit entfernt.
Wenn Sokrates auf den Marktplatz geht, wählt er den unumgänglichen Umweg zu sich selbst: Nur im Anderen ist
Selbsterkenntnis möglich. Augustinus glaubt auf die öffentlichen Plätze verzichten zu können, weil er in der persönlichen Zwiesprache mit dem Mensch gewordenen Gott
auf Selbsterkenntnis hofft.

Je intensiver in den auf Petrarca folgenden Generationen
die Beschäftigung mit der Antike wird, um so deutlicher
tritt die Modernität hervor. Ein frühes und in jeder Hinsicht eindrucksvolles Beispiel gibt die Abhandlung des Flo-
rentiner Humanisten Giannozzo Manetti *Über die Würde
und die Erhabenheit des Menschen* (*De dignitate et excellentia hominis*). Der Text wurde 1452 auf Veranlassung des
neapolitanischen Königs Alfonso I. geschrieben, der durch
die von seinem Hofhistoriographen Bartolomeo Fazio
1448 verfaßte Abhandlung *De excellentia ac praestantia hominis* nicht zufriedengestellt war, weil darin die Bestimmung des Menschen noch zu stark auf die himmlische Se-
ligkeit verlegt war. Dadurch bliebe als die Hauptaufgabe
des jetzt lebenden Menschen nur die Verehrung Gottes.[13]
Das aber widersprach den auf die *tätige Lebensbewältigung*
gerichteten Erwartungen des Fürsten. Also übernimmt
Manetti die Aufgabe erneut – unter einem nur leicht verän-
derten Titel. Aber die Ersetzung von *praestantia* (Vortreff-
lichkeit)[14] durch *dignitas* (*Würde*) kündigt schon an, daß
hier der Mensch eine Stellung erhält, die ihn nicht nur weit
über alle anderen Kreaturen hinaushebt, sondern ihm einen
aus ihm selbst stammenden, eigenständigen Wert gibt.

Zu dieser Auszeichnung des Menschen gelangt Manetti
aber erst, nachdem er *die körperliche Konstitution des Men-*

---

13 Vgl. dazu: Buck, »Einleitung«, in: Giannozzo Manetti, VXVII f.
14 *Praestantia* wiederholt eigentlich nur *excellentia* (Vorzüglichkeit, her-
　ausragende Höhe, Erhabenheit). Allerdings wurde *excellentia* auch als
　höfische Anrede verwendet und hatte im mittelalterlichen Kontext die
　Bedeutung von Vollkommenheit und himmlischer Herrlichkeit.

schen unter Heranziehung aller verfügbaren antiken und spätantiken Quellen dargestellt hat. In provozierender Abgrenzung gegenüber der mittelalterlichen Leibverachtung und in exzessiver Nutzung der antiken Quellen rühmt er den menschlichen Körper als eine Meisterleistung der Schöpfung und als ein Werk von unüberbietbarer Schönheit. Der aufrechte Gang, die runde, »himmelsgleiche« Wölbung (*tanquam celo*) des Schädeldachs, die zu vielem taugliche Konstruktion der Hand und das Zusammenspiel von Auge und Ohr sind für Manetti Anzeichen einer *Sonderstellung des Menschen*, der schon physisch in allem auf seine höchsten intellektuellen Fertigkeiten ausgerichtet ist. Und mit Lactanz wundert er sich über die Vielfalt der »individuellen Gesichter der Einzelnen« (*singulos singulas facies*), obgleich sich die Menschen doch so ähnlich sind (*De dignitate* I,51). Es spreche schon für die Größe Ciceros, daß er die Vielfalt der »unterschiedlichen Anlagen verschiedener Menschen« rühme (II,22). Manetti kommt aber nicht auf die Idee, seine anthropologische Beschreibung des Menschen nur auf das Individuum zu beschränken. Er sieht die Ausstattung des Einzelnen stets im Zusammenhang mit seinen (tatsächlichen und möglichen) *Werken*, so daß er in sein Lob des Menschen immer auch die *Kultur* einbezieht. Wir sehen hier (wie auch in der Antike), daß es *keinen Gegensatz zwischen anthropologischer und soziokultureller Selbstdeskription des Menschen* gibt.

Zu den echten Innovationen des Buches aber gehört, daß Manetti nicht bei der Beschreibung der Exzellenz des Menschen stehenbleibt; er begnügt sich auch nicht, mit den antiken und biblischen Schriften die Gottesebenbildlichkeit des Menschen herauszuheben; sondern er schließt in geradezu atemberaubender Kühnheit auf die *Stellung des Menschen im Kosmos* zurück und hebt den Menschen auf eine Stufe, die nur noch in *Gott* ihre Entsprechung hat. Wenn nämlich der Mensch »das alleinige, wahrhaftige Bild Gottes« ist (III,11;), dann kann der Mensch seinem Gott auch nicht gleichgültig sein; vielmehr findet Gott sich im Menschen selbst, so daß die Aussage erlaubt ist, *Gott habe die Welt um des Menschen willen geschaffen*. Die christliche *Menschwerdung Gottes* wird somit zum Argument, das die bereits in der Antike betonte Gottesebenbildlichkeit des Menschen aus der relativen Ähnlichkeit in eine *absolute Entsprechung* verwandelt. Gott wird zum Medium für die *Selbstaufwertung des Menschen*, der eine Würde beansprucht, die auf Erden durch kein anderes Wesen erreicht werden kann. *Metaphysisch und theologisch gesehen ist die Würde des Menschen unantastbar*. Außer Gott selbst gibt es kein Wesen, das einen höheren Wert für sich in Anspruch nehmen könnte.

Manetti formuliert nur mit besonderer Schärfe, was etwa zehn Jahre früher bereits der präreformatorische Bischof Nikolaus von Kues als »Mutmaßung« (*coniectura*) zu Papier gebracht hatte. Es ist nicht sehr wahrscheinlich, daß Manetti diesen nur in Abschriften verbreiteten Text kannte. Um so deutlicher spricht die gedankliche Parallele für die damals verbreitete Überzeugung von der metaphysischen Exposition des Gott ähnlichen Menschen, aus der seine *Würde* folgt: Der Mensch ist »menschlicher Gott [...]. Er ist [...] ein Mikrokosmos oder eine menschliche Welt. Der Bereich der Menschlichkeit umgreift also Gott und die Gesamtheit der Welt (*universum mundum*) in seiner menschlichen Mächtigkeit (*humanali sua potentia*). [...] In der Macht und Möglichkeit der Menschheit (*humanitatis potentiam*) besteht alles auf seine Weise«. (Cusanus, *De coniecturis* II,14; 1966, 158/159)

Der hier von Nikolaus von Kues gebrauchte Begriff des *Mikrokosmos* wird auch schon von Manetti aus den Texten der antiken Autoren herangezogen, um kenntlich zu machen, daß der Mensch den *Makrokosmos* in sich wiederholt und somit das Ganze der Welt in sich selbst – gleichsam in höchster Konzentration – darstellt. Der Mensch, so heißt es, ist eine »kleine Welt« – *parvus mundus* (Manetti, *De dignitate* I,49).

6. Ein Begriff der Selbstbestimmung

Die Metapher des Mikrokosmos ist es dann, die Pico della Mirandola in seiner berühmten (wenn auch nie wirklich gehaltenen) Rede *De hominis dignitate* zu einer neuen Deutung der Schöpfung des Menschen durch Gott anregt. Er selbst beruft sich dabei auf das *Buch Mose* und auf Platons *Timaios*; offenkundig aber ist, daß der von Platon im *Protagoras* erzählte Mythos von der Erschaffung des Menschen Pate steht. Denn auch hier erfolgt die Schöpfung des Menschen *zuletzt*, und Gott hat alle verfügbaren Eigenschaften schon an die anderen zuvor geschaffenen Lebewesen vergeben. Hinzu kommt, daß gar kein *Platz* mehr für den Menschen da ist: Alle Örter der Welt sind schon vollständig mit Leben angefüllt; für den Menschen ist gar keine spezifische Umwelt mehr frei.

Die von Platon vorgebildete und später von Herder herangezogene (wenn auch nicht selbst vertretene) These vom Menschen als »Mängelwesen« wird also noch verschärft: Zum *konstitutiven Mangel*, den der Mensch an sich selber feststellen kann, kommt seine *manifeste Überflüssigkeit* in der Welt hinzu. Es gibt keinen Ort, für den er geschaffen ist und an dem er wirklich gebraucht wird. In Platons Mythos kommt der unsterbliche Prometheus den Menschen mit dem eigentlich den Göttern vorbehaltenen *Feuer* zu Hilfe. Zusammen mit dem Feuer bringt er die *Weisheit* der Athene. Der allein regierende christliche Gott muß jedoch selbst eine Lösung finden. Und die wird auf folgende Weise geschildert:

»So beschloß der Werkmeister in seiner Güte, daß der, dem er nichts Eigenes (*nihil proprium*) mehr geben konnte, an allem zugleich teilhätte, was den Einzelnen sonst je für sich (*privatum singulis*) zugeteilt war. Also ließ er sich auf den Entwurf vom Menschen als einem Gebilde ohne unterscheidende Züge (*indiscretae opus imaginis*) ein; er stellte ihn in den *Mittelpunkt der Welt* und sprach zu ihm: ›Keinen festen Ort habe ich dir zugewiesen und kein eigenes Aussehen, ich habe dir keine dich allein auszeichnende Gabe verliehen, da du, Adam, den Ort, das Aussehen, die Gaben, die du dir wünschst, nach deinem eigenen Willen und Ermessen (*pro voto pro tua sententia*) erhalten und besitzen sollst. Die beschränkte Natur der übrigen Wesen wird von Gesetzen eingegrenzt, die ich gegeben habe. Du aber sollst deine Natur ohne Beschränkung nach deinem freien Ermessen, dem ich dich überlassen habe, selbst bestimmen‹ (*Tu, nullis angustiis coercitus, pro tuo arbitrio, in cuius manu te posui, **tibi illam praefinies**).«* (Pico, *De dignitate*, 1968, 28/29; Hervorhebung V. G.)

Da haben wir die moderne Formel für die *Selbstbestimmung des Menschen* – ein aus der Not entstandenes Vorrecht vor aller anderen Kreatur. Nichts könnte die vorgängige Abhängigkeit des Menschen anschaulicher machen als diese dem Gott in den Mund gelegte Rede. Der Mensch ist das letzte auf die Welt gekommene Geschöpf. Es hat keinen vorgegebenen Bestand an körperlichen Fähigkeiten, kein vorbestimmtes Verhaltensrepertoire. Es hat auch keinen durch die Naturordnung vorgeschriebenen Platz. Und weil ihm alle diese natürlichen Bestimmungen fehlen, kommt der Mensch *gleichsam kompensatorisch* in den *Mittelpunkt der Welt* – also an den angestammten Platz Gottes! Und in dieser Position hat er die göttliche Vollmacht, *sich selbst* vollkommen *frei* überlassen zu sein. Gottes Gesetzgebung läßt ihm einen freien Raum, den er – das ist die naheliegende Konsequenz – *nur durch eigene Gesetzgebung* ausfüllen kann. Die *Selbstbestimmung durch Selbstgesetzgebung* folgt hier aus dem göttlichen Gebot.

Sie wiederum ist die Bedingung dafür, daß *der Mensch selbst* beurteilen und entscheiden kann, wie er dem Mangel abhelfen will. Und diese Freiheit geht so weit, daß sich der Mensch auch noch *selbst* zu entwickeln und zu bilden hat. Und so beschließt der Gott seine Rede mit den Worten:

»Ich habe dich in die Weltmitte gestellt, damit du um so leichter alles erkennen kannst, was ringsum in der Welt ist. Ich habe dich nicht himmlisch und nicht irdisch, nicht sterblich und nicht unsterblich geschaffen, damit du dich frei, aus eigener Macht, selbst gestaltend und bearbeitend zu der von dir gewollten Form ausbilden kannst (*ut tui ipsius quasi arbitrarius honorariusque plastes et fictor, in quam malueris tute formam effingas*).« (Ebd.)

Freiheit und Selbständigkeit werden hier ausdrücklich zur *Selbstbestimmung nach eigenen Gesetzen: tibi illam praefinies*, sagt der Gott. Das heißt, der Mensch kann seine *Zwecke*, genauer: die *Ziele seiner Handlungen* selbst bestimmen. Während, nach einer antiken Sentenz, die Tiere schon bei ihrer Geburt »aus dem Mutterbeutel all ihren künftigen Besitz« mitbekommen, hat der Mensch sich selbst erst zu dem zu bilden, der er sein will (ebd.).

Mit Recht erkennt Ernst Cassirer in dieser These ein »spezifisch-modernes [...] Pathos«. Und für *wie* modern er es ansieht, erhellt daraus, daß er die (nach seiner Meinung erst von Pico della Mirandola) vollzogene Wendung in Begriffen beschreibt, die strenggenommen erst mit dem *Übergang vom Substanzbegriff zum Funktionsbegriff* zur Verfügung stehen – ein Vorgang, den Cassirer mit den Leistungen von Leibniz und Kant verknüpft und der eigentlich erst in der Wende vom 19. ins 20. Jahrhundert bewußt wird.[15]

Es wäre ein leichtes, an Machiavelli, Montaigne, Hobbes, Spinoza, Leibniz oder Rousseau (um wirklich nur die exemplarischen Denker zu nennen) darzutun, wie dieses *Selbstverständnis des sich selbst bestimmenden Menschen*

15 Cassirer, *Individuum und Kosmos*, 1927, 88 f.

zur modernen Selbstverständlichkeit wird. Die *Individualität* tritt dabei nicht nur in der zunehmenden Eigenwilligkeit, in der gesuchten Differenz der Ansätze hervor, sondern wird zum ausdrücklichen Thema: Während sie bei Machiavelli auf die Figur des Fürsten beschränkt bleibt, wird sie bei Montaigne schon zum Kennzeichen eines jeden, der sich die Freiheit des Denkens herausnimmt; bei Hobbes sind die Individuen das gleichermaßen logische wie reale Substrat des Leviathan, mit deren (von außen nicht bezwingbarem) Eigensinn der Souverän immer rechnen muß; bei Spinoza ist das *ex ductu ratione vivere* – die vernünftige Lebensführung des Einzelnen – das Ziel seiner großartigen Spekulation über die Einheit von Gott und Welt; Selbsterkenntnis und Gotteserkenntnis, wahre Selbstliebe und *amor Dei* fallen in eins. Schließlich wird in Leibniz' *Monadologie* aus der Individualität die alles tragende metaphysische Substanz; und bei Rousseau, der die gut vorbereitete moderne Wende zum Primat der Praxis endgültig macht, konzentriert sich das Individuum im jeweils eigenen *Willen.* Dieser Wille ruht auf dem Fundament von Überzeugungen, die allgemein zwar durch Argumente erreicht werden können, deren affektives Element aber durch nichts besser beeinflußt werden kann als durch eine das Individuum wahr- und ernstnehmende *Erziehung.*

Erziehung aber ist nur nötig, weil das Individuum auch zeitlich gesehen ein *endliches Wesen* ist, das sich auf einer zunächst steilen und dann rasch auslaufenden Lebenskurve halten muß. Die Sicherung der Individualität durch Selbstbestimmung ist daher von den *Vorgängen des Lebens* nicht zu trennen. Doch die *Eigentümlichkeit der Gattung* – wie auch die *Leistung des Wissens* oder den *Wert des Rechts* – erkennen wir nur angesichts der sie jeweils tragenden *Individualität.* Deshalb ist gerade mit Blick auf die durch uns hindurch wirkenden Gesetze und die über unser eigenes Dasein hinausreichenden Ziele der vom individuierten Da-

sein erzwungene *Ausgangspunkt, der wir selber sind,* nicht
zu vergessen. Der so paradox erscheinende Akt der Selbstbestimmung erlaubt, das Allgemeine aus der individuell erfahrenen Lebensperspektive zu erfassen und zugleich dieses Individuelle durch das darin erfaßte Allgemeine theoretisch wie praktisch zu bestimmen.

7. Der Mensch als Selbstzweck

Wäre die aus der Not geborene Mittelpunktslage des Menschen konstitutiv für seine Würde, dann hätte eben diese
Würde spätestens bei Kant wieder aufgegeben werden
müssen. Denn schon der junge Kant macht Ernst damit,
den Menschen aus der zentralen kosmischen Lage hinaus-
zudenken. Der Mensch ist an das Schicksal der vergleichsweise kleinen Erde gekettet, und ihm bleibt nichts, als mit
seinen korrelativ zur Erdgröße entwickelten Gaben in
exzentrischer Position um die Sonne zu kreisen. Kant entdeckt die Natur der Spiralnebel, hat damit erstmals eine
Ahnung von der Weite des Alls jenseits des Sonnensystems
und spricht die Vermutung aus, daß auch die Sonne nur ein
Staubkorn in einer der vielen Galaxien eines schier unendlichen Kosmos ist.

Die räumliche Abwertung könnte nicht schärfer ausfal-
len; und sogar die zeitliche Relativierung wird ausgesprochen: Als Spätling im Entwicklungsgang des Lebens wird
der Mensch eines gar nicht so fernen Tages mit seiner Erde
in die Sonne stürzen, und von ihm bleibt nichts als dieses
letzte Feuerwerk (*Allg. Naturgeschichte;* 1, 320 f. und 327).
Von Pico her gesehen, müßte Kant auf die Würde des Menschen verzichten.

Er tut es, wie wir wissen, nicht. Im Gegenteil: Seine ganz
an Kopernikus und Newton anschließende Kosmologie
veranlaßt ihn nach seiner kritischen Wende von 1781, die
Aufwertung des Menschen auf die Spitze zu treiben und

den Menschen in einer Weise auszuzeichnen, wie es wohl auch Nikolaus von Kues und Pico della Mirandola nicht gewagt hätten: *Der Mensch wird autonom* – und braucht dazu noch nicht einmal einen Gott. Als gleichermaßen natürliches wie vernünftiges Wesen hat er sich selbst zu bestimmen. Für diesen Vorgang gebraucht Kant den Begriff der »Selbstbestimmung«. Die schärfste Kontur findet dieser Anspruch in der Formel vom *Selbstzweck* der menschlichen Person: Der Mensch wird zum Zweck an sich selbst.

Den prominentesten Ausdruck hat dieser Selbstanspruch des Menschen in der wohl bekanntesten Fassung des kategorischen Imperativs gefunden: »Handle so, daß du die Menschheit sowohl in deiner Person, als in der Person eines jeden andern jederzeit zugleich als Zweck, niemals bloß als Mittel brauchst.« (*GMS*; 4, 429) In der Auslegung dieses Imperativs stellt Kant klar, daß es hier tatsächlich um das *Individuum* geht, das sich so, wie es sich als vernünftig versteht, *selbst* zum Zweck setzt. Zwar schließt der Imperativ ein, daß die »Menschheit als Zweck an sich selbst« begriffen werden muß (430). Aber dieser Begriff ist praktisch wirkungslos, wenn er nicht in das Selbstverständnis des jeweils handelnden *Individuums* eingeht: »Denn das Subject, welches Zweck an sich selbst ist, dessen Zwecke müssen, wenn jene Vorstellung [von der Selbstzweckhaftigkeit der Menschheit; V. G.] bei mir *alle* Wirkung thun soll, auch, so viel möglich, *meine* Zwecke sein.« (Ebd.)

Kant hebt »alle« und »meine« hervor und stellt somit heraus, daß die in der Ethik verlangte Allgemeinheit einer Handlungsnorm nur zustande kommt, wenn jeder *für sich* das Selbstverständnis als Mensch (und damit als Teil der Menschheit) übernimmt und folglich – mit dem ganzen Pathos der Individualität – *sich selbst* als Zweck an sich selbst begreift. Der Imperativ muß tatsächlich die stets »subjektive« Maxime des Individuums bestimmen, um wirksam zu sein. Jeder muß *für sich selbst* die »*Würde* eines vernünftigen Wesens« in Anspruch nehmen, und das ist ein Wesen,

»das keinem Gesetze gehorcht als dem, das es zugleich sich
selbst giebt« (434).

So kommt Kant zu seiner Formel von der »Autonomie«,
in der er den »Grund der Würde der menschlichen und jeder vernünftigen Natur« erkennt (436). Und der Akt, der
diese die Würde des Menschen begründende Autonomie
zum Ausdruck bringt, wird »Selbstbestimmung« genannt
(427). Selbstbestimmung erfolgt nach Kant demnach allein
durch den *Zweck*, den sich ein vernunftbegabtes Wesen
setzt. Da freies Handeln überhaupt nur unter der Bedingung *eigener Zwecksetzung* denkbar ist, kann die Selbstbestimmung auch als die *Elementarleistung menschlicher Praxis* angesehen werden. Für das *Handeln* hat sie somit die
gleiche grundlegende Funktion wie das *Selbstbewußtsein*
für das *Wissen*: Wann immer der Mensch etwas aus eigenem
Antrieb tut, bestimmt er sich selbst: »Die Zeit meiner
Dauer ist also die meiner eigenen Selbstbestimmung der
Zeit.« (*Op post*; 23, 39) Hinter dieser empirischen Wirksamkeit steht aber nichts anderes als die »Selbstbestimmung der Vernunft«.

8. Selbstbestimmung als rationale Selbsterhaltung

Von besonderer Bedeutung für die Radikalisierung des
modernen Denkens ist, daß Kant die unüberbietbare
Selbstzwecksetzung des Menschen allein mit Einsichten
begründet, die er aus der *Selbstbeschreibung der menschlichen Fähigkeiten* gewinnt. Die theologischen Motive,
mit denen noch in der Renaissance die Selbstauszeichnung
des Menschen legitimiert werden mußte, entfallen ganz.
Kant hat sich schon vor seiner Vernunftkritik vor Augen
geführt, daß die menschlichen Erkenntnismittel nicht aus-
reichen, um sicher auf die Existenz eines Gottes schließen
zu können. In der *Kritik der reinen Vernunft* kann er dar-
tun, daß die Grenzen der Sinnlichkeit und der Vernunft

des Menschen auch die Grenzen der erkennbaren Welt
bestimmen. Die kritische Selbstbeschränkung des Menschen läßt eine Berufung auf eine Schöpfungsabsicht oder
auf die Gottesebenbildlichkeit des Menschen nicht mehr
zu. Es ist aber eben diese *Fähigkeit zur Selbstbegrenzung*,
die Möglichkeit, sich *in bewußter Erkenntnis seiner eigenen Grenzen* **selbst** *zu etwas zu bestimmen*, die zu der
durch nichts einzuschränkenden *Würde* des Menschen
führt.

Das klingt paradox, enthält aber eine zwingende Logik,
wenn wir akzeptieren, daß der Vorgang der Selbstbegrenzung nur ein *aus eigener Einsicht* vollzogener Akt sein
kann. Die Tatsache, daß wir als Naturwesen, gewissermaßen als psychophysische Elemente der Wirklichkeit, ohnehin auf vielfältige Weise eingeschränkt sind, liegt diesem
Akt zugrunde: Wir haben eben nur diesen einen Körper,
verfügen nur über fünf Sinne, können nicht alles bemerken,
behalten, begreifen und bedenken, sind an das Erleben des
Augenblicks gebunden und müssen uns alles andere durch
eine auch nicht gerade perfekt funktionierende Vernunft
erschließen. Dieser faktischen Begrenztheit unserer Fähigkeiten werden überdies durch Ermüdung, Krankheit und
Tod weitere innere und äußere Schranken gesetzt. Alles
dies ist »gegeben«, d. h., wir finden es *an uns selber* vor und
können es nur in höchst bescheidenem Umfang erweitern
oder ändern. Alle Schulung und Bildung unserer Kräfte ändert nichts an ihrer vorgegebenen *Endlichkeit*. Sie ist das
Faktum unseres Daseins.

Die Selbstbegrenzung liegt nun zunächst in nichts anderem als in der *bewußten Anerkennung* dieses Tatbestands.
Dazu aber benötigen wir *unsere eigene Einsicht*. Genauer:
Wir brauchen unsere *Vernunft*, um aus den zahlreichen Erfahrungen mit unserer physischen und psychischen Unzulänglichkeit auf die Begrenztheit unserer Kräfte überhaupt
und damit auch auf die Endlichkeit eines jeden individuellen Daseins *schließen* zu können. Die *Selbstbegrenzung der*

menschlichen Kräfte kann nur aus einer mit Hilfe der Vernunft ermittelten Einsicht in eben die *Begrenztheit unserer Kräfte* stammen. Nur die Vernunft kann unsere Fähigkeiten bilanzieren; also kann auch nur sie den Schluß nahelegen, daß wir mit den beschränkten physischen, psychischen und intellektuellen Mitteln letztlich immer nur *begrenzte Erkenntnisse* haben werden. Und nur die Vernunft kann die praktische Konsequenz empfehlen, uns mit dieser – auch durch die Erkenntnis nicht aufhebbaren – Endlichkeit abzufinden.

Wer aber diese Konsequenz zieht, der *vollendet* nur den *Akt der Selbstbegrenzung* – und zwar allein aus vernünftiger Einsicht. Er wendet sein bestes Vermögen, nämlich seine *Fähigkeit zur Einsicht, auf sich selber an* und *bestimmt sich darin selbst.* Da aber keine andere Leistung gedacht werden kann, die dem Selbst so sehr entspräche; da jede andere Bestimmung entweder als bereits »gegeben« oder als Zwang beschrieben werden müßte; und da eine Ausrichtung an einem göttlichen Wesen eben aufgrund der Begrenztheit der Erkenntniskräfte unserem kritischen Selbstanspruch nicht genügte, ist diese *Selbstbestimmung aus eigener Einsicht* auch der *äußerste Akt*, zu dem das einsichtige Wesen fähig ist. In ihm kommt es zum *Maximum* seiner Leistung, in der es prinzipiell durch nichts anderes übertroffen werden kann. Denn unter endlichen Bedingungen kann es zwar andere Wesen geben, die uns an Kraft, Größe oder Dauer überlegen sind. Aber *wenn* sie Vernunft haben sollten, dann müßten sie ihre Bestimmung ebenfalls *aus eigener Einsicht* finden. Also hätten auch sie, wie der Mensch, ihr Maximum in der *Selbstbestimmung aus eigener Vernunft.*

Wenn es aber nichts gibt, was als dieser Selbstbestimmung aus eigener Einsicht überlegen gedacht werden kann, dann hat das Wesen, das dazu fähig ist, darin auch seinen *höchsten Zweck* und mit ihm seine *unantastbare Würde.* Die Selbstzwecksetzung des Menschen folgt somit aus nichts anderem als aus dem *selbständigen Umgang mit seiner bewußt erschlossenen Endlichkeit.*

So schließt Kant aus einer rein funktionalen Analyse unseres Umgangs mit uns selbst auf den höchsten Wert, den der Mensch mit eigenen Gründen fassen kann. Es ist keine Überheblichkeit, keine Anmaßung gegenüber Gott oder der Natur, wenn er den höchsten Zweck, ja, den »Endzweck der Schöpfung« (*KdU* § 84; 5, 435) in den Menschen setzt. Es liegt auch kein vorgefaßter Anthropozentrismus darin. Denn voraus geht die kosmologische Vertreibung des Menschen aus dem Mittelpunkt der Welt; und voraus geht auch die »Demütigung« durch die eigene Vernunft, die sich im Gang der Geschichte so sehr in Widerspruch mit sich selbst, in »Paralogismen« und »Antinomien« verwickelt hat, daß ihr eigentlich jegliche Autorität abhanden gekommen ist. Das einzige, was ihr angesichts der Kränkungen durch Wissenschaft und Philosophie überhaupt noch bleibt, ist ihre Fähigkeit, die kosmologische Abseitigkeit des Menschen zu konstatieren und *ihre eigenen* »Anmaßungen« und »Ausschweifungen« zu kritisieren. Das heißt, in ihrer Not bleibt ihr nichts anderes als die »Kritik« ihrer eigenen Fehlleistungen und somit die »Disziplin zur Grenzbestimmung« ihrer eigenen Kräfte. Und nur aus dieser *Selbstdisziplin* gewinnt sie das »Zutrauen zu sich selbst« zurück (*KrV* B 823; 3, 517).

Es ist, wie man sieht, eine reichlich begrenzte Kompetenz unter ziemlich unzureichenden Bedingungen. Aber mehr ist dem Menschen einfach nicht möglich! Und da jede Berufung auf »mehr«, jeder Bezug zu oder auf Instanzen, die der Vernunft übergeordnet sein sollen, den Rückfall in alte »Ausschweifungen« und »Blendwerke« bedeuten würde, bleibt die Vernunft, so beschränkt sie auch ist, *das Äußerste*, zu dem der Mensch fähig ist. Wenn er also nicht jeder Zwecksetzung verlustig gehen möchte, wenn nicht buchstäblich alles wertlos werden soll, muß *die* Instanz den höchsten Wert zugesprochen bekommen, die uns unter den begrenzten Bedingungen unseres Daseins überhaupt erst erlaubt, etwas als zweckmäßig und wertvoll auszuzeichnen. Und das ist *einzig* die Vernunft. Und da wir die Vernunft, so »göttlich« sie uns auch erscheinen mag, nur als *Fähigkeit des Menschen* kennen, so bleibt uns nichts anderes übrig, als den Menschen selbst zum »Endzweck« der Welt zu erklären. Diese Auszeichnung wird von Kant letztlich zwar auf die *Gattung und die Kultur des Menschen* bezogen; doch die Chance zu einer geschichtlichen Entfaltung der menschlichen Kräfte hängt allein an der Möglichkeit, daß sich das *Individuum* vernünftig verhält. Also wird letztlich doch die »Person« als *Zweck an sich selbst* über alles andere gestellt. Und dahinter steht nicht mehr und nicht weniger als das Bemühen, die beste Kraft des Menschen zu sichern. Selbstbestimmung ist Selbsterhaltung des Menschen in seiner besten Verfassung und somit rationale Selbsterhaltung der Individualität.

9. Selbstbestimmung als politisches Programm

Die von Kant vorgenommene Auszeichnung des Individuums als *Zweck an sich selbst* radikalisiert die in der Renaissance zur Selbstbehauptung und Selbstbestimmung gesteigerte Selbständigkeit, von der bereits die antike Ethik ausgegangen war. Eine weitere Zuspitzung ist nicht denkbar; Selbstzwecksetzung läßt sich sachlich nicht mehr überbieten.

Soweit wir wissen, wird der Begriff der *Selbstbestimmung* erstmals in Kants *Grundlegung zur Metaphysik der Sitten* (1785) gebraucht, und er kommt hier auch nur ein einziges Mal vor. In etwas anderer Bedeutung wird er dann nur noch einmal in der 1798 veröffentlichten Anthropologie-Vorlesung verwendet. Erst aus dem nachgelassenen *Opus postumum*, an dem der greise Kant zwischen 1798 und 1802 immer wieder neu ansetzend gearbeitet hat, geht her-

vor, daß ihm der Terminus selbstverständlich geworden ist
(*Op post*; 21: 24, 58, 62, 87 f. und passim). Möglicherweise
hat dabei schon die Lektüre der Schriften Fichtes und Schil-
lers eine Rolle gespielt, denn beide haben den Begriff der
Selbstbestimmung sogleich aus der *Grundlegung* aufgenommen und zum Kristallisationspunkt ihrer ethischen
Überlegungen gemacht. Seit Johann Joachim Spaldings *Bestimmung des Menschen* (1748) lag der Ausdruck allerdings
schon in der Luft. Das philosophische Denken der Moderne ist für die Gedankenfigur der Selbstbestimmung disponiert. Sogar Hegel, der so großen Wert auf die moralphilosophische Distanz zu Kant legt, kommt ohne den Terminus nicht aus.[16] Selbstbestimmung wird zum geradezu
natürlich erscheinenden Vermögen einer jeden Person.

Schließlich sind Kantianer und Hegelianer auch an der
Aktualisierung des Begriffs in der zweiten Hälfte des
20. Jahrhunderts beteiligt. Dabei scheint sich allerdings niemand an die Herkunft des Begriffs, der längst zur Alltags-
sprache gehört, zu erinnern. Und kaum einer denkt daran,
daß sich die Vertrautheit des Ausdrucks seiner zwischen-
zeitlichen Karriere als eines *politischen Begriffs* verdankt:
Mit den Unabhängigkeitsbestrebungen im habsburgischen
und im russischen Reich war nämlich die »Selbstbestimmung der Völker« zu einer Parole geworden, der man sich
gegen Kaiser und Zar wirksam zu bedienen wußte. Eine der
ersten Schriften über die politische Selbstbestimmung
stammt aus der Feder Lenins. Auch Stalin hat vor der Revolution die Selbstbestimmung Georgiens gefordert; nach
der Revolution hat er sie dann weiterhin für alle Völker verlangt, die er nicht selbst unterdrücken konnte.

Inzwischen gehört das *Recht auf Selbstbestimmung* zu
den Grundsätzen des Völkerrechts, die auch in der *Charta*

---

16 Tugendhat, der die Sachlage bei Kant verkennt, macht erhellende Ausführungen im Anschluß an Hegel (*Selbstbewußtsein und Selbstbestimmung*, 1979, 137 ff. und 293 ff.).

der Vereinten Nationen festgelegt sind. Wie schwierig im Einzelfall sowohl die Anerkennung wie auch die Durchsetzung dieses Rechtes ist, dürfte angesichts der Konflikte in der Welt offensichtlich sein. Doch die Schwierigkeiten in der Realisierung machen den Begriff nicht obsolet. Im Gegenteil: Er wird gleichermaßen zur Angabe des Ziels wie zur Benennung der Probleme benötigt. Ja, man kann darlegen, daß die Selbstbestimmung zur Bezeichnung des ursprünglichen Akts, aus dem eine jede Politik sich versteht, unverzichtbar ist. Daran zeigt sich aber, wie eng individuelle und politische, personale und kulturelle Vorgänge verknüpft sind.

Die Bedeutung dieser Parallele erschließt sich jedoch erst, wenn man den *individuellen Vorgang* der Selbstbestimmung einer genaueren Betrachtung unterwirft. Und hier ist es von entscheidender Bedeutung, die Selbstbestimmung zunächst nur als einen *bloßen Akt*, eine noch *vor* allen moralischen Wertungen liegende *Manifestation der Selbständigkeit* zu verstehen. Wir werden gerade die ethisch-moralische Unverzichtbarkeit von Selbstbestimmung nur einsehen, wenn wir erkennen, daß die Selbstbestimmung nicht mehr und nicht weniger als die elementare *Bedingung* für die Zuschreibung moralischer Prädikate darstellt. Die Selbstbestimmung ist der originäre Akt, in dem sich ein Mensch allererst zu einem moralischen Wesen macht. Und weil dies so ist, muß schon dieser Akt gesichert werden, was selbst wiederum nicht ohne Selbstbestimmung möglich ist.

10. Selbstbestimmung als Bedingung und Ziel

Diese mit der individuellen Selbständigkeit hervortretende *Priorisierung der Selbstbestimmung* hat die Entwicklung nach Kant bestätigt. Zwar gab es Versuche, doch noch einen Schritt weiter zu gehen und dem Menschen Zwecke

zu setzen, die ihn sogar aus den Zusammenhängen befrei-
en, unter denen individuelle Zwecksetzung nötig ist: Da
sollte er zum »Subjekt« einer Geschichte avancieren, die
zunächst zwar vollkommen von ökonomischen Gesetzen
bestimmt ist, von denen er sich dann jedoch in einem revo-
lutionären Akt emanzipiert (Marx); er sollte der »Einzige«
sein, dem buchstäblich alles zum nur ihm gehörenden
»Eigentum« wird, so daß der Widerstand, der gewollte
Zwecke nötig macht, entfällt (Stirner); er sollte sich als ein
alle Werte umwertender »freier Geist«, als »souveränes
Individuum« präsentieren, das auf nichts anderes setzen
möchte als auf die Dynamik seines »Willens zur Macht«
(Nietzsche); oder er sollte alle Kraft auf das »Noch-Nicht«
einer Zukunft werfen und seinen Stolz aus dem »Prinzip
Hoffnung« ziehen, das er in sich trägt, um endlich von der
Last des Zwecke-setzen-Wollens befreit zu sein (Bloch).

Doch die Prämisse für den Ausgangspunkt wurde nicht
ernsthaft in Frage gestellt. Selbstbestimmung ist mit dem
selbstbewußten eigenen Handeln identisch geworden. Ja,
selbst die entschiedenste Kritik an der Entfesselung der
Selbstbestimmung zur Utopie kommt von der Selbstzwecksetzung des Menschen nicht los: Das »Prinzip Verantwortung«, das dem Menschen sogar noch die Sorge für
das »Sein« auflädt (Jonas), wendet sich zwar theoretisch gegen den vermeintlichen »Anthropomorphismus« der
Selbstbestimmung, nimmt ihn aber praktisch selbst für sich
in Anspruch; denn sie zwingt dem Menschen die Verantwortung nicht gewaltsam auf, sondern appelliert an seine
Einsicht, die Verantwortung *von sich aus* zu übernehmen.
Daß dieser Appell sich selbst aufhebt, sobald er einen auch
nur zeitweiligen Verzicht auf die Freiheit verlangt, steht auf
einem anderen Blatt.

So ist zumindest in der Theorie anerkannt, was das *Men-
schenrecht* für die politische Praxis fordert: »Die Würde des
Menschen ist unantastbar.« Wenn es aber nichts gibt, das
die Würde des Menschen einschränken darf, ist sie das

höchste Gut, dem alles andere untersteht. Die Würde aber zeigt sich im Gebrauch der menschlichen Freiheit – und die liegt in nichts anderem als in der *Fähigkeit, sich seine eigenen Zwecke zu setzen.*

Man sagt also nicht zuviel, wenn man feststellt, daß die Selbstbestimmung zu den weitgehend unbezweifelten *Prämissen der gegenwärtigen Ethik* gehört.[17] Zwar ist nicht sicher, wie Intuitionismus (Moore) oder Emotivismus (Ayer, Stevenson) eigentlich zu dieser Voraussetzung stehen, weil sie sich mit ihren Kriterien auf etwas *am* Menschen und nicht eigentlich *auf den Menschen selbst* beziehen; bei genauerer historischer Betrachtung müßte man auch den Widerspruch der materialen Wertethik (Scheler, Hartmann) zur Kenntnis nehmen, bei dem die gleiche Unsicherheit besteht. Und fraglich ist natürlich auch, ob ein konsequenter Utilitarist, also jemand, der sich an seine theoretisch postulierten Kriterien tatsächlich hält, beim Prinzip der individuellen Selbstbestimmung bleiben kann. Denn sollte er Anhaltspunkte dafür haben, durch ein Selbstopfer die Lustbilanz der Menschen (oder des Lebens) zu steigern, so müßte er sein Wohlbefinden dem aller anderen opfern. Allerdings müßte eben dieses Opfer als ein Akt der Selbstbestimmung begriffen werden. Folglich kommt sogar der Utilitarismus ohne die Prämisse der Selbstbestimmung nicht aus. Er versäumt lediglich, daraus auch ein Ziel zu machen. Das gilt für Intuitionismus, Emotivismus und materiale Wertethik entsprechend.

Die hier eingeschobene historische Skizze hat, so hoffe ich, wahrscheinlich gemacht, daß der Anspruch auf Selbstbestimmung des sich selbst als Zweck begreifenden Menschen tatsächlich die *unerläßliche* **Prämisse *der Moralphilosophie*** ist. Und man kann hinzufügen, daß die *Selbstbestim-*

---

17 Ich verweise nur auf die herausragenden Arbeiten von: Williams, *Der Begriff der Moral*, 1978; ders., *Ethics and the Limits of Philosophy*, 1985; Höffe, *Moral als Preis der Moderne*, 1993.

mung das *Basisproblem auch noch der gegenwärtigen Ethik* darstellt. Alles, was mit der Grundsatzdebatte über die *Freiheit*, mit der *Begründung ethischer Prinzipien*, mit der *Rechtfertigung moralischer Urteile* oder mit dem *Status ethischer Aussagen überhaupt* zu tun hat, ist auf dieses Ausgangsproblem bezogen. Und es spricht vieles dafür, daß sich die neueren Probleme der Ethik, insbesondere die Frage nach der *Universalisierbarkeit moralischer Urteile* sowie die *Abgrenzung von Sein und Sollen*, nur lösen lassen, wenn die Selbstbestimmung des sich selbst als Zweck begreifenden Menschen endlich als ein Akt erkannt wird, der sich *nur individuell* vollziehen kann. Und nur, wenn wir strikt von der *Individualität* des handelnden Menschen ausgehen, läßt sich den Einwänden begegnen, mit denen Nietzsche die Moral insgesamt ins Abseits zu stellen versuchte.

Natürlich gehen nicht alle neueren Ansätze von der hier in unserer eigenen Begrifflichkeit vorgetragenen Diagnose aus. Von denen, die das Problem der Moral am liebsten negieren, auf jeden Fall aber marginalisieren möchten, einmal abgesehen, gibt es Ansätze, die vor der Autonomisierung des Selbst warnen und das Ich in umgebende Bezirke des Seins, des Glaubens, der Geschichte oder der Gemeinschaft einbinden möchten. Solange damit auf fundierende oder stabilisierende Bedingungen der Selbständigkeit des Menschen aufmerksam gemacht werden soll, sind solche Ansätze durchaus hilfreich. Denn der Mensch lebt nicht aus eigener Kraft. Selbstbestimmung ist keine Selbstschöpfung. Niemand verfügt vollkommen über sich selbst; er bleibt vielmehr an seine psychophysische, sozioökonomische und historische Ausstattung gebunden. Die aber ist handelnd als *Möglichkeit* zu begreifen, die jeder zu seiner *Selbstverwirklichung* nutzen muß. So unwahrscheinlich hier auch vieles zunächst erscheinen vermag: Bei entsprechender Anstrengung und dem allemal erforderlichen Glück sind viele Optionen offen – aber stets nur unter den Bedingungen der *Realität*.

Deshalb haben auch die im Rückgriff auf Aristoteles, Hegel oder Nietzsche immer wieder vorgetragenen Zweifel an der Exposition des sich selbst bestimmenden Individuums ihren Wert. Sie schärfen den Blick für die *geschichtlichen und gesellschaftlichen Rahmenbedingungen*, aus denen sich natürlich auch das moralische Handeln nicht befreien kann. Ja, es wäre unsinnig, eine derartige »Befreiung« auch nur zu wollen. Doch zu einer Abkehr vom Ausgangspunkt einer selbstbewußt behaupteten Selbsterhaltung des Einzelnen, der sich als Zweck seiner selbst bestimmt, können die Hinweise auf die gesellschaftliche Einbindung des einzelnen Menschen schon deshalb nicht veranlassen, weil damit die Ethik selbst preisgegeben wäre.

4

Selbstorganisation

Das Prinzip des Lebens

1. Die Selbsterfahrung des Lebens

Leben ist der umfänglichste und gleichwohl in sich reichhaltigste Begriff für den Zusammenhang, in dem wir sind. Verglichen mit ihm sind die Begriffe des *Seins*, der *Wirklichkeit* oder der *Welt* abstrakt; was sie bedeuten, können wir bezeichnenderweise nur vom Leben her bestimmen. Entsprechendes gilt für die schon konkreter, d. h. sinnlicher gefaßten Termini des *Kosmos*, des *Universums* oder der *Physis*, also der *Natur*. Ihnen gegenüber hat *Leben* den Vorteil der *inneren Anschaulichkeit*. Denn Leben ist nicht nur in der belebten Natur außer uns, sondern in elementarer Weise *in uns selbst*. Es ist also nicht etwas bloß »in« unserem Körper, sondern auch »in« unserem Geist; wir sind nicht nur selber Lebewesen, sondern wir erfahren uns immer auch in unserer eigenen *Lebendigkeit*. Wir empfinden, fühlen und begreifen an uns selbst, was *Leben* heißt, obgleich wir die zu trennscharfer Erkenntnis nötige Differenz (in diesem Fall das *Nicht-Leben*, also den Zustand des Toten) nicht selbst (genauer: nicht an uns selbst) erleben können.

Das Empfinden, Fühlen, Vorstellen und Begreifen an uns und durch uns selbst ist selbst ein Elementarvorgang des Lebens. Noch in den subtilsten Regungen des Geistes, in den trockensten Verstandesoperationen und den kältesten Zynismen regt sich die Vitalität. Vom *Erleben des Lebens* können wir uns schlechterdings nicht distanzieren. Der Begriff hat den unschätzbaren, bisher kaum erkannten, geschweige denn systematisch genutzten Vorzug, eine gleichermaßen *objektive wie subjektive Gegebenheit* zu bezeichnen. Zum Leben gehört eine intrikate *Binnenperspektive*, die wir schlechterdings nicht verlassen können. Zwar können wir auch *auf* die Natur nur unmittelbar *aus* der Natur blicken, und wir können (wie in 1.4 hervorgehoben) die Wirklichkeit nur als *Wirkungszusammenhang* verstehen, dem wir in unserer eigenen unvermeidlichen *Wirksamkeit* vollkommen zugehören. Aber diese Einbindung des Individuums in seinen Objektbereich muß immer erst *erschlossen* werden.

Beim *Leben* jedoch ist unsere Zugehörigkeit *gegenwärtig*: Jede Erkenntnis des Lebens setzt nicht nur unsere Lebendigkeit, sondern zugleich auch unsere intime Anteilnahme, das *Erleben*, voraus. Jedes Bewußtsein, auch wenn es uns noch so steril erscheint, ist *lebendiges* und somit *erlebendes* Bewußtsein – und darin eben immer schon *mehr* als »bloßes« Bewußtsein. Und nur über diese unmittelbare *Präsenz des Lebens im Erleben*, ohne das kein Bewußtsein ist, können wir abstraktere Entitäten wie Kosmos oder Universum, Natur oder Realität, Sein oder Dasein erschließen.

Nun gibt es eine Philosophie, die sich die Tatsache unserer vollständigen Einbindung in das Leben bewußt und die Vorteile des Begriffs zunutze gemacht hat: die sogenannte *Lebensphilosophie.*[1] Wenn man diesen Titel weit genug faßt, kann man an so klangvolle Namen wie Goethe, Novalis und Friedrich Schlegel, an Nietzsche, Dilthey, Simmel oder Ortega denken, man könnte sogar auch Kant und einige seiner Schüler, wie Pölitz oder Bouterwek, nennen. Gedacht wird aber vornehmlich an Henri Bergsons einfühlsame Lehre von der intuitiven Erfassung des *élan vital* als der unerschöpflich in allem Lebendigen wirkenden Grundkraft, die zum wirklichen Wesen der Welt hyposta-

1 Zu Begriff und Geschichte siehe: Fellmann, *Lebensphilosophie*, 1996; Bollnow, *Die Lebensphilosophie*, 1958.

siert wird und den bewußten menschlichen Leistungen, insbesondere allen diskursiven, rationalen Anstrengungen antithetisch gegenübersteht.

Bergsons enorme Wirkung, die bis heute anhält, auch wenn sein Name nur noch selten fällt, hat mit dem intimen Zugang zum Leben über das *Erleben* zu tun. Denn in der Betonung der intuitiven Kräfte, in der Exposition von Stimmung und Gefühl kommt jene schlechterdings nicht auf Distanz zu bringende *Einheit* zum Ausdruck, in der wir uns mit dem Leben befinden. Es scheint nahezuliegen, in dieser Einheit ein *Ganzes* namhaft zu machen, das allen seinen Teilen unendlich überlegen ist. Und so läßt sich im Namen des Lebens oder des Leibes[2] gegen die klassischen Anwälte einer begrifflichen Einheit, also gegen Verstand und Vernunft, polemisieren. Das Leben ist der Quell, aus dem alles fließt; der Strom, der sich von innen her ins Dasein ergießt. Was aus ihm heraus ans Ufer gelangt, um in Ruhe einen Blick auf den Fluß zu tun, ist, strenggenommen, schon tot. – So wird die bis heute bestehende Affinität zwischen Romantik und Lebensphilosophie plausibel; beide artikulieren die »inneren« Kräfte und mobilisieren sie gegen alles, was ihnen *bloß äußerlich* erscheint.

Doch so richtig die Insistenz auf der *konstitutiven Binnenperspektive des Lebens* ist: In der Opposition gegen Verstand und Vernunft wird vergessen, daß diese selbst Momente des Lebens sein müssen, wenn sie denn überhaupt in ihm wirksam sind. Das aber kann gerade ein Lebensphilosoph nicht bestreiten; andernfalls könnte er sich die Kritik an ihnen schenken. Eigentlich möchte er wohl nur ein angebliches Vorurteil der alteuropäischen Zivilisation, die einseitige Hochschätzung der intellektuellen Kräfte, korrigieren; daher warnt er besorgt vor den Gefah-

---

2 »Leib« ist ein alter Begriff für das Leben, der wortwörtlich dem Tode abgerungen wurde. Denn »Leib« bedeutete ursprünglich »Leichnam«, ehe sein Sinn auf die Gegenseite wechselte.

ren, die dem Leben durch die Dominanz von Wissenschaft und rationaler Technik drohen. Als Gegenmittel empfiehlt er, sich stärker der *Empfindung*, dem *Gefühl*, der *Seele* oder, wie es heute heißt, dem »Anderen der Vernunft« zu überlassen.

So denkt sich die Lebensphilosophie in die Rolle eines Anwalts des Ganzen hinein. Doch indem sie Partei gegen prominente Teile dieses Ganzen ergreift, gibt sie eben damit den Ganzheitscharakter des Lebens preis. Was sie als krankhafte »Hypertrophie« der Verstandesleistungen oder als abartige »Superfötation« des Logischen (Nietzsche) bekämpft, ist ja nichts anderes als ein Effekt der vom Leben selbst getragenen Funktionen. Um deren Abwehr zu rechtfertigen, müßte sie von einem Standpunkt *außerhalb* des Lebens urteilen können. Den aber kann ein lebendiges Wesen a priori nicht einnehmen; überdies hat die Lebensphilosophie ihr Credo darin, das Unmögliche auch gar nicht zu wollen. Also kann (und will) sie nur nach *internen Kriterien* des Lebens werten.

Will sie sich dabei aber nicht bloß von einem diffusen Gefühl bestimmen lassen, muß sie (beispielsweise) von Richtwerten des *Wachstums*, der relativen *Gesundheit*, der *Produktivität* oder des *Gleichgewichts im ganzen* ausgehen. Das aber sind, um das Wenigste zu sagen, schwer zu bestimmende Faktoren. Vor allem aber müßte geprüft werden, was an der vermeintlichen Dominanz der rationalen Kräfte tatsächlich Folge einer *Fehlentwicklung* oder nur Ausdruck einer *unerläßlichen Funktion* ist. Das beklagte Übergewicht der Vernunft könnte ja auch ein notwendiges Wirkungsmoment ihrer (von den spezifischen Lebensproblemen geforderten) Aufgaben sein.

Wenn es etwa zur Vernunft des Menschen gehört, *vergleichen*, *nachdenken*, *überlegen*, *schließen* und dementsprechend *entscheiden* zu können, käme ihr bereits – von ihrer natürlichen Anlage her – die Qualität einer *höheren* (weil über anderes disponierenden) *Leistung* zu. Und wenn es stimmt, daß sich das Leben schon in seinen basalen Vorgängen stets in funktionalen *Leistungs- und Steuerungshierarchien* vollzieht, dann liegt in der dispositiven Überlegenheit der Vernunft gar keine zwangsläufige Unterdrükkung der affektiven Fähigkeiten, sondern eben nur eines der zahlreichen *Steuerungsphänomene*, die den organischen Prozeß bestimmen. Es gibt, wie wir noch sehen werden, starke Gründe für diese *funktionale Vorrangstellung des Intellekts*. Deshalb spricht auch vieles dafür, daß die Lebensphilosophie mit ihrer vorgängigen Option für die affektiven und emotionalen, angeblich prärationalen Grundkräfte des Lebens in Widerspruch zu ihrem eigenen Vorsatz gerät, die Fülle des Lebens zu vertreten.

Wenn man also vollkommen im Leben steht, ist es unmöglich, sich *vorsätzlich* zu seinem Anwalt zu machen. Faktisch tut man es ohnehin, solange man lebt. Denn wenn Leben sich schlechterdings in allen Leistungen äußert – und sei es in denen der Kritik –, kommt ihm einfach alles zugute. Ganz gleich, ob wir uns auf den Verstand, die Vernunft oder den Geist, ja, selbst auf Gott berufen: In allen diesen intelligiblen Instanzen wirkt das Leben. Nehmen wir ihnen die Lebendigkeit, verlieren sie jede Bedeutung. Somit scheint jede Erkenntnis auf eine *Selbsterfahrung des Lebens* hinauszulaufen.

Das aber heißt: Mitten im Leben kann man nicht vollständig auf Distanz zu ihm gehen. Der Schlaf, die Ohnmacht oder der (nur an Anderen und anderem zu beobachtende) Tod geben bestenfalls eine Ahnung von dem, was diese Distanz bedeuten könnte. Deshalb wäre es auch nicht falsch, *alle* Philosophie als *Lebensphilosophie* zu bezeichnen. Doch das wäre eine redundante Formel, die aus dem selbstverständlichen Sachverhalt unserer vollständigen Einbindung in das Leben ein tönendes Pathos machte.

Gleichwohl kann man auf *relative Distanz* zum Leben gehen. Die erlaubt uns immerhin – mitten im Leben –, einen (wie immer: abgrenzenden) *Begriff* von ihm zu fassen.

Also ist auch eine *Erkenntnis* möglich. Sie bezieht natürlich die *Selbsterfahrung* unserer eigenen Lebendigkeit mit ein. Wenn im folgenden bewußt weit gefaßt vom »Erleben« des Lebens die Rede ist, ist damit keine Restriktion auf ein »Gefühl« beabsichtigt. Sondern es geht alles ein, was wir *empfindend, wahrnehmend, erkennend* (und natürlich *immer auch* hoffend und bangend, also *fühlend*) vom Leben haben. Ethisch entscheidend aber ist die *Erkenntnis* des Lebens, und die ist notwendig auf *Wissen* aus.

2. Die Philosophie der Biologie

Auf ein solches Wissen gerichtet, dürfte auch eine *Philosophie des Lebens* nicht unmöglich sein. Solange man nicht verlangt, in *absoluter* Weise über das Leben als ganzes zu urteilen, und auch davon abläßt, auf *vollkommene* Distanz zu den einzelnen Phänomenen des Lebens zu gehen, kann man gewiß über das Leben nachdenken wie über andere Bereiche des Notwendigen, Wirklichen oder Möglichen auch. Man muß das Leben einfach *nach Analogie* eines Gegenstandsbereiches fassen, so wie die *Biologie* es tut, wenn sie ihre natürlichen Gegenstände von denen der Physik auf der einen und denen der Soziologie oder Psychologie auf der anderen Seite abgrenzt. Das gelingt nach der einen Richtung ziemlich eindeutig, weil sie über die Unterscheidung »lebendig« oder »tot« verfügt und daraus die Differenz zwischen »organisch« und »anorganisch« machen kann. Zur anderen Seite hin lassen sich Grenzen vereinbaren, die es dann erlauben, bestimmte Fragen sinnbezogenen menschlichen Zusammenlebens der Soziologie und den spezifisch affektiven, emotionalen und intelligenten Funktionen der Psychologie zu überlassen. Ethologie und Soziobiologie haben jedoch gezeigt, daß keine Frage der Soziologie oder der Psychologie vor der Biologie sicher ist.

Doch das braucht uns hier nicht zu kümmern; für die Konstitution der Biologie als Wissenschaft reicht aus, daß überhaupt eine Abgrenzung zu einem Gegenstand vorgenommen werden kann, der selbst wieder vom Gegenstand anderer Wissenschaften abzugrenzen ist. Beides ist möglich. Auch wenn mich das Leben ganz und gar durchwirkt, kann ich doch mit hinreichender Klarheit *mein Leben* vom *Leben anderer Lebewesen* unterscheiden. Mitten in dem allgemeinen Prozeß, den wir »das Leben« nennen und den wir vom »Nicht-Leben« absetzen, lassen sich Lebewesen identifizieren, die einfach *anders* sind als wir selbst. Und ihnen gegenüber ist eine methodologisch zureichende Distanzierung möglich. – Auf die methodologischen Fragen gehe ich hier nicht weiter ein. Ich lasse auch beiseite, daß man die »Gegenstände« der Wissenschaften besser als »Probleme« faßt, denn es kommt hier nur auf das *Beispiel* an, das die Biologie dem Philosophieren gibt. So unstrittig es ist, daß die Biologie ein Gegenstandsfeld hat, so sicher darf angenommen werden, daß auch eine *Philosophie des Lebens* möglich und nötig ist.[3]

Im Nachdenken über die Phänomene des Lebens hat die Philosophie, spätestens seit Aristoteles, eine große Tradi-

---

3 Neben der Medizin, dem Recht und der Geschichte steht der Problemkreis der *Biologie* dem Menschen wohl am nächsten. Von daher, nicht nur wegen der gegenwärtig in ihr möglichen Entdeckungen, hat sie ihre heute endlich erkannte enorme Bedeutung. Die *Philosophie* des Lebens muß die Erkenntnisse der Biologie aufnehmen, ist aber nicht auf sie beschränkt. Wenn sie auch nur den hier skizzierten theoretischen *Zugang* zu einem genaueren Verständnis des Lebens erörtern können will, muß sie von den weit gefaßten *Begriffen des Lebens* ausgehen, die unsere alltägliche Auffassung vom Leben aufnehmen. Das ist ganz ähnlich wie beim Begriff der *Natur*. Deshalb habe ich im vorliegenden Abriß auch keinen Anlaß gesehen, die verschiedenen Bedeutungsdimensionen des Lebensbegriffs auf *eine* Definition zu restringieren. Der hier gewählte Zugang vom *individuellen Erleben* bietet jedoch eine Chance zur Formulierung eines mit den verschiedenen Fassungen konsistenten Begriffs, der – philosophisch wie biologisch – ganz auf die *selbstreferentielle Aktivität des Organismus* bezogen ist.

tion, die durch Kant einen ingeniösen Impuls erhalten hat. Der wiederum hat nicht nur auf Schelling, Hegel, Steffens, Lotze und Dilthey, sondern auch auf zahlreiche Denker im Forschungsfeld der Naturwissenschaften gewirkt. Aus dieser jungen naturwissenschaftlichen Theorieentwicklung ist das frühe Werk Helmuth Plessners hervorgegangen, das in einer beispiellosen systematischen Anstrengung einen neuen Ansatz zu einer Philosophie des Lebens enthält.[4] Bemerkenswert sind auch die Beiträge, die Hans Jonas in den fünfziger und sechziger Jahren zum »Prinzip« des Leben beigesteuert hat.[5]

Seit etwa zwanzig Jahren kommen die Anregungen hinzu, die von den Biologen selbst ausdrücklich unter dem Titel einer »Philosophie der Biologie« vorgetragen werden.[6] Zwar sind diese jüngeren Versuche noch stark von ihrem theoretischen Widerpart geprägt: Sie verstehen sich primär als eine *Wissenschaftstheorie* der Biologie, die sich mit guten Gründen dagegen wehrt, von der herrschenden *theory of science* ausschließlich am Maßstab der Physik gemessen zu werden. Dennoch werden in der Verteidigung der methodologischen Eigenständigkeit der Biologie so viele grundsätzliche Aussagen über den Forschungsgegenstand dieser Wissenschaft gemacht, daß man von der *Entstehung einer Philosophie aus den Fundierungsproblemen einer Einzeldisziplin* sprechen kann. Im 19. Jahrhundert waren es die Grundlagen- und Abgrenzungsfragen der Physik, der Chemie und der Physiologie, die der nach Hegels Tod fast ganz auf ihre eigene Geschichte zurückgeworfenen Philosophie eigenständige Impulse gegeben haben. Nun könnte die Biologie einer wieder einmal an der Durchführbarkeit ihrer systematischen Aufgabe zweifelnden Philosophie vorführen,

---

4 Vor allem: *Die Stufen des Organischen und der Mensch* [1928], 1981 (von nun an zit. als: *Stufen*).
5 Gesammelt in: Jonas, *Organismus und Freiheit*, 1973.
6 Als eindrucksvollstes Beispiel nenne ich hier nur: Mayr, *Eine neue Philosophie der Biologie*, 1991.

daß sich auch am Ende des 20. Jahrhunderts über etwas mehr nachdenken läßt als bloß über die eigene Geschichte oder bloß über die sprachlichen Mittel, mit denen wir uns in Alltag und Wissenschaft verständigen.

Man muß aber gleich hinzufügen, daß es auch der *Philosophie der Biologie* guttun würde, die Beiträge der Philosophen etwas genauer zu bedenken. Das gilt, um nur drei Beispiele zu erwähnen, e r s t e n s für die *Grenzbestimmung von Organismus und Umwelt* und damit für die *prozessuale Identität* der lebendigen Organisation; für diese zeitlich und räumlich beschränkte, aber eben nicht räumlich lokalisierbare Einheit bringen auch die Biologen ein »Selbst« in Anschlag, ohne sagen zu können, was das eigentlich heißt. Das gilt z w e i t e n s für den *Ursprung der Eigentätigkeit*, für den die Biologen mit einer gewissen Verlegenheit den Begriff der »Spontaneität« verwenden, ohne ihn genauer klären zu können; man braucht nicht gleich, wie Jonas, von »Freiheit« zu sprechen, um diesen Ursprung zu kennzeichnen. Aber die Frage ist, ob man ohne Analogie zur an sich selbst erfahrenen Freiheit des Menschen auskommt, wenn man überhaupt sinnvoll von »spontanen« Vorgängen sprechen will. Vor allem aber gilt es d r i t t e n s für das basale Strukturmerkmal der organischen Leistungen: ihre *in sich geschlossene Funktionalität*. Da hilft es wenig, »Teleologie« durch »Teleonomie« zu ersetzen und deren Eigentümlichkeit durch die Wirksamkeit eines »Programms« zu erklären. Denn alle drei Begriffe setzen ein Vorverständnis zielgerichteter Steuerung voraus, das immer erst *beim Betrachter ausgebildet* sein muß, ehe es in den Vorgängen selbst entdeckt werden kann.

Tatsächlich ist eben das die entscheidende Pointe der *Organismus-Theorie Kants*, also nicht: daß von *teleologischer* Urteilskraft die Rede ist. Kant hätte vermutlich keine Schwierigkeit gehabt, das alte, aus der aristotelischen Tradition stammende Adjektiv durch »teleonomisch« oder »programmiert« zu ersetzen. Ausschlaggebend ist vielmehr, daß in die wie auch immer formulierte Zuschreibung ein, wie Kant sagt, »subjektives« Element eingeht. Das Verständnis der »Zweckmäßigkeit« organischer Anlagen und Vorgänge ist von einem *Analogieschluß* vom Betrachter auf sein Objekt getragen. Nur sofern der betrachtende Mensch sich selbst in seiner eigenen Bewegung als »zielgerichtet« versteht, kann er eine analoge Bewegung eines anderen von ihm beobachteten Lebewesens ebenfalls als »zielgerichtet« beschreiben. Eben das ist mit dem Vorbehalt des »Als-ob« gemeint: *Die vorgängige Bindung des Urteils an die Selbsterfahrung des Betrachters soll bewußt bleiben.* Kant indiziert mit dem »subjektiven« Vorbehalt des »Als-ob« also auch die *mangelnde Distanz*, die wir als uns selbst erlebende Wesen zu lebendigen Wesen überhaupt haben. Diese unaufhebbare innere Anteilnahme, dieses auch im Akt der Erkenntnis nicht suspendierte Mitgenommensein zieht die *restringierte Objektivität* unseres Urteils über das Leben nach sich.

Das werden die auf die Objektivität ihrer Disziplin bedachten Biologen vermutlich nicht gerne hören. Vielleicht glauben sie mit Ernst Mayr, durch den Übergang von der »Teleologie« zum »Programm« dem Subjektivitätsvorbehalt entkommen zu sein.[7] Tatsächlich hat der Begriff des »Programms« durch seine technische Verwendung in den sich selbst steuernden »programmierten« Maschinen eine objektive Anmutung. Hier gibt es eine auf alternativen Auswahlentscheidungen basierende *Lenkung*, die unabhängig vom Standpunkt des Betrachters erfolgt. Man braucht lediglich die skalierte *Einstellung auf Richtwerte*, die eigenständige *Messung* der umgebenden sowie der jeweils erreichten Werte und schließlich die Möglichkeit einer entsprechenden *Korrektur* des Energie umsetzenden mechanischen oder elektronischen Prozesses. Die technische Installation suggeriert die Objektivität des Gesche-

7 Ebd., 51 ff.

hens, weil alle Stellwerte mathematische Größen sind und auch die Leistung quantifizierbar ist. Man darf aber nicht vergessen, daß eine »Programmierung« durch menschliche Konstrukteure vorausgegangen ist. Die Maschine arbeitet somit nach einem vom Menschen eingebauten »Plan«.

Was aber verstehen wir von einem »Plan«, wenn er nicht das geordnete und irgendwie zielgerichtete Vorgehen meint? Für den Begriff des »Programms« haben wir entsprechend zu fragen: Was bleibt von einem Programm, wenn es nicht einen Vorgang beschreibt, der einer – wie auch immer bestimmten – *Absicht* folgt? Wie will man das *telos* hinter sich lassen, wenn man, wie Ernst Mayr es tut, den Begriff des Programms ausdrücklich an den des *Zieles* bindet? – Mayr scheint die Antwort zu ahnen, zumal, wenn er einräumt, daß wir den objektiven Charakter eines Programms nur aus den vom Menschen in Gang gebrachten *technischen* Prozessen kennen. Der Vollständigkeit halber fügen wir noch die *institutionellen* Programme hinzu, die das soziale Verhalten regulieren; auch sie sind vom Menschen gemacht oder getragen.

Folglich lassen sich Programme nur als geäußerte *Entwürfe menschlichen Handelns* verstehen. Handeln aber kann ohne *Intention* nicht begriffen werden. Intention ist wiederum nur die phänomenologisch, handlungsanalytisch oder »subjektivitätstheoretisch« präzisierte methodologische Variante dessen, was Aristoteles und Kant als *telos* bezeichneten. Die »Teleologie« also wird man nicht los, indem man sie in die technisch kontrollierbare Form des »Programms« übersetzt.

3. Leben im Spiegel unserer Selbstbewertung

Es wäre nun aber völlig irrig, aus dieser offenbar unentrinnbaren Nähe der Biologie zum menschlichen Selbstverständnis ihre Eingeschränktheit oder gar ihre Unmöglichkeit als *Wissenschaft* zu folgern. Solange Wissenschaften nur von Menschen betrieben werden, ist diese Einsicht ohnehin praktisch folgenlos; es bleibt lediglich eine gewisse Restriktion gegenüber einem universalistischen Objektivitätsstandard, wie er seit drei Jahrhunderten von der Physik vorgegeben wird. Doch ist das wirklich ein Nachteil? Ist es nicht so, daß sich bei genauem Zusehen auch in den Erklärungsverfahren der »harten« Naturwissenschaften Elemente nachweisen lassen, die wir nur hinnehmen, weil sie uns vertraut sind? Die Klarheit bleibt doch nur so lange, als wir dieses Vertrauen nicht aufkündigen. Wir brauchen nur ernsthaft zu fragen, was »Ursache«, was »Wirkung« oder was »Gesetz« eigentlich heißt, und schon verliert sich die Überzeugungskraft der zuvor für so unangreifbar gehaltenen Erklärung. *Strenggenommen müßte alle Erkenntnis, auch die unseres alltäglichen Daseins, unter einem Als-ob-Vorbehalt stehen.* Würden wir im tagtäglichen Tun nicht durchschnittlich das erreichen, was wir anstreben, würde es etwa nicht möglich sein, die Augen zu öffnen, vom Bett aus den Fußboden zu erreichen oder mit den Armen an das Frühstück heranzukommen, gäbe es weder Wirksamkeit noch Wirklichkeit. Wäre da nicht der überwältigende *technische Erfolg* von Physik und Chemie, würden wir vermutlich schon längst genauer nach den Prämissen fragen, die ihre allgemeinen Gesetze tragen.

Tatsächlich steht der *Erfolg der Technik* im Hintergrund des Aufstiegs der modernen Wissenschaft. Er ist der pragmatische Garant für die Allgemeingültigkeit wissenschaftlicher Aussagen. Er macht es uns leicht, über die anthropomorphen Reste in den »objektiven« Naturwissenschaften hinwegzusehen, weil er faktisch kaum noch Zweifel an der Universalisierbarkeit der wissenschaftlichen Erkenntnisse aufkommen läßt. Und dabei ist gerade die Technik das stärkste Indiz für die Bindung der sie begründenden Wissenschaft an menschliche Fähig- und Fertigkeiten. Denn die *Technik* ist das *Instrument des Menschen*. Diente sie zu-

nächst nur der Potenzierung seiner Körperkraft, so ist sie
längst zum separierten Organ nahezu aller seiner Kräfte geworden – die geistigen Fähigkeiten eingeschlossen. So sehr
sie sich dabei auch verselbständigt, so bleibt sie doch in
Struktur und Funktion an ihren Konstrukteur, den Menschen, gebunden. Also kann sie kein Exempel für etwas
abgeben, das unabhängig vom Menschen gedacht werden kann.

Eine historische Parallele kommt hinzu. Was sich im
Aufstieg der neuzeitlichen Naturwissenschaften zeigt, wiederholt sich nunmehr in der Biologie: Inzwischen ist nämlich auch sie soweit, durch ihre technischen Erfolge allgemein Eindruck zu machen. Dabei ist sie in ihren mechanischen Erklärungsversuchen so weit wie irgend möglich
gegangen. Im übrigen aber hat es sie nicht behindert, mit ihrem Gegenstand, dem Leben, epistemisch besonders verbunden zu sein. Es könnte auch wissenschaftstheoretisch
von größter Bedeutung sein, wenn die Biologie gerade angesichts ihrer Erfolge nicht länger in Abrede stellte, vor allem in den Strukturfragen des Lebens an das *menschliche
Selbstverständnis* gebunden zu sein. Erst damit vollendete
sich ihre Emanzipation von der Leitwissenschaft der Physik. Die Wissenschaftstheorie aber könnte an ihrem Beispiel demonstrieren, wie stark die Selbstauffassung des
Menschen, insonderheit seine Selbsterfahrung des zweck-
oder zielgerichteten Handelns, ohne Einbußen an Allgemeinheit in die Methodik der Wissenschaften eingelassen
sein kann. Für die Suche nach den »subjektivitätstheoreti-
schen« (oder wie es zutreffend heißen muß: anthropologischen) Fundamenten der vermeintlich rein objektiven Wissenschaften könnte das nur von Vorteil sein.

Doch wie dem auch sei: *Bei der Erkenntnis des Lebens
kommt der Mensch nicht von seinem Selbstverständnis los.*
Alles von ihm als solches bezeichnete Leben vollzieht
sich im *Spiegel seiner Selbstwahrnehmung*. Und da jeder
Mensch in unmittelbarer Gegenwart anderen Lebens auf-

wächst, kann man diese Beziehung auch umkehren: Die Selbstwahrnehmung des eigenen Lebens erfolgt in Relation zu dem Eindruck, den andere Lebewesen hinterlassen. Was aber für die *Wahrnehmung* gilt, trifft grosso modo auch für die *Wertung* zu: Sie vollzieht sich im *Spiegel der Selbsthewertung*, die selbst wieder Maß an *jenen* Lebewesen nimmt, mit denen wir zusammen sind.

Aber so umspannend der darin wirksame Begriff des Lebens auch ist und so unstrittig es sein sollte, daß sich eine *Philosophie des Lebens* dieser uns tragenden Bedingung, die wir selbst mit jedem Urteil an die Dinge herantragen, begrifflich stellen muß, so offenkundig ist doch auch, daß wir uns im Medium des Begriffs vom Leben distanzieren und ihm – in Abgrenzung von uns und von den toten Dingen – *bestimmte Strukturmerkmale* zuschreiben können. Von ihnen muß nunmehr die Rede sein, wenn wir auf dem Weg zu einer genaueren Fassung des menschlichen Selbstverständnisses zu Einsichten gelangen wollen, in denen wir uns selbst im Zusammenhang des Lebens belassen und uns – gerade auch in unseren intellektuellen Leistungen – als lebendig anerkennen.

4. Strukturmerkmale des Lebens: Dynamik und System

Suchen wir nach einem fundierenden Geschehen, das als Bedingung des Unbedingten, als Träger des Denkens und Handelns in Frage kommt, so dürfte es keinen besser ausgestatteten Kandidaten geben als den Prozeß des *Lebens*. Vor zwanzig Jahren hätte man vielleicht zuerst an die *Gesellschaft* gedacht, vor fünfzig Jahren vermutlich an die *Kultur*, vor hundert Jahren noch an die nach dem Modell der Mechanik gedachte *Natur*. Heute aber wissen wir, daß sowohl Gesellschaft wie auch Kultur nur *spezifische Formen* sind, in denen sich das menschliche Leben ausprägt.

Gesellschaft ist ja selbst ein Bezirk der Natur, in dem sich das menschliche Leben stützt, fördert und steigert, und in der *Kultur* stellt sich dieses gesellschaftlich verfaßte Leben vor sich selber dar. Man negiert also die eigentümlichen menschlichen Umwelten nicht, wenn man vom *Leben* spricht. Im Gegenteil: Sie kommen so erst in ihrer elementaren Funktion in den Blick. Das haben wohl auch jene gemerkt, die dem schönen Begriff der »Lebenswelt« zu einer soziologischen Karriere verholfen haben. Mißverständlich wird der Begriff der Lebenswelt nur dann, wenn man so tut, als gäbe es zu ihm überhaupt eine Alternative, in der sich ebenfalls – wenn auch nur schlecht – leben ließe.

Leben ist nun allerdings ein überaus *komplexes Geschehen*. Die Biologen und die Physiologen, die Ethologen, die Paläontologen und die fachübergreifenden Theoretiker der Evolution bieten uns zwar inzwischen wichtige Aufschlüsse über das Wesen des Lebens an, aber befriedigend sind die Auskünfte keineswegs. Die Rätsel des Lebens scheinen im Gegenteil immer größer zu werden, vor allem dort, wo es um den *Ursprung*, die *Abgrenzung* und die *Steuerung* des Lebens geht. Immerhin wissen wir genug, um der romantischen Verklärung des Lebens als dem »Urschooss«, dem dionysisch sich selbst gebärenden »Chaos« (Nietzsche), skeptisch zu begegnen. Denn das Leben tritt uns stets in überaus *prägnanten individuierten Formen* entgegen.[8] Es ist nicht nur durch und durch *organisierte Gestalt*, sondern es kommt – »in« uns wie »außer« uns – stets als *periodisierte, rhythmisierte, zielgerichtete Bewegung* vor. Das Leben hat – auf allen seinen Stufen – *System*. Es ist stets dort, wo sich etwas »bildet«. *Bildung* – selbst in den einfachsten Formen des Entstehens und Wachsens – ist mehr als bloße Bewegung, die irgend etwas irgendwie aufbaut. Sie stellt in einem geordneten Verfahren überlegene Ordnungszustände her.

---

8 Medawar, *Die Einmaligkeit des Individuums*, 1969, 149 ff.

Die Biologie sieht den Prozeß des Lebens durch Stoffwechsel (*Metabolismus*), eigene Auswahlentscheidungen nach teils festliegenden, teils änderbaren Programmen (*Selektion*), durch Fortpflanzung und Selbstausbesserung (*Reproduktion* und *Regeneration*) sowie durch einen komplexen Mechanismus individuierter Selbststeuerung gekennzeichnet. Ein mechanisches Schema reicht zum Verständnis dieser Vorgänge nicht aus; die Wechselwirkung, in der die einzelnen Elemente des Lebens miteinander stehen, hat vielmehr eine *dynamische Qualität*. Alle Bewegung, alle Wirksamkeit des Lebens speist sich aus einem »inneren« Impuls, aus einem »Trieb«, einem elementaren »Bedürfnis« oder »Begehren«.

Entscheidend ist, daß der Bewegungsimpuls des Lebens ganz aus der *inneren Dynamik* eines für sich bestehenden Organismus stammt. Obgleich jedes Lebewesen aus einer Zellteilung hervorgeht und somit bereits von seinem Ursprung her ganz und gar unter Bedingungen der Abhängigkeit von mindestens einem anderen bereits existierenden Organismus entsteht; obgleich es ganz und gar aus fremden Stoffen zusammengesetzt und somit ursprünglich nichts »Eigenes« hat; obgleich es ohne die reale Verbindung zu seiner Population gar nicht entwicklungsfähig wäre: so lebt es doch, als käme alles genuin nur aus ihm selbst – als lebte es vollständig aus der Dynamik seiner Bedürfnisse. Der ganze Vollzug, den wir Leben nennen, steht unter dem *Gesetz des eigenen Begehrens: Jedes lebendige Wesen erhält seinen Impuls ausschließlich aus sich selbst.* Es lebt, wenn diese ironische Anspielung erlaubt ist, ganz unter dem Diktat seiner »Eigentlichkeit«.

Unzweifelhaft ist ferner, daß jedes Leben mit seinen von »innen« her steuernden Impulsen nicht nur Wirkungsräume erschließt, sondern auch unerbittliche *Grenzen* setzt. Zu erinnern ist an Geburt und Tod, an die relativ schwachen, nur beschränkt durch Übung, Kooperation und Werkzeuge steigerbaren körperlichen Kräfte, an den psy-

cho-physischen Schub unserer Triebe, die Bindung an primäre Lebenselemente wie Wasser, Erde und Luft, an die
Polarität der Geschlechter, an die Tatsache, daß Leben gleichermaßen an Kampf wie an Kooperation gebunden ist,
oder auch nur an unsere Angewiesenheit auf Reize, auf
Ruhe und bei alledem: auf die eigene Motorik. Durch alles
dies werden zwar Wirkungsmöglichkeiten eröffnet; aber es
werden eben damit auch ziemlich enge Grenzen gezogen,
die – von marginalen Spielräumen abgesehen – unabänderlich sind. Das gilt für das Individuum wie für seine Population – freilich nicht für das Leben insgesamt.

Die Begrenzung liegt aber nicht allein in der Leistungsfähigkeit der einzelnen Wesen oder in ihrer Bindung an notwendige Konditionen des Lebensraums. Die Grenzkondi-
tionen liegen bereits in der *inneren Struktur des Lebensvollzugs*. Es sind »*Gesetze* des Begehrungsvermögens«
(Kant), nach denen sich das Leben vollzieht. In der Dynamik des Lebens, die mindestens den Impuls zur Erhaltung
des Organismus (oder seiner Population) einschließt, bildet
sich eine raumzeitliche *Ordnung* aus. Mag das Leben auf einen zu weit außen stehenden oder ganz in sich versunkenen
Betrachter gelegentlich auch *chaotisch* wirken, so offenbart
es jedem genaueren Blick doch einen weitgehend *geregelten
Verlauf*, eine nur gelegentlich durchbrochene *Gesetzmäßigkeit* und somit auf allen seinen Stufen *System*.

5. Konditionierte Hierarchie

Die Lebensphilosophie hat in ihrer gesuchten Opposition
gegen die Vernunft aus dem Leben ein aus dunklen Quellen
geheimnisvoll aufbrodelndes Geschehen gemacht, in dem
Verstand und Vernunft nur die aufsteigenden und alsbald
zerplatzenden Blasen bilden. Der poetischen Wiedergabe
des Erlebens sind keine Grenzen gesetzt, und vielleicht ist
es wirklich so, daß dieses sich selbst »Mensch« nennende

Wesen auch in seiner wissenschaftlichen Epoche nur auf dem Rücken eines Tigers in Träumen hängenbleibt (*PW*; 1, 760). Vielleicht werden wir auf die Frage, wie das Leben entstand und wieso es nach zwei Milliarden Jahren in einer überstürzten Evolutionsattacke die menschliche Intelligenz erfand, nie eine Antwort finden. Vielleicht erhalten wir nie eine befriedigende Antwort darauf, warum das Blut kreist, warum wir uns vermehren, warum im Hirnanhang Hormone und in der Hirnrinde Gedanken produziert werden. Hier wirkt ein in seinen Ursprüngen und in seiner Dynamik schwer durchschaubarer Prozeß, den wir gewiß nicht vorschnell auf Begriffe bringen wollen.

Und doch erfordert die Redlichkeit das Eingeständnis, daß Leben nur dort, wo es uns überrascht, wirklich als abgründig und chaotisch erfahren wird. Zunächst und immer wieder erfahren wir es in seiner *verläßlichen Regelmäßigkeit*: Der Puls schlägt seinen Takt, die Bedürfnisse stellen sich ein und lassen sich, sofern die Umstände es erlauben, im gleichmäßigen Auf und Ab von Tag und Nacht befriedigen. Der Tag macht uns müde, und der Schlaf läßt uns erholt erwachen; Kinder kommen, gewollt oder ungewollt, in guter Berechenbarkeit zur Welt, verhalten sich ungefähr so, wie man das schon von anderen Kindern her kennt, lernen zwischen dem zweiten und dem dritten Lebensjahr ihr eigensinniges »Nein« oder »Ich will nicht« zu sagen – und wollen dann schließlich doch –, werden zwischen zwölf und fünfzehn geschlechtsreif, sind mehr oder weniger mit sich und anderen zufrieden, altern in der sattsam bekannten Weise und sterben, wenn es gut geht, als Pensionäre, nachdem sich die Gesamtheit ihrer Zellen etwa zum fünfzigsten Mal regeneriert hat.

In alledem herrscht eine beinahe beängstigende *Regelmäßigkeit*, die sich in den Wechsel von Tag und Nacht, in den Kreislauf der Jahreszeiten, in das ständige Entstehen und Vergehen aller anderen Lebewesen auf das Sinnfälligste einfügt. *Repetition und Symmetrie, Rhythmus, Organisa-*

tion und systematische Einheit sind die Kennzeichen des Lebens. Und erst, wer über diese manifesten Strukturen hinwegsieht, wer nach geheimnisvollen Ursprüngen oder nach einer Ordnung hinter der Ordnung sucht und dann in der angenommenen Tiefe das nicht mehr findet, was er an der Oberfläche so klar und sicher hat, der kann dann von *Chaos*, von der *Wildheit* oder von der *Irrationalität* des Lebens sprechen. Dort, wohin ihm niemand mehr folgen kann, hat er unwidersprochen recht. Und dennoch ist die Regelhaftigkeit (mit der darauf gründenden Berechenbarkeit) ein offenkundiges Merkmal des Lebens.

Hinzu kommt ein weiteres Ordnungsmoment, das gerne verkannt wird, weil es unter Ideologieverdacht steht: Das Leben bildet sich innerhalb wie außerhalb des Organismus in *Hierarchien* aus. Die meisten Funktionen stehen in *wechselseitiger Abhängigkeit*, die sich schon deshalb nicht als Chaos darstellt, weil unter bestimmten Bedingungen *eine* Leistung andere Leistungen *dominiert*. Man geht nicht zu weit, hier von *konditionierten Herrschaftsverhältnissen* zu sprechen: Je nach Bedürfnisdruck, Stand des Stoffwechsels, interner oder externer Bedrohung durch eingedrungene Erreger oder durch andringende Freßfeinde »muß« der Organismus von sich aus reagieren. Das aber gelingt nur, indem einzelne Funktionselemente die Leitung übernehmen. Wenn etwa durch die Sekretion eines Hormons die Schwellenwerte für bestimmte Empfindlichkeiten insgesamt sinken oder durch die Aktivität des vegetativen Nervensystems alle Stoffwechselvorgänge beschleunigt werden, dann reagiert der *ganze* Organismus entsprechend. Wenn im Augenblick der Gefahr ein »Totstell-« oder »Fluchtreflex« alles andere regiert, dann betrifft das den *gesamten* Habitus des Lebewesens. Wenn beim Verschlucken nicht sofort ein Hustenreiz die Bewegungsrichtung umkehrt und die Brustmuskulatur im Verein mit der Lunge für konvulsivischen Luftausstoß sorgt, droht der Tod durch Ersticken. Auch der Tod erfaßt den Organismus ganz.

In allen diesen Fällen haben wir eine offenkundige *Bestimmung von Funktionsteilen eines Organismus über andere Teile*, gegebenenfalls auch über *alle* – einschließlich des zuerst aktiven Teiles selbst. Denn indem das Augenlid die Funktionsfähigkeit des Auges sichert, sorgt es auch für sich selbst. Wer hier wem »gehorcht«, liegt nicht für alle Fälle fest. Entscheidend ist die Lebenssicherung des Organismus und seiner Organe; je nach Gefährdung oder je nach Impuls übernimmt ein Organ, eine Organgruppe oder ein Reaktionsmuster die »Führung«, und die anderen »gehorchen«. Geschieht dies nicht, muß auf eine elementare Störung des Lebensvorgangs geschlossen werden. Dann ist der Organismus »krank«. Allein die Tatsache, daß der *ganze* Organismus als »krank« bezeichnet werden kann, obwohl vielleicht nur *ein* Organ geschädigt ist, bestätigt die Tatsache der gegenseitigen Abhängigkeit eines jeden Organs von allen anderen. Diese wechselseitige Verbindung führt nur deshalb nicht zum Chaos oder zur Erstarrung, weil die vielfach gestufte *innere Hierarchie* der Lebensfunktionen für Flexibilität nach Maßgabe der jeweiligen Anforderungen sorgt.

Und so wie die Organe eines Organismus sich wechselseitig in Funktionshierarchien bestimmen, so können die Lebewesen auch untereinander in gestuften Abhängigkeiten stehen. Das gilt nicht nur für die Rangordnung in den großen Körperschaften der Ameisen- oder Bienenvölker, nicht nur für die »Hack- oder Beißordnung« oder die Vormachtstellung der Alpha-Tiere in kleinen Gruppen, sondern auch für die (häufig wechselnde) Rollenverteilung zwischen den Geschlechtern.

6. Die Dramatisierung der Individualität

Ein weiteres wesentliches Merkmal des Lebens liegt in seiner *individuellen Erscheinungsform*. Strenggenommen ist alles individuell. Jeder Wassertropfen, jedes Sandkorn, überhaupt jedes wahrnehmbare Ding kommt so, wie es an dieser seiner Stelle ist, nur einmal vor. Das wurde im ersten Kapitel schon hervorgehoben. *Im Leben aber dramatisiert sich diese Individualität der Dinge.* Denn sie wird selbst zum Gegenstand der Lebensenergie: Das gesamte »Begehrungsvermögen« eines Lebewesens ist auf die Sicherung seines Daseins bezogen; seine Gesamtfunktion liegt in der *Selbsterhaltung*. Damit aber erhält es sich *als Individuum*.

Das klingt wie eine triviale logische Ableitung aus der Tatsache, daß alles wahrnehmbare Dasein individuell verfaßt ist. Und vielleicht ist es im Ergebnis auch noch falsch. Denn die Selbsterhaltung scheint selbst nur das durchaus begrenzte Mittel zu sein, um die Erbanlagen eines Lebewesens zu sichern. Der »Egoismus der Gene« läßt den »Egoismus des Individuums« als bloßes Theater erscheinen, bei dem es in Wahrheit nicht um das einzelne Ich, sondern die Weitergabe von Erbinformationen geht. Das Individuum würde zum bloßen Mittel seiner Gene, zum bloßen Instrument seiner Gattung, mit der es ja nicht nur *logisch*, sondern *real* verbunden ist. Aber eben deshalb kann man die inzwischen vielfach bestätigte These von der auch noch das Verhalten steuernden Dominanz der Gene uneingeschränkt gelten lassen, ohne damit *die sich steigernde Individualität* des lebendigen Wesens in Abrede zu stellen. Man kann, ja, man muß hervorheben, daß lebendige Wesen nur *als Exponenten ihrer Population* möglich sind; sie tragen die Gattungsmerkmale als wirksame »Informationen« in sich und existieren nur, sofern sie aus ihresgleichen hervorgegangen sind.[9] Und dennoch ist die *Dramatisierung der Individualität* ein Strukturmerkmal des sich entwickelnden Lebens.

9 Auf diese wichtige Strukturbestimmung des Lebens macht Kant in *KdU* § 64; 5, 371, aufmerksam. Sie wird heute von Mayr, *Eine neue Philosophie der Biologie*, 1991, 26 f., betont und dürfte vor allem für den Zugang zur Ethik von Bedeutung sein.

Dazu muß man sich zunächst nur vergegenwärtigen, daß Leben immer nur in der Form *individuierter Einzelwesen* auftritt. *Nur der singuläre Organismus lebt – und nichts außer ihm.* Auch wenn wir uns daran gewöhnt haben, dem Wald, der Wüste, der Ameisenkolonie oder dem Vogelschwarm als ganzem Leben zu attestieren, so ist doch der material faßbare Lebensvollzug ganz allein auf den *einzelnen Organismus* beschränkt. Zwar können, wie die symbiotischen oder parasitären Lebensgemeinschaften zeigen, einzelne Organismen unmittelbar aufeinander angewiesen sein. Doch die Lebendigkeit hat jeder Organismus ganz für sich. Er hat *seine* spezifische Organisation des Stoffwechsels und *seine* spezifische Form des Verhaltens; zwar gibt es, wie bei den Korallen oder Schwämmen, Formen effektiver Kooperation, die nach außen den Eindruck eines einzigen großen Lebewesens entstehen läßt, das sich aus vielen einzelnen zusammensetzt. Doch schon bei der Abtrennung einzelner Teile zeigt sich, daß der Eindruck trügt. Auch hier lebt strenggenommen nur die einzelne Zellorganisation, die im Verbund mit ihresgleichen lediglich ein besonderes Element ihrer Umwelt hat, das ihr die Selbsterhaltung erleichtert.

Die Einbeziehung in einen größeren Zusammenhang mit anderen Lebewesen ändert somit nichts an der *individuellen Verfassung des einzelnen Wesens*. Folglich kann auch die Übernahme spezifischer Rollen und Leistungen seiner Individualität nichts anhaben. Wenn nur der Triebimpuls aus ihm selber stammt, hat es als Individuum zu gelten. Und das darf man auch für den extremen, aber höchst wahrscheinlichen Fall annehmen, daß es die genetischen Programme sind, die den größeren Teil des Verhaltens bestimmen. Selbst wenn das Lebewesen dadurch zum *bloßen Mittel* für die Erprobung und Übermittlung von Erbinformationen würde, bliebe es doch ein *Individuum*. Wir werden später sehen, daß erst die unter eigenen Ansprüchen gesteigerte Individualität des Menschen das Ziel haben kann, niemals bloß als Mittel für seinesgleichen zu fungieren.

Einen Zweifel an der durchgängigen Individualität des Lebens könnten schließlich jene Hypothesen begründen, die bereits in der Evolution der Zellstruktur, die heute den weitaus größten Teil der Organismen bildet, einen Zusammenschluß zweier feindlicher Mikroorganismen zur Annahme machen. Demnach vermochten es die beiden konkurrierenden urzeitlichen *Einzeller* nicht, sich wechselseitig zu verdrängen. Vielmehr gelang es dem einen, den freßlustigen Angreifer in sich aufzunehmen und ihn in seinem Inneren mit ausreichend Nahrung zu versorgen, so daß er schließlich bereit war, im Inneren des vormaligen Feindes Aufgaben zu übernehmen, ja, sich schließlich sogar als dessen *Organ* zu etablieren. So kam es, nach dieser Hypothese, zur Einrichtung des Zellkerns in einer sich funktional differenzierenden Zelle, dem Grundbaustein alles höher organisierten Lebens.[10]

Selbst wenn es so wäre, selbst wenn an der vermutlich wichtigsten Wegscheide der Evolution tatsächlich ein in Arbeitsteilung mündender Kompromiß zwischen Todfeinden gestanden haben sollte, änderte das nichts an der *Individualität der für sich bestehenden Zelle*. Und solange die Zelle für sich, d. h. als Einzeller lebt, ist auch die *Steigerung der Individualität* offenkundig. Denn sie ist nicht einfach nur ein konkretes raumzeitliches Ding, dem – wie einem Wassertropfen oder einem Sandkorn – Individualität in den

10 Es bedarf freilich dieser These nicht, um die Individualität der arbeitsteilig organisierten Einzeller anschaulich zu machen. Man kann auch von der heute weitgehend anerkannten These eines (friedlichen, wenn auch in höchster Not erfolgten) *Zusammenschlusses* ursprünglich unabhängiger *Prokaryoten* zu einer einzigen Zelle ausgehen, die sich mit der Zeit Spezialisten für die Sauerstoffverarbeitung (die künftige *Mitochondrien*) inkorporierten. Das war nötig, um überhaupt mit dem für sie giftigen Sauerstoff, der als erster organischer Abfallstoff die Atmosphäre bildete, fertig zu werden. Die auf diesem Wege vor etwa 1,5 Milliarden Jahren entstandenen *Eukaryoten* hatten ihre Individualität gewissermaßen in ihrem *Zellkern* konzentriert, d. h. in dem von ihnen ausgebildeten Träger des genetischen Materials.

raumzeitlichen Koordinaten zugestanden werden muß, sondern *sie grenzt sich selbst* durch *eigene Tätigkeit* von ihrer Umgebung ab. Körper »hat« sie ja ohnehin und ist damit auch im einfachen ontologischen Sinn individuell. Aber nun *verhält sie sich selbst* zu ihrer *Grenze*, in der sie sich einschließt, die es ihr aber zugleich erlaubt, sich überhaupt zu öffnen. Folglich ist es möglich, alle Lebensäußerungen eines Individuums als *Grenzleistungen* zu beschreiben, die der Manifestation des Eigenen angesichts der anderen (sowie des *Wider*ständigen und insofern *Gegen*ständlichen überhaupt) dienen. Nur im Akt der relationalen *Eingrenzung* besteht überhaupt das, was wir *Organismus* nennen. Leben ist dort, wo »etwas« sich ein (erst dadurch definit werdendes) »anderes« herausnimmt und eben damit *zu sich selber* kommt.[11]

Wesentlich ist, daß der Organismus aus *seiner Grenze* (der Zellwand, der Hülle, der Membran oder eben der Haut) selbst ein *Organ* für den sich allein nach *seinem Gesetz* vollziehenden Austausch mit seiner Umwelt macht. Das erlaubt ihm, mit den äußeren Einflüssen *auf seine Weise* von innen her umzugehen. In ihm liegen die Determinanten für alles, was als Reiz empfunden und als Reaktion geäußert werden kann. Und indem der Organismus – vielleicht durch Integration eines vormals eigenständigen Lebewesens – auch in seinem Inneren für Differenzierung sorgt, setzt er die raumzeitliche *Individualität*, die er als bloßer Körper ohnehin schon hat, in *prozessuale Leistungen* um. Darin liegt die *Steigerung*. Das Leben macht aus dem statischen *Faktum* der Individualität einen *Prozeß*. Die

---

11 Es ist die große Leistung Helmuth Plessners, das Lebendige von der *Grenzfunktion* des Organismus her zu bestimmen. Dabei geht er natürlich von der einheitlich-durchgängigen Gültigkeit der physischen und chemischen Gesetze aus. Aber er versäumt, die *Durchgängigkeit der Wirksamkeit* (nach der Entsprechung von *actio* und *reactio*) hervorzuheben, die es dem einzelnen Wesen allererst erlaubt, *für sich* und dennoch *im Zusammenhang mit allem anderen* zu sein (*Stufen*, 1981, 128 ff. und 151 ff.).

Eigentümlichkeit kommt nunmehr im *Verfahren* zum Ausdruck; sie wird durch Auswahlentscheidungen nach dem *Reiz-Reaktions-Schema* auch in den Vollzügen deutlich. Also wird sie – im strikten Sinn des Wortes – *dynamisiert*. Und da diese Dynamik bei den höher organisierten Lebewesen ihr definitives Ende hat, nämlich im Tod, sagt man auch nicht zuviel, wenn man den Steigerungsvorgang *dramatisch* nennt: Das Leben führt zu einer *Dramatisierung der Individualität*.

Jedes Lebewesen hat, so paradox es auch klingt, sein *nur in ihm* zur Anwendung kommendes Schema, nach dem es sich selbst als das, was es ist, erhält – und eben das gelingt ihm nur durch *ständige Selbstveränderung im Prozeß*. Das Schema mag das sein, was in allen Lebewesen wirksam ist; es mag sich im Gang der Evolution je nach Gattung oder Familie differenzieren, behält aber auch dabei noch einen hohen Grad an Allgemeinheit. Da jedoch die Schemata stets *nur im einzelnen Organismus wirksam* werden, führen sie in ihm, solange sie ihn erhalten – ganz gleich, ob damit den Genen und der Population gedient ist –, zu einer *Potenzierung der Individualität*. Denn das, was mit Blick auf das unbelebte Ding nur für den (statischen) Augenblick ausgesagt werden kann, bekommt nun auch für einen ausgedehnten, erst durch die eigene Bewegung erfüllten *Zeitraum* Gültigkeit. Das ist dann die *Lebenszeit* des Individuums. So gewinnt die Individualität eine aus sich heraus getragene *temporale Dimension*. In ihr hält sich das Lebewesen nur in ständiger Veränderung durch und bleibt eben dadurch – *es selbst*. Die toten Dinge *haben* Identität, die lebendigen sind stets dabei, sie *sich selber zu erhalten*.

7. Selbstabgrenzung

Man kann den Vorgang der Individualisierung durch das Leben auch mit vertrauten Begriffen umschreiben, muß dann aber eingestehen, daß sie gar nicht so leicht zu verstehen sind: In der Selbstabgrenzung des Lebendigen durch seine *Haut* und in der bereits darin liegenden Selbstanwendung chemischer Reaktionen wird ein *Körper* zum *Leib*. *Körper* meint hier das bloß physische Ding mit räumlicher Ausdehnung und einer ihm Gewicht verleihenden Masse. *Leib* ist ein sich zu sich selbst verhaltender Körper, der sich nicht nur durch seine Oberfläche, sondern wesentlich *durch seine eigene Aktivität* von seiner Umgebung abgrenzt. Da er sich dabei zugleich aktiv auf diese Umgebung bezieht, macht er sie zu seiner *Umwelt*.[12]

Das ist natürlich leichter gesagt als verstanden, vor allem wenn es um den Anlaß und Anstoß des *Übergangs* vom Körper zum Leib zu tun ist. Um ihn aufzuhellen, müßte man auf die Vorgänge eingehen, die allererst einen Leib »machen«, also auf die sich unter (für sie) günstigen Bedingungen selbst aufrechterhaltenden chemischen Reaktionen, die sich unter Selbstabschluß von ihrer Umgebung in physiologische Prozesse verwandeln. Diese molekularen Vorgänge haben als physische Ereignisse körperliche Qualität, denn es sind (wenn auch kleine) Massen, die sich hier verbinden. *Sie konstituieren sich als Leib*, indem sie eine sie schützende Hülle

---

12 Diese Definition sollte in Erinnerung bleiben, wenn ich im folgenden den *Leibbegriff* immer wieder verwende. Leider hängt ihm bis heute noch etwas weihevoll Verschwiemeltes an. Aber wir haben keinen besseren Begriff, um die Differenz zum *physikalischen Körper* kenntlich und somit deutlich zu machen, daß wir einen *lebendigen Körper* meinen. Doch auch das nüchterne Verständnis hat in der Sache zu beachten, was Gottfried Benn im Anschluß an Nietzsche schreibt: »Der menschliche Leib ist ein metaphysisches Massiv, aus ihm steigen die Geheimnisse, ohne ihn keine Freiheit und kein Fluidum, ohne ihn keine Erkenntnis [...].« (Vorbemerkung zu: *Frühe Lyrik und Dramen* [1952], in: *Gesammelte Werke in vier Bänden*, hrsg. von D. Wellershoff, Bd. 4, Wiesbaden 1961, 409–412, 411).

aufbauen, die zugleich für die Ver- und Entsorgung des Energiehaushalts im Inneren zuständig ist.[13] Mit zunehmender Differenzierung der physiologischen Vorgänge im Inneren wird nicht nur der *Austausch* mit der äußeren Umgebung komplexer, sondern es kommt dann – allein zur Sicherung der internen Prozesse – ein auf die äußeren Bedingungen bezogenes *Verhalten* dazu. Die begrenzende Membran dient nicht mehr bloß zum selektiven Austausch von Stoffen; sie wird vielmehr zum *Organ* der Vermittlung von Eindruck und Ausdruck überhaupt. Die Sinnesorgane der Wirbeltiere sind Spezialisierungen der eingrenzenden Haut; das macht anschaulich, was mit der sich gleichzeitig vollziehenden *Öffnung* gemeint ist: *Die Eingrenzung ist nicht nur die Bedingung der Möglichkeit von Umwelt überhaupt, sondern sie ermöglicht allererst deren Erschließung.*

Auf die heute schon in Teilen aufgeklärten Vorgänge der ersten Ausbildung des Lebens durch autokatalytische und autopoietische Prozesse kann allein schon aus Platzgründen nicht eingegangen werden. Wir müssen uns hier auf ihre biologische Deutung beschränken, die mit Begriffen arbeitet, die lange Zeit der philosophischen Analyse vorbehalten waren. Entscheidend ist offenbar der *Akt der individuellen Selbstabgrenzung*, durch den die organische Einheit entsteht.

Mit ihr kommt es überhaupt erst zur Trennung zwischen *Innen* und *Außen*. Die hat – man könnte sagen: im allerersten Moment – noch einen *räumlichen Sinn*. Denn sie grenzt zunächst nur zwei Sphären mit unterschiedlicher chemischer Reaktion ab. Aber indem sie eine organische Binnenstruktur von ihrer Umgebung sondert und zugleich für einen Austausch zwischen Innen und Außen sorgt, ist *Innen* nicht mehr bloß die eingegrenzte räumliche Sphäre,

---

13 Die Ausdrücke »innen« und »außen« sind dann nicht apostrophiert, wenn ihr *räumlicher* Sinn eindeutig ist. Siehe dazu die folgenden Überlegungen.

sondern das *Insgesamt* der dort ablaufenden Prozesse. Die
werden nun durch jede einzelne physiologische Reaktion
als Ganzes aufrechterhalten; jeder von der äußeren Hülle
übermittelte Reiz betrifft *alles*, was innen vor sich geht, und
in jeder Reaktion *äußert* sich der *ganze Organismus*. Wäre
es anders, könnte er nicht als ganzer überleben. Denn dann
würden ja einzelne Teile unabhängig vom organischen
Ganzen reagieren, und die prozessierende organische Einheit wäre gestört.

Allein durch die Bezeichnung dieser auf das *Ganze des
Organismus* bezogenen Vorgänge bewegen wir uns schon
nicht mehr auf der Ebene einer bloß räumlichen Abgrenzung zwischen Innen und Außen. Denn das nun so ge-
nannte »Innere« des Organismus meint gar nicht mehr
bloß das, was innen (als räumlich von der Membran um-
schlossen) liegt. Es meint vielmehr den – »inneren« – *Zusammenhang*, d. h. den alle Teile verbindenden *Wirkungskomplex* des lebendigen Wesens. Da dessen Antrieb (Stoffwechsel vorausgesetzt) *aus ihm selber* erfolgt, da seine
Empfindlichkeiten anzeigen, was *für ihn* von Bedeutung
ist, und seine Reaktionen das zu erkennen geben, was *für
ihn selbst* Vorrang hat, hat »innen« hier die Bedeutung einer *systemischen Geschlossenheit*, einer *wechselseitigen
Verbindlichkeit der zugehörigen Prozesse*, die wir in Analogie zur räumlichen Abgeschlossenheit als »intern« bezeichnen können. Gemeint ist die *funktionale Kohärenz*
eines *Netzwerks* und nicht der Binnenraum eines Körpers
– obgleich von ihm alles ausgeht.

Im vorletzten Satz habe ich bewußt offengelassen, ob
vom »Wirkungskomplex« oder vom »lebendigen Wesen«
die Rede ist. Beides gibt einen Sinn. Die Attribute der *systemischen Geschlossenheit* und der *wechselseitigen Verbindlichkeit* der zugehörigen Prozesse treffen eben auch
auf den Wirkungskomplex zu, der gar nicht zwingend auf
eine ihn räumlich einschließende Hülle angewiesen ist. Es
gibt vielfältig räumlich überlagerte Wirkungszusammen-

hänge, die keine sinnlich wahrnehmbare Abgrenzung gegen andere Wirkungskontexte und gleichwohl ihre klar abgrenzbare Binnensphäre haben. Man denke nur an das System der in unserem Sonnensystem alle anderen Vorgänge durchwirkenden Kräfte der Gravitation oder an die heute alle gesellschaftlichen Beziehungen durchdringende Telekommunikation. Natürlich haben alle Wirkungszusammenhänge eine räumliche Ausdehnung; und da sie endlich sein müssen, um überhaupt wirksam zu sein, haben sie stets auch ein räumliches Umfeld. Und sie müssen gegen *ihresgleichen*, also gegenüber spezifischen Gegenkräften eindeutig geschützt sein, wenn es nicht zu Beeinträchtigungen in ihrem Wirkungskontext kommen soll. Die Mauer stört den Telefonverkehr nicht, wohl aber eine andere Kommunikation auf gleicher Frequenz.

Für ein Wesen, das sich originär mit seinem Körper erhält, sind daher *eigene räumliche Grenzen* unabdingbar. Man kann deshalb die bei einem lebendigen Wesen so sinnfällig gegebene Tatsache eines *räumlichen Abschlusses* als eine notwendige Voraussetzung bezeichnen. Aber sie ist nicht hinreichend, um der Rede vom »Inneren« des Organismus einen Sinn zu geben. Es muß hinzukommen, daß sich alle inneren Vorgänge auf *etwas ihnen Gemeinsames* beziehen, daß sie eine wie auch immer beschaffene *Einheit* darstellen, die es ermöglicht, das *Zugehörige* von dem *Fremden* zu unterscheiden. Beim lebendigen Wesen ist diese *Einheit* durch den Organismus gegeben; er ist das *Integral* der in ihm räumlich ablaufenden Prozesse – und insofern mehr als bloß räumlicher Natur.

8. Selbstorganisation

Dieses Integral aller internen Wirkungsbezüge ist der Organismus – *selbst*. Und da unsere Sprache den (sie vermutlich erst ermöglichenden) Vorzug hat, auch noch das

Unscheinbarste und Beiläufigste zum grammatischen Subjekt zu machen (ohne damit zu unterstellen, daß es ein ontologisch eigenständiges Subjekt *ist*!), können wir auch vom *Selbst* des Organismus sprechen. In ihm kommt prima facie nicht mehr als die *relative Einheit eines auf sich zurückwirkenden Prozesses* zum Ausdruck. Alles, was diese prozessuale Einheit betrifft, betrifft den Organismus *selbst*; alles, was aus ihr stammt, stammt aus dem Organismus *selbst*. So gesehen *organisiert er sich selbst*.[14]

Die Zuschreibung des Selbst drückt zunächst nicht mehr aus als die unterstellte Eigenständigkeit eines Vorgangs. So kann sich ein Dachziegel »von selbst« lösen, und ein Ball ist in der Lage, »von selbst« wieder hochzuspringen. »Von selbst« meint hier: ohne fremde Hilfe, ohne äußeren Eingriff und nur insofern: von sich aus. In diesem Sinn läßt sich allem und jedem, selbst (!) den Dingen, die »von sich aus« gar nichts tun, ein »Selbst« unterstellen. Sogar dem Nichts müßte man ein »Selbst« attestieren, wenn es denn jemals »nichten« sollte. Denn wenn »das Nichts nichten« können soll, dann natürlich nur »von selbst«. Doch unabhängig von dieser philosophischen Absurdität muß klar sein, daß mit dem Ausdruck »von selbst« keine radikale Ursprünglichkeit des Anfangens gemeint sein *muß*. In der Regel hat er eine *relative* Bedeutung: Der Dachziegel kann sich gelöst haben, weil die Dachsparre brüchig, die Schneelast zu groß oder der Sturm zu heftig war. Wenn man trotzdem sagt, er habe sich »von selbst« gelöst, soll das heißen, daß er nicht

---

14 Um naheliegende Mißverständnisse zu vermeiden, sei hier ausdrücklich betont, daß ich einen *Sprachgebrauch* verständlich machen und keine Substanz einführen möchte. Im übrigen nutze ich eine seit Platon bewährte Redeweise, in der sogar noch vom »Selbst selbst« (αὐτὸ τὸ αὐτό; *Alkibiades I* 130d) gesprochen werden kann. Nietzsche gibt dem in der Rede vom »Selbst« des Leibes (*Z1, Von den Verächtern des Leibes*; 4, 39 f.) eine besondere Pointe, die kenntlich macht, welche Schwierigkeit es bereitet, das (angenommene) Steuerungszentrum einer dem ganzen Organismus zugeschriebenen Leistung zu bezeichnen.

von einem böswilligen Hausbewohner absichtlich auf die
Straße geworfen wurde. Auch beim Ball weiß man natürlich, daß die Ursachen für seine »selbsttätigen« Sprünge in
der Beschaffenheit seines elastischen Materials zu suchen
sind. Wenn man dennoch sagt, er springe »von selbst«, dann
ist gemeint, daß er nicht jedesmal, wenn er zu Boden fällt,
eigens wieder aufgehoben werden muß. Der in dieser Verwendung des Wortes »selbst« zum Vorschein kommende
implizite Bezug zum (nicht erforderlichen) Eingriff des
Menschen führt in weitläufige epistemologische Überlegungen, denen hier nicht nachgegangen werden kann.[15]

In diesem Zusammenhang ist lediglich zu betonen, daß
bei der Beschreibung organischer Vorgänge, verglichen mit
den anorganischen, auf dem »Selbst« ein wesentlich stärke-
rer Nachdruck liegen muß. Die *Relativität* bleibt zwar auch
hier bestehen. Denn wir wissen, daß kein lebendiges Wesen
aus sich selber lebt: Es hat sich nicht selbst geschaffen, ist
weitestgehend aus Stoffen aufgebaut, die es nicht selbst her-
gestellt hat, und ist für seinen Stoffwechsel nicht nur auf materiale Zufuhr, sondern auch auf günstige Konditionen angewiesen. »Leben heißt provoziertes Leben.«[16] Gleichwohl
ist die Selbsttätigkeit, die der Mensch strenggenommen natürlich nur von sich selbst her kennt, hier in einem anderen
Sinn gegeben, als dies beim sich lösenden Dachziegel oder
beim zurückprallenden Ball der Fall ist. Das Analogon zu
unserer eigenen Ursprünglichkeit betrifft hier nicht nur die
äußere Reaktion, sondern bezieht bereits den inneren Vorgang ein, ist also auf die interne Organisation des Lebewesens bezogen. Es meint somit nicht nur ein vom direkten
menschlichen Eingriff unabhängiges äußeres Geschehen,
sondern im strengen Sinn des Wortes die *Selbstorganisation*
des lebendigen Wesens.

---

15 Siehe dazu vom Verf.: *Die Perspektive des Menschen*, 1992.
16 Gottfried Benn, *Provoziertes Leben* [1949], in: Gesammelte Werke,
    Bd. 1, 1961, 332–343, 341.

Hier liegt tatsächlich eine aus internen Ursachen stammende, den Organismus als ganzen mitnehmende, von ihm selbst gesteuerte und zugleich kontrollierte *Selbstbewegung* vor. Sie gehört dem Lebewesen so sehr als eigene zu, daß es gar nicht ausreichte, den Vorgang *via negationis* etwa nur durch die Abwesenheit eines äußeren Eingriffs zu kennzeichnen. Vielmehr ist gesagt, daß der Mensch diese Selbstbewegung des lebendigen Wesens, die er als »Selbstorganisation« beschreibt, von sich aus gar nicht in Gang setzen könnte. So sehr er die Elemente zum Verständnis eines von selbst erfolgenden Vorgangs letztlich nur aus der eigenen Selbsterfahrung gewinnen kann, so offenkundig ist doch, daß ihm bei der Auffassung des Lebensvorgangs als »Selbstorganisation« das Leben selbst schon entgegenkommen muß. Genauer: *Die Analogie zwischen der Selbstorganisation des Lebendigen und der an sich selbst erfahrenen Selbsttätigkeit des Menschen reicht weiter als bei den leblosen Dingen.* Sie umfaßt das *Ganze* des lebendigen Wesens und damit auch, wie gezeigt, seine *interne Struktur* – und dies, soviel sei vorgreifend gesagt, *auf beiden Seiten*. Denn wir dürfen nicht vergessen, daß auch das sich um ein Verständnis des lebendigen Organismus bemühende menschliche Bewußtsein eine Erscheinungsform des Lebens ist. Also läßt sich eine nähere Auskunft über den Charakter der Selbstorganisation wohl nur erlangen, wenn man auf das sich in ihr wiedererkennende *Selbstbewußtsein* – und letztlich auf die *Selbstbestimmung* – zurückgeht.[17]

---

17 Das kann natürlich nicht bedeuten, die objektive Aufklärung des Vorgangs auf sich beruhen zu lassen. Es müssen im Gegenteil alle Anstrengungen unternommen werden, um den Prozeß der Selbstorganisation so weit wie möglich aus seinen physikalisch-chemischen Bestandteilen zu erklären. Dabei dürfte Kants Aussage über die Teile des Organismus nach wie vor hilfreich sein: Sie sollen sich, so sagt er, »dadurch zur Einheit eines Ganzen verbinden, daß sie von einander wechselseitig Ursache und Wirkung ihrer Form sind« (*KdU* § 65; 5, 373). Das kausale Beziehungsgeflecht der Einzelleistungen ist danach im Zusammenhang des *ganzen* Organismus zu analysieren.

9. Spontaneität

Diese Auskunft ist im Ansatz schon in einer *biologischen Definition von Selbstorganisation* enthalten: »Selbstorganisierende Prozesse sind solche physikalisch-chemischen Prozesse, die innerhalb eines mehr oder weniger breiten Bereichs von Anfangs- und Randbedingungen einen geordneten Zustand oder eine geordnete Zustandsfolge (Grenzzyklus) einnehmen. Das Erreichen des Ordnungszustands wird dabei nicht oder nicht wesentlich von außen aufgezwungen, sondern resultiert aus den spezifischen Eigenschaften der an dem Prozeß beteiligten Komponenten. Der Ordnungszustand wird ›spontan‹ erreicht.«[18]

Der erste Teil dieser Definition benennt Bestimmungsmomente des Lebens, von denen schon ausführlich die Rede war. Dann aber folgt ein Punkt, der uns im zweiten Kapitel für die Einführung in das Problem der *Ethik* wichtig war und den man hier vielleicht nicht erwartet hätte: Das Erreichen des Ordnungszustands soll *nicht oder nicht wesentlich von außen aufgezwungen* sein.[19] Um die relative Selbständigkeit des organischen Geschehens zu illustrieren, bedienen sich also auch die Biologen der Rede vom *abwesenden Zwang*. Sie greifen damit auf eine Erfahrung zurück, die wohl nur menschliche Wesen machen können, sofern sie in sich mindestens den Impuls zur freien Entfaltung der eigenen Kräfte verspüren. Und damit machen sie die Selbsterfahrung ihrer eigenen Handlungsdisposition zur semantischen Voraussetzung ihres Begriffs vom Leben.

18 Roth, *Gehirn und Selbstorganisation*, in: Krohn/Küppers (Hrsg.), *Selbstorganisation*, 1990, 167–180.
19 Dieses Moment bleibt auch bei bewußt zurückhaltender Kennzeichnung der *Selbstorganisation* als »Fähigkeit spezieller Materieformen, selbstreproduktive Strukturen hervorzubringen« (Eigen/Winkler, *Das Spiel*, 1975, 197) erhalten. Die beobachtbaren »Wechselwirkungen« sind zwar an »Randbedingungen« gebunden, in ihrer spezifischen Form jedoch nicht erzwingbar. Anders hätte die Rede von der »Selbstreproduktion« keinen Sinn.

Konkret: *Freiheit – und zwar die vom Menschen an sich selbst erfahrene Freiheit – wird zur impliziten Sinnbedingung von Selbstorganisation.* Tatsächlich dürfte es schwer, wenn nicht unmöglich sein, den Sachverhalt der Eigenständigkeit eines sich selbst organisierenden Prozesses anders als durch einen Rekurs auf uns selbst auszudrücken. Auch beim Versuch, einen exakten Begriff des Lebens anzugeben, kommt man nicht aus dem Bannkreis unseres eigenen Selbstbewußtseins heraus.

Das belegt auch das im letzten Satz der Definition überraschend gebrauchte Wörtchen *spontan.*[20] Schon bei Lukrez findet sich die Vorstellung einer vom Zwang befreiten Natur, die »selber, von sich aus, spontan, ohne Götter alles vollführt« (*ipsa sua per se sponte omnia dis agere expers*) (*De rerum natura* III,2). Lukrez meint die belebte Natur, das »Geschlecht der Belebten« (und somit Beseelten; *genus animantum*; ebd. II,1063), das, wenn es nicht von außen gezwungen wird, aus eigenem Antrieb (*spons*) handelt. Der griechische Ausdruck für den freien, aus sich heraus (ernsthaft) tätigen Menschen (σπουδαῖος ἄνθρωπος) entspringt der gleichen Wurzel.

In der Neuzeit hat sich der Begriff der *Spontaneität* dann in der Beschreibung des menschlichen Selbstbewußtseins als ganz und gar unentbehrlich erwiesen. Die Ursprünglichkeit, mit der sich die Präsenz des Bewußtseins einstellt; die Unmöglichkeit, externe Bedingungen für den Auftritt der Gedanken und die Leistung der Begriffe anzugeben; schließlich die Unmittelbarkeit, mit der sich alles sicher Gewußte auf das Ich bezieht und folglich notwendig Selbstbewußtsein ist: Alles dies wird mit dem Begriff der

---

20 Von der »spontanen Entstehung von Ordnung« bereits durch die physikalischen Prozesse der Selbstorganisation spricht Günter Küppers, der auch daran erinnert, daß der Terminus der Selbstorganisation (»sich selbst organisierende Wesen«) erstmals von Kant (*KdU* § 65; 5, 372 ff.) verwendet worden ist (*Selbstorganisation: Selektion durch Schließung*, 1996, 125).

Spontaneität verbunden, der insofern stets die Spontaneität
eines bewußten, hoch individuierten *Selbst* darstellt.

Indem nun Biologen eben *den* Begriff gebrauchen, der
seit der Antike für die Beschreibung des beseelten Lebens
und seit Kant für die Selbstkennzeichnung des menschlichen Selbstbewußtseins verwendet wird, geben sie zu erkennen, wie nahe sich auch in ihren eigenen Begriffen *Leben* und menschliches *Erleben* tatsächlich sind. Ihr metho-
discher Aufwand belegt überdies, daß sie das »Selbst« der
lebendigen Organisation nicht nach Art eines Gegenstandes, also auch nicht nach dem Muster einer Substanz, zu
fassen suchen. Ihre vorsichtige Redeweise vom »Ordnungszustand« zeigt überdies, daß sie von einer systemischen Einheit ausgehen, deren Binnenstruktur nicht mit einer Platzverteilung in einem Innenraum identisch ist. Deshalb müßten eigentlich auch die Biologen der These
zustimmen, daß die *Selbstorganisation des lebendigen Wesens* der *Selbstbestimmung des seiner selbst bewußten Wesens* **analog** ist.

Schon im Prozeß des Lebens tritt *die* Struktur hervor, die
sich beim Menschen als *Selbstbewußtsein* partiell durch-
sichtig wird und die daher auch nur aus der Position des
Selbstbewußtseins adäquat beschrieben werden kann. Genaugenommen ist es eine Trivialität, daß sich die sachlich
gegebene Analogie zwischen der prozessualen Verfassung
des Lebens und der des Bewußtseins nur aus der Position
des Bewußtseins erschließen läßt. Doch gegenüber dem
weitverbreiteten Hang zum Reduktionismus muß auch an
Triviales erinnert werden.

10. Die Geschichtlichkeit des Lebens

In Vorbereitung auf die im nächsten Kapitel aufzuwei-
sende Analogie zwischen Leben und menschlichem Geist
sei abschließend auf ein letztes *Strukturmerkmal des Le-*

bens verwiesen. Es steht in einer so verblüffenden Nähe zu einem bis heute verteidigten Reservat des Geistes, daß sich allein mit dem Hinweis darauf die *Analogie zwischen biotischer Selbstorganisation und mentaler Selbstbestimmung* anbietet:

In welcher Form wir das Leben auch immer zu fassen bekommen, wir begreifen es nur, wenn wir es in seiner durch und durch *historischen Verfassung* anerkennen. Die Geschichte des Lebens stellt sich uns als eine *Entwicklung* dar, in der wir trotz zahlreicher großer Katastrophen eine Kontinuität ausmachen können und in der jedes lebendige Wesen seinen eigentümlichen Ort hat. Im Längsschnitt ergibt sich der sogenannte »Strom des Lebens«, der tatsächlich ja wohl eher einer kataraktischen Flutwelle auf dem steilen Hang der Evolution vergleichbar ist. Um das historische Panorama des Lebens nicht durch geschichtsphilosophischen Optimismus zu verzeichnen, kann man die Evolution auch als mitreißenden Sturz der Lebenslawine deuten. In ihr gibt es wohl das Schicksal, als entwicklungsarme Moräne am Rande liegenzubleiben, aber kein Zurück.

Geschichtlich aber ist nicht nur der Charakter der Evolution; auch der eigentliche Träger des Lebens, das *lebendige Individuum*, ist durch und durch *temporal* verfaßt. Es tritt zu einem bestimmten Zeitpunkt als Einzelwesen ins Dasein, was in der Regel durch Schlüpfen oder Ausbruch aus dem Ei, bei höheren Lebewesen durch die Geburt geschieht. Danach lebt das Individuum in ständiger Veränderung in der Zeit und hat nur darin seine Identität; es wächst, entfaltet seine Kräfte und entwickelt sich in der Regel bis zum Stadium der Reife. Normalerweise folgt dann ein zeitlich geordneter Verfall, der mit dem datierbaren Tod endet. Denken wir an den Menschen, dann ist uns die *Dramatik des individuellen Lebensweges* augenblicklich bewußt. Aber es gehört nicht viel Phantasie hinzu, in jeder Lebenskurve eines jeden Lebewesens das *Drama der Existenz* zu

entdecken.[21] Wem die Phantasie fehlt, der möge sich durch
den Hinweis auf die Anstrengung, mit der alle Lebewesen
ihre Nahrung suchen, auf den Einfallsreichtum, mit dem sie
sich um Fortpflanzung bemühen, und auf den Ernst, mit
dem sie dem Tod zu entkommen suchen, nachhelfen lassen.
Bloße Logik reicht aus, um zu erkennen, daß es die Ge-
schichtlichkeit der Evolution nicht gäbe, wenn nicht schon
ihre Träger, die Einzelwesen, jeweils ihre eigene Lebensge-
schichte hätten. Das haben die Theoretiker der menschlichen Geschichte, von der natürlich der auf das gesamte Leben ausgedehnte Begriff der Geschichte stammt, erst vergleichsweise spät entdeckt.[22]

Versucht man, den gesamten Prozeß der Entwicklung
des Lebens zu überblicken, lassen sich vier Momente der
Beschleunigung ausmachen. Es genügt, sie zu nennen,
denn sie lassen von sich aus die besondere Position des
Wesens erkennen, das am Ende neu hinzukommt, nämlich
die des Menschen: Da ist e r s t e n s die *Dynamisierung
aller Bewegungen*, die in der Vielfalt der lebendigen Wesen
und der Eroberung aller Lebensräume zum Ausdruck
kommt. Da ist z w e i t e n s die zunehmende, immer komplexer werdende *Periodisierung aller Vollzüge*; was zunächst nur den einfachen Stoffwechsel kennzeichnet, greift
auf die umfänglicher und verschlungener wirkenden organischen Vollzüge über, tritt in immer neuen Formen des
Verhaltens hervor und charakterisiert schließlich noch die
Übung, die mit jeder artifiziellen Spezialisierung verbunden ist. Wir haben d r i t t e n s die deutlicher hervortretende *Limitierung von Zeit und Raum*; durch Artenvielfalt
und Selektionsdruck werden beide (vom Leben in der von
uns erfahrenen Form wohl erst hervorgebrachten) Ele-

---

21 Siehe dazu Hubert Markls eindrucksvolle Schilderung der »Tatsache
   der Hinfälligkeit, der Empfindlichkeit, der Gefährdbarkeit dieser in
   ungeheurer Dynamik kreisenden Natur« (*Dasein in Grenzen*, 1984, 6).
22 Hier ist an Dilthey und die durch ihn bewirkte Aufmerksamkeit für
   die Autobiographie bei Georg Misch zu erinnern.

mente unserer Selbstbewegung immer knapper: von daher der unablässige Drang, neue Räume zu erobern. Und da ist schließlich v i e r t e n s die sich steigernde *Dramatisierung der Individualität*, die durch die zunehmende Selbständigkeit der organisch komplexer werdenden Lebewesen evoziert ist.

Durch alles dies entsteht erst das, was für uns Menschen bedeutsam ist, nämlich Ferne und Nähe, Werden, Wachsen und Vergehen, schließlich Verletzlichkeit, Krankheit oder Angst sowie die von uns selbst so erfahrene Notwendigkeit der sorgenden Selbsterhaltung. Und an alledem zeigt sich eine *Steigerung der organischen Selbstreferenz* mit einhergehender Beschleunigung der Informationsverarbeitungsprozesse, die funktional nur durch eine Steigerung von Komplexität im Medium der Individualität bewerkstelligt werden kann. Eine Gesetzmäßigkeit der Evolution liegt eben darin, daß die Individuen die für ihre Selbsterhaltung wichtigen Erfahrungen in *immer kürzerer Zeit* erlangen, verarbeiten und weitergeben können, so daß sie schließlich die *als Individuen* in ihrem Leben *von ihnen selbst* gemachten Erfahrungen den mit ihnen *gleichzeitig* lebenden Individuen mitteilen können.

Die größte Last in dieser Beschleunigung der Lernvorgänge kommt auf den *Menschen* zu, der sogar noch aus seinem *eigenen Lernen* lernen kann, das heißt, ihm ist *bewußt*, daß eine *ausdrückliche Mitteilung* darüber möglich ist, mit welchen Mitteln er selbst und seinesgleichen Erfolg oder Mißerfolg haben können. Darüber hinaus kann er mit Hilfe seiner Begriffe aus *nur gedachten* und noch gar nicht gemachten Erfahrungen lernen. Dadurch kommt *Verantwortung* auf ihn zu und zugleich die Chance, *sich selbst* zu dem zu bestimmen, was ihm vorrangig erscheint. Dazu bedarf es eines *Willens*. Der Wille aber nötigt ihn, dasjenige abzugrenzen, was zwar mit dem Wollen eng verbunden, aber eben doch noch nicht Wille, sondern bloße *Vorstellung* ist, die in komplexen Lagen nur durch *Urteilskraft* auf das bezogen werden kann, was sie meint. Also haben wir *Verstand*, *Vernunft*, *Wille*, *Vorstellung* und *Urteilskraft*. – Damit bin ich bei dem *Lebewesen*, um das es, wenn wir vom Ursprung der moralischen Frage handeln, einzig geht, nämlich beim *Menschen*.

5

Selbstbewußtsein

Die Instanz des Handelns

1. Anthropologie als begriffliche Selbstauslegung

Das Tier, als das wir uns selbst begreifen, tritt in dem zuletzt mit wenigen Strichen angedeuteten historischen Kontext der Entwicklung des Lebens erst ziemlich spät hervor. Wir kennen kein anderes Lebewesen, das evolutionsgeschichtlich jünger wäre als der Mensch; seine Lebenserfahrung als Gattung ist verschwindend gering. Und sein bisheriger Evolutionserfolg könnte auch mit der Überraschung zu tun haben, in die der Newcomer die anderen Lebewesen bis heute versetzt. Er hat ihnen keine Zeit gelassen, mit ihren evolutiven Mitteln auf den Störfall zu reagieren, den er selbst in ihrer Umwelt bedeutet.

Ob sich aus dem jüngsten Trieb am Baum des Lebens auch ein tragfähiger Ast entwickelt, können wir nicht sagen. Überdies wissen wir, daß im Leben nichts auf Dauer geschaffen wird, auch wenn es Protozoen gibt, die ihren Bestand bereits seit mehr als einer Milliarde Jahren halten. Wir können auch nicht absehen, was der Auftritt des Menschen für das Ganze des Lebens bedeutet. Nach unserer jetzigen Erkenntnis scheint er für andere Lebensformen besonders bedrohlich zu sein. Jedenfalls hat man bislang nur im Übergang von der anaeroben zur aeroben Atmung, nach den großen Faunenschnitten in der Folge von Flutkatastrophen, Meteoriteneinschlägen oder Vulkanausbrüchen einen ähnlich starken Rückgang der Arten festgestellt wie mit der Verbreitung der menschlichen Zivilisation. Aus der Sicht der anderen Populationen ist der Auftritt des Menschen also eine echte evolutionsgeschichtliche Katastrophe. Doch er sollte sich auch darin nicht überschätzen. Es gibt trotz der sogenannten »Szenarios« über die Folgen ökologischer oder nuklearer Katastrophen keine verläßlichen Anhaltspunkte dafür, daß der Mensch das Leben auf der Erde ernsthaft gefährden könnte. Er kann es verändern, vermutlich in einer auch für ihn höchst nachteiligen Weise; aber er kann ihm wohl kein definitives Ende setzen. Wir können nur sagen, daß der Lebensstil des Menschen bereits in biologischer Gewichtung unerhört aufwendig ist und daß wir nicht wissen, was daraus folgt. Sogar seine definitiv gesicherte Fähigkeit, sich selbst zu schaden, ist in ihren generativen Konsequenzen unabsehbar. Es könnte ja auch alles »gut« ausgehen. Untergangsprophetien sind also ebenso unangebracht wie heilsgeschichtliche Erwartungen. Auch die Naturgeschichte liefert keine Gründe für einen kulturgeschichtlichen Pessimismus, der stets – wie übrigens der Optimismus auch – eine Frage der jeweiligen Stimmung ist.

Mit dramatisierender Geringschätzung hat Heidegger behauptet, der Mensch sei in sein Dasein »geworfen« (*Sein und Zeit*, § 39, 1986, 181). Daran ist so viel richtig, als der Mensch weder als Gattung noch als Individuum gefragt worden ist, ob er dieses Leben will. Daran werden auch die Prozeduren zur Invitro-Fertilisation und alle vermutlich noch folgenden Verfahren zur technischen Reproduktion des Menschen nichts ändern. Der Mensch mag noch so viel Einfluß auf seine Lebensbedingungen nehmen: Er wird die *Tatsache seiner vorgängigen Bedingtheit* nicht los. Dasein heißt somit auch für ihn, von *Gegebenheiten* – »äußeren« wie »inneren« – auszugehen. Er ist immer schon bis in myriadenhaft vielfältige Einzelheiten hinein ins Leben eingepaßt, ehe er auch nur darüber nachdenken kann, ob und wie er sich anpassen *will*. Und selbst wenn er es grundsätzlich nicht wollen sollte, bleibt auch dieses Wollen noch ein Beweis seiner *gelungenen Einfügung in das Leben*.

Das Schicksal der Einfügung teilt der Mensch mit allen anderen Lebewesen, von denen er sich, abgesehen von seiner psycho-physischen Konstitution, allein dadurch unterscheidet, *wie* er sich im Leben zurechtfindet. Er hat sich wohl oder übel als eine *Spezies unter anderen Spezies* zu verstehen. Seine Ausstattung weist ebenso wie sein Umweltbezug besondere Merkmale auf, die wir zwar vor uns selbst als Vorzüge begreifen mögen, weil eine Selbstauszeichnung dessen, was man nun einmal hat, immer naheliegt. Als Vorzüge begreifen wir sie, wenn sie einige kurz- oder mittelfristige Vorteile im Kampf der Arten mit sich bringen; sie stellen aber *keine generelle Auszeichnung* im Gesamtzusammenhang des Lebens dar!

Aus der Perspektive des Lebens ist der Mensch in keinerlei Hinsicht anderen Lebewesen über- oder untergeordnet. Das einzige, was wir mit Verläßlichkeit sagen können, ist, daß er eben *anders* ist als andere, und unsere Bemühungen sollten darauf gerichtet sein, diese *Andersartigkeit* möglichst ebenso genau zu beschreiben wie unsere *Verwandtschaft* mit allem Lebendigen. Dabei versteht es sich von selbst, daß wir weder Verwandtschaft noch Andersartigkeit *ohne Vergleich* mit den anderen Lebewesen erfassen können. Deshalb vollzieht sich auch die *Selbstbeschreibung* des Menschen *im Bewußtsein der Differenz*. Doch die Beschreibung darf bei der Feststellung der Unterschiede nicht stehenbleiben, sondern muß im Gegenteil versuchen, den Menschen *in seinen Fähigkeiten* – und das heißt letztlich *in seinen Leistungen* – zu erfassen.

Wir haben uns also um eine Erkenntnis der *Eigenart des Menschen* zu bemühen. Und da diese Bemühung immer auch *auf uns selbst* gerichtet ist, kann sie niemals bloß der deskriptiven Biologie bzw. der biologischen Anthropologie (als einer Unterabteilung der Zoologie der Säugetiere) überlassen werden. Vielmehr geht jede ihrem Gegenstand angemessen begegnende Anthropologie in eine *Selbstbeschreibung des Menschen* über.[1] Sie wird zur *Anthropolo-*

1 Das betont nachdrücklich: Schnädelbach, *Zur Rehabilitierung des »animal rationale«*, 1992, 26 ff.

gie, zu einer *begrifflichen Selbstauslegung des Menschen*.
So hat es schon Feuerbach diagnostiziert; nur hat er den
begrifflichen Anteil dieser Leistung unterschätzt. Denn die
Selbstauslegung vollzieht sich *in Begriffen* und bewegt sich
somit im Medium der *Philosophie*, die schon Sokrates als
Selbsterkenntnis des Menschen verstanden hat. Von Kant
wissen wir, daß er glaubte, alle Fragen der Philosophie in
eine einzige überführen zu können. Sie lautet: *Was ist der
Mensch?* Nach diesem Verständnis wäre die *Anthropologie*
die *Fundamentaldisziplin der Philosophie*. Und sie muß
keineswegs notwendig in einem Gattungsidealismus oder
einem Anthropozentrismus enden.[2]

Die Anthropologie ist immer noch ein beargwöhntes
Stiefkind unter den philosophischen Disziplinen. Sie gilt als
unhistorisch und ist somit in den Geruch gekommen,
a priori konservativ zu sein. Man sagt, die menschliche Natur, nach der sie suche, gebe es nicht, weil doch alles *Prozeß*
und letztlich eben auch alles *historisch* sei. Doch der Verdacht geht ins Leere. Denn natürlich »gibt« es, wenn es
denn überhaupt etwas gibt, auch eine menschliche Natur.
Der Mensch müßte schon ein absolutes Nichts sein, wenn
er keine charakteristischen Merkmale haben sollte; und er
verdankt diese seine Natur immer auch »der« Natur;
schließlich ist er kein technisches Konstrukt, sondern ein
Lebewesen.

Der Verdacht gegen die Anthropologie beruht seinerseits
auf einer Konstruktion, nämlich auf dem unterstellten *Gegensatz zwischen Natur und Geschichte*. Daran ist nur so
viel richtig, daß wir zur begrifflichen Klärung stets auf die

---

2 Das ist die Befürchtung Plessners in seiner Kritik an Jakob von Uexküll, *Umwelt und Innenwelt der Tiere*, 1921. Plessner warnt mit Recht
  vor einem »zoologischen Idealismus« (*Stufen*, 1981, 328). Das ist mit
  Blick auf von Uexkülls Orientierung an Kant auch verständlich. Durch
  eine systematische Beachtung der unaufkündbaren Zusammengehörig-
  keit von Innen und Außen, die gerade durch Plessners Analyse der
  Funktion der Grenze des Organismus unabweisbar ist, läßt sich der
  Gefahr des Idealismus jedoch begegnen.

Konturierung durch Begriffsoppositionen angewiesen sind. Da kann es bei der ersten Verständigung über den Begriff der *Geschichte* nützlich sein, ihn von dem der *Natur* abzugrenzen: Während sich in der Natur bestimmte Vorgänge wie der Wechsel der Jahreszeiten oder der Aufgang der Sonne ohne menschliches Zutun wiederholen, ist »Geschichte« das, was der Mensch unter diesen Naturbedingungen *aus sich selber macht*. Doch hat man sich erst über einen solchen Vorbegriff verständigt, muß man gewahren, daß die definitionstechnisch gezogene Grenze keine absolute Geltung hat: *Auch die Natur hat ihre Geschichte* (4.10), *und die Geschichte kann jederzeit etwas hervorbringen, das uns als Natur erscheint.* Sogar die *Gesellschaft* ist nur ein durch die Tätigkeit von Individuen ausgezeichneter Bezirk der Natur, und Natur ist lediglich das, was der Mensch unter diesen Bedingungen als den ihn tragenden und bildenden Prozeß erkennt. Der begrifflich erfaßte Prozeß aber stellt sich uns immer auch als *Geschichte* dar.

In diesem Geflecht kommt dem *menschlichen Erkennen* eine schlechthin entscheidende Rolle zu, über die sich allererst erschließt, was praktische und theoretische Philosophie sein können. Folglich fällt es nicht schwer, in der *Anthropologie* tatsächlich die *philosophische Fundamentaldisziplin* auszumachen, auf die wir genausowenig verzichten können wie auf die *Logik* oder die *Geschichte der Philosophie*. Und es bedarf keines Scharfsinns, um zu erkennen, daß die *Anthropologie als begriffliche Selbstauslegung des Menschen* nirgendwo anders ansetzen kann als in der *Gegenwart des Menschen*. Ein Selbstverständnis ist immer nur im Präsens gegeben. Zur Gegenwart des Menschen gehört aber stets auch seine *Gesellschaft* und *Kultur*. Somit ist Anthropologie immer zugleich auch *Kulturphilosophie*.

Um den Umfang dieser elementaren Selbstreflexion des Menschen zu pointieren, könnte man sagen, daß es sich eigentlich um Pleonasmen handelt, von *philosophischer* oder

kultureller oder *sozialer Anthropologie* zu sprechen.[3] Denn
die Anthropologie kann ihre Aufgabe nur angemessen angehen, wenn sie die ganze Lebenswelt des Menschen in den
Blick nimmt, also Gesellschaft *und* Kultur einbezieht, und
zugleich bewußt macht, daß sich hier ein Subjekt zum Objekt der Betrachtung macht und somit eine umfassende
Selbsterkenntnis betreibt. Folglich sollte das Mißverständnis, daß es in der Anthropologie um – wie immer auch zu
verstehende – *bloße* Natur gehen könnte, von vornherein
ausgeschlossen sein. Das *Naturwesen Mensch* kommt eben
nur *in Kulturen* vor, und so zeigt sich am *Kulturwesen
Mensch*, daß Natur und Kultur keine Gegensätze sind.[4]
Und indem der Mensch dieser Verbindung inne wird, muß
er sich schon klargemacht haben, daß er sowohl die Natur
wie auch die Kultur nicht nur durch sich selbst verknüpft,
sondern letztlich auch nur an sich selbst erfährt. Ergo: Man
muß zum *Soziologen* und schließlich zum *Kulturwissen-
schaftler* werden, um die *Anthropologie* ihrem Ziel, der
Selbstbeschreibung des Menschen, näherzubringen. Aber
die Hoffnung, diesem Ziel wirklich nahe zu kommen, gibt
bestenfalls die *Philosophie*.

2. Der Mensch ist kein Mängelwesen

Bei der anthropologischen Selbstbeschreibung des Menschen
zeigt sich als erstes, daß er, im Vergleich mit anderen Lebewesen, relativ *entspezialisiert* ist. Er hat keine überragende Körperkraft und auch keine überdurchschnittlich leistungsfähigen
Sinnesorgane, kann nicht wirklich schnell laufen, kann nur
schwerfällig, für kurze Zeit und lediglich an der Wasserober-
fläche schwimmen, hat keine Flügel, keine Waffen, keinen
Panzer, keinen Pelz und auch kein Haus auf dem Rücken.

3 Das belegt eindrucksvoll die interdisziplinäre Sammlung von Gada-
  mer/Vogler (Hrsg.), *Neue Anthropologie*, 1972–75.
4 Schwemmer, *Die kulturelle Existenz des Menschen*, 1997, 19 ff.

Seine Instinkte, die ihm ein festes Verhaltensrepertoire geben könnten, sind auf Residuen geschrumpft.

Diese – im Vergleich zu anderen Lebewesen – auffällige Entspezialisierung wird immer wieder unter den von Herder beiläufig verwendeten Titel eines »Mängelwesens« gebracht. Das ist eine Charakterisierung, die wir sachlich bereits in anschaulicher Darstellung bei Platon finden. Platon gibt sie aber mit deutlicher Distanzierung wieder, indem er sie durch einen Sophisten, Protagoras, vortragen läßt – und zwar als einen Mythos von der Erschaffung des wesentlich durch seine Mängel auffälligen Wesens Mensch (*Protagoras* 320c ff.).

Die mythologische Form, in die Platon die These vom Menschen als einem zunächst wesentlich durch Mängel gekennzeichneten Wesen faßt, hat den Vorteil, die im Begriff des »Mängelwesens« mitschwingende *Abwertung* durch eine *göttliche Zusatzleistung* zu kompensieren: Der Mensch ist von Geburt an nackt und waffenlos; seine natürliche Ausstattung erlaubt es ihm nicht, sich in schneller Flucht oder durch Rückzug in ein anderes Element zu entziehen. Aber die ruchlose Großtat des Prometheus, der vom Herd der Götter das *Feuer* stiehlt, ermöglicht es dem Menschen, sich *kulturell* (d. h. durch eine *ingeniöse gemeinschaftliche Anstrengung*) so überlegen zu machen, daß aus dem Mangel ein *prinzipieller Vorzug* wird.

Gleichwohl ist mit dem Mythos des Protagoras zunächst eine *Abwertung* des Menschen verbunden. Denn der Mensch kommt bei der Ausstattung der Lebewesen – also durchaus schon evolutionär – *zuletzt* an die Reihe. Und dabei bleibt für ihn nichts mehr übrig, was ihm auch nur das Überleben sichern könnte. Im Vergleich mit allen anderen Lebewesen also ist der Mensch das armseligste Geschöpf auf der Welt. Er wird in eine *konstitutionelle Notlage* hineingeboren, und erst die Gabe des Prometheus versetzt das nackte, schutzlose Wesen in den Stand, *trotz* der naturgegebenen Mängel zu leben. Ginge es nach dem Willen der Götter, stünde dem Menschen das Feuer gar nicht zu. Prometheus wird denn auch entsetzlich bestraft.

Die Götter fürchten das Feuer in den Händen des Menschen, weil mit ihm auch die *Erkenntnis* verbunden ist. Es bedeutet also nicht bloß Flamme und Glut, um Wärme zu spenden, Speisen zu garen und Waffen zu schmieden, sondern es zündet im übertragenen Sinn auch die *Fackel des Wissens* an. Mit dem Feuer kommt auch das Licht, das zur *Einsicht* nötig ist (321c/d). Und mit ihr steht dem Menschen ein Werkzeug zu Gebot, das ihn den Göttern ähnlich (und damit ihnen wie allen anderen so gefährlich) macht.

Im modernen Begriff des »Mängelwesens« tritt die *Versuchung zur Selbstkränkung* des Menschen stärker hervor. Das Wesen, das sich so lange als Krönung der Schöpfung begriffen hat, spürt in der Moderne offenbar einen gewissen Reiz, sich selbst zu demütigen. Diesen Kitzel hat man auch schon früher ausgekostet, indem man von der »stiefmütterlichen Natur« (*natura novercalis*) des Menschen gesprochen hat.[5] Aber diese Formel zielt keineswegs allein auf eine Abwertung; in ihr ist stets auch ein gegenläufiges Motiv erkennbar: Je schlechter die Natur den Menschen ausgestattet hat, desto erstaunlicher ist, was er aus sich gemacht hat.

In jedem Fall aber sollte deutlich sein, daß die Rede vom Mangel oder von der stiefmütterlichen Behandlung nur eine *literarische Pointierung* ist. Herder hat sie aufgegriffen, um seine eigene These, der zufolge die Menschen nicht primär durch ein Defizit, sondern durch die positive Leistung der *Sprache* ausgezeichnet sind, zu akzentuieren. Ähnlich ist es auch schon bei Platon, Cicero, Lactanz oder Pico della Mirandola: Die dramatisierte Darstellung der fehlenden Ausstattung des Menschen dient nur der effektvollen Einführung der eigentlichen Fähigkeit des Menschen, nämlich *er-*

---

5 So heißt es bei Cicero, der Mensch werde »nicht wie von einer Mutter Natur, sondern wie von einer Stiefmutter ins Leben herausgegeben/geboren« (*non ut mater sed ut a noverca natura editum in vitam*) (*De re publica* III,1).

kennen, denken, wissen, sprechen und – in alledem – *handeln* zu können. Schließlich hat auch der einzige echte Vertreter des Mängelwesen-Theorems, nämlich Arnold Gehlen, die Aufzählung der konstitutiven Defizite des Menschen nur genutzt, um mit um so größerem Nachdruck herausarbeiten zu können, warum der Mensch von sich aus *handeln* muß.

Gehlen verschärft eigentlich nur, was bereits den Renaissance-Philosophen das Wichtigste war: *Der Mensch ist das handelnde Wesen par excellence.* Also ist der Homo sapiens sapiens letztlich auch hier *positiv* als das Tier bestimmt, das sein *Erkennen, Denken* und *Wissen* vornehmlich dazu braucht, um *handeln* zu können. Das aber *kann* der Mensch! Und er kann es aufgrund seiner ihm zugewachsenen und vermutlich durch eigene Anstrengung effektivierten Naturausstattung. Folglich ist nicht der Mangel wesentlich, sondern das, was er von der Natur erhalten hat, die ihm eine »Mutter« ist, wie jedem anderen Wesen auch. Um es mit aller Deutlichkeit zu sagen: *Die Rede vom »Mängelwesen« ist eine rhetorische Pointe, aber keine ernst zu nehmende anthropologische These.*[6]

Wir fassen die gattungsspezifische Naturausstattung des Menschen neutraler, wenn wir davon sprechen, daß er im Vergleich mit den anderen Lebewesen über *vielseitige* Fähigkeiten verfügt. Er ist *polykompetent* in seinen Leistungen und *polymorph* in seinen Äußerungen. Der Mensch ist – wie Nietzsche sagt – das »nicht-festgestellte Tier«. Sowohl die Antriebsstrukturen wie auch das Verhaltensrepertoire des Menschen sind *plastisch,* und seine Einstellung zu sich wie zu anderem seiner selbst ist *disponibel.* Das hängt mit einer Reihe konstitutiver Veränderungen in der Organisation des Menschen zusammen, etwa mit der *Entdiffe-*

---

6 Damit ist die Beschreibungsleistung Arnold Gehlens, der die These in Umlauf gebracht hat, im wesentlichen nicht bestritten. Es sind vor allem die sachlichen Analysen und die innovativen Begriffe wie »Reizüberflutung«, »Antriebsüberschuß« oder »Entlastung«, die Gehlens Anthropologie so aufschlußreich machen.

renzierung der Hand, mit der *frontalen Gleichstellung des Augenpaares*, mit der *Habitualisierung des aufrechten Gangs* sowie mit der alles begleitenden und zugleich alles irgendwie bedingenden *Zunahme seiner Intelligenz*.

Der Effekt dieser konstitutionellen Veränderungen zeigt sich darin, daß der Mensch in seinen Aktivitäten nicht auf ein instinktgeleitetes Verhaltensrepertoire beschränkt ist. Er kann es sich vielmehr leisten, mit weitgehend *offenen Dispositionen* zu agieren. Er ist also nicht bereits durch die Auslöser einer jeweiligen Situation auf ein konditioniertes Verhaltensprogramm festgelegt, sondern kann sich mit größerer Flexibilität auf die jeweiligen Anforderungen einstellen. Das Wichtigste dabei dürfte sein, daß er aus dem Erfolg oder Mißerfolg seiner situationsoffenen Verhaltensweisen *selbst lernen* kann. Er hat die Fähigkeit zur *aktuellen Selbstkorrektur* seines Tuns. Und sobald diese Fähigkeit zur Selbstveränderung *bewußt* und dieses Bewußtsein selbst zum *aktiven Moment* der Selbststeuerung wird, potenziert sich die situative Offenheit des sich selbst organisierenden Wesens. Dies kommt dann auch terminologisch zum Ausdruck: Mit der Fähigkeit zur *Selbstkorrektur durch eigenes Wissen* wird aus dem *Verhalten* ein *Handeln*.

3. Leibliches und bewußtes Selbst

Von außen gesehen,[7] ist das *Handeln* vom *Verhalten* eines Organismus nicht zu unterscheiden. Verhalten ist die *Selbstbewegung* eines lebendigen Wesens und somit ein

---

7 Die Wendung »von außen gesehen« unterstellt einen *rein mechanischen* Beobachter bloßer *Mechanik*. Ich gehe hier nicht darauf ein, daß schon diese physikalistische Konstruktion eines *bloß äußeren* Beobachters eine Abstraktion darstellt, die wir als Menschen niemals erfüllen können. Selbst in der kältesten Sachlichkeit der bloßen Beobachtung sind wir »innerlich« beteiligt. Wir müssen zumindest die Zeigerstellung des Meßinstruments *verstehen*. Gleichwohl ist die Konstruktion einer bloß protokollierenden Wiedergabe methodologisch von Bedeutung.

Fall auffälliger *Selbstorganisation* eines Individuums. Gemeint sind jene Vorgänge, in denen sich ein Organismus in offenkundiger Reaktion auf eine aktuelle Veränderung in seiner unmittelbaren Umwelt bezieht. Solche Vorgänge beobachten wir auch an uns selbst und unterscheiden sie mehr oder weniger trennscharf von allen Vorgängen des Stoffwechsels, des Wachstums oder der Regeneration. Den Schlaf, den Lidschlag oder die Sekretion der Speicheldrüsen (etwa beim Lesen einer Speisekarte) rechnen wir, anders als das Nachwachsen unserer Fingernägel, bereits zum Verhalten.

Unter den vielfältigen Formen unseres Verhaltens gibt es nun einige, die für uns selbst dadurch besonders ausgezeichnet sind, daß sie mit *Absichten*, d. h. mit bewußten *Zielvorgaben* verbunden sind. Hier bewegen wir uns, *um* etwas zu *erreichen*. Da wir das durch die Selbstbewegung angestrebte Ziel in irgendeiner Weise *vorstellen*, kann man von einer *Selbstbewegung nach eigenen Vorstellungen* sprechen. Diese Bezeichnung gibt das Handeln nicht einfach nur als eine der vielfältigen *Formen der Selbstorganisation* zu erkennen, sondern zeichnet sie deutlich als eine *gesteigerte* Form der Selbstorganisation aus. Sie ermöglicht es dem Menschen, sich *bestimmte* Ziele zu setzen, die nicht nur situativ für ein Individuum wirksam sind, sondern die – als diese Ziele – auch von anderen erkannt und anerkannt werden können. Erst dadurch wird eine *ausdrücklich gemeinsame Bezeichnung und Bearbeitung von Problemen* möglich.

Wenn wir das Verhalten als eine *Selbstbewegung* namhaft machen, dann ist klar, daß sich der Organismus in der für die Selbstorganisation charakteristischen Weise *als ganzer* bewegt. Das »Selbst« steht hier, wie bereits dargestellt, für die *Einheit im Vollzug*. Das bleibt natürlich auch bei jenen Selbstbewegungen so, die sich nach den Vorstellungen des »Selbst« vollziehen. Doch es ist offenkundig, daß hier eine Verschiebung (oder zumindest Erweiterung) im Begriff des

»Selbst« stattfindet: Während das »Selbst« der (leiblichen) Selbstorganisation das bloße *Integral aller systemisch beteiligten Momente* meint, ist das »Selbst« einer sich nach eigenen Vorstellungen vollziehenden Selbstbewegung zunächst einmal das Integral der *bewußten* Vorstellungen des Wesens, das sich nach diesen Vorstellungen richtet. Mit einer Vorstellung aber wird es *seiner selbst* bewußt, denn es hat sie – im Fall eines Konflikts oder eines Zweifels – als *seine* Vorstellung auszuzeichnen. Mit der Vorstellung überhaupt braucht das Individuum immer auch eine Vorstellung *von sich selbst*. Diese Selbst-Zuschreibung der Vorstellungen ist durch nichts anderes auszuweisen als dadurch, daß dieses Wesen sie ausdrücklich als *seine eigenen* Vorstellungen *weiß* (oder nach menschlichem Ermessen *wissen kann*).

Dieses *bewußte Selbst* des »Ich«-sagenden Wesens muß natürlich eben *das* Selbst meinen, das sich in der Selbstorganisation selbst organisiert bzw. in der Selbstbewegung selbst bewegt. Wenn *ich selbst* die Absicht habe, einen Vortrag zu halten, muß die ganze Organisation meines Selbst beteiligt sein, sofern die Absicht, den Vortrag zu halten, realisiert werden soll. Das ganze sich selbst organisierende, also das *leibliche Selbst* muß einbezogen sein, wenn ich mich nach eigenen Vorstellungen bewege – sogar und gerade dann, wenn ich mich dabei selbst überwinde und gegen starke Widerstände der physiologischen Organisation angehe. So kann der Leib völlig übermüdet sein; er könnte jederzeit »von selbst« in Schlaf verfallen. Wenn aber das Ich, also das bewußte Selbst *will*, daß vor dem Einschlafen noch ein Text geschrieben wird, und wenn es diesen Willen tatsächlich durchsetzt, dann folgt *der ganze Mensch*, also auch das Selbst der leibhaftigen Organisation und erweist sich *als Moment* eben des mit Bewußtsein an- und ausgesprochenen Selbst.

Freilich zögern wir, das Selbst der physiologischen Organisation mit dem Selbst unseres »Ich«-sagenden Bewußtseins identisch zu setzen. Gehen wir nämlich vom *Selbst des*

Leibes aus, dann ist das *Selbst des Bewußtseins* nicht notwendig mit enthalten. Wir müssen nicht erst im Koma liegen, um auch ohne Bewußtsein lebendig zu sein; schon der traumlose Tiefschlaf, aus dem wir aufwachen, lehrt uns, daß wir offenbar auch ohne Bewußtsein leben können. Leibliches und bewußtes Selbst kommen somit nicht zur Deckung. Unter den schlechterdings nicht abzugsfähigen Bedingungen des Lebens ist das Selbst unserer individuellen physiologischen Organisation zwar die notwendige Bedingung des bewußten Selbst, fällt aber mit ihm nicht notwendig zusammen. Das Selbst des Bewußtseins verweist zwar zwingend auf das Selbst des Leibes[8], das Ich kann sich nicht wirklich adressieren, ohne nicht seinen Leib einzubeziehen; ja, es ist immer das *Bewußtsein dieses Leibes*. Und dennoch fällt das bewußte Selbst nicht mit dem Selbst der physiologischen Organisation zusammen. Jedenfalls sind bewußtes und leibliches Selbst nicht identisch.

Ein Beispiel mag dies erhellen: Wenn wir etwa die Absicht hätten, uns selbst zu töten, fielen für den Fall der gelungenen Ausführung der Tat leibliches und bewußtes Selbst zusammen: Mit der Zerstörung des leiblichen Selbst verschwindet, so nehmen wir an, auch das bewußte Selbst. Der Tod ereilt beide ohne Unterschied. Wenn aber die Ausführung mißlingt, dann kann es sein, daß der schwer verletzte Leib sich weiter organisiert, also weiterlebt, das bewußte Selbst aber in seiner »Ohnmacht« verharrt und nicht mehr zurückkehrt. Bei apparativer Versorgung durch medizinische Technik kann ein im Koma liegender Mensch sogar eine hohe Lebenserwartung haben, ohne je wieder zu Bewußtsein, also zu seinem bewußten Selbst zu gelangen. Somit ist keine Deckungsgleichheit zwischen beiden Formen des Selbst gegeben.

Aber schon beim Nachdenken über das Vorhaben, sich selbst zu töten, kann man den Eindruck haben, als seien für

8 Tugendhat, *Selbstbewußtsein und Selbstbestimmung*, 1979, 77 ff.

den Akt des Überlegens und des Entscheidens das leibliche
und das bewußte Selbst wie Objekt und Subjekt auseinan-
dergetreten. Das zur Selbsttötung bereite Ich denkt so über
sich (als Ich und Leib), als könne es Ich und Leib in einem
Akt destruieren. Da man aus der langen Tradition des
Nachdenkens über uns selber weiß, wie sehr das Selbst primär in jenen Akten gegenwärtig zu sein scheint, in denen
sich das bewußte Selbst von allen anderen Vollzügen des
Daseins, gerade auch gegenüber seinem eigenen Leib, *distanziert*, können wir wohl nicht umhin, dem bewußten
Selbst, trotz seiner offenkundigen Bedingtheit durch das
physische Selbst, *eine gewisse Eigenständigkeit* einzuräu-
men. Das ist die Eigenständigkeit, die alltagssprachlich dem
»Ich« oder der »Seele« unterstellt wird.

Wenn man aber dem Selbst des Selbstbewußtseins eine
Selbständigkeit zugesteht, dann muß man sogleich betonen, daß sie für uns nur in ihrer von ihr selbst vollzogenen
Verweisung auf den zugehörigen Organismus einen Sinn
ergibt: Nur *sofern* ein Ich über sich als immer auch physisch existierendes Wesen nachdenkt, nur *sofern* es Absichten ventiliert, die von ihm als leiblichem Wesen verfolgt
oder verworfen werden sollen, nur *sofern* es sich zu etwas
entscheidet (und dies natürlich nur Bedeutung hat, wenn
die Konsequenz es auch selbst berührt), hat die Rede von
der Eigenständigkeit des Selbstbewußtseins einen Sinn.
Der tritt deutlich hervor, sobald das Bewußtsein über den
Leib *disponiert*, wenn es ihn, um einen älteren Begriff zu
gebrauchen, *regiert*. Das Selbst des Bewußtseins hat den
funktionalen Status eines über den Leib *bestimmenden Organs*. Und wann immer diese Bestimmung gelingt, ist der
Leib nur ein Moment in der Verfügung durch das Selbstbewußtsein.

So kommt es zu dem vielleicht paradox erscheinenden
Befund, daß die Selbständigkeit des bewußten Selbst nur *in
funktionaler Beziehung zum leiblichen Selbst* behauptet
werden kann. Das Selbst des Selbstbewußtseins ist *nur*

dann und *nur so lange* überhaupt etwas, als es über den Leib disponiert. Die Vorstellung eines eigenständigen Ich tritt nur in der (möglichen) Verfügung über den ganzen Organismus hervor. Und in dieser Verfügung sind dann auch das Selbst des Bewußtseins und das Selbst der physischen Selbstorganisation unterschieden: Das eine *ist* nur, sofern es sich lenkend auf das andere bezieht. Der Unterschied tritt *nur in der Beziehung* auf, und er kommt *allein in der Selbsttätigkeit des Bewußtseins* vor, von der wir nur reden können, sofern sie Ausdruck – oder besser gesagt: eine *Funktion der Selbsttätigkeit des Organismus* ist (4.8).

Das nenne ich eine *Steigerung der organischen Selbstreferenz im Bewußtsein*. Denn in ihm bezieht sich das bewußte Selbst in einem originären Akt auf den es bedingenden Leib, kommt *nur so zur* Vergewisserung einer sich *nur darin* zeigenden Eigenständigkeit und kann zugleich darin Mittel einer weiter greifenden Selbstorganisation des Leibes sein. *Somit steigert sich in den Akten des Selbstbewußtseins die Selbstorganisation des Leibes.* Denn durch das *in ihm* und nur *zur Disposition über ihn* ausgebildete Selbstbewußtsein wird der Leib *selbständiges* Element einer über ihn hinausgehenden Organisation. Er kann über sich *mit ausdrücklichem Bezug auf seinesgleichen*, sofern sie sich ebenso ausdrücken können wie er, *verfügen*. Der Leib hat nunmehr nicht bloß den Aktionsradius seines *Verhaltens*, er hat nicht allein die Perspektive der augenblicklich eingenommenen Position, sondern er kann *distanziert* mit sich selbst umgehen, kann die Position des »Ich« einnehmen, die aber auch die Position eines jeden anderen zum »Ich«-Sagen fähigen Leibes sein kann. In der Selbst-Distanz kommt er seinesgleichen so nahe, wie es ihm körperlich nie möglich ist. Denn er kann mit seinem Selbst *dieselbe* Stellung einnehmen, die auch die Stellung des Selbst eines anderen Leibes sein kann. Also hat er die Chance, *ebenso* über sich zu verfügen, wie auch der Andere über sich verfügt. Folglich können sich beide *ausdrücklich gemeinsam* verhalten und vollziehen (jeder für sich) eine Selbstbewegung aus *einem* Motiv, das auch als solches von anderen *erkannt* werden kann.

Mit einem *erkennbaren Motiv* der Selbstbewegung wird aus dem Verhalten ein *Handeln*. Die Selbstverfügung erfolgt aus einer Position, die prinzipiell auch die Position der Anderen sein kann. Die selbstbewußte Disposition geschieht *aus eigenem Impuls* und dennoch ursprünglich *im sozialen Raum*, weil das *Motiv* der Selbstbewegung aus der *Distanz* erschlossen ist, in der sich das Ich in der *prinzipiell gleichen Position* mit seinesgleichen befindet. Also ist die bewußte Verfügung eines Organismus nicht mehr einfach nur sozial gebunden (wie alles Leben), sondern sie ist **ausdrücklich** *sozial vermittelt* – und zwar über das Ich, das in der gewonnenen Distanz zum eigenen Organismus auch das Ich eines jeden anderen Organismus sein kann. *Selbstbewußtsein ist die Instanz, durch die der Leib ausdrücklich unter dem möglichen Gesichtspunkt der anderen über sich verfügt.* Es ist das vom Leib selbst inaugurierte *Zentrum*, aus dem heraus es über den Leib als ganzen so disponieren und entscheiden kann, daß es für entsprechend ausgestattete Wesen – im Interesse ihrer eigenen Disposition über sich selbst – nicht nur als Reiz empfunden werden, sondern *verständlich* sein kann. Diese *Verständlichkeit* hat ihr Kriterium darin, daß ein Motiv des Anderen auch als mögliches eigenes Motiv aufgefaßt werden kann.

Somit ist das Selbstbewußtsein die Instanz, in der der Organismus – in Richtung auf seinesgleichen – über sich hinaus ist. Den wirksamen Ausdruck dieser *Selbstorganisation im sozialen Feld* nennen wir *Handeln*. Es ist ohne eigenständiges *Denken*, *Sprechen* und *Wollen* nicht zu fassen. Und seine Einheit – für das individuelle Selbst wie für seinesgleichen – erhält es nur unter den Bedingungen der *Vernunft*. Vernunft ist, wie wir sehen werden, nichts anderes als das, was diese – für mich wie für andere – nachvollziehbare Einheit schafft.

4. Handeln als Selbstorganisation im sozialen Feld

Handeln, so wurde bereits betont, ist eine Selbstbewegung nach eigenen Vorstellungen. Aber von *wessen* Vorstellungen ist eigentlich die Rede? Sind es die des Leibes? Ein Leib besteht, wie wir wissen, aus einer Vielzahl von Organen, deren Zusammenwirken das Leben dieser Einheit ausmacht. Bei dieser integralen Wirksamkeit kommt es zu *Leistungen*, die als *Funktionen des ganzen Organismus* anzusehen sind und die uns erlauben, der sich spontan und ohne äußeren Zwang bewegenden organischen Einheit ein *Selbst* zu unterstellen, das gleichsam als aktives Zentrum der Selbstbewegung verstanden wird. Ein solches leibliches Selbst kann dann schnell oder langsam reagieren, es kann als besonders lern- und anpassungsfähig gelten, und es kann im übrigen alle Attribute zugesprochen bekommen, die auf die Eigenart seiner Verhaltensweisen passen.

Aber kann es auch *Vorstellungen* haben? Offenkundig nicht unmittelbar. Denn zur Vorstellung gehört ein *Bewußtsein*, das *sich selbst* dieser Vorstellungen zumindest insofern sicher ist, als es sie als *seine eigenen* Vorstellungen *weiß*. Ohne mitlaufendes *Wissen* – und damit ohne einen *mitteilbaren begrifflichen Gehalt* – hat der Akt des Vorstellens keinen Sinn. Die Zuschreibung erfolgt hier also eindeutig zum *Selbst des Bewußtseins*. Und so müssen wir, um die Eigentümlichkeit jenes Verhaltens, das wir »Handeln« nennen, zu erfassen, die Eigenart des bewußten Selbst näher bestimmen.

Zum Handeln gehört ein Selbst, das wenigstens in der Prätention des Verfügens über das Selbst des Leibes hinausgeht, weil es nur aus einer grundsätzlich den ganzen Leib erfassenden Position über den ganzen Leib gebieten kann. Also wechselt es aus der *Binnenperspektive der Selbstorganisation* in die – vom Leib her gesehene – *Außenperspektive des Bewußtseins*. Während aus der Binnenperspektive nur der in sich vermittelte *leibliche Vollzug* und das *Verhalten*

möglich sind, kann aus der Außenperspektive des Bewußtseins *gehandelt* werden. Da das Handeln natürlich immer
eine Vollzugsform des Leibes bleibt, verbleibt es auch unter
dem Oberbegriff des Verhaltens. Doch die sich in ihm vollziehende Selbstorganisation des Leibes hat nun den Vorzug, in einem *qualitativ erweiterten Rahmen* organisiert zu
werden, der sich in den *Außenraum des Leibes* erstreckt
und somit in der Lage ist, auch noch über das es tragende
Selbst der Selbstorganisation disponieren zu können. Die
Möglichkeit und die Wirklichkeit des Suizids sind Beleg für
diese Verfügung des Selbst des Bewußtseins über das Selbst
des Leibes.

Helmuth Plessner hat für diese buchstäblich über sich
hinausgehende Leistung des Organismus den ingeniösen
Begriff der »exzentrischen Positionalität« geprägt (*Stufen*,
1981, 360 ff.). Durch den Doppelsinn des Exzentrischen
liegt darin nicht nur die treffende Kennzeichnung der qua-
litativen Steigerung der Selbstorganisation, sondern auch
eine Charakterisierung des Menschen überhaupt. Der
Mensch ist das *exzentrische*, das *extravagante Lebewesen*.
Verglichen mit den anderen zur Selbstbewegung fähigen
Wesen gelangt er zu einer umfassenderen Form der Organisation, weil er seine Vollzüge nicht mehr nur aus der
Grenzerfahrung seiner unmittelbaren Umgebung reguliert,
sondern von einer Position »mit Überblick«, *gleichsam von
außen* steuert. Diese Position »außerhalb« seiner selbst
nimmt sein *Bewußtsein* ein, dessen Selbst mit dem es tragenden Selbst des Leibes gerade wegen der exzentrischen
Außenposition nicht mehr voll zur Deckung kommt. Das
Selbst des Bewußtseins muß sich in eine »imaginäre Außenlage« transponieren, um überhaupt die Funktion des
Bewußtseins als Leitstelle der individuellen Selbstorganisation übernehmen zu können.

Bei Plessner erfahren wir zunächst nur, daß die »exzentrische Positionalität« mit dem *Selbstbewußtsein des Menschen* verbunden ist. In späteren Überlegungen zum Rol-

lenbegriff[9] deutet er auch an, in welchen *Raum* sich die das leibliche Zentrum verlassende Position des Menschen verschiebt: Es ist der *soziale Raum*, in dem sich der Mensch mit seinesgleichen bewegt, ein Raum, der den natürlichen Raum mit seiner physischen Distanz der Körper allemal voraussetzt. Als selbstbewußtes Wesen bewegt er sich erst in zweiter Linie in einem mit Gegenständen angefüllten physischen Raum; primär ist das soziale Mit- und Gegeneinander von Individuen, die sich als *meinesgleichen* ansprechen lassen. Daraus ergibt sich, daß *Selbstbewußtsein der* **Zustand** *und die* **Zuständigkeit** *eines Individuums angesichts seiner tätigen Verbindung mit* **seinesgleichen** *ist.* Dieser Zustand mit der impliziten Zuständigkeit ergibt sich jedoch nur, wenn das zentrierende Selbst nicht einfach ins diffuse (räumliche) Außerhalb des Leibes verlagert wird, sondern außer sich *verschiedene andere Positionen* einnehmen kann, die prinzipiell *durch seinesgleichen* vorgegeben sind.

Diese anderen Positionen haben ihr Wesentliches nicht darin, daß sie im physischen Außenraum des Leibes sind; das sind sie sowieso. Kennzeichnend an ihnen ist vielmehr, daß sie durch die *möglichen Stellungen* vorgegeben sind, die von den *vorgestellten Anderen* eingenommen werden. Diese Anderen aber sind jene, die man *als seinesgleichen* begreift. Erst ein ursprünglich auf sie bezogenes Selbstbewußtsein kann als *Instanz* für eine Selbstbewegung fungieren, deren Steuerung nicht mehr bloß aus dem Selbst des Leibes erfolgt. *Die selbstbewußte Wahrnehmung der eigenen Bewegung geschieht bereits* **sub specie aliorum**, *also aus einer Position, die auch die (mir prinzipiell gleichen) Anderen einnehmen könnten.*

9 Plessner, *Soziale Rolle und menschliche Natur* (1960), 1985, 227–240.

5. Die Außenperspektive des Bewußtseins

Die *Steuerungsinstanz der eigenen Bewegung* liegt also in dem *durch die Anderen* bezeichneten Außen, in welchem sich das eigene Selbst als *Primus inter pares* ansiedelt. *Primus* ist es, weil es der eigenen leiblichen Organisation und den von ihr zu lösenden Problemen *am nächsten* steht; als *par* gilt es, weil es auch die Anderen als seinesgleichen versteht. Natürlich muß es den in der Vorstellung vollzogenen Perspektivenwechsel auf sich zurückbeziehen, damit die Versetzung in den Zustand der Anderen überhaupt Bedeutung für es selbst haben kann. So wird es zum *Selbstbewußtsein*.

Das ist ein komplizierter Stellungswechsel zwischen dem Selbst und den Anderen seiner selbst – nicht zuletzt auch deshalb, weil sich in ihm vermutlich erst die Konstitution des bewußten Selbst vollzieht. Wie sich dieser Übergang im einzelnen abspielt, muß hier offenbleiben.[10] Doch zumindest so viel dürfte sicher sein, daß sich das Selbst des Bewußtseins immer auch im *imaginären Außenraum des Leibes* befinden können muß. Denn es kann sich selbst nur von den Anderen her verstehen, die sich allemal im empirischen Umfeld des Leibes befinden. Also blickt es gleichsam von außen auf sich selbst, und das gelingt nur, wenn es die Vorstellung von sich gleichsam aus der Position des Anderen gewinnt. Und in eben dieser imaginären Außenperspektive stellt es sich selber vor. Denn anders könnte es nicht selb-

10 Außer auf Plessners Werk kann man hier nur generell auf die Arbeiten von Mead verweisen, der in ertragreichen und überaus einflußreichen Bemühungen der sozialen Konstitution des Selbst nachgegangen ist (*Geist, Identität und Gesellschaft*, 1973). Mead verbleibt mit seinen Überlegungen allerdings ganz im empirischen Kontext, dem das Selbstbewußtsein notwendig vorausliegt. Deshalb versuche ich weiter unten (5.9) zu zeigen, daß es einen *nicht-empirischen Sinn von Gesellschaftlichkeit* gibt, der bereits den Leistungen des Bewußtseins zugrunde liegt. Trifft die in der vorliegenden Arbeit skizzierte Auffassung zu, wäre die *Sozialität des Selbstbewußtseins* bereits eine Bedingung für den empirischen Begriff, den wir von Gesellschaft haben.

ständig handeln, weil Handeln bereits eine Selbstbewegung *respectu aliorum* ist.

Die Vorstellung seiner selbst ist für den Handelnden aber kein bloß *theoretischer* Akt, in welchem sich das Selbst lediglich eine Vorstellung von sich in seiner Verbindung mit seinem Leib und mit seinesgleichen *macht*. Sie ist vielmehr immer auch ein *praktischer* Akt, in dem das Selbst eine Vorstellung *gibt*: Es *präsentiert* sich selbst – und zwar sowohl als *Repräsentant* seines leiblichen Selbst wie auch als *Partizipant* jener Gemeinschaft, in der es sich unter seinesgleichen weiß. Insofern erfüllt es die für gesellschaftliches Handeln elementare Bedingung, auch als *Repräsentant* einer Gemeinschaft fungieren und selbst eine Vorstellung nicht nur *für Andere*, sondern auch *im Namen Anderer* geben zu können. Weil es sich selbst im Medium der Anderen vorstellt, hat es die Möglichkeit, sich darin nicht nur für sich selbst abzugrenzen, sondern sich auf der Basis dieser Abgrenzung mit den Anderen jeweils in einer bestimmten Absicht zu identifizieren. Also kann es nicht nur sich selbst als organische Einheit präsentieren; es ist auch nicht darauf beschränkt, sich in seiner Beziehung zu seinesgleichen exemplarisch zu regulieren; es kann vielmehr auch die in ihm stets mit vorgestellten Anderen repräsentieren.[11]

In alledem erweist sich das Selbstbewußtsein als die *Instanz des Handelns*. Diese Instanz aber liegt im vorgestellten Außenraum des Leibes. Dort ist sie nicht lokalisierbar; sie hat keinen realen Ort, ebensowenig wie das Selbst des Leibes an eine bestimmte Stelle im Organismus gebunden ist. Es wäre aber auch falsch, dem Selbst einen Ort im spekulativen »Nirgendwo« anzuweisen, wie Thomas Nagel es vorgeschlagen hat.[12] Denn der »Blick« des Selbst geht im-

---

11 Die Funktion von *Präsentation* und *Repräsentation* des Individuums im gesellschaftlichen Zusammenhang wird in 8.6/7 noch einmal berührt. Weitere Erörterungen müssen einer Philosophie der Politik vorbehalten bleiben.

12 Nagel, *The View from Nowhere*, 1986, 60 ff.

mer durch die *eigenen* Augen, kommt also stets von jenem
Ort, in dem es sich selbst vorstellt. Das aber ist ein Ort, der
als prinzipiell zugänglich gelten muß, damit ihn jeder Andere, auf den sich das Selbst des Bewußtseins bezieht, ebenfalls einnehmen kann. Sein ideeller Ort ist somit nur *soziomorph* bestimmbar. Fassen wir aber Gesellschaft mindestens als den Bezirk der Natur, in dem der Mensch nach
eigenen Vorstellungen handeln kann, so haben wir in dem
ursprünglich sozial verfaßten Selbstbewußtsein die Instanz, von der aus ein Mensch qua Individuum handeln
kann. *Handeln ist somit die Selbstbewegung eines Wesens,
das sich selbst in seinem Verhältnis zu seinesgleichen erfaßt.*
Das beobachtende, prüfende und steuernde Selbst nimmt
sich selbst immer schon in einem gesellschaftlichen Kontext wahr. Es sieht sich im Anderen und hat allein dadurch
die ursprüngliche Form der Reflexion.

Indem es also dem Selbst des Leibes gelingt, sich zu einem *Selbstbegriff* zu überschreiten, der es *als ganzes* umfaßt, sich darin selbst *auf seinesgleichen* bezieht, dabei erst
eigentlich *zu sich selber* kommt und damit den Leib zu einem Element in einer weitergesteckten sozialen Einheit re-
lativiert, wird es *handlungsfähig*: Das Selbst des Leibes unterstellt sich dem Selbst des Bewußtseins, das seine funktionale Überlegenheit aus der vorgestellten, *den Leib umfassenden Einheit* gewinnt. Es ist, solange das Selbst des Bewußtseins »regiert«, mit ihm *identisch*. Diese Einheit von
Selbst des Leibes und Selbst des Bewußtseins bildet sich
aber erst in der wechselseitigen Beziehung auf das andere
seiner selbst. So kann dann das den Leib integrierende Bewußtsein des Selbst Absichten verfolgen, in die der *Leib*,
obgleich er der Träger des ganzen Vorgangs ist, *wie ein Element* eingebunden ist. So kann, wie die politische Theorie
es seit der Antike darstellt, der Organismus des Individuums wie das Organ in einem sozialen Organismus erscheinen. Das ist möglich, sofern der Leib gleichsam als ein besonders empfindliches Ding neben anderen Dingen auf-

gefaßt und (aktiv-reaktiver) Teil von Überlegungen und Plänen wird, die ihr organisierendes Zentrum gleichsam außerhalb des Leibes haben.

Auch deshalb ist es korrekt, die Absichten, Ziele und Zwecke nicht dem Selbst des Leibes, sondern dem des Bewußtseins zuzuschreiben. Eben darin liegt die *Verselbständigung der bewußten Selbstorganisation*: Das prozessuale Selbstverhältnis, als das sich uns der Organismus darstellt, umfaßt ihn nun ausdrücklich *als ganzen*, bewertet ihn in seiner Wechselbeziehung zu anderen körperlichen Dingen und bezieht ihn durch die im Bewußtsein erfolgende Doppel-Repräsentation *von sich* und *vor Anderen* auf einen Zusammenhang, der nur dem sich darin konstituierenden Selbstbewußtsein zugänglich ist. Das lebendige Wesen kommt nicht nur dadurch zu seinem Selbst, daß es seine Einheit vollzieht; sondern *es stellt sich selbst als Einheit vor*, versteht sich darin nur als Gegenüber (oder als Partner) Anderer, denen es prinzipiell gleicht, und *verfügt* in dieser *vorgestellten korrelativen Einheit* theoretisch wie praktisch *über sich selbst*. Um dies aber leisten zu können, braucht es einen »exzentrischen« Begriff seiner selbst. Den hat es – seiner allgemeinen Form nach – in seinem *Selbstbewußtsein*, über das nun noch etwas genauer zu sprechen sein wird.

6. Spontaneität und Individualität

Das Selbstbewußtsein ist uns Menschen am nächsten. Vielleicht liegt hier der Grund, warum es so schwer zu beschreiben und zu begreifen ist. Durch seine unmittelbare Nähe erscheint es vor allem als *privat*, ja als *intim*. Es gilt als die originäre *Sphäre der Subjektivität*, zu der jeder Einzelne seinen privilegierten Zugang hat. In der Tat kann das Selbstbewußtsein sich verschließen und alles das in Anspruch nehmen, was ihm als dem *imaginären Innenraum* des Individuums zugesprochen wird. Doch wenn dies so ist, liegt darin bereits eine *Leistung* des Selbstbewußtseins – ein mehr oder weniger ausdrücklicher Rückzug auf sich selbst. Die eigentliche Verfassung des Selbstbewußtseins hat ihre Bedeutung keineswegs darin, daß es sich unter bestimmten Bedingungen der Abgrenzung gegen das Bewußtsein Anderer auf sich selbst beschränken kann: Seine Leistung liegt vielmehr in der *Öffnung* der organischen Binnenperspektive *für andere Wesen*, die sich selbst auf entsprechende Weise öffnen können. Es schafft »Öffentlichkeit« unter Wesen, die zuvor – trotz ihrer realen Verbindung in ihrer Population – gleichsam nur für sich gelebt haben. *Selbstbewußtsein ist das Medium der prinzipiell öffentlichen Lebensform des Menschen.* Seine »private« Existenz hat er, wie der Begriff es noch verrät, für sich »herauszunehmen«. Das Private ist das bewußt Eingegrenzte und gewiß eine späte historische Errungenschaft. Sie setzt das öffentlich verfaßte Selbstbewußtsein voraus. Denn nur in ihm geht der Organismus aus sich heraus, um unmittelbar bei einer Sache zu sein, die so auch die Sache eines jeden selbstbewußten Anderen sein kann.

Wollte man diese These in allen Einzelheiten erläutern, käme man vermutlich mit einem weiteren Buch nicht aus. Wer die seit mehr als fünfzig Jahren unter Berufung auf Descartes, Leibniz, Kant, Fichte und Hegel mit größter Intensität geführte Debatte über das Selbstbewußtsein kennt,[13] der wird es ohnehin vermessen finden, den subtilisierten Gedankengang in eine so einfache These einmünden zu lassen. Gleichwohl gehe ich das Risiko ein und beschränke mich auf wenige Erläuterungen. Für die Grundlegung der Ethik ist es unumgänglich, wenigstens an-

---

13 Neben den für die deutsche Debatte wegweisenden Arbeiten von Henrich (1970; 1998) und Tugendhat (1979) nenne ich für die neuere Debatte nur: Kienzle/Pape (Hrsg.), *Dimensionen des Selbst*, 1991; Frank (Hrsg.), *Analytische Theorien des Selbstbewußtseins*, 1994; Düsing, *Selbstbewußtseinsmodelle*, 1997.

zudeuten, worin die Besonderheit der *begrifflichen Leistungen* des Individuums besteht. Denn anders kann der später erläuterte absolute Charakter der (nur auf *Begriffen* basierenden) Selbstbestimmung nicht verständlich werden. Und nur wenn man den durch und durch *objektiven Grundzug* selbstbewußter Leistungen erkennt, begreift man, warum sich das Individuum in seinem *Selbstbegriff* nicht hoffnungslos isoliert.

Eine Feststellung vorab: Die Rede ist nicht einfach nur vom Bewußtsein, sondern vom **Selbstbewußtsein**. Das ist jene Form des Bewußtseins, die sich ausdrücklich auf ein »Ich« bezieht. Grammatisch gesprochen ist das die *erste Person Singular, sofern sie sich selber meint.* Der Zusatz: *sofern sie sich selber meint* wird in den analytischen Theorien des Selbstbewußtseins gern beiseite gelassen. Er ist jedoch unerläßlich, weil er eine wesentliche Bedingung des Selbstbewußtseins benennt: nämlich die *wissende Eigentätigkeit* des seiner selbst bewußten Individuums. Der Sinn der bewußten Selbstbeziehung ist also an die *aktivitätserfüllte Präsenz* des »Ich«-sagenden (und darin sich wissenden) Individuums gebunden. Das gilt sowohl für die Äußerung des Selbstbewußtseins wie auch für deren adäquates Verständnis. Vom Selbstbewußtsein zu sprechen, hat also nur im Hinblick auf Wesen Bedeutung, die sich als »Ich«-sagende[14] Individuen *von sich aus* ausdrücklich auf sich selbst beziehen.

Damit haben wir ein sicheres und höchst einfaches Kriterium für die Zuschreibung von Selbstbewußtsein in der Gesamtheit der lebendigen Wesen: Es liegt in der *Selbstzuschreibung* des Selbstbewußtseins *durch **ausdrückliche** und **von sich aus** erfolgende Referenz auf das eigene Ich*. Das hat den Vorteil, daß wir nicht darüber streiten müssen, ob auch *Tiere* Bewußtsein haben. Trotz der oft schmerzlich empfundenen Verständigungsschranke zwischen Mensch

14 Oder nach Nietzsche: zumindest als Ich-»tuende« Wesen (vgl. Z 1, *Von den Verächtern des Leibes*; 4, 39).

und Tier spricht vieles dafür, daß Tiere Bewußtsein haben.
Vor allem, wenn wir Bewußtsein bereits in einer gesteiger-
ten Aufmerksamkeit erkennen, die in situationsgerechten
Verhaltensweisen (insbesondere unter Einsatz individueller
Lerneffekte) offenkundig ist, gibt es gar keinen Anlaß,
höher organisierten Lebewesen das Bewußtsein abzuspre-
chen. Natürlich muß dies auch das Bewußtsein des *jeweiligen*, also individuell verfaßten Lebewesens sein. Offenkundig ist aber auch, daß sich die nicht-menschlichen Lebewesen nicht *von sich aus* auf sich selbst als auf dieses
»Ich«-sagende (und damit schon Ich-»tuende«) Individuum beziehen und infolgedessen auch keine anderen Individuen als (in eben dem selbstreferentiellen Sinn) *ihresgleichen* adressieren. Und solange sie dies nicht tun, kann man
ihnen, ohne abwertenden Unterton, ein *Selbstbewußtsein*
nicht zusprechen.

Mit dem Hinweis auf den äußeren Gebrauch des *ersten
Personalpronomens Singular* ist keineswegs die Behauptung
verbunden, die Funktion des Selbstbewußtseins sei in diesem Gebrauch schon erschöpft. Wer immer die Selbstzuschreibung des Wortes »Ich« versteht, hat in dieser Zuschreibung ein *Wissen* von sich. Und dieses Wissen, soviel
Sachhaltiges aus biographischen Umständen und Eigenheiten auch in es eingehen mag, ist selbst nicht aus vorausliegenden Erfahrungen oder zugrundeliegenden Prämissen
hergeleitet, sondern es ist *ursprünglich* mit *jedem* Wissen gegeben und kann auch nachträglich nicht wegbewiesen werden.[15] Es ist *spontan* und – innerhalb der durch das Wissen
selbst vorgegebenen Relationen – *vollkommen individuell.*

Das soll heißen: Sobald und solange ein Selbstbewußtsein in *sachhaltiger* und *ausdrücklicher* Weise auf etwas bezogen ist, ist es ein *von sich* wissendes Bewußtsein, das seinen Impuls *ursprünglich aus sich selber* hat. Sobald es –
etwa um einem Einwand zu begegnen – *explizit* werden

---

15 Auf diesen wichtigen Punkt hat insbesondere Dieter Henrich immer
wieder hingewiesen. Zuletzt in: *Subjektivität als Prinzip*, 1998.

muß, hat es die Form des *sachbezogenen Wissens*, das nur in Verbindung mit einem darauf bezogenen *Ich-Bewußtsein* vorkommen kann. Wenn ein Selbstbewußtsein versuchen wollte, vollkommen von sich abzusehen, ganz egal worüber es denkt oder wovon es etwas weiß, dann gelänge das nur um den Preis des Wissens überhaupt. Deutlicher: Wir scheitern vollkommen, wenn wir versuchen, im Blick auf irgendein sachhaltiges Wissen vom Ich abzusehen. Denn mit dem Ich verschwindet auch das jeweilige Wissen. Es gibt kein Wissen unabhängig von einem bewußten Selbst, und insofern ist das Ich die notwendige Bedingung eines jeden Wissens, für die wir aber auf der Ebene des Wissens selbst keine Bedingung angeben können. So gesehen kann das Selbstbewußtsein sogar *absolut* genannt werden.

Diese so massiv und metaphysisch klingende Feststellung läßt sich an einem einfachen Beispiel demonstrieren: Eine populäre Zielsetzung der neueren Bildungspolitik ist, das »Lernen zu lernen«. Jeder weiß, was gemeint ist: Schulen und Hochschulen sollen ihre Bemühungen nicht allein auf die Weitergabe von Sachwissen beschränken, das bekanntlich in immer kürzeren Abständen veraltet; sie sollen vielmehr Techniken im Umgang mit dem Wissen vermitteln, so daß jeder auch noch nach dem Abschluß seiner Ausbildung imstande ist, auf dem laufenden zu bleiben und sich das neu hinzukommende Wissen von selbst anzueignen. »Lernen lernen« ist hier der Erwerb von methodischen Fähigkeiten, die den lebenslangen Lernprozeß effektivieren. So gibt die Formel einen Sinn. – Nehmen wir sie aber wörtlich, dann verlangt sie Unmögliches. Denn im strikten Sinn läßt sich das Lernen nicht lernen. Entweder man kann es, oder man kann es nicht. Und nur wenn man es *selber* kann, weiß man auch, was es bedeutet. Wie wollten wir denn jemanden das Lernen lehren, wenn er nicht schon von sich aus weiß, was Lernen ist und wie es geht?

Und wie geht es? Nun, es geht »von selbst«! Man behält etwas (während man anderes vergißt), und so fügt sich (manchmal plötzlich, oft nur allmählich) ein Eindruck an den anderen und führt zu einem (wenn auch noch so bescheidenen) Wissen, das man (ohne zu wissen, wie) eben »gelernt« hat. In der Beobachtung dieses jeweils in uns selbst ablaufenden Geschehens kann man dann natürlich Regelmäßigkeiten feststellen, die einen methodischen Umgang mit dem Lernen erlauben, was es wiederum möglich macht, auch »das Lernen zu lernen«. Der originäre Akt des Lernens erfolgt jedoch *von sich aus*, also: *spontan*. Und wenn es ihn in dieser Spontaneität in uns selbst nicht gäbe, hätten wir keine Chance, jemals zu wissen, was »Lernen« eigentlich ist.

Genauso ist es, um noch ein weiteres Beispiel für diesen entscheidenden Punkt zu nennen, mit dem »Denken«: Man kann jemandem die Ergebnisse eines Denkprozesses vorführen, kann mit ihm jeden Gedanken Schritt für Schritt durchgehen und logische Regeln üben oder kann ihn vor Rodins Bronze »Der Denker« führen: Wer nicht schon *aus eigener Tätigkeit* weiß, was Denken heißt und wie es sich vollzieht, der wird niemals begreifen, was der Ausdruck »Denken« eigentlich meint. Man muß eben *selbst denken*, um überhaupt etwas vom Vorgang des Denkens zu verstehen.

So könnten wir alle Leistungen unseres Bewußtseins – das Aufmerken, das Vorstellen, das Erkennen oder das Erinnern – vorführen: In allen Fällen müssen wir uns eingestehen, daß sich hier stets etwas in *unmittelbarer eigener Kenntnis* vollzieht. Nur wenn wir über diese aus unmittelbarer eigener Erfahrung gewonnene Kenntnis verfügen, haben wir eine Chance zu verstehen, was mit den bewußten Aktivitäten eigentlich gemeint ist. Folglich liegt hier ein nicht nur *spontaner* und *individueller*, sondern auch ein *absoluter* Ausgangspunkt in uns selbst: Denn hier und nur hier müssen und können wir ansetzen, wenn uns überhaupt etwas in sachhaltiger Weise bewußt sein soll. – Das *Kriterium der Sachhaltigkeit* bewahrt uns übrigens vor Spekulationen über ein Selbstbewußtsein, das gar keine bestimmten Inhalte hat. Natürlich gibt es Stimmungen und Befindlichkeiten, die uns auch irgendwie bewußt sind. Und es gibt das ganz in der Sache aufgehende Bewußtsein, das momentan von seinem Ich nichts weiß. Doch von diesen Zuständen muß hier nicht die Rede sein. Denn wir wollen die herausragende Fähigkeit des Menschen, *in bestimmter Absicht zu handeln*, klären. Und dazu ist ein *Bewußtsein von Problemen* nötig, das ohne ausdrücklichen Bezug auf Sachverhalte nicht – und damit auch nicht ohne bewußtes Ich – zu haben ist.

7. Unvermittelte interindividuelle Präsenz

Der Sachbezug eines Bewußtseins liegt in seinen *Begriffen*. In ihnen ist das Selbstbewußtsein bei den Dingen, um die es ihm zu tun ist. Die Begriffe werden gewöhnlich als geistige Entitäten vorgestellt, die irgendwie »in unserem Kopf« ihre Vermittlungsarbeit leisten und erst durch Sprache geäußert und somit nach »außen« gebracht werden. Danach scheinen sie dann zur »inneren« Sphäre des bewußten Selbst zu gehören; folglich werden sie der »Subjektivität« zugerechnet, denen die allen gemeinsame »äußere Welt« als die Sphäre der Objektivität gegenübersteht. Die anschauliche Rede vom »Gegenstand« hat diese vermeintliche Opposition von »äußerer« Welt und ihrer »inneren« Wahrnehmung etymologisch bewahrt.

Doch was für die notwendig von einem Gegeneinander der Kräfte bestimmte Beziehung des Organismus zu seiner Umgebung gilt, muß keineswegs auch für die Begriffe gelten. Im Gegenteil: Wenn wir uns nicht durch ihre »Herkunft« oder ihren »Ort« im Inneren des Kopfes irritieren lassen und nur auf ihre *Leistung* achten, dann sind allein *sie* es, denen *Objektivität* zukommt. Nur in den *Begriffen* – und nirgendwo sonst – kann die Allgemeinheit und Notwendigkeit eines Wissens liegen. Die Tatsächlichkeit der

Dinge, die sich hart im Raume stoßen, stellt sich nur *im Medium der Begriffe* dar. Ohne sie könnte noch nicht einmal von der »Wirklichkeit« der Welt oder von der »Gegebenheit« unseres Leibes die Rede sein – erst recht nicht von der »Subjektivität« unserer Empfindungen oder Gefühle. Eine gemeinsame Welt ist uns also nur in unseren Begriffen gegenwärtig, und sofern wir einen Begriff von diesem objektiven, uns als selbstbewußte Wesen natürlich einschließenden Zusammenhang haben, können wir eine Sphäre des Privaten oder Persönlichen ausgrenzen, die unter dem Vorbehalt unserer subjektiven Meinung steht (7.1). Sie ist Ausdruck unserer Fähigkeit, uns auch zu unseren eigenen Leistungen verhalten zu können. Auch sie geht aus einer begrifflichen Leistung hervor, die den nur in Begriffen zu erfassenden objektiven Zusammenhang voraussetzt.

In dieser Leistung sind die Begriffe weder »innen« noch »außen«; sie liegen einer solchen Unterscheidung, wie unschwer zu sehen ist, *voraus*. Wie sollten wir eine derartige Differenzierung auch nur vornehmen, ohne bereits über leistungsfähige Begriffe zu verfügen, die uns eine Trennung zwischen innen und außen objektiv vorgeben? Die Zweifel an der Objektivität der »Außenwelt« lassen sich bereits an dieser Stelle beheben; sie gehen auf eine psychologisch-subjektivistische Deutung der Stellung der Begriffe zurück und verkennen deren Leistung »zwischen« dem vermeintlich schon vorgegebenen »Außen« und »Innen« vollkommen.

Wichtiger aber als die Abwehr eines absurden metaphysischen Zweifels an der Realität der äußeren Welt ist die damit gewonnene Einsicht in den Status der Begriffe: Sie eröffnen uns die Sphäre einer als *gemeinsam erfahrenen Welt* und können dies nur, sofern sie von jedem Selbstbewußtsein aus *unmittelbar* zugänglich sind. Dadurch erlauben sie einem Selbst, *ohne Umweg* bei seinesgleichen zu sein. Denn im Begriff ist jeder *direkt* bei dem begriffenen Sachverhalt *und* (über ihn) auch unmittelbar bei jedem anderen *dasselbe* ebenso direkt begreifenden Selbst. Folglich kommen sich die selbstbewußten Individuen in nichts näher als in dem durch den Begriff *als dasselbe* erfaßten Sachverhalt.

Die Begriffe sind so unmittelbar bei den Dingen, daß man sie immer wieder mit ihnen gleichsetzt. Im alltäglichen Weltverständnis wird gar kein Unterschied zwischen ihnen gemacht: Der Begriff »ist« die Sache, die er bezeichnet. Es bedarf offenbar der ausdrücklichen Erwähnung, daß der »Begriff des Hundes nicht bellt« (Hegel). Erst in der philosophischen Analyse kommt es zu einer Sondierung, die aber keineswegs immer in eine scharfe Distinktion ausläuft. Man denke nur an Platons »Ideen«, die ihr Maß für alle Einzeldinge mit der Dignität eines Ur-Gegenstandes vorgeben, der sich der intellektuellen Anschauung gleichsam wie ein göttliches Ur-Meter darbietet. Dennoch muß klar sein, daß die Begriffe nicht mit den begriffenen Dingen zusammenfallen. Vielmehr sind sie *Leistungen des Selbstbewußtseins*, die es dem Menschen erlauben, sich von sich aus auf etwas zu beziehen, das als *bestimmtes* und (in dieser Perspektive) *identisches* Ding erkannt werden kann.

Man könnte nun hervorheben, daß die Begriffe den Dingen überhaupt erst eine Kontur geben, die unserem Fassungsvermögen entspricht; man könnte herausarbeiten, daß die Dinge wohl nur auf diesem Wege Teil eines Problemzusammenhanges werden, der unsere theoretische wie praktische Aufmerksamkeit auf sich zieht; man könnte darüber nachdenken, was die Begriffe mit dem Begreifen durch die Hand verbindet und was sie davon kategorial unterscheidet. In allen diesen Überlegungen würde aber eine Leistung des Begriffs vorausgesetzt, die mehr Beachtung verdient. Es ist seine *unvermittelte interindividuelle Präsenz*: Der Begriff – und *nur* der Begriff – erlaubt es einem Individuum, *instantan*, also augenblicklich und gänzlich unabhängig von seiner räumlichen Beziehung zum begriffenen Sachverhalt, *bei der Sache* zu sein. Und exakt so wie *ein* Mensch die Sache begreift, kann sie auch *ein anderer Mensch* begreifen. Während der Leib und die Sinne jeweils ihre unaufhebbar eigene Perspektive haben, in die andere Leiber nur im zeitlichen Nacheinander einrücken können (also ohne die Gewähr für strenge Identität), stellt der Begriff *identische* Beziehungen her, die es *verschiedenen* Individuen erlauben, in genau *dasselbe* Verhältnis zu den begrifflich erfaßten Dingen zu treten.[16]

Wir verdanken also erst den Begriffen, uns auf *Gleiches*, eindeutig *Verschiedenes*, *Gegensätzliches* oder überhaupt auf ein *Einziges* beziehen zu können. Sie ermöglichen gerade in der von ihnen begrifflich abgesicherten *Differenz* der Individuen, *identische* Beziehungen zu Sachverhalten aufzubauen. Nur aufgrund dieser Leistung der Begriffe können verschiedene Individuen zu verschiedenen Zeiten an verschiedenen Orten in verschiedenen Buchexemplaren *ein und dasselbe* lesen. Nur die Begriffe ermöglichen es uns, die in milliardenfacher Häufung über Erdteile und Epochen bunt und gegensätzlich verteilte Menschenmenge als Menschheit nicht nur zu bezeichnen, sondern sogar zum Gegenstand unserer Solidarität zu erklären. Nur der *Begriff* macht es möglich, uns mit Gewißheit auf *die eine* Welt zu beziehen, in der jeder *sein* Leben hat. Es sind die *Begriffe*, die uns in der Beziehung auf Sachverhalte nicht nur verbinden, sondern zu *ein und derselben* Beziehung bringen, ohne unsere individuelle Eigenständigkeit in Zweifel zu ziehen. Im Gegenteil: Durch ihren Ursprung im individuellen Selbstbewußtsein sichern die Begriffe gerade in ihrer simultanen Erzeugung von Allgemeinheit die Einzigartigkeit eines jeden denkenden Individuums.

---

16 Zur Leistung der Begriffe siehe: Rohs, *Feld – Zeit – Ich*, 1996, 53 ff.

8. Die Objektivität des Selbstbewußtseins

In den vom Selbstbewußtsein produzierten Begriffen sind
wir aber nicht nur inzident bei den begriffenen Sachverhalten, sondern wir beziehen uns auch ganz *direkt auf unseresgleichen*. – »Direkt« sage ich nicht etwa deshalb, weil
ich vergessen hätte, daß stets ein Medium (des Ausdrucks:
etwa ein Laut oder eine äußere Bewegung oder ein materiales Zeichen) dazwischentreten muß, um einen Gedanken von einem Bewußtsein zum Bewußtsein eines Anderen
zu bringen. Vielmehr möchte ich die Aufmerksamkeit darauf lenken, daß es außer den Gedanken wohl keinen anderen Stoff auf der Welt gibt, der wirklich ohne jede Einbuße
an Beschaffenheit, Umfang oder Gehalt mit anderen geteilt
werden kann. *Gedanken aber gibt es nur im menschlichen
Bewußtsein.* Damit ist jedoch nicht gesagt, daß man sie
»im Kopf« eines Menschen ausfindig machen könnte oder
daß sie ihre Realität in der »Psyche« hätten. Was den Gedanken im Hirn oder in der Seele entspricht, ist natürlich
eine hochinteressante und jederzeit zulässige Frage. Doch
die meisten, die ihr nachgehen, übersehen, daß es gar nicht
die Gedanken sein können, die sie da oder dort aufzuspü-
ren meinen, sondern immer nur ein korrespondierender
Vorgang. Der Gedanke ist eine *Wirksamkeit* und somit
Wirklichkeit sui generis, die sich nur dem erschließt, der
sich denkend in ihr bewegt: Nur der Denkende kann sagen, was ein Gedanke ist.

Der im *direkten* Bezug auf die *Dinge* mit enthaltene *direkte* Bezug zu *unseresgleichen* enthält noch eine weitere
Leistung: Der in jedem sachhaltigen, auf Wissen gegründeten Bewußtsein unumgängliche Rückbezug auf das bewußte Selbst schließt es nicht ab, sondern *öffnet es prinzipiell* für jeden, der auch über ein Selbst verfügt. Die
notwendig zueinander gehörenden Reflexionspole des
Selbstbewußtseins sind *das Selbst und sein anderes.* Dieses
andere ist zunächst aber nicht, wie die herrschenden Theo-

rien bis heute unterstellen, das (gegenständliche) *Objekt*
des Wissens, sondern es ist vor allem anderen das *Selbst eines anderen Menschen*. Jedes Selbst ist a priori auf ein anderes Selbst bezogen.[17] Auf dieses andere Selbst ist jedes Wissen eines Selbst ursprünglich ausgerichtet. Es ist bereits an
sich selbst *soziomorph* verfaßt. Nur einem *anderen Selbst*
gegenüber macht es Sinn, auf eine *Sache* zu verweisen, die
als »Gegenstand« der Wirksamkeit des Handelns (und somit als sachliches Problem) in Frage kommt. So wird im
Begreifen eines Sachverhalts der begriffene Gegenstand
zum *Medium* der Ausrichtung auf ein anderes Selbst. Das
Objekt des Wissens ist eben das, worin sich ein Selbst seinesgleichen mitteilen kann. Als Selbst ist es wiederum nur
ein Moment des sachhaltigen Begriffs, mit dem es sich auf
andere seiner selbst bezieht. Insofern ist es ganz in die
Sphäre der Objektivität des Begreifens eingebunden.

Daher ist es auch im höchsten Grade irreführend, die
Theorie des Selbstbewußtseins unter den Titel der *Subjektivität* zu stellen.[18] In nichts ist ein Organismus so sehr *über
sich* und *aus sich* heraus, wie in seinem Bewußtsein. Deshalb ist es eine geradezu kuriose Verkennung der Verhältnisse, wenn diese Primärbedingung begrifflicher Extroversion als etwas Subjektives bezeichnet wird.

Wenn man schon die Kennzeichnung des Selbstbewußtseins in seiner »subjektiven« Beziehung auf die »objektiven« Sachverhalte herausstellen möchte, wenn also die Re-
lata »Subjekt« und »Objekt« eine angemessene Bezeich-

---

17 Diese Einsicht verdanke ich Gerold Prauss. Siehe dazu seine *Einführung in die Erkenntnistheorie*, 1980, sowie die beiden ersten Teilbände
   von *Die Welt und wir*, 1990 und 1993.
18 Dies geschieht leider auch in den wegweisenden Arbeiten Dieter Hen-
   richs. Seine Überlegungen führen geradezu auf einen Abweg, wenn er
   die das Selbstbewußtsein angeblich tragende Subjektivität auch noch
   als ein »Prinzip« darzustellen versucht. So neuerdings ausdrücklich in:
   Subjektivität als Prinzip, 1998. Auch Prauss hält an der seit Descartes,
   Hume und Kant gebräuchlichen, gleichwohl irreführenden Kennzeichnung des Selbst als »subjektiv« fest, obgleich er in der Sache
   längst darüber hinaus ist.

nung abgeben sollen, dann hätte man allen Grund, von der »*Objektivität*« *des Selbstbewußtseins* statt von seiner »Subjektivität« zu sprechen. Denn das wesentliche Kennzeichen des Selbstbewußtseins ist doch wohl, daß es in seinen begrifflichen Leistungen *Objektivität* ermöglicht. Erst in der Abgrenzung von den mit der Objektivität gesetzten Standards, also im individuellen Versagen oder in der erklärten Vorsicht oder in der ästhetischen Überbietung objektiver Ansprüche, kann sich das Selbst auf sich zurückziehen und eine – gewissermaßen auf es selbst mehr oder weniger ausdrücklich *beschränkte* – Objektivität vertreten. »Objektiv« – im Sinne eines Sachbezugs – bleiben auch die Meinungen und Wertungen. Wenn sie nämlich *nicht* auf einen Sachverhalt bezogen wären, könnten sie zwar den Psychologen oder den Psychiater interessieren; aber schon der Meinungsforscher wüßte nichts mit ihnen anzufangen; als (nur dem Subjekt wichtige) Meinung oder Wertung wären sie ohne Sinn.

Tatsächlich aber erklärt sich gerade auch die mögliche Subjektivität eines Selbstbewußtseins weniger in Abgrenzung zur Objektivität seiner begrifflichen Gehalte als im polaren Feld zwischen dem Selbst und seinen Anderen. »Subjektiv« ist hier dann das, in bezug worauf das Individuum *keinen Anspruch auf vorbehaltlose Zustimmung* erhebt. Vielmehr wird die objektive Geltung, die ursprünglich mit jedem Gedanken, mit jedem Begriff verknüpft ist, in der eigenen Einstellung unter Vorbehalt gestellt. In solchen Fällen ermäßigt das Individuum sich selbst den im ersten bewußten Eindruck stets gegebenen Anspruch auf Objektivität und nimmt sich auf eine privative, eine subjektive Einstellung zurück. *Ursprünglich aber ist das Selbstbewußtsein »objektiv« auf einen Sachverhalt bezogen, in dem es sich mitteilt.* Und gerade in seiner urspünglichen Sachlichkeit liegt seine *Soziomorphie.* Alles – einschließlich seiner selbst – erscheint ihm *sub specie aliorum.*

9. Kommunikative Transparenz

Darin liegt schließlich der auch für die Ethik entscheidende Punkt: *In den Akten des Selbstbewußtseins teilt sich das Individuum mit.* Es ist bereits *im Bewußtsein* auf seinesgleichen bezogen – und zwar auch ohne daß es etwas spricht oder mimt. Trivialerweise findet die ausdrückliche Mitteilung immer erst durch einen Akt des Sprechens oder Zeigens statt. Es gibt auch keinen Anlaß, diesen Vorgang mehr oder weniger absichtsvoller Äußerung geringzuschätzen. Der Entwicklungsgang des Menschen ist an die realen Vollzüge des Sprechens gebunden. Vermutlich hätte sich die Fähigkeit zum selbstbewußten Begreifen nie geregt, lebte der Mensch nicht im sozialen Leib der Sprache. Das alles können wir den Soziologen und den ihnen nachfolgenden Diskurstheoretikern zugestehen.

Das Tragikomische ist nur, daß die bemühten Anwälte der Soziologie nicht sehen, wie tief die Sozialität des Menschen wirklich reicht: Sie bestimmt sogar noch die *in sich sozial verfaßte* Form seines Selbstbewußtseins. Das Selbst ist bereits von seiner Konstitution her auf seinesgleichen gerichtet. *Das bewußte Selbst hat seinen Sinn allein in der Beziehung auf ein anderes Selbst.* Der Andere ist der alleinige Adressat des Denkens. Ohne ihn hätte es keinen Sinn, sich überhaupt auf etwas zu beziehen, geschweige denn auf sich selbst. Selbstbewußtsein ist nichts als die *Transparenz einer Verweisung* (eines Gedankens, einer Bedeutung oder – nach Frege – eines »Sinns«) *auf etwas für ein anderes Bewußtsein.* Bereits im Begriff tritt das Selbst aus der Sphäre bloßer Innerlichkeit heraus; schon im Begriff ist es außer sich, und es weiß sich nur in dieser über einen Sachverhalt vermittelten Äußerung gegenüber seinesgleichen als ein Selbst, das sich aus der Extroversion seiner Ausrichtung auf anderes vor Anderen seiner selbst unter Umständen auch *auf sich selbst* zurückziehen kann. Erst bei einem solchen Rückzug bloß auf sich selbst kann von *Subjektivität* die

Rede sein. Auch die Innerlichkeit gibt es strenggenommen erst *nach* der Ausbildung der Objektivität des Selbstbewußtseins.

Die *Allgemeinheit der Begriffe* umfaßt daher zwei Dimensionen: Sie hat eine *objektive*, auf die Sachverhalte bezogene, und eine *soziale*, auf jeden selbstbewußten Anderen gerichtete Bedeutung. »Allgemeinheit« charakterisiert nicht nur den *logischen Allquantor*, der alle Gegenstände mit dem begrifflich erfaßten Merkmal umfaßt, sondern sie enthält auch eine *soziale Determination*, sofern alle Individuen einbezogen sind, die so – und nicht anders – urteilen sollten. Begriffe sind – wie das Selbstbewußtsein – ursprünglich *soziomorph* verfaßt. Sie schaffen die *mundane Öffentlichkeit* des menschlichen Daseins.

Das Ich eines Menschen ist also nicht erst durch eine bestimmte, empirisch datierbare Aussage auf einen anderen (empirischen) Menschen bezogen, sondern es verweist *ursprünglich* in jedem seiner möglichen Akte auf ein anderes Ich überhaupt. Dieses Ich des anderen Wesens begreift es nach Analogie seines eigenen Ich, auch wenn es im Anderen einen Gott oder ein Tier vermutet. Ihm wendet es sich zu, ihm öffnet es sich, so daß sich dieses (und jedes andere mögliche Ich) direkt auf denselben Sachverhalt beziehen kann, der den begrifflichen Gehalt des Bewußtseins ausmacht. Und schon darin, daß ein Selbstbewußtsein diesen Inhalt hat, ist es *auf Mitteilung angelegt*. Schärfer gefaßt: *Das Selbstbewußtsein **ist** Mitteilung im eigentlichen Sinn.* In ihm »teilt« sich das Individuum im Bezug auf einen Sachverhalt so, daß es sich – wann immer es Gelegenheit dazu hat – *darin* einem Anderen mitteilen kann. Es wird, wie Nietzsche mit Blick auf die Moral gesagt hat, *dividuum* – in eben der Sache, die es im Bewußtsein hat. Jede Mitteilung ist ein Sich-Mitteilen. Und wann immer dies tatsächlich geschieht, wird die *Transparenz*, die das sachhaltige Selbstbewußtsein strukturell immer schon hat, in einen empirischen Versuch umgesetzt.

In dieser *kommunikativen Transparenz des Selbstbe-wußtseins* klärt sich schließlich auch der *Begriff des eigenen Selbst*. Denn in der mitteilbaren Erfassung eines Sachver-halts weiß es auch von sich selbst, und zwar *insoweit* es an-derem mit Bezug auf Andere gegenübersteht. Es wäre ziemlich unsinnig, das Wissen des Selbst *vorab* für voll-kommen klar und abgesichert zu halten, so als müßte es *vor* jedem Bewußtsein von anderem vor Anderen schon einen präzisen Inhalt haben. Nimmt man dies aber an, dann steht man vor dem Rätsel, wie es *vor* allem Wissen zum Wissen von sich selbst kommen kann. Es ist kein Wunder, daß die bis heute üblichen Ansätze zur Theorie des (subjektiven) Selbstbewußtseins damit nicht fertig werden; es ist aber auch keine Lösung, das Problem einfach zu überspielen und das Selbst »systemtheoretisch« zu leugnen. Man braucht je-doch nur zu erkennen, daß auch das Selbst des Bewußtseins mit seinem Bewußtsein *wächst*, dann kommt man zu einer echten Lösung des Problems: Dann gibt es das Selbst natür-lich als *formale Position* »von Anfang an«, nämlich so, wie es in der *Struktur* von Leib, Gegenstand und dem Leib eines jeden Anderen vorgegeben ist, und es kann sich mindestens in dieser formalen Position gegenüber Sachverhalten und Personen mit hinreichender Exaktheit begreifen. Seine *be-stimmten Inhalte als dieses Selbst* aber kann es nur in der Praxis des Wissens, in der Ausübung seiner Erkenntnis – also stets nur in ausdrücklicher Weise – erlangen. Sein kon-kretes Wissen von sich selbst hat es – wie bei allem Wissen – auch nur in bestimmten Hinsichten, in den jeweiligen Korrelationen zu anderem vor anderen.

Alles in allem kann man das Bewußtsein als den einzigen *Ort uneingeschränkter Kommunikabilität* bezeichnen. In ihm erfolgt ein durch die jeweiligen Umstände ungetrübter Austausch von etwas, das nicht nur dem Individuum ein konstantes Verhalten, sondern gerade auch im gesellschaft-lichen Verkehr eine exakte Koordination des Handelns er-laubt. Natürlich wird der Einzelne dadurch nicht zum gläsernen Menschen, der von allen Seiten vollkommene Durchsicht bietet. Schließlich wird der Blick im Medium *des* Sachverhalts freigegeben, auf den sich die jeweilige Mitteilung bezieht.

In dieser Bindung an den Sachverhalt – wie auch in der ursprünglichen Ausrichtung auf unseresgleichen – erkennen wir unschwer die *Triebhaftigkeit des Leibes*, die *Perspektivik der sinnlichen Leistungen* sowie die *Problemkondition des Daseins* überhaupt. Man kann auch im Selbstbewußtsein nicht alles haben. Es enthält nur *Ausschnitte*, es gibt lediglich *Vorstellungen*, die für die ausdrückliche Handlungssteuerung von Bedeutung sind, und das sind letztlich, wie wir noch sehen werden, die *Gründe*, aus denen wir uns selbst bewegen. Doch was sich auch immer im Hintergrund des Selbstbewußtseins abspielen mag: Es ist selbst nur der auf Kenntlichkeit und Mitvollzug angelegte Vordergrund. *Das Selbstbewußtsein ist die Bühne, auf der sich der Mensch in Verbindung mit seinesgleichen erkennt.* Auf ihr präsentiert sich das Individuum mit dem, was ihm bedeutsam ist. Und das Wissen, in dem es sich darin und dabei zu erkennen gibt, hat es selbst nur *in der Präsentation*. Auf eine Formel gebracht: *Es **hat** selbst nur Vorstellungen, sofern es selber welche **gibt***.

10. Handeln als ursprüngliche Sinngebung

Wir können gar nicht anders, als den Zustand des Selbstbewußtseins als eine (immer auch leibliche) Verfassung besonderer *Aktivität* aufzufassen. Selbstbewußtsein, genauer: *seiner selbst bewußt zu sein*, wird als *Wachheit* und *Aufmerksamkeit* erlebt, als *Ausrichtung* und *Einstellung* auf etwas, das ein *Problem* ist oder zumindest eines werden könnte. Und selbst wenn wir an der Schwelle bewußten Erlebens vor uns hindösen, ist das Bewußtsein, solange es noch nicht in den Schlaf hinübergleitet, wie ein Lauern auf wohlgefällige oder gefährliche Reize. In jedem Fall *tut* man etwas und ist in irgendeiner Weise *aktiv*.

Offenkundig ist, daß wir in der alltäglichen wie auch in der wissenschaftlichen Verständigung die ausdrücklichen Leistungen des Selbstbewußtseins als *Handlungen* ansehen: »Rechnen« etwa wird als Ausführen von Rechenoperationen verstanden; für das »Denken« ist der Ausdruck der »Denkhandlung« schon seit langem terminologisch; dem »Urteilen« und »Entscheiden« merkt man ihre Tatkraft förmlich an; das Sich-Erinnern wird als »Arbeit« bezeichnet, ja, der Zeitgeist verlangt solche »Arbeit« sogar vom Trauernden und spricht von »Trauerarbeit«. In allen diesen Wendungen wird eine *Leistung* unterstellt – zu Recht, denn bei näherer Betrachtung erweist sich das Selbstbewußtsein in allen seinen ausdrücklichen Zuständen als ein *prozessualer Vorgang*, der, wenn nicht an seinem *Vollzug*, so doch zumindest an seinem *Effekt* erkannt werden kann. Es wird somit tatsächlich etwas hervorgebracht, auch wenn es so lange flüchtig bleibt, als es nicht ausgesprochen oder auf andere Weise als Summe, Schluß oder systematischer Ertrag gesichert ist.

Wenn man diesen Vorgängen dennoch den Titel der »Handlung« verweigern möchte, so hat das seinen Grund in ihrer vermeintlichen »Innerlichkeit«. Sie scheinen rein »geistig« zu sein und lassen sich von einem »äußeren« Beobachter nicht exakt beschreiben. Doch wir dürfen nicht vergessen, daß der rein »äußere« Beobachter selbst eine Konstruktion darstellt, die es in Wirklichkeit nicht gibt – es sei denn, man spricht von Film- oder Videokameras. Die »sehen« aber selber nichts, sondern zeichnen nur die optischen Daten auf, für die sie eingerichtet sind. Ein *nur* die äußeren Daten registrierender Beobachter würde ohnehin keine *Handlung* erkennen können. Das gelingt einzig in einer mit Selbstbewußtsein vollzogenen Wahrnehmung eines Menschen, der sich in der Beobachtung der Bewegung (oder Regungslosigkeit) eines Anderen mit ihm wenigstens *so* einig weiß, daß er dessen Verhalten (in dessen, von der eigenen Lage unterschiedenen Position) so versteht, als befinde er sich in der Position des Anderen. Und nur in diesem das Fremde gleichsam wie ein Eigenes verstehenden Akt begreift er die Bewegung dieses Anderen als (dessen) Selbstbewegung und somit als *Handeln*.

Natürlich werden wir dabei die »Innerlichkeit«, also die Bedeutung *für* das Individuum, das denkt, urteilt oder vorstellt, nicht los. Der elementare Bezug auf das Selbst liegt ja schon in der bloßen Bezeichnung eines Vorgangs als Handlung! Stets geht ein *Moment der Selbstkenntnis* mit ein. Jede Aussage über die »äußere« Handlung eines Anderen enthält eine *Selbstauslegung* dessen, der die Aussage macht. Folglich kann auch kein Einwand daraus erwachsen, daß »Denken«, »Urteilen«, »Entscheiden« oder »Vorstellen« »innere« Vorgänge sind. Nur sind es keine *rein* »inneren« Vorgänge. *Reine* Innerlichkeit selbstbewußter Vorgänge gibt es nur in den Ausnahmefällen der *Privation*.

Aber selbst für diese Ausnahmefälle gilt, daß die »inneren« Vorgänge *reale Vollzüge* sind. Die aber sind nicht etwa »rein geistig«, »bloß intellektuell« oder »nur begrifflich«. Das Geistige ist lediglich die *Bedeutung*, die *etwas* hat. Der Begriff ist – mit Frege gesprochen – nur der *Sinn*, der einem Sachverhalt zukommt. Der Intellekt ist bestenfalls das, was sich – für ein Selbstbewußtsein – »an« einem Vorgang *zeigt*. Also benötigen wir für alles Spirituelle ein materielles Substrat. Es muß eine *wirkliche Äußerung* – ein empirischer Vollzug, eine tatsächliche Bewegung, ein gegenständliches Zeichen oder etwas Entsprechendes – vorliegen, wenn es überhaupt sinnvoll sein soll, von einem begrifflichen Gehalt zu sprechen. Das erklärt die epistemische Dominanz der gesprochenen und der geschriebenen Sprache, macht zugleich aber deutlich, daß der materiale Gehalt der lautlichen und der bildhaften Zeichen nicht alles ist.

Was aber für die manifesten Äußerungen gilt, kann bei den »inneren« Vorgängen des Denkens, Urteilens oder Vorstellens nicht anders sein. Hier ist nur die Schwierigkeit, daß wir kein materiales Etwas haben, das als Sinnträger fungiert. Es gibt da kein mentales Wachstäfelchen, auf dem wir einritzen, was jeweils unsere Ansicht oder Absicht ist. Wohl aber haben wir die in jedem Akt mitlaufende *leibhaftige Bewegung*, ohne die es kein Erleben des Denkens oder Vorstellens gäbe. Mehr aber als diesen leiblichen Vollzug brauchen wir nicht, wenn wir von einer »inneren« Handlung sprechen wollen. Schließlich ist auch die »äußere« Handlung an nichts anderes als an eine *Selbstbewegung des Leibes* gebunden. Wir denken also nicht als »reine« Geister, urteilen nicht als »bloß« vernünftige Wesen, sind in unserem Vorstellen und Begreifen selbst nicht ausschließlich mental. Sondern alle intellektuellen Vorgänge sind *Teil eines organischen Geschehens*, und sie haben ihren Sinn für uns nur, sofern wir sie als *Vorgänge unseres Lebens* erleben.

Also reicht die Aktivitätserfahrung des Denkens völlig aus, um es als »Handeln« zu begreifen. Dies um so mehr, als sich nur in dieser vollkommen aus uns selbst stammenden, ursprünglich öffentlichen Eigentätigkeit die *Spontaneität* erfahren läßt, die wir dem Handeln überhaupt zuschreiben. Hier – und hier allein – liegt die Wurzel für alles das, was wir der Selbständigkeit des menschlichen Handelns oder – *per analogiam* – der Selbstorganisation des lebendigen Wesens zuschreiben.

So, wie sich jeder von sich aus begreifend auf die Dinge richtet, um sie sich und seinesgleichen *uno actu* vorzustellen, so begreifen wir alle Handlungen als *ursprüngliche Sinngebung*, in welcher die physische Selbstbewegung allererst eine *psycho-soziale Bedeutung* gewinnt. Und dieses Verständnis unseres eigenen Tuns ist wiederum das Modell für das Verständnis der *biologischen Selbstorganisation*, sofern sie als zwanglos und spontan begriffen werden kann. Schließlich begreifen wir sogar noch die *mechanischen Ursache-Wirkungskomplexe* nach diesem Modell, indem wir auch die physische Wirksamkeit nach Analogie unserer eigenen Tätigkeit begreifen und lediglich die *Absicht in Abzug* bringen. *So gelangen wir zur Erkenntnis der psycho-sozialen, der biologischen und der physischen Welt auf dem Weg einer schrittweisen Reduktion der Komplexität des in unserer* **Selbsterkenntnis** *immer schon angelegten Verfahrens.*

Damit erweist sich das *selbstbewußte Handeln* als der *originäre Akt* nicht nur unseres Selbst-, sondern zugleich auch unseres Weltverständnisses. Und es ist, so denke ich, unschwer zu sehen, daß darin auch die herausragende *Selbstkennzeichnung des Menschen* liegt. So sehr er im ersten Vergleich mit den Tieren als »Mängelwesen« erscheinen mag, so gewiß ist letztlich doch, daß der Mensch in seinem *Selbstbewußtsein* sein spezifisches Merkmal hat. *Das Selbstbewußtsein ist die für Andere offene, weil ursprünglich auf Gemeinsamkeit angelegte Instanz des ursprünglich auf anderes bezogenen individuellen Handelns.* In ihm organisiert sich die Selbstbewegung des Menschen in einem Umfeld, das nicht mehr bloß durch die leiblichen Grenzen, sondern durch die im Medium der Allgemeinheit begriffenen Dinge bestimmt ist. Durch sie wird das Handeln des Menschen so gesteuert, daß eine *Verständigung* darüber möglich wird, die selbst auch wieder als *Selbstorganisation sozialer Einheiten* gedeutet werden kann.

Also haben wir auch hier den schon mehrfach bemerkten gleichermaßen theoretischen wie praktischen Effekt im Übergang vom leiblichen zum bewußten Selbst: *Selbstbewußtsein ist der Akt, in dem sich der Mensch theoretisch wie praktisch bewegt.* In ihm ist er der Welt so verbunden, daß sie immer schon eine *gemeinsame Welt* derer ist, die über Selbstbewußtsein verfügen. *Nur als selbstbewußte Wesen leben sie in einer objektiven Welt.* Und nur sofern sie den eigenen Impuls, der ihr Bewußtsein trägt, auch ausdrücklich *praktisch* werden lassen, nur sofern sich ihr stets *an jemanden* und *auf etwas* gerichtetes *Wissen* in einem *Willen* konzentriert, können sie in der objektiven Welt auch ko-

operativ tätig sein. Der jeweils *eigene Wille* ermöglicht aber nicht nur die ausdrückliche Bewältigung gemeinsamer Probleme dieser Welt, sondern erlaubt eben darin auch die *Steigerung der Individualität*, in der jeder *seinen eigenen Sinn* finden und ihm entsprechend leben kann. Was daraus für die *Ethik* folgt, wird vom nächsten Kapitel an deutlicher vor Augen treten.

6

Selbststeigerung

Der Impuls des Handelns

1. Effekte des Selbstbewußtseins

In traditioneller Terminologie ließe sich das Ergebnis unserer anthropologischen Selbstbeschreibung mit einem Satz zusammenfassen: In die von den Instinkten gelassene Lücke tritt der *Geist*. Er ist das *Organ*, das die biologische Offenheit so erfahren läßt, daß sie sich weiter öffnet. Und alles, was in dieser geistigen Selbstbezüglichkeit zu Bewußtsein kommt, hat den *formalen Charakter der Lebendigkeit*, d. h., es ist, wie alles Lebendige, *selbst organisiert*. Es ist die *Selbstorganisation* – und nichts als diese – die in der Reflexion zu *ihrem* Selbstbewußtsein kommt. *Das Leben wird sich selbst bewußt* – aber eben nur *an uns selbst*. Und wir haben allein durch uns selbst einen Begriff von dem, was Leben heißt. Deshalb kann man auch nur mit dieser Einschränkung sagen, daß sich die Selbstorganisation des Lebens im menschlichen Selbstbewußtsein transparent wird und sich damit für den einsichtigen Nachvollzug durch Andere seiner selbst öffnet.

Es ist ein Beschreibungsmodell denkbar, das alles, was wir aus der Selbsterfahrung des Menschen kennen – seine *Bedürftigkeit*, seine *Leiblichkeit* und sein *Selbstbewußtsein*, damit seine individuellen Fähigkeiten *zu lernen*, sich etwas *vorzustellen* oder etwas selbst *auszudrücken* –, mit dem *Willen*, dem *Verstand*, der *Vernunft* und auch mit der *Urteilskraft* in einen *funktionalen Kontext* bringt. Sogar die *Personalität* kann als Funktion individueller Selbststeuerung im Medium der Sozialität verständlich werden (8.5). Das Beschreibungsmodell braucht den skizzierten Rahmen der

Selbstorganisation lebendiger Wesen nicht zu überschreiten und kann dennoch mit der Erfahrung unserer Intellektualität und Rationalität, ja, sogar mit unserem Anspruch auf Freiheit und Würde kongruieren. Unser *Geist* – das wäre die mit der Beschreibung verbundene These – steht in einem *organischen* Zusammenhang mit unserem *Leib*, ohne deshalb seinen *genuinen Charakter als Geist* zu verlieren. Durch das für uns schlechterdings nicht eliminierbare Medium des Selbstbewußtseins, in dem *wir alles* begreifen – das einfachste Material wie die subtilste Form, die elementare Empfindung nicht anders als den abstrakten Begriff –, ist es so gut wie ausgeschlossen, daß eine solche Beschreibung im Naturalismus endet. Das *Leben*, von dem hier durchgängig die Rede ist, muß selbst als eine Explikation der an uns selbst erfahrenen Lebendigkeit – des *Erlebens* – begriffen werden. Also finden wir nur durch den Geist zum Leben.

In diesem Sinne wird im vorliegenden und in den beiden folgenden Kapiteln versucht, die *Selbstbeschreibung des Menschen* zu komplettieren. Dabei kommen die Bedingungen in den Blick, die als die *elementaren Bestandteile der ethischen Selbstbestimmung* des Menschen begriffen werden müssen – das sind: die *Freiheit*, der *Wille*, die *Verantwortung gegenüber sich und den Anderen* sowie die *Fähigkeit, überhaupt nach Gründen zu handeln*. Darauf folgen die Analysen zu unserem *Selbstbegriff als Person* im Medium eines sich selbst als objektiv begreifenden *Selbstbewußtseins der Vernunft*. Erst dann haben wir die Bestandteile jenes Selbstverständnisses beisammen, das uns die *Selbstbestimmung nach eigenen Gründen* erlaubt. Die wiederum zeigt sich in der *Selbstgesetzgebung des Individuums*, das darin nach nicht mehr und nicht weniger sucht als nach der Möglichkeit, sich unter Bedingungen, über die es nur zum geringsten Teil selbst verfügt, gleichwohl *selbst zu verwirklichen*.

Gibt es eine Möglichkeit, die ermittelte positive Ausstattung des Menschen in ihrem evolutiven Vorteil einzuschätzen? Können wir sagen, welchen Gewinn der Mensch als Lebewesen von seinem Selbstbewußtsein hat? Jeder Versuch, darauf eine Antwort zu geben, wird unter dem Verdacht stehen, *zirkulär* (und darüber hinaus auch noch *parteilich*) zu sein, weil wir ja eben das zur Anwendung bringen, nach dessen Leistung wir fragen. Dennoch muß man einen Versuch wagen, um wenigstens eine Ahnung von den Vorteilen zu haben, die uns unsere Naturausstattung bietet.

Dabei kommen wir e r s t e n s auf die Fähigkeit, überhaupt *Erfahrung* – und damit einen *Zustand seiner selbst* – *präsent* zu haben. Sie erlaubt es dem Organismus, etwas *instantan*, im bewußten Vergleich mit erinnerter Erfahrung, gegenwärtig zu halten. Das Selbstbewußtsein eröffnet – *sit venia verbo* – den *Raum der Gleichzeitigkeit*, ohne den bereits ein Bezug auf exakt *dieselbe Sache* gar nicht möglich wäre. Ohne die ja gerade nicht mit der Uhr meßbare, sondern die Messung allererst ermöglichende *Präsenz* käme jede Erinnerung und jede Mitteilung über einen als identisch begriffenen Sachverhalt zu spät; ohne sie hätte jede Assoziation stets schon ihren sachlichen Anschluß verloren. Und nur über die *gleiche Zeit* gelangen wir in *denselben Raum*. So ist das Selbstbewußtsein die kognitive Bedingung der *einen* Welt, in der wir *als Individuen gemeinsam leben* können.

Ein auffälliger Vorteil, den wir dem Selbstbewußtsein zuschreiben können, ist die *Beschleunigung individueller Lerneffekte*. Das ist der z w e i t e Punkt. Das Selbstbewußtsein verschafft uns den Eindruck *augenblicklicher Lernfähigkeit*. Denn wir können in diesem Bewußtsein nicht nur vergangene individuelle Eindrücke revitalisieren, um sie (etwa im Vergleich mit einer aktuellen Erfahrung) zu einer präsenten Konsequenz zu nutzen. Wir können sogar aus etwas lernen, das noch gar kein Bestandteil einer realen Erfahrung war, sondern lediglich Teil einer selbsterzeugten Vorstellung ist. So kann uns, wie Hobbes sagt, der künftige Hunger hungrig machen – und bereits daraus können wir

unsere Vorkehrungen herleiten. Die Virtualität, also die
erlebte Potentialität, die sich mit dem Selbstbewußtsein
eröffnet, ermöglicht Lerneffekte aus *bloß gedachten* Erfahrungen. Wir können Situationen und Konsequenzen
simulieren – und daraus unsere Schlüsse ziehen. Damit be-
schleunigen sich die individuellen Lerneffekte, auf die es in
der Evolution offensichtlich ankommt.

Der damit erreichte Vorzug wird aber erst sinnfällig,
wenn wir die kumulativen Effekte des *sozialen Lernens* hinzunehmen. Das ist der d r i t t e Punkt. Da das individuelle
Selbstbewußtsein das Medium sachbezogener Gemein-
schaftlichkeit ist, *potenziert sich die Beschleunigung der
Lernvorgänge im gesellschaftlichen Zusammenhang*. Denn
alles Begriffene und Gedachte befindet sich im *Status der
Mitteilbarkeit*, kann also von anderen aufgenommen, geprüft, fortgesetzt und erweitert werden. Das führt zu einer
Multiplikation der individuellen Lerneffekte im sozialen
Zusammenhang, zu einer exponentiellen Vergrößerung der
Lernfähigkeit sowohl des Individuums wie auch der Sozie-
tät. Die Präsenz des Selbstbewußtseins erlaubt es ferner, (in
dem oben erläuterten Sinn) *das Lernen selbst zu lernen*: Man
kann Erfahrungen in Erzählungen aufbewahren, methodi-
sche Zugänge zur Erinnerung sichern und sich habituell für
Neues offenhalten. Das beste Mittel dazu ist freilich nicht
definierbar, und es liegt auch nicht völlig in unserer Hand;
nämlich: sich seine eigene Lebendigkeit zu erhalten.

Das führt v i e r t e n s zu einer beachtlichen *Steigerung
der Präsenz und Flexibilität des individuellen wie des sozialen Verhaltens*. Genauer: Erst im Medium des Selbstbewußtseins werden menschliche Gemeinschaften *als ganze
handlungsfähig*. Indem sie sich auf ein und dieselbe Sache
beziehen, können sie sich *vor*, *während* und *nach* der Erstel-
lung eines gemeinsamen Werkes inzident darüber verständigen. Es ist eine Korrektur von Werken möglich, noch bevor
sie entstanden sind; es gibt Absprachen bereits im Stadium
ihrer Planung. Also ist auch hier ein gemeinsames Lernen

bereits an virtuellen Sachverhalten möglich. Und damit eröffnet sich die *Zukunft* als gemeinsamer Handlungsraum.
Das wiederum ist die Bedingung für jedes gemeinschaftliche
Werk, für alle *Beratung* und jede *Kritik*. Hier finden wir
die Konditionen für den Gebrauch von *Instrumenten*, die
Gründung von *Institutionen* sowie die Erzählung einer gemeinsamen *Geschichte*. Ohne Zukunft hätten wir kein Problem mit uns selbst und brauchten keine Ethik.

In den lebensfördernden Effekten des Selbstbewußtseins
ist die alle spezifisch menschlichen Tätigkeiten tragende
f ü n f t e Leistung angelegt, nämlich die gleichermaßen kognitive wie praktische *Vergegenwärtigung einer gemeinsamen Welt*. Die Gemeinsamkeit bezieht sich zu gleichen Teilen auf die *personale Gemeinschaft der Individuen*, die bereits in ihrem Selbstbewußtsein ursprünglich aufeinander
bezogen sind, *und* auf die *reale Sachhaltigkeit* ihres Wissens. Die Realität der Welt kann sich nicht für ein den »Objekten« gegenüberstehendes »Subjekt« ergeben, um erst
dann den anderen »Subjekten« (womöglich unter Einhaltung bestimmter methodologischer Prinzipien) mitgeteilt
zu werden. Die wirkliche Welt *ist* vielmehr eben der Zusammenhang, der im sachhaltigen Verkehr der Individuen
untereinander immer schon da sein muß, wenn die begriffliche Mitteilung einen Sinn haben soll.

2. Die Potenzierung der Individualität

In allen fünf Elementarleistungen des Selbstbewußtseins
ist nun die *Akzentuierung des **Individuums*** unübersehbar:
Die *Präsenz* ist an das *jetzt* aufmerkende, *jetzt* teilneh-
mende Individuum gebunden; die das soziale Lernen
ermöglichende und zugleich beschleunigende *Mitteilung*
setzt den Bezug auf bewußt als *anders* wahrgenommene
Individuen voraus, die, vor allem wenn sie andere Stand-
punkte und Vorkenntnisse haben, erst einmal an den Sinn

einer *spezifischen* Aussage herangeführt werden müssen.
Schon im selbstbewußten Erfassen eines Sachverhalts wird
die *Verschiedenheit* der Individuen unterstellt; andernfalls
brauchten sie erst gar nicht mitbedacht oder angesprochen
zu werden. In eben dieser ursprünglichen Adressierung *als
Andere* werden sie jedoch als prinzipiell *gleich* vorausgesetzt. Vor dem Hintergrund der im Begreifen immer schon
unterstellten *Gleichheit* muß die reale Verschiedenheit in
der faktischen Kommunikation um so stärker auffallen.
*Überhaupt wird die Andersartigkeit wohl am stärksten bei
unseresgleichen erfahren.* Und schließlich wird die Individualität im Blick auf die *eine* als objektiv erfaßte Welt geradezu dramatisch als Abweichung, als die aus der gemeinsamen Welt in sich zurückgenommene *Subjektivität*
bewußt. Es hat lange gedauert, bis der Mensch auch darin
eine seiner – weitgehend *ästhetisch* ausgelebten – Stärken
zu entdecken vermochte.

Das Selbstbewußtsein macht dem einzelnen Menschen
im Überlebenskampf gewiß zahllose Schwierigkeiten. Es
läßt ihn zögern und zweifeln und verhindert so gewiß nicht
selten, daß er überhaupt etwas tut. Im Fall eines Suizids
müssen wir sogar das Bewußtsein für das vorzeitige Ende
verantwortlich machen. Und mit Blick auf die menschliche
Gattung können wir sowieso nicht ausschließen, daß es ihr
Bewußtsein ist, an dem sie eines Tages zugrunde geht.[1]

---

1 Wenn sie »vorzeitig« untergeht, dann natürlich so, wie sie bis zu dem
  Zeitpunkt geworden und gewesen ist. Weil daran das Selbstbewußtsein
  seinen Anteil hat, gerät es automatisch unter Verdacht. Zwar könnte
  man für den Fall des Untergangs mit dem gleichen Recht behaupten,
  die Menschheit sei an ihrer Zweibeinigkeit, an ihrem Drogenkonsum
  oder an ihrer freigesetzten Sexualität gescheitert. Doch die größere
  Plausibilität wird die Zuschreibung an das als dominant begriffene
  Merkmal des *Selbstbewußtseins* haben, zumal es immer auch den Vorwurf erlaubt, die Menschheit habe es nicht in angemessener Weise
  gebraucht. Bei hinreichender Aufklärung und ernsthaftem Willen hätte
  sich die fahrlässige (Selbst-)Tötung der Gattung verhindern lassen.
  Nietzsche hat bekanntlich schon 1872 unterstellt, daß am Ende auch
  Aufklärung und guter Wille nichts mehr helfen werden, weil es eben
  die Intelligenz selber ist, an der die Menschheit zugrunde geht.

Bisher jedoch hat dem Menschen die Fähigkeit, sich »denkend, überdenkend, vergleichend, trennend [und] zusammenschließend« zu verhalten,[2] in der faktischen Lebensbewältigung als Gattung nur Vorteile gebracht. Denn er kann schneller lernen, situationsgerechter reagieren, besser kooperieren und schließlich absichtsvoll mit seiner als gegenständlich erfaßten Welt so umgehen, daß er sie mit Hilfe von Technik und sozialer Organisation zu seinen eigenen Zwecken zu nutzen vermag. So vermehrt das Selbstbewußtsein Kräfte und erschließt Energien, die einem bloß physisch operierenden Wesen nie zu Gebote stehen könnten.

Und in alledem zeigt sich die Fähigkeit des Menschen, nicht nur von diesem und jenem *abstrahieren*, sondern sich auch von seiner Welt, ja, sich sogar von sich selbst *distanzieren* zu können. Selbstbewußtsein ist immer auch die *Disposition zur **individuellen** Distanzierung*, die nicht nur auf Handlungslagen, Gegenstände und andere Lebewesen, nicht nur auf den eigenen Körper beschränkt ist, sondern sogar noch die *eigenen Begriffe* einbezieht.

Davon haben die Theoretiker des Selbstbewußtseins seit Fichte viel Aufhebens gemacht. Tatsächlich aber zeigt sich darin nur die das Selbstbewußtsein charakterisierende Fähigkeit des auf instantane Mitteilung angelegten *Begreifens*. Da sich das Begreifen auch auf das begreifende Selbst bezieht (wir hätten sonst keinen Begriff von ihm), muß es ihm auch *nach Art eines Gegenstandes* gegenüberstehen. Also hat das Selbstbewußtsein notwendig *Distanz zum eigenen Selbst*. Es hat diese Distanz bekanntlich sogar zu dieser Distanz; denn andernfalls hätte es keinen Begriff von ihr. Tatsächlich aber *haben* wir einen Begriff von unserer Selbstreflexion. Also kommt zur *Distanz erster Stufe*, der

---

2 Das ist eine von Nietzsche stammende Charakterisierung der elementaren Leistungen des Bewußtseins (*2. UB* 1; 1, 253), auf die schon mehrfach Bezug genommen wurde.

wir den Begriff unserer selbst verdanken, noch die *Distanz zweiter Stufe* hinzu, die uns den Begriff von der Selbstbezüglichkeit des bewußten Selbst vermittelt.

Damit aber ist die Selbstdistanzierung am Ende! Den hier immer wieder behaupteten unendlichen Regreß von der *Distanz zur Distanz* zur *Distanz zur Distanz zur Distanz* (und so weiter) gibt es nicht. Denn in jeder erneuten Schleife der Reflexion bezieht man sich immer nur auf die Reflexion überhaupt – ganz gleich, welchen Inhalt sie hat. Also bleibt es bei der Fähigkeit der *Distanz zur Distanz*. In ihr betrachten wir uns aus der potentiellen Perspektive eines Anderen unserer selbst, dem wir unterstellen, daß er nicht nur einfach uns selbst (Distanz erster Stufe), sondern auch noch unser Verhältnis zu uns selbst (Distanz zweiter Stufe) betrachten kann.

In dieser Distanzierung, in der wir auch die möglichen Perspektiven anderer auf uns selbst durchspielen können, konturiert sich die *Individualität* des denkenden Wesens. Das Einzelwesen nimmt sich selber wahr, beobachtet sich in seiner Wahrnehmung und nimmt dabei die virtuellen Positionen anderer zu sich selber ein: In alledem liegen *perspektivische Vergrößerungen* der eigenen Individualität. Ja, mit Blick auf die bewußte Wahrnehmung der eigenen Besonderheit in ihrer bewußten Abgrenzung von seinesgleichen (eine Wahrnehmung, die sogar noch die Distanzierung zu sich selbst einschließt) kann man geradezu im mathematischen Sinn des Wortes von einer ***Potenzierung der Individualität** im Selbstbewußtsein des Menschen* sprechen.

Dieser Effekt aber ist nicht auf den Augenblick, auch nicht auf die beschreibbare Gegenwart beschränkt. Denn mit der im Selbstbewußtsein erfolgenden Öffnung des Individuums für die mit seinesgleichen geteilte Welt erschließt es sich auch den Raum *künftigen Handelns*. Der Mensch steigert seine Individualität dadurch, daß er nicht allein an dem gemessen werden muß, was er gegenwärtig ist, sondern auch *an dem, was er aus sich machen kann und will*. Seine auf die vor ihm liegenden Handlungen bezogenen Absichten, sein auf die Zukunft gerichtetes Verlangen, seine Pläne und Visionen sind Teil seiner eigenen Präsentation. Folglich individualisiert er sich zusätzlich durch die *Ziele und Zwecke*, die er verfolgt. *Das ist die Steigerung des Selbst durch seinen Willen*. Während sich die Potenzierung der Individualität als eine Nebenfolge des aktivierten Selbstbewußtseins einstellt, führt der Wille zu einer *ausdrücklichen Verstärkung des Selbst*. Denn im Wollen erklärt sich das Individuum zum Ursprung und Anfang eines Geschehens. Es sucht mit eben der Spontaneität, die es an sich selbst erfährt, in den Zusammenhang einzugreifen, in dem es sich mit den Dingen und seinesgleichen befindet. Es verlangt nach *ausdrücklicher* Wirksamkeit. Das Selbst erklärt sich zum Ausgangspunkt einer realen Wirkung, in der es das, was es sowohl gegenüber den Dingen wie auch im Verhältnis zu seinesgleichen ist, *steigert*. *Wollen* ist also ein bereits im Entschluß auf das Selbst positiv zurückwirkender Akt, der eine *Selbstauszeichnung und Selbstaufwertung* enthält. Hier geht das Individuum *selbstbewußt über sich hinaus*.

3. Freiheit in der Determination

Von einer Ethik erwartet man eine Antwort auf die Frage nach der *Freiheit des Menschen*. Bleibt eine positive Auskunft aus, muß die Ethik als gescheitert gelten. Denn wenn sich der Mensch nicht als *frei* begreifen kann, kann er auch nichts von sich und seinesgleichen erwarten – weder im guten noch im bösen. Er tut, was er tut, und ist, was er ist. Ja, es muß bezweifelt werden, ob er ohne Freiheit auch nur konstatieren könnte, was der Fall ist. Denn es spricht vieles dafür, daß man die Freiheit nicht erst in Anspruch nimmt, wenn es um ein *Handeln* nach bestem Wissen und Gewissen geht, sondern bereits dort, wo man etwas zu *wissen* glaubt. Beruht nicht jedes Wissen auf einem Akt des Selbstbewußtseins, den wir uns gar nicht anders als *frei* vorstellen können? – Doch lassen wir dieses weitläufige Problem einmal beiseite: Für das praktische Handeln gilt, daß es selbst gar kein Gegenstand einer *Ethik* wäre, wenn dem Individuum nicht die Freiheit unterstellt werden könnte, auch tatsächlich nach ethischen Grundsätzen zu verfahren. Wer gar nicht erst die Chance hat, sich nach einer Belehrung, Ermahnung oder Vorschrift zu richten, ist für die Ethik verloren.

Freiheit wird von den Philosophen fast ausschließlich *von einem Ganzen her* angegangen, das man nicht nur glaubt, im Prinzip vollständig erkannt zu haben, sondern das man bereits für alles hält, was Bedeutung haben kann: Da nimmt man entweder das Ganze der von Gott geschaffenen *Welt* oder das Ganze der von Menschen erschlossenen *Natur* und fragt, wie Freiheit *darin* möglich ist. Durch diesen Zugang ist die abschlägige Antwort vorgegeben: In einer von einem allmächtigen *Gott* vollkommen verantworteten Welt kann es keine menschliche Freiheit geben, denn sonst hätte der Gott keine Kontrolle über sein Werk; und wenn wir die *Natur* wirklich als ein Ganzes deuten, das immer schon *alles* ist, das überhaupt Bedeutung haben kann, dann hat auch in ihm die Freiheit keinen Platz. Denn wir müßten die Freiheit dann selbst als bloßes Naturereignis begreifen. Also »gibt« es sie nicht, zumindest nicht als Tatbestand der Schöpfung und schon gar nicht als Naturtatsache.

Aus dieser Einsicht hat Kant die Konsequenz gezogen, dem Begriff der Freiheit einen gänzlich *anderen Sinn* abzugewinnen, der es erlaubt, ihn dort zu verwenden, wo es gar nicht um Naturereignisse geht, sondern um eine Reflexion auf das *Verhältnis* eines (tatsächlichen oder möglichen) Geschehens *zu uns selbst*. Das ist ein großartiger Einfall, der das Verständnis von Freiheit nachhaltig verändern könnte – wenn er nur richtig verstanden würde. Die Freiheit, die wir meinen, ist keine Freiheit *von* den Gesetzmäßigkeiten der Natur, sondern sie ist nichts anderes als die *von uns selbst gewollte Wirksamkeit unseres eigenen Tuns*. Und die liegt in eben dieser von uns selbst inaugurierten Kausalität. Das ist die vielzitierte, aber offenbar schwer verständliche »Kausalität aus Freiheit« (*KrV* A 532 / B 560).

Die Schwierigkeit, die Kants ingeniöser Vorschlag seinen Interpreten bis heute macht, liegt darin, die Freiheit tatsächlich als etwas *kategorial von der Natur Verschiedenes* zu deuten. Freiheit kommt zwar nur bei *Naturwesen* vor, darf aber nicht selbst als Natur begriffen werden. Sie ist lediglich ein Ausdruck des *Selbst-Verhältnisses des Menschen*, eine Beziehung des selbstbewußten Menschen zu sich selbst – und zwar *sub specie aliorum*, also in ursprünglicher Relation zu seinesgleichen.

Diese grundsätzliche Differenz zwischen Natur und Freiheit hat Kant dadurch zum Ausdruck gebracht, daß er sie als zwei strikt unterschiedene »Reiche« bezeichnete. Sie wären demnach zwei Formen der »Verfassung« oder »Gesetzgebung«, die sich durchaus auf das gleiche beziehen können, ohne sich wechselseitig auszuschließen. Kant hat auch von verschiedenen »Standpunkten« gesprochen, denen jeweils eigene »Perspektiven« zugehören. Doch auch das hat Interpreten nicht davon abgehalten, die Freiheit dennoch in der Natur zu suchen, so als sei sie ein Ereignis in den Lücken, die von der Naturgesetzlichkeit gelassen werde. So konnte die Quantenphysik mit ihrer Unbestimmtheitsrelation zum vermeintlichen Kronzeugen der Kantischen Freiheitslehre avancieren.

Doch es ist schon mißverständlich, Natur und Freiheit nach Art eines metaphysischen »Dualismus« auseinanderzuhalten. Denn die Redeweise führt zwangsläufig zur Verdinglichung der Freiheit, so, als sei sie ein der Natur analoger Seinsbereich, den man in eine ontologische Parallele setzen könne. Dementsprechend fragt man bis heute nach der Vereinbarkeit der beiden »Reiche« aus Naturkausalität

und Kausalität aus Freiheit, so als gälte es, die Oberleitung
der intellektuellen Freiheit exakt über den Schienen der
Naturgesetzlichkeit zu verlegen. Da werden die Freiheit
und die Natur am Ende doch wie zwei Teile einer großen
Szenerie ineinandergefügt, die sich erst dann als die *eine*
Welt verstehen lassen soll. Doch damit wird nicht nur die
Freiheit, sondern auch die Natur gründlich mißverstanden.

Die Natur ist aber nichts anderes als der Gesamtzusammenhang aller wirkenden Kräfte, die wir gar nicht anders
als »äußerlich« wirksam verstehen können. Es gibt keinen
Sinn, ihr ein »Inneres« oder »Höheres« beizulegen; jede
Kraft kommt nur unter ihresgleichen zur Geltung, d. h., sie
wirkt nur mit und gegen Kräfte, die sich in ein und demselben natürlichen, also *physischen* Zusammenhang befinden.
Und dieser Zusammenhang umschließt uns *ganz*. Mit jedem Schritt vertrauen wir auf das lückenlose Gefüge der
wirkenden Kräfte der Natur, deren Teil wir selber sind.

Die Freiheit setzt eben diesen geschlossenen Naturzu-
sammenhang voraus und drückt in ihm lediglich ein spezifisches *Selbstverhältnis selbstbewußter Wesen* aus. Noch
bevor man den Charakter dieser Selbstbeziehung benennt,
muß klar sein, daß sie tatsächlich nur unter der Voraussetzung einer strikten Geltung der Naturkausalität möglich
ist. *Um sich als frei erfahren zu können, muß man sich auf
die unverbrüchliche Ordnung der Natur verlassen können.*
Die Freiheit kann nicht auf »Lücken« in der Naturgesetzlichkeit gegründet sein. Wir brauchen die strenge Determination des uns bekannten Geschehens, um überhaupt handeln zu können. Wenn es den Determinismus nicht gäbe, so
müßten wir ihn im Interesse unserer Freiheit postulieren.

Allerdings müssen wir einräumen, daß uns nicht jede
faktisch einflußreiche Wirkungskette bekannt ist. Wir sehen den Gang der Ereignisse nicht mit Sicherheit voraus
und können aufgrund sich überlagernder Kausalreihen sowohl für das eine wie für das andere optieren. Jeder Blick
auf komplexere Naturphänomene lehrt uns, daß es immer

zahlreiche Möglichkeiten von Wirkungsweisen gibt. Auch der streng determinierte Verlauf der Naturereignisse hat Spielräume: Es kann regnen; es kann aber auch bei einem verhangenen Himmel bleiben; der Borkenkäfer kann in diesem Sommer, kann aber auch erst zwei Sommer später vermehrt auftreten; ein Organismus kann unter Umständen genügend Abwehrkräfte gegen das Virus mobilisieren, kann ihm aber auch erliegen.

In allen diesen Fällen käme niemand auf die Idee, »Lücken« in der Determination der Naturereignisse anzunehmen. Wir gehen vielmehr von einer Vielzahl konkurrierender Einflußfaktoren aus, die schließlich – in *dieser* Lage, zu *diesem* Zeitpunkt – die beobachtete Wirkung hervorbringen. Warum sollte das menschliche Verhalten davon ausgeschlossen sein? Und wenn es davon nicht ausgeschlossen ist: Warum sollte der Mensch nicht – soweit seine Beobachtung reicht – auf die erwartbaren und in seiner Möglichkeit liegenden Alternativen setzen? Er *wählt lediglich aus*, was sich an natürlichen Alternativen bietet. Denn die Freiheit liegt im *Bewußtsein der Disposition*, die sich für das Selbstbewußtsein angesichts der erkannten Spielräume in der Natur tatsächlich bietet.

Daran kann kein noch so fein gesponnener Determinismus der Natur etwas ändern. Denn von Freiheit zu reden hat einen anderen Sinn. Die *Freiheit* wird niemals *gegen die Natur* beansprucht, sondern sie drückt eine Beziehung eines Individuums zu sich und – darin – zu seinesgleichen aus. Vor allem gibt es keinen Grund für die Annahme, die Freiheit des Menschen stehe in Konkurrenz zur Kausalität der Natur. Was immer wir beobachten, läuft auf eine ausnahmslose *Koinzidenz von Freiheit und Natur* hinaus. Deshalb empfiehlt es sich, die Freiheit mitten in der auch in unserer alltäglichen Erfahrung als lückenlos begriffenen Natur zu lokalisieren.

4. Freiheit als Von-selbst-Anfangen

Selten gab oder gibt es einen so eindeutigen Sachverhalt wie den der menschlichen Freiheit: *Wann immer jemand etwas von sich aus tut, ist er frei.* Und das *Bewußtsein der Freiheit* ist eben das, was solche Handlungen begleitet. Freiheit erfahren wir darin, daß wir etwas *von uns selbst aus* tun. Niemand kann ernsthaft bestreiten, daß es Handlungen gibt, in denen jemand einfach seiner eigenen Eingebung folgt. Jeder kennt aus eigener Erfahrung, daß er einem spontanen Impuls, einem langgehegten Wunsch oder einer eingeschliffenen Gewohnheit nachgeben, seinem eigenen Willen entsprechen oder seinem Vorsatz treu bleiben kann. Nicht weniger vertraut ist die Schwäche, die einen wieder einmal daran hindert, die eigenen Wünsche zu äußern, die Unwissenheit einzugestehen oder die Wahrheit auszusprechen. In solchen Fällen schweigen wir, so offenkundig die Anlässe auch sind, *von selbst*. Es kommt *auf uns selber* an, ob – von uns aus – etwas geschieht oder nicht geschieht. Unser Handeln erfolgt, wie es treffend heißt, »aus freien Stücken«.

Zweifel, ob diese aus eigenem Antrieb vollzogenen Handlungen auch »tatsächlich« *frei* genannt werden können, sind nur angebracht, wenn sich jemand in solchen Vollzügen *selbst* gar nicht als frei erfährt und sie statt dessen im *Bewußtsein eines Zwangs* erlebt. Das ist ein schwieriger Grenzfall, der nicht nur bei pathologischen Veränderungen der Persönlichkeit, sondern in jeder extremen Notlage eintreten kann. Dann fehlt die Disposition über Aktionsmöglichkeiten, die zum Selbstbewußtsein des eigenen Handelns hinzugehört. Ist sie jedoch gegeben, dann läßt sich auch das Movens genauer benennen, aus dem die freie Handlung erfolgt: Es ist die *eigene Einsicht*, aus der eine Handlung erfolgen muß, wenn man sie auch unter verschärften Ansprüchen *frei* nennen können soll. Die Selbstbewegung »aus freien Stücken« wird dann vollzogen, wenn sie *aus eigener*

Einsicht erfolgt. Darin liegt aber nur eine Präzisierung des
»Selbst«, aus dem die freie Handlung hervorgeht. Genauer:
*Jede aus dem eigenen Selbstbewußtsein vollzogene Tat ist
frei.*

Dieses Verständnis von Freiheit erinnert nicht von ungefähr an die Beschreibung der Selbstorganisation lebendiger Einheiten (4.8/9). »Spontaneität« und die Abwesenheit
eines direkten äußeren Zugriffs, also das Fehlen von
Zwang, waren die von den Biologen selbst genannten Kriterien für den von sich aus in Gang kommenden Prozeß.
Es liegt somit nahe, auch in der freien Handlung eine
Form von »Selbstorganisation« zu erkennen. Nur sind
wir hier mit unserem Bewußtsein unmittelbar beteiligt, so
daß wir die Determinanten des Vorgangs genauer fassen
können.

Es sind im wesentlichen *zwei Momente*, die für das
Selbstverständnis einer freien Handlung ausschlaggebend
sind: Da ist zum einen das nicht leicht auf Begriffe zu bringende Bewußtsein, daß da überhaupt *ein Spielraum für die
eigene Tätigkeit* ist. Nach klassischer Auffassung muß eine
»Wahlmöglichkeit« gegeben sein; die Handlungstheoreti-
ker sprechen von einer »Alternative«; beides läuft auf dasselbe hinaus: Der Handelnde muß mindestens die *Option*
haben, etwas zu tun oder zu lassen – nur dann kann sich das
Bewußtsein der Freiheit einstellen. Er muß selbst eine *Entscheidung* treffen können – nur dann ist der Vorgang seine
eigene Tat. So können wir leibliche Vorgänge, die ja zweifellos auch »von uns aus« geschehen, wie etwa den Kniese-
nen-Reflex oder den automatischen Lidschlag, treffsicher
von selbstbewußten Handlungen unterscheiden. Selbst
Grenzfälle, wie etwa das Gähnen, Husten oder Lachen (je
nachdem, in welcher Gesellschaft wir uns befinden), lassen
sich mit dem *Kriterium des selbstbewußt erfahrenen Ent-
scheidungsspielraums* vergleichsweise leicht zuordnen. Dabei hängt die Wahrnehmung einer Handlungsalternative
nicht selten davon ab, wie *wichtig* eine Situation dem Han-

delnden ist und wie *ernst* er infolgedessen sein eigenes Verhalten nimmt.

Nun braucht man aber gewiß auf Einwände gegen dieses Kriterium der Freiheit nicht lange zu warten. Soziologen, Psychologen und Biologen stehen bereit, um uns nachzuweisen, wie *illusionär* das Bewußtsein einer Wahlmöglichkeit ist und wie viele Menschen sich noch nicht einmal den Luxus einer solchen Illusion erlauben können. Die Empiristen rechnen uns vor, daß hinter unseren Optionen *nur* die gesellschaftlichen Strukturen, hinter den Strukturen *nur* die Mechanik unserer Triebe und hinter den Trieben *nur* der Egoismus unserer Gene wirksam ist. Wer wollte behaupten, daß sie unrecht haben?

Und dennoch verfehlen sie *die* Freiheit, von der die Rede ist, wenn jemand von *seiner* Freiheit spricht. Denn die szientifischen Einwände verbleiben in der abstrakten metaphysischen Opposition zwischen Natur und Freiheit, die wir hinter uns lassen sollten. Mit der empirischen Herleitung des einen oder anderen Motivs aus genetischen, psychosomatischen oder sozioökonomischen Kontexten haben wir noch nicht das Insgesamt einer mit Notwendigkeit verfahrenden Natur erfaßt, die es erlaubt, dieses konkrete Individuum mit dieser seiner freiwilligen Entscheidung (etwa für ein bestimmtes Urlaubsziel in einer bestimmten Jahreszeit in bestimmter Begleitung) zu einem vollständig determinierten Teil eines gesetzlichen Zusammenhangs zu erklären. Die empirischen Theoretiker des Determinismus müßten schon über ein Wissen verfügen, wie es die alte Metaphysik einem Gott unterstellte, wenn sie wirklich sicher sein wollten, ein individuelles Freiheitsbewußtsein, das stets auf eine bestimmte Situation mit bestimmten Handlungsalternativen bezogen ist, sei *nichts anderes* als der vollständig determinierte Effekt eindeutig zugrunde liegender empirischer Vorgänge.

Es ist zwar bekannt, daß entsprechende Behauptungen zum täglichen Brot des angeblich rein empirisch verfahrenden Naturalismus gehören und mit dem Gestus größter Bescheidenheit vorgetragen werden. Tatsächlich aber sind es spekulative Sätze von größter metaphysischer Reichweite, die überdies ein *Wissen* in Anspruch nehmen, das es gar nicht geben kann. Sollte es aber dieses Wissen tatsächlich geben, dann müßte es der Handelnde *selber* haben, wenn es irgend etwas *gegen sein* Freiheitsbewußtsein aussagen sollte. Mit anderen Worten: Ein auf den gesetzlichen Zusammenhang der Natur (oder der Gesellschaft) rekurrierendes Argument gegen die Freiheit macht eine unausweisbare metaphysische Anleihe und operiert mit einem Naturbegriff, der die menschliche Vorstellungskraft mit Sicherheit übersteigt.

Der vermeintliche *Gegensatz* zwischen Natur und Freiheit kommt aber auch aus der Perspektive der Freiheit nicht zustande: Denn selbst im größten Überschwang der Freiheit vertraut doch jedes handelnde Individuum vor allem auf die *Verläßlichkeit der Natur*. Wer würde sich in die Fluten stürzen, um einen Ertrinkenden zu retten, wenn es keine Gewähr dafür gäbe, daß man im Wasser schwimmen kann? Wer würde sich auch nur die Freiheit nehmen, einen Passanten zu grüßen, wenn er nicht sicher wäre, daß er selbst (nach den üblichen optischen und akustischen Gesetzmäßigkeiten) gesehen und gehört werden könnte? Mit jedem Schritt rechnen wir fest auf die Gravitation, die dem Boden Härte und unserem Körper Gewicht verleiht. *Jeder Plan – und sei er noch so kühn – kalkuliert das Raum-Zeit-Kontinuum mit der Regelmäßigkeit der gewohnten Naturerscheinungen ein.* Daher wäre es die pure Gedankenlosigkeit, von einem *Gegensatz* (oder einem *Konflikt*) zwischen Natur und Freiheit zu sprechen. Die freie Handlung baut vielmehr in allem, was ihre Durchführung und ihren Zweck angeht, auf die uns bekannten Gesetzmäßigkeiten der Natur. Ist es da so abwegig, auch in ihrer Herkunft und ihrem Anfang eine Koinzidenz mit der Natur anzunehmen? Wenn wir darüber nichts wissen, dann heißt das

noch lange nicht, daß beide nicht sehr wohl zusammen-
passen können.

Ja, mehr noch: Man kann sogar ein weitreichendes Wissen von den eigenen natürlichen, historischen und biographischen Konditionen seines eigenen Daseins unterstellen;
man kann sich einen überaus bedächtigen, nur nach sorgfäl-
tigster Prüfung aller Faktoren entscheidenden Menschen
denken, der auch die jeweilige Vorgeschichte einer Handlungslage in den Blick zu nehmen sucht und der seine
Schritte nach Art eines Schachspielers plant; man kann sich
also einen (gar nicht so weither geholten) Menschen denken, der seine eigenen Handlungen wie die Züge auf dem
Schachbrett begreift und daher alles nach möglichst exakt
begriffenen Regeln einrichtet: Wäre er denn »unfrei«? Im
Gegenteil: Solange er zu einer solchen Lebensweise nicht
von anderen gezwungen wird, sofern er also alles *von sich
aus* will, könnte er sogar als ein (wenn auch nicht gerade
vorbildliches) Muster eines freien Menschen gelten. Entscheidend ist, daß er *sich selbst* die Regel seines Handelns
gibt. Aber es ist durch nichts ausgeschlossen, daß er diese
selbstgegebenen Regeln aus der Natur, der Geschichte oder
der Gesellschaft nimmt. Alles hängt *von seiner eigenen Einstellung* ab, nicht aber von einer – wie auch immer verstandenen – Abgrenzung gegenüber der »Notwendigkeit« der
Natur.

Dafür liefert unsere leibhaftige Selbstbeziehung, die ja
immer auch ein *lebendiges* Naturverhältnis ist, Beispiele
genug: Wir selber *sind* Natur, allein dadurch, daß wir einen
Körper haben. Alles, was wir aufgrund unserer physischen
Konstitution benötigen, ist ebenfalls *Natur*, auch wenn unsere Bewegungsformen, Triebe und Bedürfnisse eine lange
historische Ausformung erfahren haben, die sie in den letzten hunderttausend Jahren bereits zu Elementen der *Kultur*
hat werden lassen. Diese unsere (hochkultivierte) Natur
schafft ständig neue Handlungsanlässe. Mit Sicherheit würden viel weniger Menschen ein Restaurant aufsuchen, wenn

ihnen ihre Natur nicht (in Form des Hungers) Anlaß dazu gäbe. Die Theater und Kinos wären leer, wenn nicht die (natürlich hochkultivierte) Natur des Menschen Abwechslung verlangte; schon unser Auge ist nach wenigen Minuten blind, wenn es starr auf einen Punkt fixiert wird. Als leibliche Naturwesen brauchen wir Bewegung, und es ist die Notwendigkeit unserer Natur, die täglich Millionen von Menschen veranlaßt, freiwillig Sport zu treiben. Das gilt auch für jene Individuen, denen der Arzt aus gesundheitlichen Gründen geraten hat, für körperliche Bewegung zu sorgen; solange sie nicht wie ein Bär zum Tanzplatz, nämlich mit einem Ring durch die Nase über den Trimmpfad gezogen werden, bewegen sie sich *frei*.

Es steht also gar nicht im Widerspruch zur Freiheit einer Handlung, wenn sie mit Anlässen, Ursachen oder Gründen verknüpft ist, die aus der Zwangsläufigkeit der von uns erkannten natürlichen und gesellschaftlichen Prozesse resultieren. Auch hier hängt alles *von unserer eigenen Einstellung* ab. Und die wiederum hängt an nichts anderem als daran, *daß wir **selbst** eben das wollen, was wir tun*. Wie sehr wir auch als Natur- und Kulturwesen in die unabsehbaren Prozesse der Wirklichkeit eingebunden sind: Wir haben darin *dann* unsere *Freiheit*, wann immer wir etwas *von selbst anfangen*.

5. Freiheit vom Willen eines Anderen

Das ist zunächst nur eine dürftige Auskunft. Aber sie wird sich im weiteren Gang der Untersuchung differenzieren, zumal wir bislang ja nur das e r s t e Moment der Freiheit behandelt haben. Das z w e i t e war dabei allerdings immer schon mit im Blick: Es liegt in der *Abwesenheit eines Zwangs*, der unmittelbar *vom Willen eines Anderen* ausgeht. Danach handelt jemand dann *von selbst*, wenn ihn *kein Anderer* dazu zwingt. Das Von-selbst-Anfangen ist somit ein gänzlich in die _Kompetenz des Individuums_ fallender Akt – solange es nicht unter der _gezielten Pression eines Anderen_ steht. Dabei spielt es keine Rolle, ob der Einzelne tut, was alle tun: Wenn er dies nur _kraft seiner eigenen Entscheidung_ will und niemand neben, vor oder hinter ihm steht, der ihn _direkt_ zur Ausübung zwingt, dann geschieht dies »aus freien Stücken«, dann ist es _seine_ Handlung, die _er selbst_ zu verantworten hat.

Nehmen wir das Beispiel eines Linkshänders, der in einer Gesellschaft lebt, die von Rechtshändern dominiert ist. Alle wesentlichen Verrichtungen sind auf Rechtshänder eingestellt: Der übliche Gruß durch Händedruck, die Handhabung von Messer und Gabel oder die Richtung der Schrift – alles ist auf die Bedürfnisse der rechtshändigen Mehrheit eingerichtet. Der Linkshänder (übrigens durch seine Natur so »determiniert«) wird weder durch seine Anomalie noch durch die vorgefundenen Bedingungen seiner Freiheit beraubt. Denn die Umstände, die er in seinem Verhalten und in seinem gesellschaftlichen Umfeld vorfindet, stellen lediglich eine der üblichen Determinationen durch natürliche und historische Ursachen dar, die er hinnehmen kann wie die Tatsache, daß überhaupt gegrüßt, gegessen und geschrieben werden muß. Erst wenn der Linkshänder durch einen _gezielten, auf ihn oder seinesgleichen gerichteten Willensakt_ seiner Mitmenschen _genötigt_ würde, alle Verrichtungen mit der rechten Hand zu erledigen, würde er unfrei.

Dabei werden natürlich die _Üblichkeiten des menschlichen Verhaltens_ unterstellt. Wir gehen im Normalfall davon aus, daß Menschen innerhalb der ihnen durch Natur und Gesellschaft gesetzten Grenzen über sich disponieren, also frei handeln können. Entsprechend sind die Verantwortlichkeiten geregelt. Stellt sich nun aber heraus, daß ein Individuum durch einen besonderen Umstand – etwa unter dem Einfluß eines Narkotikums, einer extremen seelischen Belastung oder durch einen genetischen Defekt – den üblichen Dispositionsspielraum nicht hat, wird man seine Freiheit als eingeschränkt bezeichnen müssen. Denn es selbst verfügt über den (üblicherweise unterstellten) Willen (mit der zugehörigen Tatkraft) nicht. Hier ist es nicht der Wille anderer, der unfrei macht, sondern ein Defekt, der ihm nicht erlaubt, überhaupt *in der üblichen Weise* zu wollen und zu handeln. Die (im Vergleich zum Willen anderer) fehlende Voraussetzung für freies Handeln (nämlich die übliche Disposition über sich selbst) macht ihn unfrei – möglicherweise, wie bei Serienstraftätern, nur partiell. Dies zeigt, daß die Freiheit, die wir Menschen meinen, von einer Vielzahl natürlicher, geschichtlicher und sozialer Bedingungen abhängig ist.

Doch dies ist ein weites Feld. Entscheidend ist der Ausgangspunkt. Und der liegt in der *individuellen Verfügung über sich selbst*, also in dem, was schon die Kompetenz des Selbstbewußtseins in seiner Disposition über den ganzen Leib ausgemacht hat: *Freiheit ist die Bedingung, unter der sich das menschliche Handeln **von sich aus** präsentiert.* Die Selbstorganisation, die es *sub specie aliorum* ist, gibt sich als solche, d. h. als selbst organisiert, als von sich aus veranlaßt, zu erkennen. Das Individuum zeigt sich in ihr *gegenüber seinesgleichen* spontan und ungezwungen. So wahrt es die Selbständigkeit, die es als Organismus hat, zeigt sich zugleich aber auch als kooperationsbereit, weil es den prinzipiell gleichen Ausgangspunkt wie seinesgleichen nimmt, nämlich *ursprünglich bei sich selbst*.

Auf diese Weise vollzieht das Individuum an sich selbst den Übergang von der Natur zur Gesellschaft, in der es sich allererst als frei begreifen kann. Deshalb ist es auch nicht die Natur, in der über Freiheit oder Unfreiheit des Individuums entschieden wird. Unsinnig wäre es auch, in der Tatsache der Vergesellschaftung des Menschen als solcher ein Hindernis der Freiheit namhaft zu machen. Solche Hindernisse können nur durch das konkrete Handeln anderer entstehen; sie kommen somit stets als gesellschaftliche Tatsache vor. Wer sie dort grundsätzlich verringern oder besei-

tigen will, wird zum politisch handelnden Wesen. Denn
Politik entsteht mit dem Impuls selbständiger Akteure, die
Hindernisse der Freiheit für sich selber (und stellvertretend
für Andere) abzubauen.

6. Das Initial des Selbst

Von Nietzsche stammt die Bemerkung, das »von Vorn
Anfangen« sei eine Täuschung.[3] Aus der Sicht eines Gottes
mag das richtig sein. Ein Mensch aber würde sich schon
damit widerlegen, daß er diesen Satz, ohne dazu von einem
anderen Menschen direkt gezwungen zu sein, auf ein Blatt
Papier schriebe. Und selbst wenn er zur Niederschrift gewaltsam gezwungen würde, wäre der Satz immer noch
nicht richtig, weil ja die Gewalt, die der Andere ausübt,
einmal von diesem in Gang gesetzt wurde. In der Entla-
stungsformel, die Kinder gern gebrauchen, um einer Strafe
zu entgehen, liegt also schon die ganze Wahrheit über die
Freiheit: Jenes entschuldigende »Er hat angefangen!« operiert mit dem sicheren Wissen, *daß* wir etwas *von selbst
anfangen* können und *daß* wir darin *unsere Freiheit und
Verantwortlichkeit* haben. Zugleich ist es jener Akt, in dem
wir uns selbst als Individuum hervortun.

Für einen »Beweis« der Freiheit reicht also die Tatsache
aus, daß wir etwas von selbst anfangen können. Und es gibt
Anhaltspunkte genug, daß es sich dabei keineswegs bloß
um eine selbstgefällige Illusion des Menschen handelt.
*Denn das Von-selbst-Anfangen ist, auch ohne jede Frei-
heitsunterstellung, ein Tatbestand der unübersehbaren Natur.* Wo unentwegt die verschiedensten Kausalreihen zu-
sammentreffen, wo sie sich verstärken, sich überlagern oder

---

3 »Das von Vorn Anfangen ist immer eine Täuschung: selbst das, was
   uns zu diesem angeblichen ›Anfang‹ trieb, ist Wirkung und Resultat des
   Vorhergehenden.« (*N* 1875, 5 [1]; 8, 41)

sich gegenseitig aufheben, so daß ganz andere Kräfte wirksam werden können, da fängt ständig etwas von vorne an. Da kommt es »plötzlich« zum Ausbruch des Vulkans, da blitzt es »aus heiterem Himmel«, da fällt der »erste« Tropfen, und nach dem großen Regen wird »wie durch ein Wunder« sichtbar, daß die Wüste lebt. Auf diese Weise schafft die Natur auch immer wieder günstige Bedingungen, die (beim Erreichen bestimmter Schwellenwerte) Eigenbewegungen von Elementen, Molekülen oder Organismen auslösen; dann friert »mit einem Mal« das Wasser, Kristalle schießen »augenblicklich« zusammen, Verbindungen lösen sich schlagartig, es kommen labile Gleichgewichtslagen zustande, die sich zu erhalten suchen, andere kippen, ein Samenkorn springt auf und beginnt zu keimen.

Der unübersehbare Verlauf der Naturereignisse kann aber auch ein »jähes Ende« bewirken. »Auf einmal« ist die See wieder ruhig, »über Nacht« sind die Blätter gefallen, und »ein einziges Wort« genügte, um die gute Stimmung zu vertreiben. Das Kind verläßt »von heute auf morgen« das Haus, obgleich man seit seiner Geburt wissen konnte, daß dies einmal geschehen würde. »Plötzlich und unerwartet« kommt der Tod, vielleicht infolge einer Geschwulst, die schon lange im Körper wucherte. Aber alles, was da endet, setzt zugleich etwas anderes in Gang. Auch der Tod ist der Anfang von etwas Neuem. So hebt in der belebten wie in der unbelebten Natur – aus der Perspektive des Menschen – unablässig etwas Neues an.

Diesen Eindruck muß man haben, wenn man mitten in ihr steht. Für *endliche Wesen*, die selbst einen Teil dieser Natur bilden und die folglich keinen vollständigen Überblick über alle Vorgänge haben können, ist alles im Werden. *Das Werden aber ist die Summe von Prozessen, die alle ihren Anfang und ihr Ende haben.* Wer selbst in diesem Werden steht, muß sich also immer wieder davon überraschen lassen, daß etwas von neuem anfängt. Und dieser Eindruck bleibt selbst dort bestehen, wo die beteiligten Kräfte nahezu vollständig bekannt sind: Jedes gezündete Streichholz kann uns davon überzeugen, daß da selbst bei guter Kenntnis der beteiligten physikalischen und chemischen Prozesse *etwas Neues* anfängt.

Das gilt auch dann, wenn der Schwefel nicht von einem Menschen, sondern durch Funkenflug gezündet wird. Und tatsächlich hat es diesen Effekt, an *dieser* Stelle, zu *dieser* Zeit, mit *diesem* Streichholz noch nie gegeben. Für einen Gott wäre das alles natürlich keine Überraschung, gesetzt, er wäre als unendliches Wesen überhaupt fähig, Endliches wahrzunehmen. Für einen Menschen aber, der die Beobachtung notwendig aus seiner höchst beschränkten raumzeitlichen Position heraus macht, der alles in seiner Perspektive vorfinden muß, um es überhaupt wahrnehmen und verstehen zu können, hat da unzweifelhaft *etwas Neues* angefangen. Und er kann sich leicht klarmachen, daß er nur, weil es *für ihn* den Eintritt *bestimmter Ereignisse* gibt, auf die Idee kommen kann, eindeutige Erklärungen zu suchen. Wir kämen nicht darauf, eine Kette von Ursachen und Wirkungen anzunehmen, wenn es nicht zumindest den Anfang von etwas gäbe, das *wir* verstehen oder erklären wollen. Nur weil etwas *für uns* einen Anfang (und in der Regel auch ein Ende) hat, ist es auffällig genug, um überhaupt Gegenstand unserer Erkenntnis zu sein.

Also braucht sich der Mensch auch nicht selbst aus der Natur herauszunehmen, wenn er *sich selbst* als einen neuen Anfang begreift. Das gleiche gilt für seine Selbstbewegung als handelndes Wesen. *Das Selbst ist das Integral aller möglichen Ursachen, die mit der Selbstbewegung zur Wirksamkeit kommen.* Mit der *Selbstauszeichnung* – also mit dem designativen Akt, der kenntlich macht, daß man *von sich aus* handelt – werden sie zur *Einheit eines Anfangs* zusammengefaßt. Das Individuum kann sich somit auch in seinen Handlungen als *ein Ganzes* begreifen und in diesem Selbstbegriff als Urheber seines eigenen Tuns auch von anderen verstanden werden.

Nun ist offenkundig, daß auch ein Hund den Pfiff seines Herrn als eine Art Befehl »verstehen« kann. Denn anders wäre eine Dressur nicht möglich. Also »versteht« auch der Hund die Handlung des Herrn irgendwie als *Einheit* dieses ihm vorstehenden, ihn lobenden und strafenden Wesens. Das zeigt, wie sehr die Einheit einer Handlung auch in ihrer Wirksamkeit an die organische Einheit eines lebendigen Ganzen gebunden ist. Gleichwohl darf man annehmen, daß ein begriffliches Verständnis der durch das Selbst integrierten Bewegung nur den Wesen möglich ist, die sich ihre eigenen Bewegungen auf eben *dieselbe* (also *begriffliche*) Weise verständlich machen. Daß die (stets aus einer unvordenklichen Ursachenkette hervorgehende) eigene Bewegung überhaupt das *Initial des Selbst* tragen kann, dürfte wesentlich damit zusammenhängen, daß sich ein Selbst (mit seiner Bewegung) immer auch gegenüber seinesgleichen zu konturieren hat, die ihrerseits von sich aus handeln.

7. Dramatisierung und Distanzierung

Die Dynamik des Selbstbewußtseins kommt also auch auf der *Ebene des praktischen Handelns* zum Tragen: Auch hier ist jedes selbsttätige Ich – allein dadurch, daß es etwas *von sich aus* tut – auf *Andere seiner selbst* bezogen. Daß es überhaupt das Bedürfnis hat, sich selbst mit einem bestimmten Anfang einer Handlung auszuzeichnen, wird man immer auch als eine *Mitteilung* an Andere seiner selbst verstehen dürfen. Es tut sich schon hervor, indem es überhaupt einen definitiven Anfang macht. Damit bietet es sich für alles an, was ihm förderlich entgegenkommt; zugleich grenzt es sich von allem ab, was ihm schaden könnte.

Die *sachlich-begriffliche* Dimension des Selbstbewußtseins bleibt dabei durch den *Zweck* gewahrt, auf den das Tun notwendig angelegt ist; nur der Anteil des Selbst tritt deutlicher hervor, weil die begriffene Sache nunmehr als Zweck zum *Motiv* der Selbstbewegung wird; das Selbst projiziert sich somit in den von ihm inaugurierten Vorgang, es nimmt sich, so könnte man sagen, *selber mit*.

Aber auch in der *personalen* Dimension der ursprünglichen Beziehung auf seinesgleichen kommt es zu einer *Verstärkung der initialen Funktion des Selbst*: Das Selbst öffnet sich nicht allein dem unmittelbar anteilnehmenden Bewußtsein des Anderen seiner selbst; der präsente Mitvollzug der Anderen allein genügt hier nicht. Die Erwartung ist vielmehr auf das *Mitgehen* der Anderen, auf *Hilfe* und *tätige Anteilnahme* gerichtet. Man macht sich anfänglich bemerkbar, damit einem geholfen wird. So läßt es sich schon an Kindern beobachten. Das Selbst exponiert sich praktisch, um vom Anderen seiner selbst *Beistand* zu erhalten. Daraus erwächst mit zunehmender Selbständigkeit auch die Einsicht, daß man – unter den von einem selbst in Anspruch genommenen Bedingungen der Gegenseitigkeit – *selbst auch Beistand gewähren muß*.

So setzt man in der praktischen Selbstauszeichnung implizit nicht nur auf den gedanklichen Mitvollzug, sondern auf die *tätige Mitwirkung* der Anderen seiner selbst. Das Selbst kommuniziert nicht nur, sondern es *appelliert*. Somit tritt die ursprünglich soziomorphe Verfassung des Selbst in seinen praktischen Bezügen stärker hervor als in der bloß theoretischen Verständigung, die – um es ein weiteres Mal zu betonen – entwicklungsgeschichtlich vermutlich wesentlich später auftritt.

Im rein theoretischen Akt hat aber die *implizite Publizität des Selbstbewußtseins* nur einen Sinn, wenn in der Mitteilung die *Abgrenzung* gegenüber dem Anderen gesichert ist. Auch sie tritt in der praktischen Initiation des Selbst stärker hervor; sie wird, im ursprünglichen Sinn des Wortes, *dramatisiert*. Auch das ist leicht einzusehen, wenn man den Appell nicht harmonistisch mißversteht. Zwar legt die Rede von »Hilfe«, »Anteilnahme« und »Beistand« ein solches Verständnis nahe; doch es entspricht, wie wir wissen, zwar der Erwartung, aber nicht in jedem Fall der Realität. Man muß vielmehr davon ausgehen, daß der Appell an den Anderen seiner selbst nicht selten enttäuscht wird. Allein schon die überschüssige Bedürftigkeit des Einzelwesens sorgt dafür, daß nicht alle seine zum Ausdruck gebrachten Wünsche erfüllt werden. Der andere Mensch ist somit nicht nur Erfüllungsgehilfe, sondern immer auch Widersacher, denn selbst bei größter Zuneigung versagt er notwendig vieles von dem, was von ihm verlangt wird. Spätestens dadurch hat das Selbst im Anderen auch seinen *Opponenten*.[4] Folglich muß es sich in dieser Opposition auch von Anfang an behaupten. Das Selbst kann Gemeinsamkeit signifikant nur dann anzeigen, wenn es auch das *Gegenteil* zum Ausdruck bringen kann. Somit enthält es immer auch die Möglichkeit der *Distanz* zum Anderen seiner selbst.

In dieser Opposition aber verstehen wir nun auch die Notwendigkeit der *praktischen Abgrenzung des Selbst*: Es muß sich als unabhängig von jedem anderen Selbst präsentieren, wenn es wirklich kenntlich machen will, daß es *von sich aus* handelt. Die Dominanz der eigenen leiblichen Organisation, die im artikulierten Selbst des Bewußtseins fortbesteht und die im Selbstanspruch des eigenen Handelns zum Ausdruck kommt, rückt in eine ausdrücklich *soziale Dimension*. Das Von-selbst-Anfangen ist nicht allein durch den physiologisch vermittelten Impuls zur eigenen Bewegung charakterisiert, sondern es hat ein *ergänzendes Kriterium* in der *Abgrenzung* gegenüber jedem Anderen seiner

---

4 »Spätestens« spielt auf die medizinischen Hinweise an, daß die Opposition bereits vom Fötus eröffnet wird, so daß sich der austragende Leib der Mutter schon in den ersten Wochen der Schwangerschaft gegen den inneren Raubbau durch das neu entstehende Leben zu wehren hat. Der Geburtsvorgang wird dann durch eine physiologische Eigeninitiative des Fötus eingeleitet. Da ihm, bei verstärktem Wachstum, die Versorgung im Mutterleib nicht mehr ausreicht, »will« er nicht mehr länger im Inneren des anderen Organismus bleiben.

258   *Selbststeigerung*

selbst. Wer etwas ausdrücklich *von sich aus* tut, schließt damit aus, daß er *nur* das Werkzeug eines Anderen ist.

In der Präsentation der eigenen Tat liegt die Prätention, daß es *nicht* ein Anderer ist, der hier etwas tut. Wer etwas *von selbst* anfängt, muß damit nicht etwa leugnen, daß seine Selbstbewegung physische Ursachen hat, sondern er demonstriert, daß *niemand anderes als **er selbst*** es ist, der hier etwas tut (oder zu tun verlangt). Folglich liegt das *vollständige Kriterium der Freiheit* darin, daß die Tat *ihm allein* – und nicht etwa dem Willen eines Anderen – entspringt.

Die *Freiheit*, obgleich sie nur dem Selbst des Handelnden entstammt, hat also eine *gesellschaftliche Verfassung: Sie ist das Indiz für die Unabhängigkeit eines Selbst von der direkten Verfügung durch Andere seiner selbst.* Das aber ist deshalb so bemerkenswert, weil das Selbst sowohl in seinem (theoretischen) Verständnis wie auch in seinen (praktischen) Vollzügen vollkommen in den sozialen Zusammenhang mit Anderen seiner selbst eingelassen ist und ihn weder theoretisch noch praktisch verlassen kann. Aber in diesem Zusammenhang behauptet es sich ausdrücklich *als es selbst*, indem es seine Eigenständigkeit gegenüber dem Willen der Anderen exponiert. Nur darin hat es seine *Freiheit*, und nur dadurch wird es zum *Individuum im Kontext der Sozialität*. Auch darin vollzieht sich eine *Steigerung der Individualität*.

Die Freiheit entspringt somit einer Erfahrung sui generis: Es ist die *Selbsterfahrung* des selbstbewußt handelnden Individuums, das etwas *von sich aus* anfangen kann. Sie geht mit der *Spontaneität* einher, in der sich der Mensch als *selbsttätige Einheit* begreift. Von dieser Einheit wissen wir nicht mehr, als daß sie das *Integral* aller Akte ist, die wir von selbst anfangen. Im Unterschied zum *Selbst der rein leiblichen Vollzüge*, das, wie wir gesehen haben, letztlich nur eine Unterstellung ist, durch die wir uns klarmachen, daß hier etwas offenbar *als Ganzes* reagiert, ist das *Selbst der selbstbewußten Handlung* der an uns selbst erlebte *Ursprung der Tätigkeit. Das bewußte Selbst ist der Täter der Tat.*

Jedenfalls begreifen *wir* es so – begreifen wir *uns selber* so! Und wann immer wir uns so begreifen, verstehen wir uns als *frei.* Die Sicherheit in diesem Freiheitsverständnis gewinnen wir aber nicht aus einem wie auch immer gearteten Bewußtsein der Ablösung von den natürlichen Kräften; es bedarf weder einer Distanz zur Natur noch gar einer »Freiheit« von ihr. Die Opposition zur Natur, wenn sie denn je gelänge, würde uns alle Kräfte rauben und müßte uns in ein pures Nichts verwandeln. Auch die abstrakte Abgrenzung der Freiheit gegenüber der Natur als ganzer führt, wie wir gesehen haben, auf Abwege. Die einzige begriffliche Klärung der freien Ursprünglichkeit in uns selbst ergibt sich in der *Abgrenzung gegenüber dem Anderen unserer selbst*: Wenn ich gezwungen werde, das zu wollen, was der Andere will, bin ich nicht frei. Somit haben wir zur Schärfung des Freiheitsbewußtseins ein Kriterium gefunden, das uns kenntlich macht, wie sehr die Eigenständigkeit des auf seine Freiheit bedachten Individuums einem sozialen Zusammenhang abgetrotzt ist, dem es schlechterdings nicht entraten kann, noch nicht einmal in seinem Begriff von sich selbst.

8. Der historische Auftritt des Willens

Ehe wir uns dem Selbstbegriff des sich als frei begreifenden Individuums zuwenden können, haben wir die Fähigkeit genauer zu betrachten, ohne die wir nicht verstehen könnten, was es eigentlich heißt, einen eigenen Anfang zu machen. Das ist die uns ursprünglich vertraute *Fähigkeit zu wollen.* In ihr steigert sich das Individuum zur Selbstauszeichnung vor den Anderen seiner selbst; es schafft sich seine im Prozeß des eigenen Tuns hervortretende Eigenart, also das, was wir, wenn es über einen längeren Zeitraum Bestand hat, einen *Charakter* nennen. Der aber kann erst angemessen geschätzt und bewertet werden, wenn eine weitere Fähigkeit hinzukommt, mit der die Selbstbeschreibung des Menschen vorerst zum Abschluß gebracht werden soll: Das ist die Fähigkeit, nicht nur *vernünftig zu schließen*, sondern vor allem *vernünftig auf sich zurückzuschließen*.

Auch dazu liegt der Schlüssel im *Willen* des Menschen, denn nur als ein aus eigenem Antrieb wollendes und sich dadurch vor seinesgleichen auszeichnendes Wesen *benötigt* er *Vernunft*. Der Wille bestimmt uns zu den von uns selbst gesetzten Zwecken. Aber eine begrifflich gesicherte Selbstbestimmung wird daraus nur, wenn es dem Menschen möglich ist, *sich selbst als vernünftig zu begreifen*. Der Impuls des Willens braucht die *Instanz der Vernunft*, damit Selbstbestimmung möglich wird.

Der Mensch ist das Wesen, von dem wir sicher wissen, daß es einen Willen hat. Und es kann kein Zweifel sein, daß ihm dieser Wille wesentlich ist. Ohne ihn wäre er unfähig, aus seinem Selbstbewußtsein etwas zu machen. Man könnte somit lange streiten, ob das Wollen nicht wichtiger ist als das Wissen. Doch wenn das Wissen ohne den Willen nichts nützt, Wollen ohne Wissen aber zwecklos ist, kann der Streit auf sich beruhen. Um so sicherer sind wir in unserem Urteil, daß der Mensch ohne Willen ein echtes Mängelwesen wäre.

Gleichwohl hat es den Anschein, als wollte der Mensch noch gar nicht so sehr lange. Seit Hegel ist immer wieder von neuem bemerkt worden, daß vom »Willen« in den philosophischen Theorien Alteuropas vergleichsweise spät die Rede ist. Tatsächlich kommt das Thema (nicht der Terminus!) erst mit der christlichen Aneignung des antiken Denkens auf. Das sich individuell abgrenzende Denken im Angesicht des persönlich verstandenen Gottes macht das Wollen zum ausdrücklichen Gegenstand philosophischer

Reflexion. »Augustinus«, so heißt es, sei »der erste Philosoph des Willens«.[5] Und da Historiker, insbesondere die der Philosophie, nicht selten Schwierigkeiten haben, sich die Existenz von Dingen vorzustellen, von denen in den überlieferten Texten nicht die Rede ist, liegt die Behauptung in der Luft, den Willen habe es vor Augustinus gar nicht gegeben.

Gesetzt, diese Behauptung würde tatsächlich gemacht, so wäre sie natürlich grober Unsinn. Denn alles, was die menschliche Kultur an Werken hinterlassen hat, spricht allein durch seine Existenz für die Wirksamkeit individuellen und kollektiven Wollens. Hinzu kommt der in den meisten Fällen erkennbare Zweck der überlieferten Werkzeuge, Kultgegenstände, Bilder und Bauten. Von ihr dürften wir – in menschlichen Zusammenhängen – nicht ausgehen, wenn sich kein Wille unterstellen ließe. Außerdem zeigen schon die ältesten schriftlichen Zeugnisse der Menschheit, daß sich der Mensch selbst als ein Absichten verfolgendes, Zwecke setzendes, Ziele anstrebendes – und somit wollendes – Wesen verstand.

Solange aber die Feststellung über den späten Auftritt des Willens in philosophischen Texten nicht die These einschließt, es habe den Willen vorher gar nicht gegeben, wird man ihr kaum widersprechen können. Denn man kann zwar auf terminologische Vorläufer, wie die Aristotelische προαίρεσις, also die mit der Praxis einhergehende und einen Willen einschließende freie Wahl verweisen. Man kann ferner das bei Thukydides und Platon ausgebreitete Wissen über die Macht (δύναμις) hinzunehmen, um eine Reihe weiterer Einsichten in die Unentbehrlichkeit und Eigenart des Wollens zu gewinnen. Schließlich wüßten wir nicht, wovon Heraklit, Sokrates, Epikur, Lukrez, Cicero oder Seneca reden, wenn sie fordern, man solle sein Leben der Führung der Vernunft anvertrauen, wenn es für sie keinen

5 Arendt, *Das Wollen*, 1979, 82.

262   *Selbststeigerung*

Willen gäbe.[6] Also darf man getrost davon ausgehen, daß auch die Griechen und die Römer einen Willen hatten. Nur war er für sie offenbar noch kein die Schwelle philosophischen Denkens überschreitendes Problem.

Für die verspätete philosophische Aufmerksamkeit gegenüber dem Willen haben wir – nach den Darlegungen im dritten Kapitel – sogar eine Erklärung: Die allmähliche Konturierung und Radikalisierung der Selbstbestimmung führt erst spät zu dem Bedürfnis, die Eigenleistung der Individualität zu betonen. Das Denken der Antike bewegt sich noch weitgehend im Medium der Selbstverständlichkeit des individuellen Strebens; es problematisiert die Fähigkeiten, die man zum Handeln braucht, nur insoweit, als sie ihm wirklich fragwürdig sind. Und das sind wesentlich die Instanzen der Allgemeinheit, nicht aber die der Individualität. Es ist offenkundig, daß man weder nach Macht und Ruhm noch nach Tugend streben kann, ohne einen eigenen Willen zu haben. Das Problem aber, das die antiken Denker hatten, war, wie dieser (schon bei den Homerischen Helden und erst recht seit den sophistischen Aufklärern) hochgradig vom Eigensinn bestimmte Wille überhaupt auf etwas gerichtet sein kann, das allgemeine Verbindlichkeit hat. Das war ihr Problem der Ethik. Deshalb steht die Beschreibung und Begründung der allgemeinen Bedingungen und Ziele des ethischen Strebens im Vordergrund. Demgegenüber konnte das ohnehin bei allen macht- und ruhmbegierigen Individuen vorausgesetzte Wollen philosophisch-theoretisch im Hintergrund bleiben.

6 Es genügt der Verweis auf eine einzige Stelle – die egomanische Passage in Senecas *De vita beata* XX,3, der ein Lob der Willenskraft (*animus*) vorausgeht: »Ich (*ego*) werde den Tod mit demselben Gesichtsausdruck, mit dem ich von ihm höre, ansehen. Ich (*ego*) werde trotz aller Mühen [...] den Körper (*corpus*) durch den Willen (*animus*) lenken. Ich (*ego*) werde den Reichtum [...] geringachten [...]. Ich (*ego*) werde das Schicksal [...] nicht zur Kenntnis nehmen. Ich (*ego*) werde so leben, als ob ich wüßte, daß ich für andere geboren bin (*quasi sciam aliis esse me natum*) [...].«

Das ändert sich erst mit der Erosion der kulturellen Selbstverständlichkeiten der antiken Welt. Sobald es darum geht, die überlieferten politischen und ethischen Tugenden durch andere zu ersetzen, müssen nicht nur die neuen Ziele gerechtfertigt werden, sondern es wird unausweichlich, auch den Impuls zu benennen, der die Kraft geben kann, das Neue anzustreben. Und so versteht man, warum der erste eigenständige christliche Denker, der sich dem antiken Denken in voller Kenntnis und mit existentiellem Pathos entgegenstellt, auch mit größtem Nachdruck den Willen exponiert. Mit Augustinus wird das Wollen zur höchsten Instanz bei der Durchsetzung der dem Menschen möglichen Einsicht.

Diese Instanz des Wollens entspricht der in Gott geglaubten Verbindung von Wille und Vernunft. Ja, der Mensch steht mit seinem Willen unmittelbar vor dem Willen Gottes, der ausdrücklich als persönliches Wesen gedacht wird. So kommt, im Himmel wie auf Erden, nichts zur Vernunft ohne den Willen. Und da in der stringenten Dynamik der mittelalterlichen Theologie am Ende (namentlich bei Duns Scotus) der Wille des allmächtigen Gottes als das Höchste und Entscheidende verstanden werden muß, gerät der Wille, der noch nicht einmal der Gesetzmäßigkeit der Vernunft unterworfen sein soll, auch beim Menschen in die Position der *höchsten Instanz*. Denn die personale Verfassung Gottes ist das Maß für die Person des Menschen.

Diese absolute Stellung ist dem Willen bereits von den Philosophen der Renaissance streitig gemacht worden. Sie haben, nach dem Vorbild der antiken Denker, die *Vernunft* wieder in die *führende* Position zurückgeholt, dem Willen aber die *ausführende* Rolle übertragen. Er wird zum Exekutor der menschlichen Einsicht. Das bleibt er, trotz der anfänglichen Skepsis des Thomas Hobbes und der massiven Einwände Spinozas, bis hin zu Kants Praktischer Philosophie. In ihr aber wird der »praktischen Vernunft«

der »Primat« über die »theoretische Vernunft« zugesprochen. Und da die »praktische Vernunft« nach Kant vom
Willen nicht zu trennen ist, rückt der Wille zusammen mit
der Vernunft in die führende Stelle ein. Die leitende Instanz
des menschlichen Handelns liegt somit im »reinen Willen«
– und das ist der *menschliche Wille, sofern er sich auf nichts
anderes als auf die ihm einsichtigen Gründe stützt*. Wir
werden noch sehen, was es damit auf sich hat (7.7; 8.7).
Dabei wird sich zeigen, daß Kant mit den geschärften
methodologischen Mitteln seiner Zeit die Position rekon-
struiert, die ihren extremen theoretischen wie praktischen Ausdruck bereits in Sokrates gefunden hatte. Das
kann als nachträgliches Indiz dafür gelten, daß der Antike
die Funktion des Wollens nicht unbekannt gewesen sein
kann.

　　Die Position Kants zieht die schärfsten Einwände auf
sich, nicht zuletzt von denen, die ihm in zentralen Einsichten verpflichtet sind. Das gilt insbesondere für Schopenhauer und Nietzsche, die ihre Philosophie wesentlich auf
einen metaphysisch konzipierten Willen gründen und
gleichwohl nicht müde werden, die Existenz des Einzelwil-
lens zu bestreiten. An ihnen wird besonders deutlich, was
die Debatte über den Willen der Individuen immer erschwert hat, nämlich seine *Kontamination mit der Freiheit*:
Da Schopenhauer wie Nietzsche daran lag, dem Menschen
die Freiheit auszureden, mußte auch der (freie) Wille ver-
schwinden. Die Paradoxie ist offenkundig: Es ist der Wille
dieser Philosophen, der die Exstirpation des Willens verlangt. Das konnte nicht gutgehen und ist ja auch, wie man
weiß, nicht gelungen.

9. Der Wille als Zeichen der Selbständigkeit

Wer wollte auch im Ernst bestreiten, daß es den Willen gibt? Der einzige Effekt eines solchen Zweifels kann – ex negativo – die Illustration der Notwendigkeit des Wollens für ein Wesen sein, das sich so versteht wie wir. Selbst die Frage, ob es den Willen als physiologische Größe »gibt«, ob er als meßbare Innervation nachweisbar ist, kann die *für uns* gewisse Tatsache des Wollens nicht unterminieren. Denn das Wollen ist für uns eine evidente Fähigkeit, die wir ohne Willen weder übernehmen noch bestreiten können. Was wir sind, sind wir immer auch durch unseren Willen. Und nur vor dem Hintergrund dieser *existentiellen Gegenwart des Willens* im menschlichen Bewußtsein sind die Fragen sinnvoll, ob dem Willen in den physiologischen Vorgängen des Leibes etwas entspricht und ob er in den Handlungen der Menschen tatsächlich eine Funktion hat. Da kann es dann natürlich von Interesse sein, daß sich das Bewußtsein des Wollens immer erst drei Hundertstel Sekunden *nach* dem zentralnervösen Auslöser der gewollten Bewegung einstellt.[7] Doch die Bewertung derartiger Ergebnisse kann nichts daran ändern, *daß uns der Wille **etwas** bedeutet* – und zwar eben das, was er in unserem Bewußtsein für uns selber darstellt und worin wir uns wechselseitig verstehen: *Wollen ist die Entschlossenheit, etwas Bestimmtes zu tun.*

So *will* ich jetzt eine treffende und möglichst anschauliche Analyse des Wollens durchführen – und nichts soll mich hindern, diesen Vorsatz auszuführen. Wer bestreiten will, daß es einen solchen Willen gibt, muß ihn überhaupt erst einmal in dieser Form verstanden haben; strenggenommen müßte er diesen meinen Willen ebenso kennen und verstehen wie ich selbst. Und wer dennoch einen Einwand erhebt, der fällt einer kategorialen Verwechslung anheim

---

7 Libet [u. a.], *Time of Conscious Intention to Act*, 1983, 623–642.

und meint gar nicht mehr den Willen, den *ich* meine und den *er* versteht, sondern er spricht in seinem Einwand von irgendeinem substantiellen Phänomen, das er stillschweigend dem Willen unterschiebt. Bei einer hinzuerfundenen Willens*substanz* kann man dann natürlich mit großer Geste bezweifeln, ob es sie wirklich gibt.

Um es aber für den *Willen* so klarzustellen wie für das *Selbst*: Ebensowenig wie beim *Selbst* von einem Homunkulus im »Inneren« der physiologischen Organisation die Rede ist, also von einem irgendwie für sich bestehenden, eigenständigen Wesen, das den Organismus von sich aus steuert; ebensowenig meine ich mit dem *Willen* irgendein Substrat, von dem aus das Wollen ausgeht. Die uns allen ursprünglich vertraute und so unzweifelhaft wirksame Fähigkeit des Wollens setzt keinen real existierenden physiologischen und erst recht keinen metaphysischen Befehlshaber im »Inneren« des Organismus voraus. Gemeint ist lediglich, *daß* wir, so wie wir es alltäglich wahrnehmen, *wollen* und auch *wollen können* und *daß* wir darin nicht nur uns selbst, sondern auch unseresgleichen verstehen.

Analytisch betrachtet erstreckt sich das Wollen in die *zwei Dimensionen des Bewußtseins*: Es ist notwendig auf einen *Sachverhalt* bezogen und öffnet sich eben darin *personal* den *Anderen* seiner selbst. In der *sachlichen* Dimension kommt es zur Ausbildung des *Zwecks*. Wollen, so sagt Nietzsche treffend, heißt immer »Etwas-wollen« (*N* 1887/88; 11 [114]; 13, 54). Der als »Etwas« begriffene Sachverhalt wird zum ausdrücklichen Ziel einer Selbstbewegung. Er wird also nicht nur in dem begriffen, was er ist, sondern auch in dem, was er einem für die eigene Bewegung bedeutet. Er wird als *Ziel* der Selbstbewegung begriffen und somit ausdrücklich auf die Befindlichkeit des sich bewegenden Selbst zurückbezogen. Damit ergibt sich nicht nur ein *bestimmtes Wissen* vom angestrebten Ziel, sondern gleichzeitig damit das *Bewußtsein von der selbstinitiierten Bewe-*

gung eben darauf hin. Ich bewege mich *aus eigenen Stük-
ken* auf das zu, was mir als Gegenstand vor Augen steht
(oder als solcher von mir vorgestellt wird). So kommt es
zum Bewußtsein eines *in der Selbstbewegung wirksamen
Zwecks.*[8]

Aus diesem Bewußtsein wird ein *Wille*, sobald es nicht
mehr allein um die aktive Beziehung zum angestrebten Gegenstand geht, sondern die inklusive Beziehung auf *das Bewußtsein der Anderen* mitgedacht wird – wenn also zur
sachlichen die *soziale* Dimension hinzutritt: Dann steht
eben das Bewußtsein eines *in der Selbstbewegung wirksamen Zwecks* unter der Kondition möglicher *Mitteilung*.
Damit hat es für jeden möglichen Anderen die Bedeutung,
*daß ich mich mit vollem Bewußtsein auf das (eben damit
von mir angestrebte) Ziel zubewege.* Dann wird der Wille
zum *Signal* einer (selbst- und fremderfahrenen) Aktivität.
Und erst dadurch wird er zum expliziten *Wollen.*

Aber warum sollte die Intention auf einen bestimmten
Zweck mitteilenswert sein? Kann nicht jeder schon von selber sehen, was passiert, wenn ich ein Ziel anstrebe? Das
wäre der Fall, wenn es nur um die sich unmittelbar vor aller
Augen vollziehenden Handlungen ginge. Sobald aber die
unmittelbare Gegenwart keine eindeutigen Aufschlüsse
gibt, kann es durchaus einigen Informationswert haben,
wohin jemand, der die Höhle in voller Ausrüstung verläßt,
nach eigenem Vorsatz strebt: Ob er zur Jagd (auf welche
Tiere? in welcher Gegend?) oder aber zur Brautwerbung
ausrückt. Ergo: Sobald es möglich ist, von sich aus Ziele anzustreben, die jemand in seiner Vorstellung hat, die aber
gleichwohl auch die Anderen mit ihren eigenen Absichten
berühren können, wird die *Mitteilung* über diese Ziele elementar.

Ihre eigentliche Bedeutung aber gewinnt die Mitteilung

---

8 Zur Aktualität des Zweckbegriffs in der Psychologie siehe: Prinz, *Die
Reaktion als Willenshandlung*, 1998, 10 f. und 19.

dann, wenn nicht allein das Ziel der Selbstbewegung, sondern diese *Selbstbewegung selbst* (gleichsam wie ein Gegenstand) nur *vorgestellt* ist: Wenn also jemand mit der Ausführung noch nicht begonnen hat, sie aber unter bestimmten Bedingungen beabsichtigt. Hier artikuliert sich das Bewußtsein *vor* der Selbstbewegung in Richtung auf den angestrebten Zweck. Und eigentlich erst hier tritt das Wollen in seine volle Funktion: *Es ist das sich und anderen gegebene* **Zeichen** *einer möglichen Selbstbewegung in Richtung auf ein angestrebtes Ziel* – vorausgesetzt, auch die Anderen können ihrerseits Zeichen geben, die auf mögliche Wirksamkeit bezogen sind. Im Wollen macht sich ein Individuum selbst zu einem disponiblen Gegenstand. Es macht von sich selbst *Gebrauch*. Die Verfügung über sich selbst untersteht einem *signifikanten Begriff*. Die im Selbstbewußtsein gewonnene Praxis der sich mitteilenden Reflexion wird zur *Praxis* der signalisierten Tat.[9]

Als dieses *Zeichen* hat es freilich nur einen Sinn, wenn es auf seinesgleichen gerichtet ist. Das aber heißt in diesem Fall: *Wenn es einem Selbst gegeben wird, das seinerseits ein Zeichen* **seines** *Wollens geben kann.* Das ist eine der wichtigsten phänomenologischen Einsichten Nietzsches: *Ein Wille ist immer auf den möglichen Willen Anderer gerichtet. Wollen ist die Botschaft, in der sich die Handelnden adressieren.*

Darin liegt selbst schon ein *Moment der Selbstaktivie-*

---

9 Alles von den modernen Kritikern beklagte Unglück der allseitigen Verfügung der Menschen über ihresgleichen hat seinen Anfang bereits in der Fähigkeit des Wollens. Im Wollen disponiert der Mensch über sich, als sei er bloß eine Sache. Das muß so sein, denn anders wäre er mit *seinem Wollen* dem *Willen anderer* nicht kompatibel. Die Gefahren einer solchen Selbstdisponibilisierung allein durch den selbstbewußten Tatbestand des Wollens liegen auf der Hand – übrigens nicht erst seit heute, sondern vermutlich schon seit den Zeiten des religiösen Menschenopfers, des kultischen Kannibalismus und – dies mit Sicherheit – seit den Anfängen der Politik. Sie können uns jedoch, wie leicht zu sehen ist, nicht davon abhalten, etwas *von uns aus* zu wollen.

rung und der *Selbststeigerung*. Darüber hinaus zeigt die Sozialität des Aktes eine nicht nur einem Individuum verständliche allgemeine *Ausgangslage* an. Im Hintergrund eines jeden Wollens liegt somit immer auch eine gesellschaftliche Konfliktlage, genauer: ein *Problem*, das nur durch *gemeinsames Handeln* gelöst werden kann. Und nur in diesem durch den Willen eröffneten Raum selbstbewußter Kooperation können Kulturen und Institutionen entstehen, in deren Schutz sich das Individuum profiliert. So trägt der Wille sowohl die *politische* wie auch die *individuelle* Existenz des Menschen. Es wäre töricht, das eine gegen das andere auszuspielen.

10. Wollen als Selbstverstärkung

Die implizite Sozialität des Wollens steht jedoch der Individualisierung nicht entgegen: In der Hervorhebung eines Ziels durch das Bewußtsein liegt die Chance einer *Selbstkonzentration* auf den eigenen Zweck. Der Wille mobilisiert die eigenen Kräfte und bündelt sie im Zeichen eines Zieles. Im Wollen liegt somit auch der Anspruch auf die *Koordination eigener Kräfte*. In ihm erfolgt eine *Selbstfestlegung des eigenen Anspruchs*. Man setzt ein erkennbares Maß für das eigene Handeln und grenzt zugleich anderes aus, das jetzt, vorerst oder möglichst auf Dauer nicht interessieren soll. Auch das hat einen entlastenden Effekt für die Person, die sich auf die selbstgewollte Aufgabe konzentrieren kann.[10]

Der Effekt der Mitteilung liegt darüber hinaus in der *Verstärkung des eigenen Impulses*. Es erfolgt eine *Selbstaufwertung* bereits in der Exposition des eigenen Anfangs. Das

---

10 Die Willens-Psychologie bestätigt diesen entlastenden Effekt: Siehe dazu die Beiträge in: Heckhausen/Gollwitzer/Weinert (Hrsg.), *Jenseits des Rubikon*, 1987.

Wollen ist immer auch eine *Selbstaffektion*; in ihm macht sich der Handelnde Mut zur eigenen Tat. Das ist besonders eindringlich an Kindern zu beobachten, die sich im Wollen üben und sich vor allem mit ihrer Verweigerung (»Ich will nicht!«) hervortun. Doch auch die Erwachsenen bleiben darin kindlich, daß sie sich schon mit ihren Absichten wichtig tun. Mancher wächst schon mit der Ankündigung seines Willens; doch Bestand hat das erst mit der *Ausübung* des Willens, besonders dort, wo man sich in schwieriger Lage gegen starke Widerstände zu behaupten hat. Natürlich gelingt manches auch ohne bewußtes Wollen. Im Erfolg aber wächst man nur dann über sich hinaus, wenn darin ein eigener Wille wirksam ist.

Obgleich der Wille ein Bewußtseinsphänomen ist, brauchen wir ihn von den leiblichen Vollzügen nicht zu isolieren: Es ist zumindest eine naheliegende Hypothese, ihn als Ausdruck eines organischen Impulses zu verstehen. Man könnte dann sagen, daß dieser Impuls im Wollen *ausdrücklich* wird und so auch die Organisation der bewußten Handlungen dominieren kann. Es wäre dann der *Wille*, der das Lebewesen *als ganzes* auf ein ebenfalls *als ganzes* gemeintes, anderes Lebewesen ausrichtet, um von ihm *als ganzem* etwas zu verlangen. Er wirkt wie aus einem Zentrum, dessen Präsenz er verstärkt; er ist *zentriert und zugleich zentrierend*. Das Wollen stellt den *Organismus als ganzen* auf einen anderen ein, der ebenfalls in seiner *ihn selbst zentrierenden Ganzheit* gemeint ist. Zwar kann man auch schon das Lächeln eines Kindes so verstehen; jedenfalls gibt es dem Außenstehenden zu erkennen, daß hier ein Wohlgefühl des ganzen Organismus zum Ausdruck kommt. Aber die *Selbstaktivierung durch eine bewußte Reaktion* ist davon deutlich unterschieden, weil sie die mitadressierten Anderen in das eigene Wollen einbezieht. Und eben diese *Selbstaktivierung* eines sich offenbar als Einheit begreifenden Lebewesens auf einen als ganzen gemeinten Anderen führt zur Selbsterfahrung des Wollens.

Diese Beschreibung schließt ein, daß der physiologischen Totalität auch ein *psychischer Zustand* entspricht. Denn mit dem »Wohlgefühl des ganzen Organismus« ist nicht gemeint, daß der Organismus vollkommen makellos, ohne Defekt und ohne Wunde ist. Aus der Selbsterfahrung ist uns vertraut, was ein solcher durch Lust oder Unlust angezeigter Zustand ist und daß er sich auch zu einer den ganzen Organismus umfassenden *Einstellung zu etwas* formieren kann. Wo aber diese Einstellung sich zu einem *aktiven Veränderungsimpuls*[11] formiert und in einem *Zeichen respectu alterius* ausdrücklich wird, da liegt eine bewußte Selbstaktivierung und somit eine Äußerung des Willens vor. Der Wille ist ein ausdrücklich gemachter, für die Einstellung (oder Bewegungsrichtung) des ganzen Organismus stehender Impuls des Menschen. Ja, er ist zunächst nicht mehr als die affektive *Ankündigung* dieses Impulses, der einem anderen Willen eine mögliche Verhaltensweise signalisieren soll. Im Zeichengebrauch käme dann die *Distanz des Wissenden* hinzu, der die Situation zwischen sich und diesem Anderen zumindest insoweit überblickt, als er sich ausrechnen kann, daß sein Zeichen von einem, der im Prinzip so ist wie er selbst, so verstanden werden kann, daß dieser es als Signal für seinen eigenen Willen beachten kann.

Schließlich sollte man die *Konstanz* nicht unterschätzen, die ein Mensch im bewußten Ausdruck seines Wollens findet: Er legt sich fest, indem er ausdrücklich will. Darum vermeiden vor allem jene, die ihr Glück primär in den günstigen Umständen finden, die wechselnde Mehrheiten und situative Vorteile suchen, das klare Signal eines sachlichen Ziels. Politiker ohne programmatisches Profil werden daher selten von ihrem eigenen Willen sprechen. Natürlich wollen sie Macht; doch die gibt keine Kontinuität in der Sache. Der Mensch findet aber eine überlegene Sicherheit nur

---

11 Zum Verhältnis von Handlung und Veränderung siehe: von Wright, *Handlungslogik*, 1977, 83 ff.

in der Bewältigung einer Aufgabe, die als sein *Werk* verstanden werden kann. *Der Wille ist das Vorzeichen des Werks.* In ihm gibt sich das Individuum einen *Charakter.* Charakter aber meint immer auch das Kennzeichen, an dem er von seinesgleichen erkannt werden kann.

Hannah Arendt hat den Willen das »Organ für die Zukunft« genannt.[12] Tatsächlich wird die Zukunft durch das Wollen aktiv *erschlossen.* Wenn wir erst sehen, worin die vorzüglichste Eigenschaft der Vernunft besteht, nämlich im *Schließen,* d. h. im *Erschließen* eines Ganzen, eines Anfangs oder eines Endes, wird der Zusammenhang von Vernunft und Wille deutlicher werden (8.2/3). Die Fähigkeit der Vernunft ist in elementarer Weise beteiligt, sobald ein Ziel oder Zweck vorgestellt wird. Der Wille basiert somit auf einem *Vernunftschluß,* geht aber in seiner Ausrichtung auf das Erreichen dieses Ziels *praktisch* darüber hinaus. Insofern eröffnet er die *Dimension der Zukunft* durch das Handeln, dem er zugehört. Und das Wichtigste ist, daß er dies notwendig im *Bezug zu seinesgleichen* tut, also in einer *Entschlossenheit,* in die notwendig auch die anderen einbezogen sind. Durch sie unterscheidet sich schließlich auch der Wille vom Wunsch: Durch den ausdrücklichen Bezug auf ein sachliches Ziel vor den Anderen seiner selbst ist er auf die Realität verpflichtet, die durch die Selbstorganisation der Tat bewältigt werden soll.

12 Arendt, *Das Wollen,* 1979, 18.

7

Selbstverantwortung

Anlaß und Grund des Handelns

1. Subjektivität als *reservatio mentalis*

Ein Leser, der sich wundert, daß bislang noch so wenig von ethischen Problemen die Rede war, wird sich wohl auch nicht durch die Versicherung trösten lassen, daß wir mit den Begriffen der *Selbständigkeit* und des *Selbstbewußtseins*, vor allem aber mit *Handlung*, *Freiheit* und *Wille* schon mitten in den zentralen Fragen der Ethik sind. Er möchte mindestens wissen, worin denn das *moralische* Handeln besteht. Dazu kommen wir in diesem Kapitel, in dem gezeigt werden soll, wie der Mensch eigentlich zu den *Gründen* gelangt, die darüber entscheiden, ob ein Tun oder Lassen als moralisch gelten kann. Ins Zentrum stoßen wir freilich erst vor, wenn ein Individuum sich nicht nur da oder dort von vernünftigen Gründen leiten läßt, sondern wenn es *sich (als ganzes)* aus diesen Gründen versteht. Das geschieht in seinem *Selbstbegriff* als *Person*, von dem im achten Kapitel die Rede sein wird. Das neunte Kapitel behandelt die spezifische, nämlich die *individuelle Gesetzlichkeit*, die dem ethischen Handeln zukommt; und zuletzt wird im zehnten Kapitel zu zeigen versucht, unter welchen Bedingungen die *Selbstbestimmung* zur *Selbstverwirklichung* führen kann.

Selbstbewußtsein und Wollen sind elementare *Leistungen* des Menschen. In ihnen geht das Individuum von sich aus über sich hinaus und zwar in den Bereich einer als *gemeinsam erfahrenen Welt*, in der es sich *begreifend* (d. h. durch Begriffe) und *ergreifend* (d. h. durch sein Tun) behauptet. Wenn es dabei nicht auf *Widerstände* stieße, hätte es im Wollen stets schon die (vor den Augen der Anderen) realisierte Tat. Denn *Wollen* – an dieser alten Unterscheidung halten wir fest – ist mehr als *Wünschen*: Es ist das mit dem *Impuls zum Handeln* hervortretende *Zeichen der Tat*; es ist mit einer *ernsthaften Absicht* gepaart und insofern mindestens schon auf dem Weg zur Realisierung des Zwecks. Es *wäre* bereits Tat, *wenn* da nicht permanent die zahllosen sachlichen und personalen Widerstände des Daseins wären. Auch von hier aus leuchtet ein, daß der Wille, den man trotzdem hat, eine *Steigerung* impliziert.

Wie jeder weiß, wird das Individuum im Begreifen wie im Handeln wieder und immer wieder gestört, behindert, belästigt und in seinen Erwartungen enttäuscht. Es muß feststellen, daß andere eben *dasselbe*, was es mit seinem Begriff allgemein begreift, gleichwohl *anders* begreifen. Und die Anderen können das offenbar schon deshalb, weil sie *anders* sind. Das führt unter Umständen dazu, daß sie mit *denselben*, aber anders aufgefaßten Dingen etwas *anderes* wollen.

So hält die Welt auch unter den besten Bedingungen stets ihre Enttäuschungen bereit, durch die jeder unerbittlich auf sich zurückgeworfen wird. Er muß erfahren, daß er in seinem Begriff und in seinem Willen jederzeit *allein* sein kann. Das enttäuscht um so mehr, als er gerade mit Begriff und Wille jederzeit über sich hinaus – bei anderem und Anderen – ist. Doch gerade diese Befindlichkeit – im Bewußtsein bei anderem und Anderen und dennoch *nur für sich* zu sein – ist konstitutiv für den Menschen. In ihr bildet sich das, was von den Philosophen *Subjektivität* genannt wird. Die geht aber nicht, wie es in vielen Theorien den Anschein hat, der *Objektivität* voraus, sondern *sie folgt ihr nach*. Sie ist eine Reaktionsbildung auf die Enttäuschung in Erwartung eines realen Vollzugs; sie entsteht nur *im Medium der Objektivität*. Erst in der mit anderen geteilten Welt läßt sich erfahren, was es heißt, für sich zu sein. Die Subjektivität entsteht als die *reservatio mentalis* unseres Selbstbewußtseins. Der radikale skeptische Zweifel an der Realität der Außenwelt erledigt sich damit von selbst. Er kommt immer schon zu spät.

Möglich ist Subjektivität natürlich nur, weil es das *Erleben des Lebens* längst vor der Ausbildung des begrifflich erfassenden Selbstbewußtseins und eines »etwas« wollenden Willens gibt. Nur haben wir für dieses Erleben, also für die Empfindungen, Stimmungen, Affekte und Vorstellungen, die irgendwie schon »in« uns sind, vorher keinen Begriff. Wir haben strenggenommen noch nicht einmal einen Ort dafür. Denn daß sie »innen«, also *für uns* und somit in den Selbstvollzug des Organismus eingebunden sind, können wir nur vor dem Hintergrund einer *Unterscheidung* zwischen uns und unserer Umwelt kenntlich machen. Diese Unterscheidung aber ist *begrifflicher* Natur und setzt die Welt, in der wir leben, voraus.

So kommen wir, paradoxerweise, zu unserem emotionalen »Innenleben« gleichsam nur von »außen«, also nur über den Umweg des Begriffs sowie über das von Begriffen angeleitete Wollen. *Wir sind nicht von Anfang an subjektiv, sondern wir werden es erst angesichts der Enttäuschungen in einer als objektiv begriffenen Welt.*[1] Erst unter den Be-

---

1 Im Anschluß an psychoanalytische Hypothesen von Sándor Ferenczi hat Gerold Prauss auf die Enttäuschung aufmerksam gemacht, die dem Kleinkind widerfährt, das nach seinesgleichen ausgreift, dann aber oft nicht auf lebendige Wesen (wie Mutter und Vater), sondern auf »tote« Dinge, also bloße »Gegenstände« stößt. Hier ist »Subjektivität« das erste, auf das durch fortgesetzte Enttäuschung die Wahrnehmung und Erkenntnis von *Objekten* folgt (vgl. dazu demnächst: Prauss, *Die Welt und wir*, Bd. 2). Für die *Genese* der individuellen Welterfahrung ist das eine plausible Hypothese, deren Schwierigkeit allein in der Beschreibung des mentalen Zustands eines Kleinkinds als »subjektiv« liegt. Mir scheint es angemessener, auch hier von einer vorgängigen *Objektivität* zu sprechen. Mit Blick auf die *Geltung* der begrifflichen Gehalte des Bewußtseins bleibt ohnehin nichts anderes übrig, als die These von Prauss umzukehren: Man muß von der *ursprünglichen Objektivität des Selbstbewußtseins* ausgehen, das *erst im Fall der Enttäuschung* auf seine *Subjektivität* zurückgeworfen wird.

dingungen der mit den Begriffen eröffneten mundanen Publizität (5.9) gibt es überhaupt einen Sinn, sich in die private Sphäre der eigenen Innerlichkeit zurückzuziehen. *Subjektivität ist eine Privation*, ohne die wir uns freilich gar nicht denken können und auf die auch niemand ernsthaft verzichten möchte. Denn sie eröffnet uns allererst den ganzen Reichtum der »inneren Welt« unserer Empfindungen, Gefühle, Vorstellungen und Ideen.

Subjektivität als Privation läßt auch die späten historischen Vorgänge der »Subjektivierung« und »Romantisierung« der Individualität unter Bedingungen der modernen Hochkultur besser verstehen. Wenn die Subjektivität von vornherein eine Verfeinerung, eine Subtilisierung des Selbstbewußtseins ist, dann erklärt sich auch, warum sie durch Ästhetisierung der Sitten und Literarisierung der Verständigung begünstigt wird. Insbesondere der Subjektivierungsschub in der europäischen Romantik kann dann eher (und ohne den sonst vielleicht mitschwingenden Tadel) als eine Reaktion auf den geschichtlichen Aufschwung des menschlichen Selbstbewußtseins in der Aufklärung begriffen werden.

Insbesondere nachdem sich die Aufklärung in ihrem größten »Projekt«, nämlich der politischen Revolution, offenbar selbst überfordert hatte, lag der Weg nach »innen« auch deshalb besonders nahe, weil er es erlaubte, das erreichte intellektuelle Niveau noch unter Bedingungen der politischen Restauration zu bewahren. Das geschieht, nebenbei bemerkt, in eben der Zeit, in der es üblich wird, zwischen der eher »objektiv« gemeinten Ethik (als Disziplin) und der eher »subjektiv« verstandenen Moralität zu unterscheiden (2.8).

2. Individualität und Subjektivität

Diese Zwischenbemerkung darf allerdings nicht dazu ver-
führen, die Subjektivität überhaupt für ein Spätprodukt
der jüngeren Geschichte zu halten. Wir haben hier nur
über Formen ihrer Verstärkung und Verfeinerung gesprochen, die mit dem historischen Vorgang der zunehmenden
Individualisierung verbunden sind (3.5/6). Als Element
des Selbstbewußtseins dürfte sie so alt sein wie dieses
selbst. Denn wir können uns die selbstbewußte Selbstpro-
duktion des Menschen in Kultus und Kunst, seine Selbstdarstellung in der Skulptur, im Epos, in Tragödie und
Komödie oder in der Geschichtsschreibung ohne Subjektivität schlechterdings nicht vorstellen. Schon die mythi-
sche, erst recht aber die medizinische Selbstbeschreibung
des Menschen, die es bereits in den mesopotamischen und
ägyptischen Hochkulturen gegeben hat, setzen ein subjektives Selbstverhältnis nicht nur der Erzähler und Ent-
decker, sondern auch der verständigen Zuhörer und För-
derer voraus.

Die These von der *Subjektivität als Privation* besagt also
nichts über eine Reihenfolge in historischer Zeit, sondern
benennt lediglich eine *funktionelle Ordnung*, der zufolge
die sich mitteilende Ausrichtung auf *Objektivität* die *erste*
Funktionsstelle einnimmt. Erst im Licht dieses vorgängigen Ausgriffs auf die »äußere« Welt erhellt sich auch der
»Innenraum« des Selbst. Die Selbsterkenntnis braucht das
Sonnenlicht – wie Platons *Höhlengleichnis* lehrt. Und dies
bleibt richtig, auch wenn wir, mit Platon, die Vermutung
hegen, daß wir das Licht nur deshalb verstehen, weil es immer schon »in« uns ist. Da auch die Erkenntnis ein Vorgang
des Lebens ist, stammt sie notwendig aus einem Impuls, der
nur aus der internen Dynamik des Organismus kommen
kann. Der Organismus kann sich aber nur *die* Stoffe einver-
leiben, für die er disponiert ist; er kann nur *das* empfinden,
wofür er Sensorien hat. Also kann er auch nur *das* begrei-

fen, wofür ihm ein Organ zur Verfügung steht. Auch das von ihm erkannte Licht muß schon irgendwie »in« ihm sein, wenn es ihm in einem Begriff verständlich ist. Daraus aber läßt sich keine Priorität des subjektiven Empfindens vor der objektiven Erkenntnis ableiten. Im Gegenteil: *Die Subjektivität des Erlebens erhält erst im Kontrast zur Objektivität der Welt ihren Sinn.*

Doch alles dies sind Weiterungen, denen hier nicht nachgegangen werden kann. Schon die These über die Subjektivierung als *reservatio mentalis* verdiente eine eigene Abhandlung im Rahmen der theoretischen Philosophie. In unserem Zusammenhang reicht es aus, wenn wir wissen, daß sich die Subjektivität erst mit den welterschließenden Leistungen des Selbstbewußtseins und des Willens einstellt. Damit aber konturiert sich die Stellung des selbstbewußten Individuums zu seinesgleichen – und zwar auf dem Wege einer *Selbstvergewisserung der eigenen Position*. Der Einzelne kann die aus den Enttäuschungen – und natürlich auch die aus den unerwarteten Erfolgen – resultierenden Spannungen in sich selbst reflektieren. Er kann, ohne Verlust an Begrifflichkeit, mit sich selbst umgehen. Denn die nun als nur für ihn gültig erkannten Affekte und Emotionen, seine Empfindlichkeiten und Erwartungen können jetzt als Momente des eigenen Daseins aufgenommen und in die Handlungsentwürfe eingebracht werden. *So eröffnet die Subjektivität die Möglichkeit eines objektiven Umgangs mit sich selbst.*

Das klingt paradox, ist aber nur konsequent, wenn wir erkennen, daß sich die sachbezogene Begrifflichkeit des Selbstbewußtseins hier lediglich auf ihren Ausgangspunkt zurückbezieht. Das geschieht in der *Selbstreflexion*. Unter den tatsächlich ja stets gegebenen Bedingungen des Konflikts und der Krise liegt darin die Chance einer Klärung der Stellung des Individuums zum Anderen seiner selbst: Erst im Licht der subjektiven Selbstaufklärung, die dem Einzelnen – im Kontrast zu den Anderen – seine eigene

Differenzierung vor Augen führt, kann auch der Andere als ein in sich differenziertes Wesen erkannt und behandelt werden. Insofern ist die Subjektivität die unverzichtbare Bedingung der ethischen Selbstreflexion.

Wir stehen also erst mit der Entfaltung und Erprobung von *Begriff* und *Wille* vor einem umfänglichen *Verständnis unserer selbst*. Wir können auch so lange noch keinen vollen, in sich abgerundeten *Selbstbegriff* entwickeln, als ein genaueres *Weltverständnis* fehlt. Und zu der stets in die Gemeinsamkeit mit unseresgleichen eingebundenen Welt gehören vor allem anderen – *die Anderen*. Sie aber begegnen uns nicht primär als Gegenstände, die sie in ihrer Leiblichkeit und physische Wirksamkeit natürlich immer auch sind, sondern vor allem als stützende, helfende, fordernde, widerstrebende *Partner* und – leider nur zu häufig auch – als feindliche *Widersacher*.

3. Gleichheit vor Problemen

Die Welt, in der wir leben, ist, wenn wir Glück haben, zunächst eine mütterlich-freundliche, väterlich-fördernde, geschwisterlich-stützende Welt. Da aber, wie gesagt, unsere Wünsche und Bedürfnisse ständig überschießen, sind selbst in der besten menschlichen Welt Enttäuschungen unvermeidlich. Selbst in ihr dauerte es nicht lange, und wir würden einige unserer Mitmenschen als fremd, abweisend oder gar feindlich erfahren. Tatsächlich können auch gar nicht *alle* wohlwollend sein. Denn die Knappheit der Güter und die Überschüssigkeit der Bedürfnisse macht die Individuen, selbst bei den besten Absichten, wechselseitig zu Konkurrenten. Auch das gehört zur Realität der Anderen in der gemeinschaftlich geteilten Welt. Das Antlitz des Anderen scheint in vielen Fällen offen und freundlich zu sein; nicht selten aber ist es lauernd und kalt.

Deshalb ist gerade in einer Ethik vor der Euphorie all-

seits guter Verständigung nachdrücklich zu warnen. Daß
die Herkunft der Ethik in *Krise und Konflikt* zu suchen ist
(2.1), kann nicht nur *historisch* gemeint sein; es hat *systematische* Relevanz: Der *Gegensatz zwischen den Individuen*
erzeugt ständig neue Probleme des Einzelnen mit seinesgleichen und mit sich selbst, und somit ergeben sich die
moralischen Fragen immer wieder neu.

Folglich versteht sich auch das Wohlverhalten unter den
Menschen nicht von selbst. Es muß den Verhältnissen abgerungen werden. Wo nicht durch familiäre Nähe oder vertraute Nachbarschaft, durch gemeinsames Erleben, sexu-
elle Attraktion oder persönliche Verbundenheit eine emo-
tionale Appetenz besteht, da kann wechselseitige
Rücksichtnahme nur in der Verständigung über gemeinsame *Probleme* erwachsen. Angesichts eines wirklich als gemeinsam begriffenen Problems kann es sogar zum Einvernehmen zwischen Feinden kommen. Fehlt jedoch die *existentielle Verbindung*, hat man noch nicht einmal das
Minimum, einer allen Beteiligten drohenden *Gefahr* entkommen zu können, kann es leicht sein, daß die Menschen
sich vernichten, sofern sie sich nicht aus dem Wege gehen
können. Im großen und ganzen haben sie nur etwas miteinander zu tun, sofern sie *gemeinsame Probleme* haben.

In einem gemeinsamen Problem kann ich auch meinem
stärksten Widersacher verbunden sein. Und es ist erst die
einheitliche Stellung vor dem Problem, was uns *gleich*
macht – *relativ gleich* mit Blick auf das, worum es beiden
Parteien geht. Das ist die Position, in der ich mit den Anderen *insofern* verbunden bin, als wirklich eine *gemeinsame Problemlage* bewußt ist. Sie verbindet die Anderen
und mich im *Bewußtsein einer einheitlichen Lage*. Hier
also ist etwas, das uns gemeinsam etwas angeht – zumindest *könnte* es uns etwas angehen, wenn wir die Situation
so auffassen, als seien wir in ihr mit dem Anderen durch ein
lösbares Problem verbunden. In einer solchen Lage erweist
sich der Andere als *meinesgleichen* vor allem insofern,

als er mich fordern und fragen kann, was ich denn eigentlich will. Und nur wenn er mir – mit Blick auf das Problem – wichtig genug ist, sehe ich mich zu einer Antwort genötigt.

Daß dies Folgen für den Begriff der *Menschheit*, erst recht für den der *Menschlichkeit* hat, liegt auf der Hand: *Menschlichkeit* ist kein De-facto-Attribut, das die Gesamtheit der real existierenden Menschen zur normativen Einheit der *Menschheit* verbindet. *Zur Menschheit kommt es nur im Bewußtsein gemeinsamer Aufgaben, die allererst eine Verbindlichkeit für alle hervorrufen.* Und nur sofern sich ein Individuum der gemeinsamen Verpflichtung wirklich stellt, zeigt sich die *Menschlichkeit*. Schon die *Sprache* ließe sich als eine solche Aufgabe begreifen, weil sie immer auch die Herausforderung zur Verständigung in sich schließt. Doch wie man weiß, hat sie lediglich in ohnehin geschützten kulturellen Lagen die Menschlichkeit gefördert. Jedenfalls hat sie die geschichtlichen Kriege nicht verhindern können, und die Vermutung, daß es ohne Sprache noch viel schlimmer gewesen wäre, ist ein schwacher Trost.

Bislang war es letztlich primär die *Sorge um die Existenz*, die zwischen (durch Kampf und Streit geschwächten) Feinden ein gemeinsames Problembewußtsein erzeugte; unter gemeinsamen *Kulturbedingungen* konnte gelegentlich auch der Wille, das einmal erreichte *Lebensniveau* zu wahren, zu einer Verständigung zwischen Gegnern führen. Theologisch läge es nahe, auf die Gebote und Offenbarungen zu setzen, die von einem gemeinschaftlich geglaubten Gott ausgehen.

Doch bisher haben sich alle diese Problemkonstellationen als zu schwach erwiesen, um Menschheit und Menschlichkeit wenigstens als moralische Instanzen allgemein verbindlich zu machen. Hier können wir nur, so paradox es klingt, auf einen wachsenden Problemdruck rechnen, damit wenigstens überall verbindliche *Rechtsverhältnisse* ge-

schaffen werden. Die Grundlage dafür legt das *Menschen-
recht*, das selbst schon eine Antwort auf eine globale Problemlage ist, in der sich die Menschen des 18. Jahrhunderts
mit ihresgleichen verbunden wußten.

4. Die Frage des Anderen

Ganz gleich jedoch, wie sich die globalen Beziehungen
gestalten: Die Moral hat ihre primäre Aufgabe im *direkten
Umgang* der Menschen miteinander. Letztlich reguliert sie
das *praktische Verhältnis des Individuums zu sich selbst*.
Und nur sofern sie hier, im *Nahbereich*, wirksam ist, kann
sie auch mit Ansprüchen, die sich auf Fernstehende beziehen, überzeugen. Das versteht sich eigentlich von selbst.
Doch es gibt dafür auch ein besonderes Argument, das mit
dem *Anlaß der moralischen Frage* eng zusammenhängt.
Denn der *Anlaß* (nicht der Ursprung!) der moralischen
Frage kann nirgendwo anders liegen als in *den Anderen,
die mir nahe sind*.

Diese These ergibt sich aus der bisher erörterten Funktionsweise des Selbstbewußtseins und des Willens, die wir als
Elemente eines ursprünglich in die Sozialität ausgespann-
ten Handelns erläutert haben. Das Selbstbewußtsein begreift einen Sachverhalt in der spontanen Ausrichtung auf
ein anderes seiner selbst, und der Wille verfolgt einen
Zweck ebenfalls im ursprünglich gegebenen Zeichen für einen anderen Willen. Wir können auch hier unsere Vermutung hintanstellen, daß dem Willen genetisch der Primat
zukommt. Es reicht die Feststellung, daß der Andere durch
den Akt des Handelns *direkt betroffen* ist. Der direkte Bezug schließt die Kenntnis der bestimmten Handlung ein,
die Folgen gezeitigt hat. In der Regel kennen wir damit
auch deren Urheber. Das kann aber nur dann so sein, wenn
er zum Nahbereich des Handelnden gehört, wenn also
mindestens eine *individuelle* Kenntnis vorhanden ist.

Wenn es aber überhaupt Andere gibt, die das Wollen eines Individuums auf sich beziehen, so werden sie auch wissen wollen, was es mit diesem Handeln auf sich hat. Vor allem liegt die Frage nahe, was sie das Handeln von ihresgleichen eigentlich angeht: *Was tust du?* ist somit die erste Frage aller, die von einer ihnen nicht unmittelbar verständlichen Handlung eines Anderen berührt sind. Die Antwort liegt zunächst im Hinweis auf den *Zweck*, des näheren auch in der Erläuterung der *Mittel*. Genügen die Auskünfte aber nicht, wird man wissen wollen, *warum* die Handlung so und nicht anders und *warum* sie überhaupt geschieht. *Und es ist nichts anderes als diese **Warum-Frage des Anderen**, aus der sich für den Einzelnen das moralische Problem ergibt.* Der stets mitadressierte Andere löst die moralische Frage aus, obgleich sie von der Art ist, daß sie sich *letztlich jeder selber* stellen muß.

Das bedarf der Erläuterung: Der Andere kann *jeder* sein, der mein Handeln irgendwie versteht und sich dadurch tangiert sieht. Auch ein Unbeteiligter kann mich herausfordernd fragen: »Warum beeilst Du Dich eigentlich so?« Und es spricht unter Umständen nichts dagegen, ihm auch zu antworten: »Ich verpasse sonst meinen Zug.« Dann habe ich mich durch einen technisch-pragmatischen Hinweis erklärt. Die Antwort kann gegeben werden, ohne den eiligen Schritt im geringsten zu verzögern.

Der Fremde kann seine Frage aber noch mit einem hinterhergerufenen Zusatz versehen: »Zu Deiner Beerdigung kommst Du noch früh genug!« Die nachgeworfene Bemerkung des Fremden kann ihren Stachel haben: Man erreicht den Zug, findet einen Sitzplatz, blickt gedankenverloren in die allmählich schneller vorbeiziehende Stadtlandschaft und ertappt sich plötzlich bei der Frage, ob der Fremde nicht recht hatte. Mußte es wirklich schon dieser Zug sein? Hätte ich mir nicht etwas mehr Zeit für das Gespräch mit den Studenten lassen können? Bin ich nicht ohnehin zu viel unterwegs? Wollte ich wirklich je so leben, wie es jetzt geschieht? – Und schon bin ich mitten in einer *Selbstprüfung* meines eigenen Lebens. Ein wildfremder Mensch, der gar nichts von mir weiß, hat dennoch meine Aufmerksamkeit auf Probleme gelenkt, die sich grundsätzlich auf meine Art zu handeln und zu leben beziehen. Solche Probleme, das wird sich noch zeigen, haben eine *moralische Qualität*.

Schon dieses Beispiel legt nahe, daß letztlich der *Selbstanspruch* über die Wirkung einer Frage nach der eigenen Lebensführung entscheidet. Wenn sogar die belanglose Bemerkung eines Fremden ein Nachdenken über das eigene Handeln auslösen kann, dann muß die Bedingung für die Beschäftigung mit dem Problem *in mir selber* liegen. Denn was weiß der Fremde schon von mir? Daß dieser vollkommen äußerliche Anstoß *mich selbst* zum *Nachdenken über mich selber* bringt, das hat ausschließlich *mit mir selbst* zu tun.

Das ist auch bei Fragen nicht anders, die mir aus persönlicher Nähe gestellt werden: von den Eltern, den Geschwistern, Freunden, Nachbarn, Kollegen oder von der geliebten Frau. Selbst hier muß man nicht alles gleichermaßen wichtig nehmen, kann manches sogar abweisen oder mit einer raschen Antwort übergehen. Und selbst hier ist die *eigene Disposition* entscheidend, die individuelle Empfänglichkeit für ein Problem, vielleicht in Verbindung mit einer freudigen Erwartung oder einer Sorge, die man gerade hat. Die Zuständigkeit für einen selbst zeigt sich insbesondere auch daran, welche Probleme man an sich herankommen lassen will. Gleichwohl ist deutlich, daß wir es mit den *aus nächster Nähe* gestellten Fragen ungleich schwerer haben, vor allem wenn sie aus genauer und besorgter Kenntnis stammen. Im Vergleich mit einem Fremden wird der stärkere Anspruch stets von *den* Fragen ausgehen, die mir von den mir *nahestehenden Menschen* gestellt werden – es sei denn, ich mache aus dem mir unbekannten Menschen »den Fremden« schlechthin, jenen geheimnisvollen Anderen, der mir eine Botschaft aus höheren, bedeutungsvolleren Lebenssphären bringt.

In jedem Fall aber ist es *ein Anderer*, der meine Fragen evoziert. Der von mir in allem Denken und Wollen stets mitgemeinte Andere ist die äußere *Instanz*, vor der mir die Probleme mit meinem Handeln entstehen. Genetisch stehen sie ohnehin am Anfang aller Fragen nach mir selbst. Aber auch geltungslogisch gibt es einen Vorrang der Anderen: Denn sie sind in meinem Denken und Tun ursprünglich gemeint; Selbstbewußtsein und Wille haben überhaupt erst ihre Dimension in der Ausrichtung auf die Anderen unserer selbst. Folglich entscheidet sich an ihnen, ob ich verstanden werde, ja, ob ich überhaupt verständlich bin. *Es sind die Anderen, denen ich – allein schon in der ursprünglichen Ausrichtung meiner Absichten auf sie – Antwort schuldig bin.* Ich spreche sie ja tendenziell mit jedem Gedanken und mit jeder Äußerung an. Ich will sie erreichen und im Blick auf die gemeinsame Sache mit ihnen einig sein. Deshalb bin ich im Prinzip auf eine Entgegnung eingestellt. Die Frage des Anderen ist mir nicht fremd, denn ich evoziere sie selbst durch meine bewußte eigene Aktivität.

5. Identität des Selbst

Der originäre Anspruch auf Mitteilung (damit zugleich darauf, vom Anderen verstanden zu werden) dürfte auch der Impuls sein, aus dem sich der *Anspruch auf Moralität* verständlich machen läßt. Denn alle Leistungen der (begrifflichen) Kommunikation und der (willentlichen) Disposition haben nur dann einen Sinn, wenn sie demjenigen, der sie tut, auch zugute kommen können. Das können sie aber nur, wenn jeder Einzelne eben der *ist* und *bleibt*, der in Frage steht. Fragender und Gefragter müssen *vor sich und vor den Anderen dieselben* bleiben, wenn der Zusammenhang von (eigener) Vor- und (anderer) Gegenleistung gewahrt sein soll. Das Individuum muß im Handlungskontext *mit sich identisch* sein, wenn die in Erkennen und Wollen immer schon mitintendierte Kooperation effektiv sein soll.

Für diese *Identität des Selbst* reicht es allerdings nicht aus, daß es in seinem Leib über eine hinreichende physische Stabilität verfügt, die ihm eine momentane Identität verschafft: *Das Selbst braucht eine Identität, die den begrifflichen Standards von Mitteilung und Tätigsein entspricht.* Also kommt es auf die erkennbare Einheit seiner intellektuellen Vollzüge an. Es ist das Begriff und Wille dynamisierende Selbst, das als Ganzheit figurieren können muß. Folglich reicht es nicht, die Identität des Selbst nur funktional an die *jeweiligen* Leistungen des Begreifens und Wollens zu binden. Die Einheit des Selbst muß vielmehr über größere Handlungssequenzen hinweg erkennbar sein, um auch unter geänderten Bedingungen als eben *dieses bestimmte Individuum* identifizierbar zu sein, von dem vorgreifend auf einen späteren Handlungserfolg schon lange vorher die Rede war. Wenn ich dem Freund *jetzt* verspreche, ihm *stets* zu helfen, dann muß ich *auch nach Jahren* (für den Freund, für mich selbst wie auch im Prinzip für jeden anderen) als eben *der* erkennbar sein, der das Versprechen gegeben hat.

Die relative Konstanz des Leibes, die Erinnerung sowie die stabilisierenden Elemente von Person und Institution (8.5/7) machen die Ausbildung einer solchen *zeitübergreifenden Identität* möglich. Diese aber auch *von sich aus* zu wollen, das ist, wie wir noch sehen werden (8.9/10), der ursprüngliche *Impuls zur Moralität: Man will aus eigenem Anspruch* **dieses bestimmte Individuum** *sein, das durchgängig erkennbar und verläßlich ist.* Die Herausforderung zu diesem ursprünglichen Anspruch des Selbst aber kommt vom Anderen seiner selbst.

Denn die Anderen sind es, die mich zur *Verantwortung* ziehen. Dies aber keineswegs bloß durch den faktischen

Zusammenhang, der uns (schicksalhaft) verbindet. Sie haben vielmehr einen originären Anlaß dazu, weil ich sie von vornherein als die *von mir gemeinten* anderen adressiere. Zwar geben sie mit ihrer Frage die volle Kompetenz zur Antwort an mich zurück. *Die Verantwortung steht und fällt mit der* **Selbstverantwortung**, *die jeder notwendig für sich selbst übernimmt.* Gleichwohl sind die anderen die originäre Referenz für die *Rechenschaft über das* **Wie und Warum** *unseres Tuns.* Also geht das Verlangen nach *Rechtfertigung* von der Frage des Anderen aus. In ihr liegt der *Anlaß* für ein moralisches Problem.

Jedes Individuum ist einzigartig. Keines gleicht dem anderen. Das gilt für alle Dinge und für den sich in seiner Position selbst wahrnehmenden Menschen erst recht. Folglich gibt es auch die *Gleichheit* nicht, die mit Blick auf den Menschen immer beschworen wird. Es gibt sie zumindest im strengen mathematischen oder ontologischen Sinne nicht. Denn jeder hat *seine* Geburtsstunde, *seine* Herkunft und *seine* Entwicklung, die er so mit niemand anderem teilt. Die einzige auch von den Biologen gemachte Ausnahme, nämlich die der eineiigen Zwillinge, gilt nur für den Genotyp, nicht aber für die entwickelten Einzelwesen. Jeder einzelne eines solchen Paars ist nur in seinem Chromosomensatz mit seinem Gegenstück identisch, aber auch das nur mit Bezug auf das genetische Programm, das seine Selbstorganisation steuert. Schon die Chromosomen hat jede Zelle ohnehin für sich. Und die Individuen eines eineiigen Zwillingspaars sind allein durch ihren jeweils eigenen Leib, mit dem sie jeweils *ihren* Raum ausfüllen und jeweils *ihre* Erfahrungen machen, radikal verschieden.

Gleichheit im strikten Sinn kommt überhaupt nur durch *Begriffe* in die Welt. Und so verstehen wir nach den bisherigen Ausführungen augenblicklich, woher die verlangte und beschworene Gleichheit unter den Menschen eigentlich kommt: *Sie stammt aus dem* **Anspruch des Selbst**. Genauer: *Das sich mit sich selbst ursprünglich als* **gleich** *(also:*

identisch) begreifende Selbst ist ursprünglich auf **seinesgleichen** *aus.* Die Abstraktion, der man mit dem eigenen Selbst
(das ja nichts ist als ein *Begriff*) zur Wirksamkeit verhilft,
sucht ihr Gegenüber, das ihr begrifflich entspricht. Anders
wäre Mitteilung von Gedanken gar nicht möglich. Und so
adressiert jedes Selbst das Selbst des Anderen tatsächlich als
*seines***gleichen**. Also versteht es auch die Frage des Anderen
genuin als *eine Frage von gleich zu gleich*.

Es ist wichtig, dies vorab zu sehen, denn de facto wird
das Verlangen nach Rechtfertigung über große Unterschiede hinweg gestellt. Nicht von ungefähr kommen die
ersten großen, von der christlichen Überlieferung festge-
haltenen Rechtfertigungsfragen von Gott. Der will von
Adam wissen: »Wo bist du?«; von Eva: »Warum hast du das
getan?«; und von Kain: »Wo ist dein Bruder Abel?« Die
Überlegenheit in diesem Auskunftsverlangen hat, wie wir
noch sehen werden (8.9), ihre systematische Pointe. Zunächst aber ist wichtig zu wissen, daß die Fragen, die sich
die Menschen wechselseitig stellen, in jeder Hinsicht *be-
trächtliche Differenzen* zur Voraussetzung haben: Zuerst
sind es die Eltern, die ständig, noch bevor das Kind antworten kann, von ihm etwas wissen wollen. Dann dreht das
Kind den Spieß herum und hält sich mit seinen Warum-
Fragen im Gespräch. Und schon folgt die bunte Kette des
Lebens: die älteren und die jüngeren Geschwister, die Lehrer und die Verkäufer, die Polizisten, Richter und Reporter,
und nur bei ganz wenigen, bei Freunden, Kollegen und
dem Lebenspartner darf man das Gefühl haben, die wechselseitigen Fragen auch de facto annähernd unter *seinesgleichen* stellen zu können. Und dennoch resultiert der *Ernst*
der Frage aus der Tatsache, daß man sie *umgekehrt auch selber* stellen könnte. Also *unterstellt* man eben die Gleichheit, die man (in Erwartung begrifflicher Verständigung)
von Anfang an im Anderen sucht.

6. Realität und Nähe

Es wäre allerdings irreführend, wollte man die wechselseitige Anteilnahme der Menschen untereinander allein an der Sinnbedingung ihres Selbstbewußtseins festmachen. Zwar ist es gerade mit Blick auf die philosophischen Kontroversen über den Skeptizismus und den daraus ableitbaren Amoralismus, über die Möglichkeit eines transzendental-pragmatischen oder die Unzulänglichkeit eines empirischen Konsenses, über den angeblichen Monologismus des Selbstbewußtseins und die vorgebliche Unbegründbarkeit moralischer Regeln von einiger Wichtigkeit, auf die *vorgängige begriffliche Beziehung* des selbstbewußten Individuums zu seiner Welt und zu seinesgleichen aufmerksam zu machen. Doch darüber darf man die *reale Verbindung*, in der die Individuen zueinander stehen, nicht außer acht lassen. Nehmen wir den Naturbegriff in seiner weitesten Bedeutung, so können wir sagen, daß jeder de facto vom Tun des Anderen berührt ist, und mag der auch noch so weit entfernt sein.

Wenn es so sein sollte, wie es die Chaos-Theoretiker plausibel zu machen versuchen, daß der Flügelschlag eines Schmetterlings in einem chinesischen Blumengärtchen einen Hurrikan über dem Golf von Mexiko auslösen kann, dann können wir auch nicht ausschließen, daß jede Tat eines beliebigen Menschen jede andere Tat eines beliebigen Anderen tangiert. Und was einen faktisch berührt, das muß auch in unseren Ansichten und Absichten bedacht werden. So läßt sich leicht anschaulich machen, daß die Menschen tatsächlich in einer durchgängigen realen Beziehung zueinander stehen, und es wäre niemandem zu verdenken, daß er sich um alles zu kümmern sucht und für sein moralisches Urteil keinerlei Beschränkung akzeptiert.

Doch was wir für die Freiheit abgelehnt haben, sollten wir auch für die Plausibilisierung der realen Verbindung

der Menschen untereinander nicht billigen. Der Naturbegriff der Chaos-Theorie ist in höchstem Maße spekulativ.
Ob der Flügelschlag des Schmetterlings tatsächlich die ge-
nannte Wirkung hat, kann niemand beweisen. Wir können
auf einen solchen Beweis auch gut verzichten. Denn für den
Aufweis der *realen Verbindung zwischen den Menschen*
reichen *die* Abhängigkeiten völlig aus, die uns in alltägli-
cher Beobachtung zugänglich sind. Wer wäre denn ohne
Sorge und Pflege durch andere aufgewachsen? Wer könnte
sich – allein auf sich gestellt – ernähren, kleiden, Werkzeuge
verschaffen, Medikamente herstellen, Strom erzeugen oder
gar Mutter oder Vater sein? Wer wollte und könnte, ganz
für sich allein, ein brauchbares Handy basteln? – Also stehen wir allesamt in *realer Abhängigkeit* von jeweils anderen, deren Leistung wir nicht nur unsere Existenz, sondern
auch deren fortgesetzte Sicherung verdanken. Und die Beispiele zeigen, wie weit verzweigt diese Leistungen sein
können. Wer ein Auto fährt, vertraut auf die Zuverlässig-
keit der Konstrukteure sowohl des Fahrzeugs wie auch des
Verkehrssystems.

Und dennoch kann kein Zweifel sein, daß der Großteil
der für uns lebenswichtigen Verbindungen *in unserer Nähe*
besteht. Nur hier verlieren die uns tragenden Beziehungen
ihre Anonymität, und nur hier habe ich die Möglichkeit zu
direkter Einflußnahme. Also hat auch hier das konkrete
Urteil anzusetzen. Zwar neigen wir aufgrund der allgemeinen Sinnbedingungen unseres Begreifens und Tuns zum
Ausgriff auf *alle* Menschen. Und es ist auch nicht zu bestreiten, daß die Gesamtheit der menschlichen Wesen eine
unverzichtbare Referenzgröße für unser Selbstverständnis
ist. Doch zu einem begründeten Urteil über die Handlungen von Menschen brauchen wir die Kenntnis der *näheren
Umstände*, benötigen wir ein eigenes Urteil über die *Ausgangslage* und wohl auch einen *persönlichen Eindruck* von
den handelnden Figuren. Somit haben wir gewichtige
Gründe, mit moralischen Wertungen nicht allzuweit in die

Ferne zu zielen, sondern möglichst im Bereich der eigenen Erfahrung zu bleiben.

Das empfiehlt sich schließlich auch, weil wir ja jederzeit *selbst* zum Gegenstand wertender Urteile anderer werden können. Und für diesen Fall liegt uns doch normalerweise sehr daran, daß die Anderen wissen, worüber sie sprechen: Frage und Urteil der Anderen sollen selbstverständlich *aus genauer Kenntnis* erfolgen. Hier sind die *Nähe* und die *Aufmerksamkeit* entscheidend. Wer mich kennt und im Einvernehmen mit mir lebt oder arbeitet, wird selten ernsthaft fragen, warum ich etwas tue; er weiß es in der Regel ja ohnehin. Aber wenn ich etwas Unerwartetes tue, folgen augenblicklich die Fragen: Was mir eigentlich einfällt? Wie ich denn dazu komme? Warum ich nicht schon längst etwas gesagt habe?

Und diese Fragen gehen mich in besonderer Weise an. Sie mögen im übrigen noch so *sachbezogen* sein: Ihr *moralischer* Unterton ist nicht zu überhören. Und er wird offenkundig, wenn man bei etwas ertappt worden ist, das man üblicherweise nicht tun würde. Wie jeder weiß, besteht die stärkste Empfindlichkeit bei *Widersprüchen*, also wenn man etwas versprochen, aber nicht gehalten hat, oder wenn man nicht bei der Wahrheit geblieben ist. *Der Selbstwiderspruch ist der wichtigste Indikator für ein moralisches Problem.* Hier ist die *begriffliche Konsistenz des Selbst* berührt. Sie ist in jedem Fall gefordert, wo es um die *Verläßlichkeit ernstgemeinter Handlungen* geht. Die aber muß einem besonders wichtig sein, wo es die *einem selbst nahestehenden* Menschen betrifft.

Natürlich besteht die Empfindlichkeit, bei einem Selbstwiderspruch ertappt zu werden, auch gegenüber entfernten Personen; man möchte insbesondere nicht vor der *Öffentlichkeit* blamiert werden, in die man sich (wie wir aus 5.9 wissen) in ursprünglicher Intention immer schon stellt. Vielleicht fürchtet man, wenn man sich nicht gänzlich marginalisiert, auch das *Urteil der Geschichte*. Eben darin be-

weist sich die Reichweite unseres Selbstbewußtseins, das
grundsätzlich auf alle ausgerichtet ist, die als unseresgleichen auftreten können. Die moralische Intensität einer
Frage steigert sich aber mit der *Nähe von Personen, die einem selbst etwas bedeuten*, die einem *persönlich* wichtig
sind. Dem Anspruch aus nächster Nähe kann man sich nur
mit einem Wechsel der Lebensumstände entziehen. Also
betrifft er einen selbst nicht nur innerlich, sondern auch äußerlich mit besonderer Hartnäckigkeit.

Somit können wir festhalten, daß es zwar generell *der
Andere überhaupt* ist, aus dessen Position die Erwartung
kommt, Rede und Antwort stehen zu müssen; von ihm
kommt der Anspruch, das eigene Tun zu erklären. Davon
wird jeder individuell um so stärker betroffen, je *näher* ihm
der Andere mit seiner Erwartung steht. Dort, wo die
Selbstauskunft nicht ohnehin aus Gründen der Tradition
oder Institution eingefordert werden kann und wo sie auch
nicht durch Gewalt erzwungen wird, da kann es nur die
persönliche Nähe sein, die jemanden aus freien Stücken veranlassen kann, seine Verantwortung wahrzunehmen. *Ob es
aber wirklich geschieht, hängt allein davon ab, inwieweit er
sich selbst verpflichtet sieht.*

7. Motiv und Grund

Was aber ist es, was in Frage steht? Welche Art von Auskunft wird verlangt? Im ersten Kapitel haben wir eher beiläufig darauf hingewiesen, daß alle Fragen einen *technischen Charakter* haben. Da sie ursprünglich auf die *Lösung
oder Bewältigung von Problemen* zielen, geht es immer um
das *Warum* eines Interesses und das *Wie* einer angemessenen Reaktion. Somit läßt sich in der Tat jeder Lebensvollzug auf einen *Funktionszusammenhang* beziehen, in dem
er wahrgenommen und gerechtfertigt wird. Da auch das
menschliche Handeln ein Akt des lebendigen Daseins ist,

kann es in technischen Bezügen beschrieben werden. Sofern es selber in diesen Bezügen steht und sich durch sie
zum Handeln genötigt sieht, nennt man den technischen
Zusammenhang *pragmatisch*: Das Selbst begreift sein Tun
(τὸ πρᾶγμα) dann selbst als Teil einer umfassenden Ge-
schäftigkeit des menschlichen Daseins. Und zur Rechtfertigung der eigenen Handlungen genügt es, sich auf diese
durchschnittlich bekannte und weitgehend anerkannte
Organisation des menschlichen Lebens zu beziehen.

Wie uns Psychologen, Soziologen und Ökonomen dar-
tun, läßt sich auch der Zusammenhang des Lebens nach
Art einer *Technik* begreifen, selbst wenn wir die Zwecke,
zu denen unsere Handlungen die Mittel sind, nicht immer
kennen. Von diesem technischen Zusammenhang der natürlichen und gesellschaftlichen Problembewältigung gibt
es vermutlich nur *eine* definitive *Ausnahme*, nämlich die
durch den Zweck, als der sich der Mensch selber versteht
(3.7; 8.9/10). Bis zu diesem Punkt kann man auf die *Einheit
von Technik und Praxis* setzen. Aber es ist wichtig zu sehen, daß wir auch im Akt der Selbstbestimmung auf den
technisch-pragmatischen Kontext des Daseins bauen. Er
bildet den Rahmen für unsere Verständigung über unser
Tun.

Die Antwort an den Anderen braucht in der Regel also
nur die vertrauten Bezüge zu benennen, in denen sich ein
Mensch konkret versteht: Er hat sich beeilt, weil er den Zug
nicht verpassen wollte; er hat andere provoziert, weil sie auf
seine elende Lage aufmerksam werden sollten; er hat ein
Versprechen nicht gehalten, weil ihm etwas Wichtigeres da-
zwischengekommen ist; er hat gelogen, weil er Angst hatte,
die Wahrheit offen zu gestehen. Alle diese Versuche, das eigene Tun zu rechtfertigen, setzen die Kenntnis der üblichen
menschlichen Beweggründe voraus, stellen sie in den Zusammenhang der herrschenden Gesetzmäßigkeiten des
(zu *dieser* Zeit, in *dieser* Kultur) verbreiteten Verhaltens
und kommen so zu mehr oder weniger plausiblen *Erklä-*

rungen, die man in der Regel, auch wenn man sie nicht billigt, *versteht*.[2]

Die Erklärung unseres eigenen Verhaltens kann freilich auf *zweierlei Weise* erfolgen: Wir können uns zum e i n e n in *objektivierender* Weise als Lebewesen unter anderen beschreiben und unsere Selbstbewegungen durch die uns bekannten *Antriebe des Menschen* erklären. In diesem Fall fassen wir unsere Handlungen als *Wirkungen* auf, denen bestimmte *Ursachen* zugrunde liegen. Diese in ihrer Wirksamkeit an uns selbst beobachteten Ursachen nennen wir *Motive*.

Zum a n d e r e n aber können wir bei eben dieser Erklärung mit dem ganzen Gewicht unseres (auch in seiner Subjektivität präsenten) Selbst kenntlich machen, *wie wir eigentlich selbst zu den genannten Motiven unseres Handelns stehen*. In diesem Fall *erkennen* wir nicht nur bestimmte wirksame Motive unseres Handelns, wir geben nicht nur eine möglichst objektive, die Erklärung einschließende *Beschreibung* der bewegenden Kräfte unseres Tuns, sondern wir machen *zugleich* deutlich, daß wir sie für uns selber *anerkennen*. Wir *eignen sie uns an*, wir machen sie uns in unserem Selbstverständnis als selbstbewußte Wesen *zu eigen*, rechnen sie also ausdrücklich *uns selber zu*. Und diese von uns nicht nur erkannten, sondern *anerkannten* **Motive** bezeichnen wir als *unsere eigenen* **Gründe**.

In den Gründen seines eigenen Tuns versteht sich das Selbst als die für das individuelle Handeln verantwortliche *Instanz*, ja, mehr noch: *Es versteht sich* **selbst** *aus diesen Gründen*. Sie sind, wenn man das sagen darf, die »Ursachen« des Selbst in seiner eigenen Disposition über praktische Probleme. In ihnen gibt sich, metaphorisch gespro-

---

2 Von der Unterscheidung zwischen »Erklären« und »Verstehen« mache ich keinen Gebrauch. Da keine Erkenntnis ohne *Selbstauslegung* möglich ist, läßt sich die Abgrenzung ebensowenig halten wie etwa die strikte Trennung zwischen Natur- und Geisteswissenschaften.

chen, das Selbst einen bestimmten »Grund«, auf dem es »stehen«, »gehen« und somit *selbständig handeln* kann.

In den *Gründen*, so läßt sich auch sagen, akzeptiert sich ein Selbst in Verbindung mit einem eigenen Bewegungsimpuls. Während es sich in den namhaft gemachten *Motiven* einfach hinnimmt, sich im Gewebe der durch es hindurchgehenden Ursachen und Wirkungen beläßt und weiter keine Stellung (als zur Beschreibung nötig) bezieht, hat es die *Gründe* immer schon *ins Verhältnis zu seinem eigenen Selbstverständnis* gesetzt. Es nimmt sie auf, um sich in einer konkreten Lage selbst daraus zu begreifen. Es ist von ihnen *überzeugt*, d. h., es glaubt wirklich, aus ihnen heraus im Sinn seiner eigenen Absichten handeln zu können. Und – was das Wichtigste ist – erst in den Gründen kommt die praktische Erwartung einer *inneren Konsequenz der Handlung* zum Ausdruck. Anlaß, Motiv, Ausführung und (der stets erhoffte) Erfolg werden als prozessuale *Einheit* gedacht, in der sich auch das *Selbst als Einheit* durchhält, ja, in der es überhaupt erst zu seiner *Identität als Selbst* in einem bestimmten Handlungskontext gelangt. Es macht, so läßt sich, um die fortbestehende Nähe zur Technik und zur (Lebens-)Kunst kenntlich zu machen, sagen, *bewußt Gebrauch* von sich selbst als einem sich als *einheitlich* begreifenden Wesen.

Der Grund ist also der Anfang, an den man selber glaubt. Er benennt die Ausgangsbedingung, von der man nicht nur *weiß*, von der man vielmehr auch *praktisch überzeugt* ist. Man nimmt sie in der Erwartung an, das angestrebte Ziel in Übereinstimmung mit sich selbst zu erreichen. Also stellt man sich den *Grund* als den *eigenen Anfang* vor, aus dem man sich versteht und aus dem man auch von den anderen gesehen und verstanden werden möchte. In der Erklärung durch *Motive* bleibt offen, was sie dem Menschen, der sich durch sie bewegen läßt, als ganzem – und zwar so, wie er sich selbst versteht – bedeuten. Der *Grund* ist dagegen das, was dem Handelnden mit Blick auf sein Selbstverständnis in seiner Tat *wichtig* ist. Von ihm läßt er sich nicht nur einfach veranlassen, weil es die Umstände und seine eigene Verfassung so ergeben haben; der Grund ist kein situativer Auslöser, auch keine bloße Ursache, über die ein Psychologe Auskunft geben könnte. Im Grund fängt das Individuum vielmehr ausdrücklich selber an; es versteht sich *selbst* aus dem mit dem Grund natürlich stets in Anspruch genommenen Motiv, so daß es sich mit dem, was darin aktual zum Ausdruck kommt, *identifiziert*.

Damit ist augenblicklich klar, was der von einem selbst als Ausgangspunkt angenommene Grund mit der *Freiheit* zu tun hat: *Im Grund wird der individuelle Anfang einer Tat benannt* – und zwar so, daß man überzeugt sein kann, in Übereinstimmung mit seinesgleichen zu sein. Die mit dem *Grund* begrifflich unterstellte *Allgemeinheit* gibt dem eigenen Anfang einen *prinzipiellen*, das ganze Individuum betreffenden Charakter. Erst der erlaubt, den individuellen Akt einer »grundsätzlichen« Rechtfertigung zu unterwerfen: Mit der Angabe des Grundes bewegt sich das Individuum *im selbstgewählten Medium der* **Begründung**.

8. Selbsterklärung durch Gründe

Man braucht nur wenig Phantasie, um sich klarzumachen, daß jede Tat eine lange Vorgeschichte in den äußeren Ereignissen wie auch in den individuellen Motiven hat. Wäre nicht irgendwann dieses Opernhaus gebaut worden und hätte ich nicht vor Jahren begonnen, ein Instrument zu spielen, hätte ich *jetzt* vermutlich weder Anlaß noch Motiv, in die Oper zu gehen. In spekulativer Naturbetrachtung können wir die Kette der Ursachen auf beiden Seiten – bei der Oper wie bei ihrem Besucher – mühelos bis ins Unendliche ausziehen. Doch die ganze Vorgeschichte mag auf sich beruhen, wenn ich mich *jetzt* entscheide, den von Barenboim dirigierten *Lohengrin* zum zweiten Mal anzuhören. Warum? – *Weil die Aufführung so gut ist!* Mit dieser Begründung schneide ich die lange Kette von äußeren und inneren Ursachen einfach ab, beschränke mich auf das, was *mich überzeugt* und *worin ich mich selbst verstehe* – und zwar so, daß ich glaube, auch anderen verständlich zu sein. Wenn ich ein Mensch bin, der Opern liebt, oder wenn ich gar darauf hoffe, eines Tages mein Geld als Theaterkritiker zu verdienen, dann habe ich in dem schlichten Hinweis auf die Qualität der Aufführung einen *Grund* auch noch für einen dritten oder vierten Besuch. Deshalb kann ich meinen *Grund* für ausreichend ansehen, solange nicht andere Gründe dagegen stehen. Sofern mir selbst keine Bedenken kommen, das kulturelle Umfeld eine solche Begründung erlaubt und mir niemand widerspricht, ist der Opernbesuch damit hinreichend begründet.

Gewiß kommen tausenderlei einzelne Konditionen hinzu: Ich muß die Zeit und das Geld haben, muß gesund sein und am Abend noch irgendwie nach Hause kommen können. Alles dies aber ist geschenkt; dafür habe ich meinen Kopf, um alles umsichtig zu bedenken und mit der Absicht in Übereinstimmung zu bringen. Gelingt dies, dann kommt es auf diese Rahmenbedingungen nicht weiter an. Entscheidend ist dann allein der *Grund*, der *mich* bewegt, den Abend anders als geplant zu verbringen. Sobald ich diesen Grund habe, damit von ihm überzeugt bin und ihm folge, fängt mit ihm eine (neue) Handlung an, ganz gleich, was in Natur und Geschichte vorausgegangen ist.

Deshalb läßt sich festhalten: Wer immer seine eigenen Gründe nennt, erhebt in ihnen auch den Anspruch auf seine *eigene Freiheit*. In den *Motiven* versteht (oder erklärt) sich der Mensch als wirkender Teil der Wirklichkeit; er beläßt sich auch *theoretisch* in den Zusammenhängen, die er *praktisch* hinnimmt, wann immer er wirksam ist. In seinen *Gründen* aber versteht (oder erklärt) sich der Mensch als ein selbständiges Wesen, das *seinen eigenen Anfang* nicht

nur im Verhältnis zur Wirklichkeit, sondern zugleich auch
in Relation zu den eigenen Ansprüchen begreift. Begrün-
dend bezieht es seine Motive auf seinen *Begriff von sich
selbst*. Der Mensch disponiert über sich als ein überhaupt
zum Nachdenken und zur eigenen Entscheidung fähiges
Wesen, eignet sich die in dieser Handlungslage *mit seinem
Selbstverständnis kompatiblen Motive* an und bringt sie *als
Gründe* zur *individuellen Konsequenz*. Da er sich bewußt
auf den von ihm selbst gewollten Anfang bezieht, begreift
er sich in seinen Gründen als *frei*. Natürlich kann er dies
nur, solange er nicht unter dem Diktat eines Anderen steht.
Das ist die Basisbedingung der Freiheit (6.5). Ist sie gegeben, so daß der Einzelne in ungezwungener Lage seine eigenen Gründe nennen kann, kommt er zum vollen Bewußtsein seiner Freiheit. Auch darin liegt eine *Steigerung
der Individualität*. Sie zeigt sich in der *Selbstbegründung
des eigenen Tuns*.

Dem widerspricht nicht, daß die Gründe ihren Sinn nur
in Zusammenhängen haben, die als *gesetzmäßig* angesehen
werden. Formal sind sie in der gleichen Weise eingebunden
wie Ursachen und Motive. Sie erklären nur dann etwas,
wenn sie als *Bestandteil eines allgemein bekannten Wir-
kungsschemas* fungieren. Jedes plausible Motiv impliziert
ein Netz von allgemeinen Beziehungen zwischen Ursachen
und Wirkungen. Alles das, was wir über die Naturbedingungen des Handelns gesagt haben (6.3/4), bleibt in Geltung. Das kann bei *Gründen* schon deshalb nicht anders
sein, weil sie aus erkannten Ursachen des eigenen Verhaltens hervorgehen. Sie sind, wie gesagt, *angeeignete*, in den
Selbstanspruch der Person aufgenommene Motive; sie haben lediglich eine andere Stellung zum Selbstbewußtsein
der Person. Folglich ist in der Begründung auch der Natur-
zusammenhang vorausgesetzt.

Mehr noch: In den Gründen tritt die *Gesetzmäßigkeit
des Zusammenhangs* deutlicher hervor. Denn zur Kausalität, in die sich jedes Individuum durch den Aufweis seiner

Motive stellt, kommt mit der Nennung von Gründen noch die *Selbsteinbindung* in einen *logischen Kontext* hinzu. Das Selbst fügt somit nicht nur seine *Faktizität*, sondern auch seine *Identität* in den Begründungszusammenhang ein. Es ist gleichsam *doppelt* gebunden, nämlich als *empirisches Wesen*, das sich als Teil eines kausalen Prozesses erkennen muß, und als *reflexives*, sich zu sich selbst verhaltendes, also *selbstbewußtes Wesen*, das sich in seiner Eigenart akzeptiert.

Mit der Angabe seiner Gründe rechnet sich das Individuum der (in der Erklärung durch Motive unterstellten) regelhaften Verknüpfung ausdrücklich zu; es bekennt sich gleichsam zu sich selbst – und zwar in dem von ihm erkannten Regelkontext. Somit akzentuiert es die Gesetzmäßigkeit von Natur und Gesellschaft auch für sich selbst; kein Wort davon, die Natur oder die Gesellschaft, die Geschichte oder gar die Logik erst hinter sich lassen zu müssen, um wahrhaft eigene Gründe haben und wirklich frei sein zu können. Das Bewußtsein der Freiheit liegt in der *Selbstbindung durch Regeln*. Das klingt paradox, wird aber verständlich, wenn wir darin ein Selbstverhältnis erkennen, das sich so nur äußern kann, wenn es nicht unter dem Diktat eines anderen Willens steht.

Die Rede von *Aneignung* und *Akzeptanz* darf freilich nicht so verstanden werden, als sei damit die zur Begründung herangezogene Eigenschaft – sei es die der Vorliebe für Opern oder irgendein anderes Merkmal – in jedem Fall gutgeheißen! Man kann zwar Opernfreund oder Theaterkritiker sein wollen; aber man *muß* es nicht, auch wenn man sich in einer Begründung wahrheitsgemäß so darstellt. Wäre es anders, ließen sich Gründe gar nicht kritisieren; auch der Anspruch, sich zu ändern, muß möglich sein. Selbst eine Korrektur des eigenen Selbstverständnisses darf nicht ausgeschlossen sein. Im Gegenteil: Gerade unter dem Anspruch der Begründung des eigenen Tuns sollten Veränderungen des Individuums möglich sein – wenn es dazu ei-

gene Impulse hat, aus denen selbst *eigene Gründe* (etwa zur
Bildung der Person) werden können. – Das alles schließt
die Aneignung von Motiven im Kontext einer Begründung
nicht aus.

Aneignung kann daher nur heißen, die Ursachen und
Motive auf den *eigenen Anspruch* zu beziehen. Man akzeptiert die konkreten Bedingungen seines eigenen Ausgangspunkts und stellt sich damit auch individuell in den Kontext der Realität. Entscheidend aber ist, daß man sie sich –
sit venia verbo – geistig einverleibt. Das soll heißen: Man
referiert auf die *Konditionen und Kriterien des eigenen
Selbstverständnisses.* Die aber sind niemals lediglich auf einen konkreten Selbstbegriff bezogen. Gerade als Opernfreund weiß ich, daß *dieser* Selbstbegriff nicht alles ist; und
selbst als Theaterkritiker sollte ich wissen, daß dies nur *eine*
Rolle ist, nach der nicht alles beurteilt werden kann. Man
hat durchaus verschiedene Positionen im Leben und kann
aus *einer* bekanntlich nicht alles bewerten. Eben diesem
Umstand haben Gründe Rechnung zu tragen. Deshalb
müssen sie die in sie eingehenden Motive in den *Zusammenhang* integrieren, in dem sich das Selbst in seinen verschiedenen konkreten Selbstbegriffen gleichwohl als Einheit versteht (8.5).

Die Aneignung von Ursachen oder Motiven als *Gründe*
vollzieht sich also in einem *begrifflichen Rahmen,* in den
sich das Selbst als ganzes einbezieht und in dem es sich
überhaupt erst *versteht.* Die Fähigkeit, sich selbst in diesem
Rahmen zu halten, wird heute *Rationalität* genannt. Leider
wird dabei nicht selten die konstitutive Beziehung auf das
sich darin allererst *selbst* erschließende Individuum verkannt. Rationalität ist vor allem anderen eine individuelle
Kompetenz. Rational ist nur ein ursprünglich **selbst** er-
schlossener begrifflicher Zusammenhang, der seine Bedeutung verliert, wenn er nicht an die Selbstschätzung des sich
darin verstehenden Menschen gebunden ist (8.1/2). In ihm
erhalten Gründe ihren Erklärungswert. Also läßt sich sa-

gen: *In der Selbsterklärung durch Begründung logifiziert sich das Selbst in dem ihm selbst einsichtigen und von ihm selbst für unverzichtbar gehaltenen Kontext.* Wäre der Begriff nicht negativ besetzt, könnten wir von einer *Rationalisierung des Selbstbewußtseins* sprechen. Das wäre schon deshalb nicht falsch, weil *ratio* zunächst mit »Grund« übersetzt werden muß; alle anderen Konnotationen, bis hin zur »Vernunft«, sind daraus abgeleitet.

Der Grund zeigt somit die Allgemeinheit eines Zusammenhangs, in dem sich das Individuum selbstbewußt präsentiert. Mit der Begründung wird – in Aufnahme der Motive – die *eigene*, aus *eigenen Begriffen* und von *eigenen Absichten* getragene *Argumentation*. Sie ist der selbstgewählte Kontext, in dem der Einzelne seine Identität in direktem Bezug auf anderes vor anderen unter Beweis zu stellen sucht. Doch so sehr es sich auch selbst bindet und mit anderen in eine unmittelbare begriffliche Beziehung tritt: Ausschlaggebend ist und bleibt der *Anspruch des Individuums an sich selbst*. Nur was es selbst aufnimmt, nur das, worauf es sich selbst ansprechen und aufmerksam machen läßt, nur was es selbst als Problem erfährt, das geht es wirklich etwas an. Deshalb kommt letztlich alles *auf das Individuum selber* an – also darauf, *wie es sich versteht*.

9. Die Funktion der Verantwortung

Bislang haben wir größten Wert auf den realen Zusammenhang der Natur, des Lebens, der Geschichte und der Gesellschaft gelegt. Dabei wurde der Mensch als *wirkendes Element* einer Wirklichkeit begriffen, in die er vollständig einbezogen ist. Es ist schwer vorstellbar, welcher Art die Erkenntnis sein sollte, die uns von dieser Einsicht abbringen könnte. Denn alles, was in der Geschichte der Philosophie ein Argument *gegen* die *eine zusammenhängende Realität* abgegeben hat, also die Leistung der Ideen und Begriffe, die universelle Funktion der Gedanken, die Unbegreiflichkeit Gottes, die Abgehobenheit des Geistes oder die exponierte Stellung des Selbstbewußtseins, alles dies verstehen wir nur inmitten einer durchgängig von physischen Kräften organisierten Realität. Die *eine* Welt ist selbst eine Bedingung der Rationalität.

Damit aber ist nicht etwa behauptet, Geist, Ideen oder Begriffe seien »letztlich nichts anderes« als Vorkommnisse der physischen Welt. Im Gegenteil: Es läßt sich leicht anschaulich machen, daß eine entsprechende positivistische oder naturalistische These vollkommen *sinnlos* ist. Denn alles das, worin der Geist sich zeigt, also: (Vernunft-)Ideen, (Verstandes-)Begriffe, Haltungen, Taten oder Werke, kennen wir nur als *Leistungen* des Menschen und somit bloß als *Funktionen* in einem durch höchst spezifische Aktivitäten bewältigten *Problemkontext des Lebens*.

Der Ausdruck der »Funktion« hat hier den exakten Sinn einer Leistung, die wir nur in einem *geregelten Zusammenhang* verstehen. So kommen *Begriffe* nur in einem durch *Aufweis* und *Abgrenzung* gekennzeichneten *Verfahren* zu ihrer bestimmten Bedeutung; man muß auf etwas *zeigen* und es von anderem (unter Wahrung der logischen Regeln) *unterscheiden* können. Und *Ideen*, die alles voraussetzen, was Begriffe benötigen, weil sie Begriffe sind, verlangen zusätzlich die Erfüllung bestimmter logischer Schlußregeln. Denn sie stellen Einheiten vor, auf die man nicht einfach zeigen kann; vielmehr muß das, was sie bedeuten, allererst über eine Vielzahl einzelner, begrifflich gefaßter Gegebenheiten erschlossen werden; der Aufweis ist nur *exemplarisch* möglich.

Unabhängig von diesen durch logische Regeln konstituierten oder normierten Verfahren »gibt« es das gar nicht, was wir als Idee oder Begriff – und mit ihnen als Geist, Begriff oder Gedanke, als Selbstbewußtsein oder Intelligenz – bezeichnen. Folglich hat die Rede von diesen Leistungen auch gar keinen Sinn, wenn sie von den Bedingungen abgetrennt wird, die ihr überhaupt erst Bedeutung verleihen. Andererseits kann man die Existenz solcher Leistungen nicht sinnvoll bestreiten, solange man eben den regelgeleiteten Handlungszusammenhang voraussetzt, in dem sie ihre Funktion haben. Jeder, der es dennoch tut, gerät bekanntlich in einen Selbstwiderspruch, weil er ja mit seiner These bereits Ideen und Begriffe gebraucht. Wer also fragt, ob es den Geist als rein physikalisch verstandenes Vorkommnis »gibt«, stellt eine unsinnige Frage, die den spezifischen Charakter des Geistes verkennt. Denn was wir als Geist verstehen, ist eine nur unter bestimmten regelhaften Bedingungen auftretende Leistung des Menschen.

Damit ist aber nicht nur der reduktionistische Naturalismus ad acta gelegt.[3] Auch die Spielarten des metaphysischen Dualismus sind erledigt. Denn indem sie alles Geistige zu einer eigenständigen Seinssphäre verklären, reißen sie Idee und Begriff von den (Handlungs-)Bedingungen los, unter denen sie allein Bedeutung haben. Also bleibt uns nichts anderes übrig, als den Geist in seiner *spezifischen Leistung* ernst zu nehmen und ihn im Rahmen der Bedingungen zu erklären, in denen er für uns seine eminente theoretische wie praktische Bedeutung erlangt. Strenggenommen gehört also auch die Philosophie des Geistes, von der in den letzten Jahrzehnten mit zunehmender Präzision die Rede ist, zur *Selbstbeschreibung des Menschen* hinzu. Der Mensch hat sich selbst in seinen Leistungen zu begreifen, wenn er erkennen will, was es mit Idee und Begriff – und folglich auch: mit Natur, Welt, Geist (und Gott) – auf sich hat.

---

3 Auf die vielfältigen Spielarten des reduktionistischen Naturalismus kann hier aus Platzgründen noch nicht einmal hingewiesen werden. Einen knappen Überblick geben Roth/Schwegler, *Das Geist-Gehirn-Problem*, 1995, 69 f. Die beiden Autoren bezeichnen ihren eigenen physikalistischen Ansatz als »nicht-reduktionistisch«, was er aber nicht im mindesten ist. Wenn sie den »Geist« als einen »physikalischen Zustand« bezeichnen, »der in großen, interagierenden Neuronenverbänden auftritt« (75), haben sie genau die Reduktion vorgenommen, in der sie sich über die Eigenart des Geistes hinwegsetzen.

Wem diese knappe Darlegung nicht anschaulich genug ist, dem sei durch ein Beispiel nachgeholfen: Kein noch so sehr in seinen Reduktionismus vernarrter Philosoph würde ernsthaft behaupten, in der immer auch physikalisch verstandenen Welt gäbe es keine *Schiedsrichter*; also wird auch kein Metaphysiker genötigt sein, ins andere Extrem zu verfallen und zu behaupten, Schiedsrichter gäbe es nur in der nicht-physikalischen Sphäre des reinen Richtens. Offenbar begreift beim Schiedsrichter jeder, daß es hier um eine *Funktion* geht, die nur unter den jeweils bestimmten *Regeln* des sportlichen Wettkampfs oder der vorgerichtlichen Klärung einen Sinn hat. Dort aber *hat* sie ihn in unübersehbarer Weise. Also *gibt* es Schiedsrichter, wenn auch nur im Regelkomplex eines Fußballspiels oder des Bürgerlichen Gesetzbuches. Ganz analog ist es mit *Verstand* und *Vernunft*: Es *gibt* sie nur, sofern Individuen etwas von sich aus begrifflich erfassen oder erschließen und ihm damit die Form allgemeiner Zugänglichkeit geben. Dieses in den Regeln der Logik mit unerbittlicher Zwangsläufigkeit ablaufende »Spiel« ist der durch Probleme erzeugte »Ernst« des Lebens. Und *Geist* ist das, was denen, die bewußt daran teilnehmen, erlaubt, einen »Sinn« darin zu sehen.

So ist es auch mit der *Verantwortlichkeit*: Zu ihr kommt es nur in einer durchgängig von physischen Kräften bestimmten Welt, in der sich Leben entwickelt hat. Nur in einer solchen Welt (soweit wir sie kennen) stehen die lebendigen Individuen unter dem Diktat der Selbsterhaltung: Sie haben ihren Energiehaushalt zu bewirtschaften und stehen von daher unablässig unter Zeitdruck; die für ihren Stoffwechsel benötigten Materialien erfordern auch in ihrem Außenraum ständige Bewegung, damit neue Stoffe herangeschafft und verbrauchte abtransportiert werden; wo dies nicht durch die Bewegung in der Umgebung begünstigt wird, hat sich das lebendige Individuum selbst zu bewegen, um nicht vorzeitig zugrunde zu gehen; überdies ist es mindestens zur Fortpflanzung, in der Regel aber auch zum Schutz vor Feinden auf andere Individuen seiner Art angewiesen; dies gilt insbesondere für die Phase des individuellen Wachstums bis zur Reife.

Schon die in einer biologischen Population zwischen den Individuen bestehenden Abhängigkeiten können wir nur mit Rücksicht auf den fortgesetzt neu entstehenden *Zeitdruck*, die *Raumnot*, die *Vermehrung*, das *Wachstum*, die *Verletzlichkeit* und *Sterblichkeit* der Individuen wie der Gattung erfassen. Hier setzen die *allgemeinen Bedingungen des Lebens* und die *besonderen Erfordernisse der jeweiligen Art* die *funktionalen Konditionen*, in deren Rahmen wir ihre spezifischen Lebensleistungen erkennen. Erst in diesem Kontext begreifen wir etwa den herbstlichen Vogelflug in wärmere Gegenden und die Rückkehr in die besser geschützten Brutgebiete, verstehen den Nestbau, die periodisch verstärkte Nahrungssuche, die disziplinierte Fütterung sowie die Abwehr von Feinden als Sorge um die Brut. Die Vogeleltern (um bei diesem Beispiel zu bleiben) nehmen die im Rahmen ihrer Lebensbedingungen auf sie zukommende »Verantwortung« wahr. Es wäre unsinnig, von dieser Leistung allein mit Blick auf die natürlich auch hier durchgängig zugrundeliegenden physikalischen Kräfte zu sprechen; vielmehr brauchen wir den Bezug auf die jeweiligen *Funktionsbedingungen einer Aktivität* (etwa dieser Vogelart), um ihren Sinn zu erfassen.

Entsprechend ist es beim Menschen. Auch er steht unter den allgemeinen Konditionen des Lebens; auch er untersteht den spezifischen Lebensbedingungen seiner Art, die er durch seine kulturellen Eigenleistungen ins Unabsehbare erweitert hat. Fast alles, was er hier an Lebensmitteln braucht, ist durch vorgängige und gegenwärtige Leistungen seiner Mitmenschen vermittelt. Hier steht er in realer Abhängigkeit von seinesgleichen, lebt unter sozialem Druck, den man keineswegs bloß als »äußerlich« bezeichnen kann, weil auch die Leistungen des Selbstbewußtseins in die Organisation des menschlichen Daseins eingehen: Der

Mensch verständigt sich mit seinesgleichen durch den Bezug auf die begrifflich erfaßte Welt, und er unterscheidet sich von den Anderen wesentlich durch sein ausdrückliches Wollen, durch das er sich nach seinen Vorstellungen realisiert. Folglich ist auch seine *Verantwortung*, die er angesichts der möglichen oder tatsächlichen Fragen der Anderen wahrnimmt, nur mit Bezug auf den von ihm begriffenen Konnex zwischen ihm selbst und seinesgleichen zu verstehen.

Offenkundig erhält auch erst in diesem von *wirklichen Fragen und Antworten strukturierten Zusammenhang* der Begriff der Verantwortung seinen vollen Sinn. Also zeigt sich *erst beim Menschen* die Bedeutung, die uns erlaubt, im übertragenen Sinn von der »Verantwortung« der Vogeleltern zu sprechen. Dabei kommt uns zugute, daß wir auch beim Menschen die unmittelbare Zuständigkeit für den eigenen Nachwuchs kennen. Normalerweise zieht sogar der fremde Säugling sorgende Zuwendung auf sich. Hans Jonas hat zu zeigen versucht, daß die vom Kleinkind beim Erwachsenen ausgelöste Hilfsbereitschaft ein wesentlicher Ursprung normativen Verhaltens ist. Angesichts des wehrlosen Kindes werde die Pflicht zu Schutz und Versorgung instinktiv empfunden und nach Art eines moralischen Gesetzes eingelöst.[4]

Zur Illustration der möglichen Genese und des affektiven Gehalts von Verantwortung ist das überaus hilfreich, obgleich es den vollen Sinn von Verantwortung ebenso verfehlt wie die Rede von der Verantwortung eines Storchenpaars. Denn nur dort, wo jemand in der Lage ist, die (potentielle oder aktuale) Herausforderung durch die Anderen *bewußt* auf sich zu beziehen und *von sich aus* anzunehmen, hat *Verantwortung* ihren originären Sinn. Dazu aber muß der Einzelne in der Lage sein, *eigene Gründe* zu nennen, denen er *selbständig* und *im Bewußtsein seiner Eigenart* folgen kann.

---

4 Jonas, *Das Prinzip Verantwortung*, 1979, 85 f.

So können wir die *Verantwortung* als eine *Eigenleistung des Individuums* aus den spezifischen Bedingungen seiner selbständigen Stellung in einem soziokulturellen Zusammenhang erklären. Es wäre völlig sinnlos, sie auf physikalische Kräfte zu reduzieren, die natürlich in jedem Moment wirksam sein müssen, wenn von den die Verantwortung tragenden Bedingungen die Rede ist. Doch unter rein physischen Konditionen gibt es die Funktionen nicht, die einer Verantwortung allererst Bedeutung verleihen. Um aber diese Bedeutung zu erfassen, brauchen wir weder einen metaphysischen noch einen perspektivistischen »Dualismus«, benötigen wir weder »Parallelismus« noch »Epiphänomenalismus«, sondern wir erklären die Verantwortung als *individuell zurechenbare Leistung* im Rahmen der entstandenen Strukturen des Lebens – und zwar als *Funktion* eines geregelten Handlungsrahmens, in dem sich das Individuum *selbst versteht* und in dem es *selber handeln* will.

10. Selbstverantwortung und Selbstverpflichtung

Diese letzte Strukturbedingung bedarf abschließend noch einer kurzen Erläuterung, damit deutlich wird, daß jede Verantwortung tatsächlich als eine individuelle *Leistung* verstanden werden kann und somit letztlich auf *Selbstverantwortung* beruht.

Daß die Übernahme von Verantwortung als *Leistung* verstanden werden kann, erkennt man an ihren Effekten: Wo sie wirkungsvoll wahrgenommen wird, kommt es zu verläßlichen Handlungssequenzen. Da kann man sich darauf verlassen, daß der Kranke ärztlich versorgt ist, die Nachtschwester die Werte kontrolliert und man selbst im Notfall benachrichtigt wird. Verantwortung wirkt wie eine *Garantie* – zwar nicht auf den Erfolg, wohl aber auf die achtsame Wahrnehmung und Durchführung einer Handlung.

Eine solche Garantie beruht auf vielen Faktoren: Man muß mit den herrschenden Bedingungen vertraut, gut vorbereitet, entsprechend ausgestattet, personell und unter Umständen auch institutionell abgesichert sein. Wem die Voraussetzungen fehlen, der kann – auch bei den besten Vorsätzen – keinen chirurgischen Eingriff verantworten. Aber selbst unter den besten personellen, medizinischen und versicherungstechnischen Rahmenbedingungen kann keine Verläßlichkeit aufkommen, wenn der leitende Arzt nicht disponiert ist oder sich einfach verweigert. Wenn das Individuum *nicht will*, gibt es keine Chance für die Ausführung der Tat. Also hängt es letztlich an der *Bereitschaft und Fähigkeit des Einzelnen*, ob von einer verantwortlichen Wahrnehmung von Aufgaben die Rede sein kann.

Bereitschaft aber läßt sich nicht erzwingen. Zwar kann sie durch Belohnung oder Strafandrohung begünstigt werden; aber wo der Wille des Handelnden fehlt, da bleibt sie aus. Deshalb kann eine verläßliche Garantie nur dort gegeben werden, wo das Individuum *sich selbst* verantwortlich weiß und somit *aus eigener Einsicht* bereit ist, zu seinem »Wort« zu stehen. Jeder Appell an die Verantwortung der Handelnden geht ins Leere, wo der Handelnde sich nicht selbst verpflichtet fühlt. *Also ist alle Verantwortung an Selbstverantwortung gebunden*, hinter der nichts anderes als eine *Selbstverpflichtung* steht.

Auf die Frage, die für das selbstbewußte Individuum bereits in der realen Existenz der Anderen liegt, muß es also seine Antwort *selber* finden. Deshalb hat es sich auch zu bemühen, *seine eigenen Gründe* für sein Tun und Lassen anzugeben. Wo es aber aus diesen eigenen Gründen tätig wird, da ist es auch *auf seine eigenen Gründe verpflichtet*. Durch die Anerkennung, mit der die eigenen Motive zu den eigenen Gründen werden, entsteht eine *Verbindlichkeit* für das sich mit seinen Gründen vorstellende Selbst, der es sich nur unter Verzicht auf seine Gründe entziehen kann. In dieser *selbsterzeugten Verbindlichkeit* aber hat es nicht nur

seine *Freiheit*, sondern es gibt sich darin selbst die *Verläßlichkeit*, die es bereits im Begriff seiner selbst beansprucht.

Das aber heißt: Indem das Individuum selbstbewußt aus
eigenen Gründen handelt, macht es sich aus eigenem Anspruch zu einer *Person*: Das ist ein Mensch, der sich selbst
einen *Charakter* gibt – oder zumindest geben kann. Personen sind nicht schon dadurch von Dingen unterschieden,
daß sie Selbstbewußtsein *haben*, sondern erst darin, daß ihr
Selbstbewußtsein aus eigenem Anspruch *praktisch* wird.
Mit Blick auf die elementare Funktion des Selbstbewußtseins ist das zwar nur eine triviale Feststellung. Denn wir
wüßten nichts vom Selbstbewußtsein, wenn es sich nicht in
selbstbezüglichen Akten *äußerte*. In der Äußerung aber
liegt immer schon ein *praktisches Moment*. Im aktiv bewältigten Leben aber wird aus der Kette selbstreferentieller
Äußerungen eine *selbstbestimmte Praxis*, in der nicht nur
dieser und jener Akt seine individuelle Besonderheit hat.
Vielmehr gibt sich der Einzelne erst im Gang seines selbsttätigen Daseins den *Charakter*, an dem er unter seinesgleichen als einzigartig erkannt und in dem er anerkannt werden kann.

Die im Begriff des Selbst ursprünglich in Anspruch genommene *Einheit* muß also durch *eigene Leistungen* ausge-
baut und abgestützt werden. Erst dadurch gewinnt das
Selbst an Festigkeit; es erlangt seine *personale Qualität* mit
der zugehörigen *selbstreferentiellen* und (wie wir in 8.7
noch sehen werden) gleichsam *institutionellen Stabilität*.
Das kann ihm freilich nur aus »eigenem Grund«, also nur
unter Bedingungen der mit Gründen gerechtfertigten Selbständigkeit, gelingen. Folglich läßt sich sagen: Personen
sind Wesen, die sich so, wie sie sich darstellen, allererst
selbst bilden müssen. Ihr rein begriffliches Selbst ist eben
nur die *logische Form* eines Bewußtseins, in dem sich ein
gegenständlicher Zusammenhang als gemeinsamer so erhellt, daß mit ihm einvernehmlich umgegangen werden
kann. Erst die *Praxis des tätigen Umgangs* gibt dem Selbst

auch einen charakteristischen Inhalt, an dem es als eine bestimmte Person erkannt werden kann. Das Selbst des Bewußtseins ist lediglich die intelligible Form, aus der nur
durch selbständiges Handeln die eigenständige Substanz
der Persönlichkeit wird. Die Selbstbewegung aus eigenem
Grund kann zwar *keine Selbstschöpfung* sein, weil der
Mensch als lebendiges Wesen in allem von der Natur abhängig ist und abhängig bleibt. Aber sie ist ein Prozeß der
Selbstbildung, in dem jeder das zu werden versucht, als was
er sich begreift. Unter den aufgewiesenen Bedingungen
kann dies nicht unabhängig davon sein, was ihm *Geschichte, Kultur* und *Vernunft* als *Menschlichkeit* vor Augen führen.

8

Selbstbegriff

Der Mensch als Person

1. Vernunft als Merkmal eigenen Verhaltens

Mit der Kritik an der Aufklärung hat im 19. Jahrhundert die Überzeugung um sich gegriffen, daß die Vernunft den Handelnden lähme. Hamlet wurde zum Paradefall eines Grüblers, der sich vor lauter Gedanken zur Tat entweder nicht mehr entscheiden kann oder aus Einsicht verzweifelt. Demgegenüber wurde der *Instinkt* in Anschlag gebracht, der angeblich alles wirklich Kraftvolle vollbringt. Und da, nach Goethes Wort, der Handelnde stets gewissenlos ist, sah man sich von allen Bedenken entlastet und empfahl den *Instinkt* an Stelle der Vernunft. Nietzsches zweite *Unzeitgemäße Betrachtung* führt diesen Stimmungsumschwung in aller Deutlichkeit vor Augen, nachdem bereits in der *Geburt der Tragödie* der »theoretische Mensch« in der Gestalt des Sokrates zum Totengräber der produktiven Kultur erklärt worden war.

Doch Nietzsche ist viel zu klug, um die griffigen Parolen seiner eigenen Texte wörtlich zu nehmen. Er weiß ganz genau, daß sich die Erhaltung der menschlichen Kultur der Fähigkeit zur theoretischen Einstellung im Sinne des Sokrates verdankt.[1] Und er macht mitten in seinem Plädoyer für den *Instinkt* des Handelnden klar, daß »erst dadurch, dass der Mensch denkend, überdenkend, vergleichend, trennend, zusammenschliessend« den unbewußten Mäch-

---

1 Ohne den »theoretischen Optimisten«, für den Sokrates steht, wäre die »instinctive Lust zum Leben« in »allgemeinen Vernichtungskämpfen« derart geschwächt, daß die Kultur an ihrem eigenen »Pesthauch« zugrunde gegangen wäre. (Nietzsche, *GT*, 15; 1, 100)

ten Grenzen setzt und »erst durch die [bewußte] Kraft, das Vergangene zum Leben *zu gebrauchen*«, die *Kultur* entsteht, in der sich die instinktiven Leistungen schöpferischer Produktivität entfalten können (2. *UB* 1; 1, 253; Hervorhebung V. G.). Damit ist klar, daß die Betonung des *Instinkts* wesentlich für die *ästhetischen Aktivitäten* gilt, also für einen Bereich, in dem auch Kant nur auf das Talent des »Genies« verweisen konnte, »durch welche Natur der Kunst die Regel« gibt (*KdU* § 46; 5, 307). Nietzsches vermeintliche »Umwertung« erweist sich zumindest in diesem Punkt als eine bloße Paraphrase auf die *Kritik der Urteilskraft*, und so zeigt sich schnell, daß der propagierte *Instinkt keine Alternative zur Vernunft* darstellen kann.

Eine alte Formel zur *Selbstbezeichnung des Menschen* kann zeigen, daß die Vernunft einer solchen Alternative weit vorausliegt. Die Formel ist allgemein bekannt; sie lautet: *animal rationale*. In der Regel wird sie im Deutschen mit »vernünftiges« oder »vernunftbegabtes Wesen« übersetzt. Diese Übersetzung hat ihren guten Sinn. Denn *ratio* bedeutet in der philosophischen Tradition nun einmal »Vernunft«, so daß man das Adjektiv *rationale* sowohl mit »vernünftig« wie auch mit »vernunftbegabt« übersetzen kann. Die Vernunft gehört zu jenen Eigenschaften, die wir einem Menschen als ganzem und zugleich mit einer gewissen Durchgängigkeit zuschreiben, wenn er die als »vernünftig« angesehenen Fähigkeiten tatsächlich an den Tag legt. Er muß sich vernünftig *verhalten*, wenn er »vernünftig« genannt werden will.

Aber was ist *vernünftiges Verhalten*, und wie kommen wir dazu, es dem Menschen – und damit uns selber – zuzuschreiben? Als »vernünftig« gilt vornehmlich das *normale*, das *übliche*, nicht aus dem Rahmen fallende und somit auch *nicht ins Extrem* ausschlagende Tun und Lassen des Menschen. Die *Mitte* – zwischen den Extremen – scheint geradezu die *natürliche Lage der Vernunft* zu sein. Und es ist, wie Aristoteles gezeigt hat, sogar möglich, ein philosophisches *Kriterium* daraus zu gewinnen: Man beurteilt in Kenntnis der allgemeinen wie der besonderen Faktoren die Bedingungen einer *Situation*, schätzt die hier möglichen *Verhaltensweisen* ein, bemißt vor allem die *Spanne der Gegensätze* und schließt von ihnen auf die *Mitte* zurück, die sich damit als das – *unter den gegebenen Voraussetzungen* – *Vernünftige* empfiehlt.

Man sieht aber sofort, daß zu dieser *Ermittlung* unter jeweils gegebenen Verhältnissen nicht eben wenig Aufwand gehört: Zum angemessenen Verhalten in konkreten Lagen braucht man eine *Vertrautheit mit den Üblichkeiten*; man benötigt eine treffende *Kenntnis der jeweiligen Situation* sowie eine genaue Einschätzung dessen, *worauf es in dieser bestimmten Handlungslage eigentlich ankommt.* Es kommt tatsächlich immer auf *etwas Bestimmtes* an. Aber – für wen? Auf *welchen* Personenkreis, *welche* Leistungen und *welche* sachlichen Güter hat man zu achten? Wie kommt man zur Kenntnis der *Voraussetzungen* und der *Folgen*, und wer *bewertet* sie nach *welchen* und nach *wessen Kriterien*?

Gesetzt, man hätte darauf angemessene Antworten: Es bliebe noch die wichtigste Frage, wie denn *der Handelnde selbst* wissen kann, was er sich zutrauen darf? Nicht selten ist das, was für den *einen* eine alltägliche (und somit in der »Mitte« liegende) Übung darstellt, für den *Anderen* ein halsbrecherisches Wagnis. Also muß man, insbesondere wenn es um die *Vernünftigkeit des **eigenen** Handelns* geht, auch die **eigenen** *Kräfte* richtig einschätzen, was wiederum ohne *Urteilskraft* nicht zu haben ist.

So erweist sich *schon das nächstliegende Verständnis des Vernünftigen* als äußerst kompliziert. Bereits in den alltäglichen Situationen sind so viele schwer überschaubare Faktoren beteiligt, daß sich zweifeln läßt, ob eine adäquate Erfassung einer *Situation, zu der man selbst gehört*, überhaupt möglich ist. Hinzu kommt, daß die meisten Handlungslagen erst dann zu ernsterem Nachdenken führen, wenn die *Normalität unterbrochen* wird. So kann die *Krise*, in der etwas getan werden muß, vom Handelnden selbst als ein *Ausnahmezustand* erfahren werden. In ihm ist vielleicht gar nichts mehr von dem gültig, was unter den *normalen Konditionen* erfolgreich gewesen ist. Unter *extremen Bedingungen* versagen nicht selten alle schematischen Regeln, die man zur Bestimmung eines ausgewogenen Verhältnisses der *verschiedenen Urteilskomponenten* braucht.

Da aber das Leben, wenn man es sich denn erhalten will, eine Entscheidung verlangt, *muß* etwas getan werden. Und wenn das möglichst noch *vernünftig* sein soll, wird erst recht fraglich, was unter »Vernunft« eigentlich zu verstehen ist. Aber selbst wenn sich ein Sinn ausmachen ließe, bliebe offen, ob der auch *praktisch* werden kann.

Angesichts dieser unerhört vielfältigen Ansprüche, denen die Vernunft gerecht werden muß, läßt sich gut verstehen, daß man sie über Jahrtausende hinweg für ein *göttliches* Vermögen gehalten hat. Muß es dann nicht überheblich wirken, wenn sich der *Mensch selbst* das Attribut der Vernünftigkeit zuschreibt?

2. Die Fähigkeit zu schließen

Jeder weiß, wie lächerlich es wirkt, wenn sich ein Einzelner rundheraus als »vernünftig« tituliert. Wenn Osmin, der Haremswächter in Mozarts *Entführung aus dem Serail*, mit tiefem Baß erklärt: »Ich hab' auch Verstand«, dann ist das einfach nur komisch. Ist der Mensch als Gattungswesen nicht in der gleichen Lage, wenn er »auch« Vernunft für sich in Anspruch nimmt? Ich glaube nicht. Dem Menschen »Vernunft« zuzusprechen, ist kein anthropologisches Eigenlob. Hier wird vielmehr nur die *Selbstbeschreibung* auf eine Verhaltensweise ausgedehnt, die wir tatsächlich – als Menschen – am Menschen beobachten. Sie *nicht* zur Kenntnis zu nehmen wäre eine Unachtsamkeit, ja, eine grobe Vernachlässigung wissenschaftlicher Gründlichkeit. Man kann auch einen Vogel nicht beschreiben, ohne dabei zu erwähnen, daß er fliegen kann – obgleich offenkundig ist, daß der Vogel keineswegs *immer* fliegt, daß es auch nichtflugfähige Vögel gibt, und man natürlich auch weiß, daß Fliegen *nicht alles* ist.

Was also ist gemeint, wenn wir dem Menschen als Gattungswesen »Vernunft« zuschreiben? Nehmen wir zunächst ein Beispiel: Wenn jemand eine Zahlenkolonne richtig addieren kann, gestehen wir ihm zu, daß er *rechnen* kann. Der Argwohn, er tue nur so und könne es in Wahrheit gar nicht, kommt uns in der Regel nicht. Einen Verdacht dieser Art würden wir erst hegen, wenn uns die *Rechenkünste eines Papageien* vorgeführt werden. Der hat vermutlich zwar nicht die Absicht, uns zu täuschen, aber er plappert vielleicht nur nach, was ihm in der Dressur vorgesagt worden ist. Dem Menschen jedoch, der die ja auch von anderen erlernten Rechenoperationen in der üblichen Zeit ausführt, gestehen wir normalerweise die *Fähigkeit, rechnen zu können,* zu. Und das heißt im alltäglichen Sprachgebrauch, daß er nicht nur angesichts dieser *einen Zahlenkolonne* oder *nur für den Augenblick* rechnen kann, sondern daß er es *überhaupt* kann, also »immer«, das heißt, solange er *lebt,* bei *Kräften, nicht abgelenkt* und tatsächlich auch *willens* ist, es zu tun. Damit ist weder behauptet, daß er *alle* Rechenarten beherrscht, noch daß er die Grundrechenarten *jederzeit* fehlerfrei zur Anwendung bringt. Und da durchschnittlich alle Menschen diese Fertigkeit, »im Kopf« zu rechnen, ausbilden können, sagen wir, daß sie die »Fähigkeit« oder das »Vermögen« zu rechnen besitzen. Also *hat* der Mensch – und zwar als Gattungswesen – das entsprechende »*Vermögen« zu rechnen*.

Ähnlich ist es mit dem *Sprechen*. Der Mensch lernt es erst

im Laufe seiner ersten Lebensjahre und beherrscht es danach mehr oder weniger gut. Man sagt dann, daß er *sprechen* kann, ohne damit zu behaupten, er täte es *jederzeit*, *ununterbrochen* und stets vollkommen *fehlerfrei*. Wenn er sich unter den normalen Bedingungen des Lebens der Sprache bedienen kann, *hat er die Fähigkeit zu sprechen* und stellt somit unter Beweis, daß er ein *sprachbegabtes Wesen* ist. Dabei wissen wir, daß es große Unterschiede in der Sprachmächtigkeit und Artikulationsfähigkeit gibt. Und dennoch machen wir in der grundsätzlichen Zuschreibung des Sprachvermögens keinen Unterschied zwischen einem Menschen, der nur wenige Ausdrücke seiner *Muttersprache* oder aber eine Reihe von *Fremdsprachen* beherrscht, der ein *rhetorisches Talent* oder ein *Stammler* ist. Und niemand käme ernsthaft auf die Idee, die Fähigkeit zu sprechen nur den Lippen, nur der Zunge oder nur dem Kehlkopf beizulegen; sie wird ganz selbstverständlich dem *ganzen Wesen* zugesprochen, selbst dann, wenn es sich, wie beispielsweise in der Lüge, gar nicht in vorbehaltloser Ganzheit äußert.

Entsprechend ist es mit der *Vernunft*. Auch sie zeigt sich in bestimmten *Fertigkeiten*, von denen wir auf eine *Fähigkeit* schließen, über die der Mensch nach *Maßgabe des Lebens* verfügt. Die Fertigkeit läßt sich in allgemeiner Weise als *Schlußfolgern* bezeichnen, und sie zeigt sich, je nach den Umständen, im *gemeinsamen Beratschlagen*, im *schlüssigen Argumentieren*, in der *konsequenten Darstellung* eines Gedankens, im *nachvollziehenden Verständnis* oder einfach in der Tatsache, daß jemand *das Richtige tut*. Alles dies sind nur *Beispiele*, die jeder für sich beliebig erweitern kann. Und je mehr Beispiele wir uns vor Augen führen, um so deutlicher wird, daß wir, bei uns selbst wie bei Anderen, immer nur *Verhaltensweisen* nennen können, die wir dann im Sinne einer darin zum Ausdruck kommenden *Tätigkeit der Vernunft* deuten.

Natürlich ist die Vernunft nicht mit *mathematischer*

Exaktheit auf jeden gleich verteilt; gewiß können wir gelegentlich auch einer Täuschung erliegen und jemanden für unvernünftig halten, der sich aus der Nähe betrachtet als durchaus rational erweist – und umgekehrt. Aufs Ganze gesehen kommt es nur zu häufig vor, daß sich etwas zunächst für vernünftig Angesehenes ins Gegenteil verkehrt. Gleichwohl ändert das alles nichts an der Tatsache, *daß* wir solche Verhaltensweisen an uns und unseresgleichen beobachten und *daß* wir sie als Leistungen der *Vernunft* verstehen, Leistungen, die wir stets nur an *Individuen* wahrnehmen und die wir dennoch – zumindest als Fähigkeit – der menschlichen Gattung zurechnen. Denn wir beobachten sie nicht nur an Menschen, sondern wissen zugleich auch, daß sie nur im Arbeitszusammenhang der menschlichen Kultur möglich ist.

In dieser *Selbstzuschreibung der Vernunft* liegt auch nicht die Spur einer Anmaßung. Denn wir verfahren mit ihr nicht anders als beim Rechnen oder Sprechen: Wenn ein Mensch *das* durchschnittlich kann, was mit der *Fähigkeit zu schließen* üblicherweise verbunden ist, dann *hat* er Vernunft, ebenso wie er Sprache *hat*, wenn er denn sprechen kann. Und diese Fähigkeit hat er als *Gattungswesen*, weil alles, was der Leistung vernünftigen Verhaltens *physisch*, *psychisch* und *intellektuell* vorausliegt, und alles, was durch sie *kulturell* wie *individuell* möglich wird, an den *Lebenszusammenhang der Population* gebunden ist. Da wir nicht nur Kinder, Alte und Kranke, sondern auch Schlafende und Träumende, Narkotisierte und Volltrunkene als Menschen ansehen, die nach *Maßgabe des Lebens* (also im normalen Zustand ihrer ausgebildeten Kräfte) *rechnen* und *sprechen* können, hat auch der Mensch als *Gattungswesen* als *vernünftig* zu gelten (8.5).

Das alles ist eigentlich trivial, und es wird hier nur so umständlich dargetan, weil in der Gegenwartsphilosophie die Fähigkeit, sich dumm zu stellen, so verbreitet ist, daß man, um sich Gehör zu verschaffen, selbst Gemeinplätze

»rekonstruieren« muß.[2] Überdies sind die Vorbehalte gegenüber der Vernunft, insbesondere wenn sie als »Vermögen« begriffen wird, mit Nietzsche zum intellektuellen Bodensatz geworden, so daß es tatsächlich nötig ist, an ihren einfachen Sinn zu erinnern. Der wiederum erlaubt es uns, die nach wie vor (gerade bei ihren Kritikern) bestehenden hohen Erwartungen in die Vernunft einsichtig zu machen. In der *Wertschätzung der Vernunft* liegt keineswegs bloß ein kulturelles Erbe vor, das heute erst einer »Transformation« oder gar »Transversion« bedürfte, um überhaupt akzeptabel zu sein. Vielmehr erneuert sich in jedem Gebrauch, den wir von unserer Fähigkeit zu schließen machen, das *Vertrauen in unsere Vernunft*. Denn sie ist, bei aller Schwäche, die sie durch ihren *individuellen Einsatz* unvermeidlich hat, bei aller *Ohnmacht*, die sie in direkter Konfrontation mit physischen Kräften und gesellschaftlichen Mächten immer wieder zeigt, das beste *Lebensmittel, das uns zur Verfügung steht*. Der Mensch ist nicht zuletzt deshalb kein Mängelwesen, *weil er Vernunft* hat. Denn er hat sich mit diesem eigentümlichen Werkzeug, das sich im Gebrauch nicht abnutzt, sondern verbessert,[3] die überlegene Kraft verschafft, der gegenüber jedes andere Tier chancenlos ist – man mag es bedauern oder nicht.

In den skizzierten Leistungen ist die *Vernunft* unverzichtbar, denn ohne sie könnten wir weder eine *Situation* noch ein *Problem* identifizieren und wären erst recht nicht in der Lage, sie auf uns zu beziehen. Somit könnten wir ohne Vernunft noch nicht einmal sagen, womit es uns *Ernst*

---

2 Sich dumm zu stellen ist sehr wohl vom philosophischen Staunen oder vom methodisch angeleiteten Zweifeln zu unterscheiden. Es zeigt sich dort, wo etwas hartnäckig in Zweifel gezogen wird, obgleich offenkundig ist, daß das Bezweifelte zu den Bedingungen des Zweifels gehört.

3 *Hominis autem mens discendo alitur et cogitando* (der Geist des Menschen aber wächst durch Lernen und Denken) (Cicero, *De officiis* I,105).

ist und worauf es uns dabei *ankommt*. Also wären wir auch nicht imstande, die fundamentalen Unterscheidungen unseres Daseins, etwa zwischen *Tod* und *Leben*, *Arbeit* und *Spiel*, *Recht* und *Unrecht*, *Politik*, *Wissenschaft* oder *Kunst* zu treffen; wir wüßten uns *selbst* nicht adäquat als *Frau* oder *Mann*, als *alt* oder *jung*, als *gesund* oder *krank*, als *Nachbar*, *Verkehrsteilnehmer*, *Europäer* und *Weltbürger* zu bezeichnen. Natürlich stünden uns auch die großen Orientierungsbegriffe wie *Sein*, *Welt*, *Gott*, *Natur*, *Wirklichkeit*, *Geschichte*, *Zukunft* oder *Menschheit* nicht zur Verfügung.

Ist damit aber auch schon hinreichend klar, was wir an unserer Vernunft tatsächlich haben? Welchen Wert sie wirklich für uns hat? Für den Nachdenklichen schon: Denn wenn wir die genannten Unterscheidungen *nicht* machen könnten, wüßten wir nicht zu sagen, wer wir sind, wo wir uns befinden und worauf wir hinauswollen. Nichts, aber auch gar nichts hätte die *Eigenart*, den *Ort* und den *Wert*, den es jetzt für uns hat. Und dies, wohlgemerkt, nicht allein im Kopf eines Philosophen, nicht bloß in der Welt der Wissenschaft, sondern im alltäglichen Dasein eines jeden Menschen, also dort, wo sich die technischen, politischen oder moralischen Probleme stellen. *Die Vernunftbegriffe bilden das Koordinatenkreuz des menschlichen Lebens;* ohne sie gäbe es weder *Ordnung* noch *Orientierung*, weder *Gewinn* noch *Verlust*.

3. Vernunft und Wille

Alles dies reicht eigentlich aus, um die Unverzichtbarkeit der Vernunft kenntlich zu machen. Was Schopenhauer für die Gesundheit gesagt hat, gilt ohne Einschränkung vor allem für sie: *Die Vernunft ist nicht alles, aber ohne Vernunft ist alles nichts.* In einer *Krise*, die uns nicht zuletzt deshalb unmittelbar berührt, *weil* wir uns als vernünftige

Wesen begreifen, bleibt *einzig die Vernunft*, um mit ihr
fertig zu werden. Gewiß, man kann sein Heil auch im
Vergessen, in der Selbstablenkung oder Selbstverleugnung
suchen. Wer jedoch die Krise als *der* überstehen will, *als
der er sie erfährt,* der kann auf die *Vernunft* schlechterdings nicht verzichten.

Dies kann jeder an sich selber nachvollziehen: Wenn in
einer bestimmten Handlungslage alle routinierten Verhaltensweisen fragwürdig sind, wenn wir nicht einfach auf ein
traditionelles Handlungsmuster zurückgreifen können und
uns der Rat eines Anderen auch nicht das Aha-Erlebnis
bringt, sondern *unser Problem* bestehenbleibt; wenn also
Übung und *Üblichkeiten* keine sichere Auskunft geben,
aber gleichwohl noch so viel Distanz geblieben ist, daß ich
mich fragen kann: *Was soll ich tun?* – dann *habe* ich bereits
auf die Vernunft als auf das letzte Mittel zurückgegriffen,
das mir in solchen Lagen einzig bleibt.

Gewiß gilt das alles nicht für die Situationen *größter
Verzweiflung* und höchster *existentieller Not.* Wer in
Panik ist, greift einfach zum Nächsten oder tut, was ihm
die Natur diktiert. Das sind die Lagen, in denen es auch
unsinnig ist, nach der technischen Kompetenz oder der
moralischen Verantwortung zu fragen. Deshalb haben
auch die bei den Moralphilosophen so beliebten *Extrem-
beispiele* keinen Sinn. Aber: Wenn in einer schwierigen
Handlungslage wenigstens noch so viel Raum ist, daß wir
unser Problem auf *Distanz* bringen und eine *Lösung,* die
den Anspruch erheben kann, *unsere* Lösung zu sein, angehen können, dann ist auch schon die Vernunft im Spiel.
Dann hat sie sich bereits als *das* Mittel erwiesen, auf das
wir zurückgreifen, wenn alle anderen menschlichen Kompetenzen versagen. *Insofern ist die Vernunft tatsächlich die
beste Kraft, die uns zur Bewältigung der Probleme, die uns
wirklich etwas angehen, einzig bleibt.*

Wie aber gelangt die Vernunft zu den *Situationen* und
Problemen, zu den von ihr *erschlossenen Einheiten,* die uns

etwas bedeuten und angesichts derer wir allererst *unsere eigene Bedeutung* begreifen? Man könnte sagen: Ganz einfach! Sie geht *Schritt für Schritt* auf ein uns ihr irgendwie vorab bestimmtes *Ende* zu. Sie schließt von einem auf das andere, von diesem auf das nächste und so immer weiter bis zu einem *Abschluß*, der *ihrem eigenen Anspruch* genügt. So gelangt sie durch *logisches Schließen* zu *ihrem Schluß*, mit dem sie *sich zufriedengibt*, in dem sie, nach Kants Oxymoron, *befriedigt* ist. Wollten wir dieses Verfahren näher beschreiben, müßten wir Begriffe verwenden, die selbst schon der Vernunft entspringen: Das *Erschließen* einer *Ganzheit* verläuft wie die *Handlung* nach einem *Plan*, der sich selbst nicht ohne das *Ziel* erfassen läßt, auf das er ausgerichtet ist. Die Vernunft, der wir selbst erst den Begriff des *Zwecks* verdanken (in ihm wird ja eine erschlossene Einheit auf ein handelndes Wesen so bezogen, daß es sich darauf *ausrichten* kann), verfährt selbst *zweckmäßig*.

Wie das sein kann, ist ein Rätsel, für das wir wohl nur dann eine Lösung finden, wenn wir die Vernunft als ein *Organ* eines in sich zweckmäßig organisierten Wesens begreifen. Allerdings fangen damit die Schwierigkeiten erst an. Denn der Begriff des *Organs* beruht ebenso wie der des *Organismus* auf einer *Selbstauslegung des Menschen*, der von Zwecken und Zweckmäßigkeit nur weiß, sofern er sie *aus seiner eigenen Tätigkeit* als *vernünftig wollendes Wesen* kennt. Nur in *seinem eigenen Handeln* hat er ein Modell für das Verständnis dessen, was er »Leben« nennt.

Und da ist es kein geringes Problem, wie sich die *Vernunft* adäquat verstehen läßt, solange man sie als *Organ einer lebendigen Einheit* begreift, diese aber nur nach dem Muster der *Funktionsweise der Vernunft* erfassen kann. Aus diesem Zirkel kommen wir a priori nicht heraus; wir können uns nur mit der These behelfen, daß *Erkennen auf Selbsterkenntnis* basiert und wir somit genötigt sind, den Zirkel von innen her abzuschreiten.

Das Neue für diesen Zusammenhang aber ist der im Verfahren der Vernunft offenkundige *Zusammenhang zwischen Vernunft und Wille.* Die *zweckmäßige Tätigkeit der Vernunft* läßt sich ohne Beziehung zum *zwecksetzenden Willen* gar nicht denken. Wille und Vernunft verweisen wechselseitig aufeinander: Denn es ist nicht nur so, daß der *Wille,* um überhaupt *Wille* zu sein, einen *Vernunftbegriff,* nämlich den *Zweck* benötigt, sondern die Vernunft verfährt in *ihrer eigenen,* auf einen *Abschluß dringenden Zielstrebigkeit* so, *als ob in ihr ein Wille wirke.*

Die *Vernunft* ist nämlich nicht erst in ihren praktischen, sondern bereits in ihren rein theoretischen Leistungen *auf etwas aus.* Ihre Schlüsse erfolgen nicht absichtslos, sie zielen – auch wenn sie noch so weit reichen mögen – niemals ins Endlose, sondern immer (wie der Wille) auf *etwas,* worum es ihr geht, *und:* Sie kommen auf den *Ausgangspunkt* in *jenem* Wesen zurück, das mit *seiner* Vernunft mindestens das »Interesse« an einem *sinnvollen Abschluß* verbindet. Letztlich zielt sie darauf, *sich einen Zweck zu geben, aus dem sie den Vollzug ihrer eigenen Tätigkeit versteht.* Der *Zweck* aber leitet das *Wollen* an, jenes wirksame *Zeichen,* das eine Selbstbewegung signalisiert, die *von uns selbst* ausgeht und die uns insofern *ganz erfaßt.* Im *Wollen* – natürlich von *Bedürfnissen* angetrieben – sucht sich das *lebendige Wesen als Ganzheit* zu behaupten; es zeigt die *Einheit,* als die es sich selbst versteht, vor seinesgleichen an, um sie in einem *Ziel* zu realisieren. *Also beansprucht der Wille bereits in seinem Ansatz die Leistungen der Vernunft, die ihrerseits bereits in ihrem Verfahren den Charakter einer gewollten Handlung hat.* Wo aber der Wille vom Selbstverständnis des tätigen Wesens getragen wird, da liegt im *Zweck* zugleich auch der *Grund,* aus dem das *Individuum* sich und anderen *sein Handeln* erklären kann.

So wirken Vernunft und Wille, die beide auf *etwas hinauswollen,* zusammen: Die *Vernunft* gibt das explizite *Ziel* und in der ausdrücklichen Verknüpfung mit dem *individu-*

ellen Selbst auch den *Grund* zum Handeln, ohne den kein Wille auf Rechtfertigung setzen kann; und sie verfolgt dabei schon die *leitende Absicht des Wollens*, nämlich das Individuum zu einer auch für andere erkennbaren *Einheit mit sich selbst* zu bringen.

Der *Wille* aber bringt die bewußte Dynamik auf ein Ziel zur *Geltung*; er *ist* das Streben zur *Realisierung* eines *Zwecks*, den er als *Zeichen* gegenüber anderen Personen kenntlich macht. Und in allen seinen Leistungen setzt er die *Vernunft* voraus. Denn ohne sie hätte er weder seinen *Zweck* noch die als *einheitlich aufgefaßte Handlungslage*, auf die er sich bezieht – und ihm fehlte der Begriff des *einheitlich aktivierten Selbst*, das sich im Wollen auf die ebenfalls *als Einheiten* begriffenen *anderen seiner selbst* bezieht. Auch für sie hätte der Wollende keinen Begriff, wenn ihm nicht die Vernunft als das jeweils mit dem Willen Schritt haltende *Verfahren zielstrebigen Schließens* zu Gebote stünde. Und wie die Vernunft kann sich auch das Wollen nur beruhigen, wenn es sein *Ziel* erreicht hat. So kommen beide auch in »Bedürfnis« und »Befriedigung« überein.

4. *Animal rationale*: Das Tier, das seine Gründe hat

Mit diesem Exkurs über den inneren Konnex zwischen Vernunft und Willen haben wir den komplexen *Begriff der Vernunft* auf ein Verständnisminimum eingegrenzt: Ungeachtet der schier unübersehbaren Bedeutungvielfalt bescheiden wir uns mit der schlichten Auskunft, daß die Vernunft mindestens in der *Fähigkeit zu schließen* liegt. Genauer: *Vernunft nennen wir die Fähigkeit des Menschen, aus gegebenen Begriffen auf umfassende Einheiten zu schließen, in denen er sich selbst als Einheit versteht.* Was die Vernunft auf diese Weise ermittelt, ist dem Menschen *einsichtig.*

So kommt es zur *Einheit von Vernunfterkenntnis und*

Einsicht, die in der Tradition durch die Nähe von *ratio* und *intellectus* verbürgt ist.[4] In den von der Vernunft erschlossenen Zusammenhängen wird dem Menschen etwas *einsichtig;* er *versteht* es, auch wenn er nicht immer weiß, wie er es erklären kann.

Dies gilt nun vor allem für den *Grund*, aus dem heraus er etwas tut. *Gründe sind angeeignete Motive.* Es sind *Erklärungen* für *Zwecke*, die das Individuum so leiten, daß es für sich die Gewißheit hat, etwas *von selbst* zu tun. Zwecke sind mit der *Überzeugung* verbunden, daß sie auch mit den dem Einzelnen zur Verfügung stehenden Mitteln erreicht werden können. Also müssen sie von der *Einsicht* in seine eigene Lage getragen sein, d. h. das Individuum muß seine *Situation* und seine ihr entsprechende *Disposition erschlossen* haben. Und wenn es sich unter diesen Bedingungen *entschließt*, etwas von sich aus zu tun, dann ist es bereit, sich in dem erschlossenen Sinn selbst in Bewegung zu setzen. Und dann hat es *seinen Grund, etwas zu tun*.

Wenn wir aber das Vermögen benennen, dem diese Leistung zu verdanken ist, dann muß an erster Stelle, trotz aller sonst beteiligten Konditionen und Faktoren, die *Vernunft* Erwähnung finden. *Denn es ist wesentlich die Vernunft, die dem Menschen die Fähigkeit verleiht, eigene Gründe zu haben.*

Die *Gründe* sind es damit auch, die uns die für unser *praktisches Handeln* wesentliche Leistung der Vernunft vor

---

4 *Ratio* und *intellectus* wurden in der Tradition vielfältig voneinander abgegrenzt. Während der *ratio* mehr das rechnende, logisch erschließende Verfahren zugeschrieben wurde, das mit dem systematischen Denken verbunden ist, stand *intellectus* mehr für das unmittelbar einsichtige Erfassen dessen, was als wesentlich galt. Die Unterscheidung läßt sich gut nachvollziehen. Doch richtig ist auch, daß sich beide Leistungen nicht definitiv voneinander trennen lassen. Zumindest kommt die *ratio* ohne die abschließende Einsicht in den von ihr methodisch erschlossenen Zusammenhang nicht aus. Entsprechendes gilt für die *Urteilskraft*, die auch in der Lage sein muß, augenblicklich das Wesentliche einer Lage zu erfassen.

Augen führen. *Es sind **unsere eigenen Gründe**, die uns befähigen, unserem Selbstverständnis entsprechend zu handeln.* Sie fügen uns – *so wie wir uns selbst begreifen* – in den Kontext der von uns erschlossenen Wirklichkeit. Sie passen uns mit unserer eigenständigen Aktivität in den Gang der Ereignisse ein, und zwar so wie wir uns *selbst* in der von uns erschlossenen Welt verstehen. Durch sie gelangen wir zu einer *Übereinstimmung zwischen uns und unserer Welt*.

Diese Übereinstimmung herzustellen ist die elementare Aufgabe der Vernunft. Sie schließt nichts aus, was die spekulative, rein theoretisch verfahrende Vernunft ermittelt. Was immer von der *Vernunft* erschlossen wird, das kann in der *praktischen Begründung* auf die *konkrete Ausgangslage* bezogen, mit der *Selbstkenntnis des Individuums* verknüpft, in der ursprünglichen Dynamik der *auf Zwecke ausgerichteten* Vernunft verstärkt und mit dem jeder Vernunft inhärierenden *Willen* verbunden werden. In der *praktischen Begründung* kommen somit alle Momente der Vernunft zur Geltung; die *besten intellektuellen Kräfte des Menschen* werden *so* in Gebrauch genommen, daß sie mit seinem *Selbstverständnis in Deckung* sind. Hier *weiß* sich der Mensch nicht einfach nur als ein *Lebewesen*, das aus *eigenen Impulsen* handelt. Sondern es erfährt an sich selbst, daß es selektiv mit seinen natürlichen Triebkräften umgehen, einige bündeln, andere ausblenden und vielleicht ein ihm besonders wichtiges Motiv verstärken kann, um alles das, *worauf es ihm ankommt*, in einen *Grund* zu fassen, aus dem es selbst – *so wie es sich im Ganzen versteht* – *eigenständig handeln* kann. Erst dadurch gelangt es zu seinem *Selbstbewußtsein als vernünftiges Wesen* und kann von seinesgleichen auch als solches erkannt werden. Wo dies geschieht, spricht es von sich selbst und seinesgleichen als *Person*.

Damit sind wir wieder bei der jahrtausendealten Formel vom *animal rationale* und können ihr, trotz der spärlichen Erläuterung zur Funktionsweise der Vernunft, einen präziseren Sinn abgewinnen: Wenn wir vom Menschen als dem *animal rationale* sprechen, ist das *Lebewesen* gemeint, *das seine Gründe hat.* Als Tier[5], das sich in höchst *verschiedenen Umwelten* zurechtfinden kann, das insofern nicht an eine *prästabilierte Außenlage* gebunden ist, folglich habituell auf *Krisen* bezogen und auf *ingeniöse Problemlösungen* angewiesen ist, bleibt ihm gar nichts anderes übrig, als sich selbst einen *Grund* zum eigenen Handeln zu geben. Im *Zweck* entwirft es sich das intellektuell erschlossene Handlungsziel, mit dem es von sich aus auf ein von ihm selbst bestimmtes Ende zugehen kann; im *Willen* setzt es das von ihm selbst ernstgenommene *Zeichen* seiner eigenen Aktivität; und im *Grund* versichert es sich eines *eigenen, ihm selbst einsichtigen Ausgangspunkts* für die eigene Tat, in der es von seinesgleichen verstanden werden kann. Mit der in allem benötigten *Urteilskraft* stellt es die Beziehung auf den Einzelfall her, der sowohl im jeweiligen *Problem*, in der *Situation* wie auch *an mir selbst* exemplarisch wird.

Also kommt erst in der Fähigkeit, eigene Gründe zu haben (und zu benennen), die anthropologische Kennzeichnung des Menschen als eines handelnden Wesens zu ihrem Abschluß. Und es ist nicht mehr und nicht weniger als die *Vernunft*, die diese Eigenart des Menschen komplettiert. Denn erst mit seiner *Vernunft* schafft sich der Mensch den aktuell geschlossenen Handlungsrahmen, in dem *Zweck, Wille* und *Grund* ihre Bedeutung haben.

5 *Animal* steht im Lateinischen für alles, was den »Hauch« (gr.: ἄνεμος) der »Seele« oder des »Geistes« (beides: *animus*) spüren läßt. Deshalb hört man gelegentlich den gelehrt klingenden Hinweis, *animal* dürfe nicht mit »Tier«, sondern müsse mit »Lebewesen« übersetzt werden. Da nun aber das Tier unbestreitbar zu den Lebewesen und der Mensch nicht weniger unstrittig zu den Wirbel-, des näheren zu den Säugetieren gehört, ist in diesem Fall »Tier« die korrekte Übersetzung, auch wenn mit dem Adjektiv *rationale* ein spezifisches Kriterium gesucht wird. Was immer an Besonderheit gefunden werden mag: Es trifft auf den Menschen als ein *tierisches Lebewesen* zu.

Es kommt zu diesen Gründen aber nur, weil und sofern sich der Mensch als *Individuum* begreift! Nur als *Individuum* kann er *handeln*, nur als *dieses eine* Wesen weiß er von seinen *Motiven*, die er sich in Form von *Gründen* selbst *aneignen* und zur *Rechtfertigung seines eigenen Tuns* vorbringen kann. Es wäre daher entschieden zuwenig, vom *animal rationale* bloß als dem *Gattungswesen* zu sprechen, das Gründe hat. Nein, das Spezifikum des Menschen tritt erst darin hervor, daß er jeweils *seine eigenen* Gründe hat. Denn nur weil und sofern er sich als *Individuum* begreift, hat er überhaupt Gründe *nötig*.

Es wäre zuviel behauptet, wenn wir sagen würden, die *Tatsache der selbstbewußten Individualisierung des Menschen* als der *auslösenden Bedingung von Rationalität* sei bislang nicht erkannt. An Platon und seinen beiden bislang produktivsten Schülern, Aristoteles und Cicero, ließe sich zeigen, wie aufmerksam sie gegenüber der *Individualität* des *Begreifens*, *Urteilens* und *Handelns* waren. Auch die ersten christlichen Denker, etwa Boethius oder Augustinus, waren von dieser Einsicht durchdrungen, und wir können nicht nur an Petrarca, Pico oder Montaigne sehen, daß auch die Neuzeit von dieser *conditio humana individualis* wußte: Kant hätte weder sein *Ich denke* noch die alles moralische Handeln tragende Leistung der *Maximen* so forcieren können, wenn ihm nicht die *Individualität* alles verständigen und vernünftigen Tuns vor Augen gestanden hätte.

Aber hat er sie uns, seinen Lesern, wirklich kenntlich gemacht? Wissen wir wirklich von dieser konstitutiven und in jeder Hinsicht elementaren Bedingung der Vernunft? Sind wir tatsächlich in der Lage, das Sittengesetz als *individuelles Gesetz* zu begreifen? Wohlgemerkt: als *Gesetz*, das in seiner ganzen Strenge nur für *das* Individuum gilt, das es als *sein Gesetz* begreift?

Doch wie immer wir diese Fragen auch beantworten: Bis hierher ist sicher, daß die *Selbstauslegung des Menschen* als

animal rationale nicht im Gegensatz zu der ihn auszeichnenden Handlungsfähigkeit steht. Es ist vielmehr so, daß er
nur dann seinem Selbstverständnis entsprechend handeln
kann, wenn er *seine Gründe* dafür hat. Und diese Gründe
hat er, wie wir gesehen haben, nur kraft *seiner eigenen Vernunft*. Und er hat sie – wo immer wir nach seiner Eigenart
im Kontext des Lebens fragen – *als Mensch*. Dort aber, wo
er sich als Mensch unter Menschen zu behaupten hat, sind
es Gründe, die er *als Individuum* hat. Nur das Wesen, das
seine Gründe hat, kann sich selbst als Individuum begreifen. Und *nur sofern es dies* tut, kann es auch als Individuum
ausgezeichnet sein. Das aber hat einen Sinn nur *vor seinesgleichen*: Eine durch Selbstauszeichnung gesteigerte Individualität hat nur vor Individuen Bedeutung, die ihrerseits in
der Lage sind, für ihr eigenes Handeln auch *ihre eigenen*
Gründe zu benennen. Wesen, die dazu fähig sind, nennen
wir *Personen*.

5. Der Mensch ist Person

Der Begriff der Person gehört zu den umstrittensten Termini der Gegenwartsphilosophie. Auch daran bestätigt
sich, daß es die *Probleme* sind, die uns zu denken geben.
Die Fortschritte der Medizin erlauben heute so weitge-
hende Eingriffe in den menschlichen Körper und eine so
unglaubliche Verfügung über das individuelle Leben, daß
der Schutz des Einzelnen ein praktisches Problem erster
Ordnung geworden ist. Darüber hinaus hat die Entwicklung und Herstellung von Medikamenten, die Möglichkeit von Organspenden sowie die gentechnisch verkürz-
te Züchtung neuen Lebens die Abgrenzung zwischen
Mensch und Tier zu einem Problem gemacht, das nach
exakten Kriterien verlangt. Und da lag und liegt es nahe,
die juridisch und moralisch gut eingeführte Eigenart der
Personalität des Menschen zum Abgrenzungskriterium zu

machen. Aber schon ist die Frage, was »Person« denn eigentlich heißt und ob sich ihre Merkmale tatsächlich auf den Menschen beschränken lassen. Darüber wird seit mehr als dreißig Jahren diskutiert, und man konnte sich dabei nicht nur auf eine beachtliche, spätestens mit John Locke einsetzende Tradition, sondern auch auf neuere, sprachanalytisch angeleitete Abgrenzungen beziehen.[6]

Natürlich ist man weit davon entfernt, Einigkeit zu erzielen: Trotz bedenklicher Einschränkungen des Begriffs auf akute Leistungen des Individuums und einer extremen Reduktion auf technische Kriterien erscheint einigen Utilitaristen der Begriff immer noch so unklar, daß sie am liebsten auf ihn verzichten möchten.[7] Wer mit dem Menschen wie mit einer eindeutig bewerteten Sache verfahren möchte, der kann es in der Tat nur als störend empfinden, daß der Mensch immer wieder seinen eigenen Wert ins Spiel bringt, einen Wert, der zudem nicht unabhängig von seiner *Selbsteinschätzung* als Individuum und als Gattung ist. Im Kontrast zum Stückgut-Reduktionismus des Utilitarismus haben andere Autoren die überlieferten ethischen Elemente des Begriffs herausgearbeitet und dabei mit Recht auch deren metaphysische Fundamente betont.[8] Nur gelingt es diesen Autoren nicht, den intelligiblen (nämlich auf die Einsicht in sich selbst gegründeten) Charakter von Personen mit deren physischer Konstitution zu verknüpfen. So tritt Robert Spaemann mit seiner richtigen, von ihm aber nicht einmal im Ansatz belegten These, der Mensch habe schon als *Gattungswesen* die Qualität der Person, in Wider-

---

6 Hier ist vor allem Strawsons Untersuchung über »Einzeldinge« (*Individuals,* 1959) zu nennen. Über die Debatte informiert die Darstellung von Sturma, *Philosophie der Person,* 1997. Beachtenswerte Einblicke in historische Genese und systematische Valenz des Begriffs für die Ethik vermittelt Kobusch, *Die Entdeckung der Person,* 1997.

7 Birnbacher, *Das Dilemma des Personbegriffs,* 1997, 9–25.

8 Vgl. dazu den Nachtrag zur 2. Aufl. von Kobusch, *Die Entdeckung der Person,* 1997, 263 ff.; außerdem: Spaemann, *Personen,* 1996.

spruch zu der von ihm selbst betriebenen Spiritualisierung der Person.

Die vorliegende Untersuchung hat demgegenüber deutlich gemacht, daß sich bereits das empirische Selbstverständnis des Menschen auf einen *intelligiblen Selbstbegriff* gründet. Der steht in *doppelter Verbindung* zu den Vollzügen der physischen Selbstorganisation: Selbstbewußtsein können e r s t e n s nur Wesen haben, die sich als *eigenständige physische Existenzen* auf anderes ihrer selbst vor anderen ihrer selbst beziehen. Die Andersheit der Gegenstände und der mitadressierten Menschen kann zwar auch *gedacht* sein; sie muß aber ihren jeweiligen Ausgangspunkt in deren *realer physischer Anwesenheit* haben. So bleibt auch die reine Intellektualität (nicht reduzierbarer) geistiger Prozesse (vgl. 7.9) an die *Leiblichkeit* nicht nur dieses einen selbstbewußten Wesens, sondern an die *reale Gemeinschaft*, nämlich die Population dieser Wesen gebunden. Das ist der gleichsam *physische* Verbindungsstrang.

Daneben gibt es z w e i t e n s die Verknüpfung von Intellekt und Realität über den Ursprung aller Erkenntnis im *Erleben des eigenen Lebens*. Das führt auf die *methodologische* Fundierung jeder als wahr bezeichneten Erkenntnis durch die *Selbsterkenntnis*. Man kann daher die als bloß physisch angesehene Welt nicht als die *substantiell vorgegebene* Realität behaupten und alle anderen Phänomene auf sie zurückführen. Deshalb ist es nicht nur ein Mißverständnis der geistigen Dinge, sie auf physische Ereignisse reduzieren zu wollen; auch die nicht von unserer Erkenntnis ablösbare Qualität der physischen Welt wird auf diese Weise verkannt. Denn die Beschreibung der physischen Dinge erfolgt auf dem Weg einer radikalen Abstraktion von lebensweltlichen Erfahrungen, in die das empfindende, fühlende und denkende Ich ursprünglich eingebunden ist – ohne darin bereits »subjektiv« zu sein. Subjektivität kann sich erst in der Abgrenzung von der ausdrück-

lich konstatierten Objektivität einstellen (7.1). Schon jede
Erkenntnis von bloß physischen Konditionen setzt somit
das *intelligible Selbst* voraus, das dem Organismus wie
dem Erkenntnisvorgang in jedem Akt aufmerkend, fest-
stellend und prüfend verbunden bleibt. *Das begreifende
und wollende Selbst des Menschen ist ursprünglich auf die
leiblichen und körperlichen Zusammenhänge des Daseins
bezogen.*

Davon ist auszugehen, wenn wir vom Selbst und seinem
Weltverhältnis reden. Über *Personen* aber ist noch einiges
mehr zu sagen. Um sie zureichend zu kennzeichnen, genügt es nicht, lediglich auf den kategorialen Unterschied
zwischen Dingen und (irgendwie selbstbewußten) »Subjekten« zu verweisen. Schon das Selbstbewußtsein schließt,
wie wir gesehen haben, weitreichende Leistungen des sachhaltigen Denkens sowie des Zwecke setzenden und mitteilenden Wollens ein. Die Überlegungen im letzten Ab-
schnitt haben nun gezeigt, daß auch die *Vernunft* zu den integralen Leistungen des selbstbewußten Menschen gehört;
das Vermögen zu schließen ist elementarer Bestandteil einer jeden Orientierungs- und Verständigungsleistung. Also
kann man mindestens sagen, daß Personen *vernünftige Wesen* in dem oben erläuterten Sinne sind: Sie müssen sich vernünftig verhalten können, ohne dabei auch nur im Ansatz
vollkommen vernünftig zu sein. Sie brauchen also nicht immer und nicht in allem ihre Vernunft zu zeigen; sie brauchen auch nichts von den Bedingungen und Verfahren der
Vernunft zu wissen, müssen folglich nicht erst zu Philosophen, Wissenschaftlern oder Diskursspezialisten werden,
um als vernünftig gelten zu können. Sofern sie überhaupt
jene Eigenschaften erkennen oder erwarten lassen, die üblicherweise mit dem Vernunftgebrauch verbunden sind,
muß man ihnen lediglich *auch* Vernunft zugestehen. Deshalb kann man sagen, daß sie – *sofern sie Menschen sind* –
als *vernünftige Wesen* angesprochen werden müssen. Und
deshalb gilt – um es mit dem Titel einer bis heute unüber-

troffenen Kant-Interpretation zu sagen: *Der Mensch ist Person.*[9]

Diese Aussage läßt sich aber nur rechtfertigen, sofern wir den Begriff der Person als *Selbstbegriff* des Menschen verstehen, in dem *alle* ihm zugänglichen Elemente seines Daseins zusammengefaßt sind. Der Begriff bezieht sich daher nicht allein auf die *intellektuellen* Leistungen des Menschen, sondern er umfaßt ausdrücklich auch die *physischen*, *physiologischen* und *sozio-kulturellen* Faktoren des menschlichen Lebens. Denn der Mensch ist nicht nur in jedem Akt des Begreifens ursprünglich auf anderes vor anderen seiner selbst gerichtet, er hat also nicht nur in allen intellektuellen Leistungen eine realitätsbezogene und soziomorphe Verfassung, sondern er begreift sich unvermeidlich als ein durch und durch *lebendiges Wesen*, das auf das *Zusammenspiel aller seiner organischen Funktionen* angewiesen ist, um so zu sein, wie es sich begreift. Als lebendiges Wesen aber steht er in *realer Abhängigkeit* zu denen, die ihn erzeugt, genährt und erzogen haben und ohne die er – auch im radikalen Verzicht auf alles Gewohnte – nicht seinen Ansprüchen gemäß leben könnte.

Auch hier haben wir die für den Menschen typische *Verknüpfung von Tatsächlichkeit und Anspruch*: Er kann, sofern er überhaupt einen Gestaltungsspielraum hat, nicht ohne seine *Selbstansprüche* leben. *Das intelligible Selbstverständnis des Menschen ist Teil seiner realen Lebensbedingungen.* Dadurch wird natürlich nicht ausgeschlossen, daß ein Mensch längere Zeit allein auf einem Floß, einer unbewohnten Insel oder in einem Kellerloch überlebt. Auch ganze Gesellschaften können sich nach schweren Naturkatastrophen, Kriegen, Tyrannei oder unter extremem ökonomischen Druck auf dem Existenzminimum vor dem Untergang retten. Aber dieses (Über-)Leben ist, wie man sagt, »kein Leben«, sondern ein bloßes Vegetieren. Also ist selbst

9 Schwartländer, *Der Mensch ist Person*, 1968.

in solchen Lagen der Anspruch auf ein Leben nach eigenen Vorstellungen gegenwärtig, und wir können keine Kultur, keine Gesellschaft und im Prinzip auch kein Individuum davon ausnehmen. Wir sind daher berechtigt, die primär an die *intellektuellen* Leistungen von Individuen gebundene *(Selbst-)Auszeichnung als* **Person** auf *jeden* Menschen zu beziehen, ganz gleich aus welcher Kultur er stammt und ob er selbst etwas von personalen Qualitäten weiß oder nicht. Folglich haben wir auch einem Neugeborenen, einem Schlafenden, einem Amokläufer oder einem Schwachsinnigen die Qualität der Person zuzugestehen. *Jeder Mensch ist grundsätzlich als ein vernünftiges Wesen anzusehen* (8.4).

So wie wir die Zweibeinigkeit und den aufrechten Gang – obgleich sie keineswegs in jedem Fall und in allen Lagen gegeben sind – als *Kennzeichen der menschlichen Gattung* verstehen, so haben wir auch die Vernunft zur *Grundausstattung des Menschen* zu rechnen. Die Fähigkeit, zu denken, zu sprechen und zu handeln, kommt ihm *als Gattungswesen* zu; anders könnte er sich selbst gar nicht *als Mensch* verstehen. Denn zum Selbstverständnis des Menschen – erst recht, wenn er sich als Individuum begreift – gehört notwendig der *Bezug zu seinesgleichen*. Selbst wenn er empirisch nichts von seinesgleichen wüßte, so wäre er doch, wenn er nur denken oder handeln könnte, auf sie bezogen. Deshalb wäre es vollkommen töricht, die sowohl von ihrer Genese wie auch von ihrer Funktion *auf die Population* bezogene *Personalität* des Menschen nur Individuen, die *aktuell* die Kriterien des Wachseins, der Aufmerksamkeit, der Gesundheit oder des Schulbesuchs erfüllen, zuzugestehen. Dann dürfte man auch jedem gefangenen Hai die Flossen abschneiden, weil er *so*, wie er auf dem Schiffsdeck liegt, gar kein schwimmendes Wesen *ist*.

6. Personalität als Selbstdarstellung

Zur Selbstbeschreibung des Menschen reicht es, wie gezeigt, nicht aus, lediglich auf die empirisch aufweisbaren *biologischen Konditionen* zu verweisen; man kann seine (in der Beschreibung selbst immer schon wirksame) *intellektuelle Beschaffenheit* schlechterdings nicht umgehen. Und in beiden Momenten ist selbst die radikal gefaßte *Individualität* auf die *Population* bezogen – zumindest auf die *unterstellte Gegenwart von seinesgleichen*, mit dem man gleichsam – selbst in seinen geheimsten Gedanken – immer im Gespräch ist. *Denn Denken ist Selbstaktivierung im Medium sachbezogener Sozialität*; in ihm wird sich das Selbst allererst im Bezug auf anderes vor Anderen seiner selbst bewußt.

Wenn dies aber so ist, dann ist die Person, auch wenn sie einmal ganz *für* sich selbst ist, nicht ausschließlich *vor* sich selbst. Dann nämlich hat das seiner selbst bewußte Individuum sozusagen schon »in« sich selbst eine *soziale Verfassung*. Das klingt verdächtig nach einer »Dialektik«, in der sich alles mit allem verbinden läßt. Tatsächlich aber geht es um einen simplen Sachverhalt, den wir in der Regel bereits im Begriff der Person gegenwärtig haben. »Person« verweist nämlich auf die »Rolle«, die der Mensch im Zusammenleben mit seinesgleichen einzunehmen hat. Daran erinnert bekanntlich schon der etymologische Ursprung von *persona*, der sich von *personare* (wörtlich: durchtönen) herleitet und wohl zunächst das meint, was man durch die Maske des Schauspielers hört. Daraus wurde dann die Bezeichnung für die *Maske* selbst, die aber nichts anderes als die *Rolle* kennzeichnet, die eine Figur auf der Bühne verkörpert.

Die Herkunft des Wortes liegt also in der Welt des *Theaters*, in der sich Menschen ausdrücklich vor ihresgleichen präsentieren. Hier weiß man nicht nur von den *sozialen Beziehungen*, man geht auch nicht bloß höchst bewußt mit ihnen um, sondern stellt sie überdies in ästhetischer Kalkulation vor einem *Publikum* dar. In diesem Zusammenhang sind *Personen* Wesen, die in einem Handlungskontext, in dem sie mit anderen stehen, charakteristische Stellungen nachvollziehen, deren Bedeutung sich *nur aus dem sozialen Geschehen* erschließt. Und nehmen wir hinzu, daß alles dies auf der Bühne zur *Darstellung* kommt und somit sowohl den Akteuren wie auch dem Publikum bewußt ist, dann sind *Personen* Wesen, die im Bewußtsein ihrer gesellschaftlichen Stellung und in der Absicht, sowohl im Drama wie auch vor dem Publikum Effekte zu erzielen, *sich vor ihresgleichen* **präsentieren**.

Es kann daher gar nicht verwundern, daß der Begriff der Person rasch von den *Juristen* übernommen wurde, die selbst vor Gericht als *Darsteller* der Interessen ihrer Mandanten fungieren. Da die Mandanten, wie jeder, der auf seinem Recht besteht, ihrerseits ihr Interesse *darstellen*, um es überhaupt durchsetzen zu können, liegt die Übertragung vom Theater auf das Recht tatsächlich nahe. Und da *jeder* Mensch Interessen hat, aus denen Rechtsansprüche werden können, kann er füglich auch in allen Zusammenhängen seines Daseins als *Person* gelten. *So wird jeder Mensch zur Person, sofern er im gesellschaftlichen Zusammenhang eine* **Rolle** *spielt*. Die personale Qualität ergibt sich somit *sub specie alterius*. Der Mensch *erkennt* sich nicht nur, wie schon Platon unnachahmlich vor Augen geführt hat (*Alkibiades I* 132b ff.), im Anderen seiner selbst; er *konturiert* auch seine *individuelle Verfassung* nur im Umgang mit seinesgleichen. Wesen, die eine solche im praktischen Verkehr sich ausbildende Verfassung haben können, nennen wir *Personen*.

Die Einsicht in die individualitätsbildenden Faktoren des sozialen Umfelds ist von den Intersubjektivitäts-, Identitäts- und Rollentheorien des 20. Jahrhunderts auf vielfache

Weise bestätigt worden.[10] Das gilt insbesondere auch für die *theatralischen Momente*, die kenntlich machen, daß Personen *Individuen* sind, *die anderen (und wo möglich auch sich selbst) eine Vorstellung von sich selber geben*. Sie *haben* also nicht nur Vorstellungen von Dingen, Situationen und Zwecken, sondern *sie geben selbst Vorstellungen* von dem, wie sie sich selbst verstehen und wie sie selber sein möchten. Darin liegt nicht notwendig eine Täuschung und erst recht kein zwingendes Indiz für die Oberflächlichkeit von Personen. Es ist im Gegenteil Ausdruck der Tiefendimension lebendiger Wesen, die partielle *Eindrücke* in ihrer Bedeutung für den ganzen Organismus aufnehmen, in ihrer Bedeutung für sich bewerten und zu einem einheitlichen *Ausdruck ihrer selbst* bringen können. Dabei muß immer auch die jeweils beanspruchte *Einheit ihrer selbst* zur Geltung kommen. Um überhaupt eine situative Einheit von sich selbst vermitteln zu können (was für den praktischen Erfolg von Mitteilung und Tätigsein unerläßlich ist), müssen sie eine *Vorstellung von sich selber* geben.

Diese *Selbstdarstellung* bleibt der Person nicht äußerlich; sie wird vielmehr zu einem entscheidenden Bestimmungsmoment im strukturellen Aufbau der Person. Und eben das ist eine wesentliche Voraussetzung für das *ethische Selbstverhältnis* von Personen. Denn wer sich selbst darstellen kann – erst recht, wer es nach Lage der Dinge, also in Relation zu *Situation* und *Publikum* kann –, der muß über *sich selbst disponieren* können. Er braucht bereits ein *praktisches Verhältnis* zu sich selbst, um sich nach Maßgabe seiner Einsicht und seines Zwecks verhalten zu können. Er muß den

---

10 Ich beschränke mich auf die Nennung der Namen von Husserl, Löwith, Mead, Plessner, Dahrendorf und Erikson. Diese Autoren haben mit unterschiedlichen Mitteln anschaulich gemacht, wie sehr das Selbstverständnis des einzelnen Menschen von der Wahrnehmung seiner *Stellung zum Anderen* seiner selbst bestimmt ist. Dazu in seiner Gründlichkeit noch immer unübertroffen: Theunissen, *Der Andere*, 1965. Die Beziehung dieser Debatte zum Begriff der Person arbeitet Kobusch, *Die Entdeckung der Person*, 1997, 234 ff., heraus.

für ihn (insgesamt oder situativ) bestimmenden *Gesichts-punkt* festlegen, um von ihm aus über sich als die *darauf hin* bezogene *Einheit* verfügen zu können. Er muß sich – als der *Einheit*, als die er sich als begreifendes Selbst ohnehin er-fährt – eine *perspektivische Einheit* geben, von der er über-zeugt sein kann, daß sie auch andere überzeugt.

Person kann der Mensch also nur sein, wenn er sich aus einem »Zentrum« heraus bestimmt, um aus der virtuellen Position des Anderen seine *Ziele* mit dem *Vollzug seiner Selbstbewegung* zur Deckung zu bringen. Ein solches »Zentrum« hat jeder Mensch in seinem bewußten Selbst, von dem wir oben (5.4) festgestellt haben, daß es seinen »exzentrischen« Ort in der jeweils mitgedachten *Position des Anderen* hat. Wenn es aber ausdrücklich um eine *Ein-heit* geht, die auf eine erschlossene Lebenslage eines Men-schen (oder vielleicht auch nur auf eine bedeutsame Situa-tion) bezogen ist, können wir nunmehr sagen, daß es sich um ein *vernünftiges Selbst* handeln muß. Denn nur die Ver-nunft kann solche Einheiten in Situationen mit Bezug auf erwartete Effekte konzipieren. Nur die *Vernunft* kann jene *Ganzheiten* erschließen, die uns als Welt und Gesellschaft, als Lebenslauf und Lebenslage wichtig sind.

7. Person als Institution

Damit aber haben wir mehr als eine Bestätigung dafür, daß als Kandidaten für Personen nur *vernünftige Wesen* in Frage kommen: Da die Leistung der Vernunft nicht allein mit Blick auf den (vereinheitlichenden) *Zweckbezug*, son-dern auch für die einheitliche *Darstellung* des Selbst benö-tigt wird, tritt die *soziale Verfassung* der Person ins Blick-feld. Und dies in dreifacher Hinsicht: Sie ist e r s t e n s durch die *naturgegebene* Beziehung zu anderen geprägt, die (nicht nur als Geschlechtswesen) einfach da sein müs-sen, wenn ich denn selbst da bin. Sie ist z w e i t e n s in ei-

nem *begrifflichen* Sinn *durch den Anderen* konstituiert,
weil der Andere es ist, auf den ich *ursprünglich von mir
selbst her* bezogen bin; dieser Bezug hat nunmehr eine *ausdrücklich praktische* Konnotation, weil er nicht nur meine
in den öffentlichen Raum projizierte Erkenntnis, sondern
auch meine alles Handeln tragende *Selbstdarstellung* reguliert. Diese Darstellung meiner selbst vor den Anderen meiner selbst aber fordert d r i t t e n s eine *praktisch wirksame
Selbstbeziehung*, die jedoch nur gelingen kann, *wenn das
Selbst – nach Analogie gesellschaftlicher Beziehungen –
über sich selbst verfügt*.

Das aber ist der für die Person entscheidende Punkt:
Wenn wir versuchen, unser praktisch wirksames Selbstverhältnis *in actu* zu beschreiben, gelingt das nur, indem wir
uns selbst wie eine *miteinander kooperierende* **Mehrheit
von Personen** begreifen. Das »Ich« bezieht sich auf sich
selbst *wie auf eine andere Person*, auf die sie in jeder Hinsicht angewiesen ist, die sie unterstützt, die ihr aber auch
entgegenstehen kann und der sie »selbst« – als der lenkende
Part – Anweisungen gibt. »Ich und Mich«, so heißt es bei
Nietzsche, »sind immer zu eifrig im Gespräche« (*Z* 1, *Vom
Freunde*; 4, 71). Mit Blick auf die praktische Tätigkeit des
Individuums könnte man daraus die Feststellung machen:
Ich und *Mich* sind dauernd im Kampfe, aber zur *Handlung*
kommt es nur, wenn sich das *eine mit dem anderen arran-
giert.* Denn sobald das Ich handelt, verfügt es über sich *so,
als sei da (in der eigenen Person) ein anderes Ich*, mit dem es
erfolgreich kooperiert. Die Doppelung des Ich, die in jeder
Selbstreflexion der Person erfahren werden kann, muß
mindestens im Augenblick der entschlossenen Tat überwunden sein – auch wenn sie im unmittelbar anschließen-
den Selbstzweifel gleich wieder präsent sein kann.

»In der Moral«, sagt Nietzsche, »behandelt sich der
Mensch nicht als individuum, sondern als dividuum« (*MA*
I,57; 2, 76). Damit ist die »Selbstzertheilung« angesichts
»egoistischer« und »unegoistischer« Ziele gemeint. Die von

ihm benannten Beispiele zeigen jedoch, daß ganz allgemein von *Handlungskonflikten* die Rede ist, die das Individuum in einen *Widerstreit mit sich selber* bringen. Und da hat dann jede Handlungsmöglichkeit ihren eigenen Anwalt, der – gleichsam wie eine Person – für seine Ziele argumentiert. Dadurch kommt es zur *Aufspaltung des Selbst* in unterschiedliche Kräfte, die sich wie Personen gegenüberstehen. Leider verschweigt Nietzsche an dieser Stelle, daß der zum *dividuum* aufgespaltene Mensch augenblicklich wieder zum *individuum* werden muß, wenn er sich zum Handeln entschließt. Die Zerrissenheit ist die Befindlichkeit angesichts des *Problems*, das aber nur in der aktuellen Vereinigung der Kräfte angegangen werden kann. Insofern steht die Lösung im Zeichen der Konzentration der Kräfte, die schließlich *ein* Individuum verlangt.

Die Person scheint somit in ihrem Selbstverhältnis aus mindestens *zwei Exponenten des Selbst* zusammengesetzt, die in einem *hierarchischen Verhältnis* von Befehl und Gefolgschaft zueinander stehen. Angesichts des *Problems* treten sie auseinander; in der *Lösung* wirken sie zusammen. Nur so kann *ich* an *mir selber* zweifeln, kann *ich mich* zu etwas durchringen und *mich selbst* zusammenreißen. Hier liegt, nebenbei bemerkt, auch die Bedingung für die Selbstanwendung des kategorischen Imperativs, in dem das Ich befiehlt, damit es sich selbst gehorcht (9.6).

Das alles besagt: Die *soziomorphe Verfassung* des Selbstbewußtseins (5.9) nimmt unter dem Handlungsanspruch der Person den Charakter einer *ausdifferenzierten sozialen Gruppe* aus mindestens zwei Teilnehmern an, die entweder im Streit mit sich liegen (und dann bestenfalls zu Unterlassungen fähig sind) oder aber unter der »Leitung« des einen und der »Folgsamkeit« des anderen zu eigenständiger Aktivität gelangen. *Konflikt und Kooperation gehören somit zu den Bedingungen der »inneren« Verfassung eines Menschen.* Wir beschreiben sie mit denselben Begriffen, die wir aus der politischen oder soziologischen Analyse kennen.

Das hat Folgen für den Begriff der *Person*: Personen sind
lebendige Wesen, die nicht nur im Umgang mit ihresgleichen *Rollen* übernehmen können; sie müssen vielmehr *für
sich selbst* zu einer *internen Rollenverteilung* in der Lage
sein. Sie haben, um es zuzuspitzen, in sich selbst eine *soziale Struktur*, die mindestens zwei Agenten umfaßt, die
sich im Zweifel gegeneinander stellen, im praktischen Entschluß aber zusammenwirken. Um eine eher rechtlich-po-
litische Begrifflichkeit zu wählen, können wir auch sagen:
Die Person begreift sich als **Institution** und somit als eine
von der eigenen Aktivität getragene *hierarchische Einrichtung* nach Art einer *gesellschaftlichen Beziehung*. Auch dafür kann man bei Nietzsche, der vom Leib als dem »Gesellschaftsbau vieler Seelen« spricht (*J* 19; 5, 33), eine Anleihe
machen: *Die Person ist selbst ein »Gesellschaftsbau« von
Personen,* und sie läßt sich in ihrer selbstbezüglichen Aktivität nur in der polaren Spannung von *Konflikt und Kooperation* beschreiben.[11] Nur wo eine *Pluralität von Kräften*
zu einer vom Selbst bestimmten kooperativen Einheit
findet, da *gibt* es die Person, die sich als eigenständig präsentiert. Es ist keineswegs so, daß sie ihre *Einheit* immer
schon hat; sie muß sie vielmehr in der eigenen Aktivität erst
erringen.
    Das bestätigt sich darin, daß wir die Selbstverfügung in
der Selbstdarstellung *nur analogisch* beschreiben können –
und zwar nur nach Modellen, die wir aus dem *gesellschaftlichen Umgang der Menschen mit ihresgleichen* entnehmen.
Wenn es zu einem bewußten Handeln kommen können
soll, dann muß das bestimmende Selbst über das Ganze des
Menschen, wie wir immer wieder gesagt haben, »verfügen«.
Es muß die Handlung »steuern« wie der Fahrer sein Rad
und die Darstellung seiner selbst »leiten« wie der Regisseur

---

11 Entsprechend Gehlen: »Eine Persönlichkeit: das ist eine Institution in
   einem Fall.« (*Anthropologische und sozialpsychologische Untersuchungen*, 1986, 256). Dazu sehr schön: Schnädelbach, »Nachwort«, ebd.,
   267 f.

das Stück. Das aber heißt: Das Selbstbewußtsein von Personen, die im sozialen Kontext nach eigenen Vorstellungen handeln, hat eine *praktisch wirksame* **soziomorphe Verfassung.** Die internalisierte Sozialität tritt hier nicht nur in der auf Mitteilbarkeit angelegten Erkenntnis hervor, sondern wird in der praktischen Disposition des Selbst so deutlich, daß sie gar nicht anders als *in Analogie zu äußeren sozialen Vorgängen* beschrieben werden kann. *Die Person erfaßt sich selbst nach Analogie einer Institution, die Institution aber beschreibt sie nach dem Vorbild ihrer eigenen Selbsterfahrung als Person.* Die Handlungsdimension des gesellschaftlichen Zusammenhangs, wie er in den Institutionen zum Ausdruck kommt, gehört bereits zur Binnenperspektive des tätigen Selbst. Das Selbst aber erfährt sich als der kleinstmögliche Personenverband, wenn es sich denn als ein praktisch tätiges Wesen und somit als *Person* begreift. Und als Person trägt es auch seine Gründe vor.

Das komplexe psychische und soziale Wirkungsgefüge, das bereits mit dem Selbstbegriff der Person sichtbar wird, dürfte vor dem Mißverständnis bewahren, das Individuum, das sich auf seine eigenen Gründe stützt, sei gesellschaftlich isoliert. Auch dort, wo es ganz allein auf seine eigene Verantwortung zurückgeworfen ist und für sich selbst zu entscheiden hat, was es zu tun oder zu lassen hat, ist es noch nicht einmal virtuell von seiner gesellschaftlichen Umgebung gelöst. Es ist im Gegenteil *ursprünglich* auf den sozialen Kontext bezogen, in dem es sich selbst als eine *quasi soziale Einheit* versteht. So wie der Sinn einer jeden theoretischen Aussage augenblicklich verlorengeht, sobald sich das denkende Selbst aus der physischen und sozialen Realität seines Daseins herauszunehmen versucht, so kommt es erst gar nicht zu einem Sinn von Praxis, wenn sich die Person als asoziales Atom zu begreifen sucht, dem jeder gesellschaftliche Konnex äußerlich ist. Die Person hat sich vielmehr selbst nach Art einer *sozialen Kooperative* zu begreifen, um überhaupt von sich aus tätig zu sein. Im praktischen Selbstbewußtsein des Einzelnen ist immer schon der Andere präsent – und zwar als ein *selbst von sich aus* praktisch tätiges Wesen.

Für die Ethik ist daran vor allem eins von Bedeutung: Es kommt zu definitiven Handlungseffekten nur, wenn das bewußte Selbst über den ganzen Menschen *bestimmt*. Einer muß, mindestens im Augenblick des Handelns, das Sagen haben, wenn etwas geschehen soll. Das gilt auch für das Binnenverhältnis einer Person. Das angesichts des Konflikts in sich selbst zerrissene *dividuum* muß *individuum* werden, um in der Konzentration der eigenen Kräfte das Ziel der Selbstbewegung angehen zu können. Und um dafür im Gegeneinander der eigenen Kräfte überhaupt zu einer Entscheidung zu kommen, die für den sich trotz aller gegenteiligen Erfahrung immer wieder *als Einheit* begreifenden Menschen unerläßlich ist, braucht die Person eine *Instanz*, der *sie sich* – so widersprüchlich das auch klingt – *als ganze* unterstellen kann. Und diese Position nimmt mit einer geradezu natürlich anmutenden Autorität die *Vernunft des Menschen* ein. Da er sich ihr *als ganzer* unterwerfen kann, hat es immer wieder den Anschein, als schwebe sie *über* ihm. Tatsächlich aber unterstellt er sich ihr nur mit seinem bewußt verfügenden Selbst, so daß die Vernunft in ihrer anerkannten Überlegenheit zwar »göttlich« erscheint, in Wahrheit aber in nichts *menschlicher* ist als in dieser quasi institutionellen Disposition über die ganze Person. In dieser *Menschlichkeit* aber liegt niemals bloß ein Faktum, sondern immer auch eine Norm.

8. Vernunft als Instrument

Die Vernunft ist ein *Organ* des Menschen. Als Organ ist sie ein *Mittel*, das *Zwecken* dient, die durch das Ganze, dem es zugehört, vorgegeben sind. Durch ihre Ausrichtung auf den Zweck erscheinen Mittel als unselbständig; sie stehen daher auch nicht in besonderem Ansehen. *Technik* als das *Insgesamt von Mitteln* ist immer noch dem Hochmut der Intellektuellen ausgesetzt. Die »instrumentelle« Vernunft hat sich, wie immer wieder zu hören ist, den Einsichten der »kritischen« Vernunft, die auch die Zwecke prüft, zu beugen.

Nun ist es aber so, daß alles, was *Zweck* ist, auch zum *Mittel* werden kann. Unter den relationalen Bedingungen der Welt kann *jeder* Zweck zum Mittel im Dienste anderer Zwecke werden. Dagegen wäre nur dann etwas zu sagen, wenn es absolut feststehende Zwecke gäbe, die durch ihre Indienstnahme durch andere Zwecke entwertet würden. Doch davon kann keine Rede sein. Selbst der über alle Mittel verfügende Gott kann vom Menschen, der ihn heilig hält, zum Mittel für die Durchsetzung menschlicher Zwecke in Anspruch genommen werden. Der beim Schwur oder Eid herbeizitierte Gott ist ein Beispiel dafür.

Das ließe sich immerhin unter Berufung auf Gott kritisieren. Wo aber, wie im empirischen Kontext des Lebens, kein Zweck als absolut gelten kann, ist auch seine Indienstnahme für andere Zwecke nicht sakrosankt. Es gibt keinen prinzipiellen Einwand dagegen, daß Zwecke zu Mitteln werden. Denn diese Transposition ist selbst *relativ*: Der in *einem* Zusammenhang zum Mittel degradierte Zweck kann in einem *anderen* Kontext das dominierende Ziel bezeichnen. Das hat auch Kant im Auge, wenn er seine bereits zitierte Selbstzweck-Formel des kategorischen Imperativs mit einer offenkundigen Einschränkung versieht: »Handle so, daß du die Menschheit sowohl in deiner Person, als in der Person eines jeden andern jederzeit *zugleich* als Zweck, *niemals bloß* als Mittel brauchst.« (*GMS*; 4, 429; Hervorhebung V. G.) Man kann also jemandem als Mittel dienen (etwa dadurch, daß man für ihn schreibt) und »zugleich« die eigene Zwecksetzung als Autor wahren. Kurz: Etwas, das Zweck ist, muß keineswegs *immer* und *nur* Zweck sein; es kann in anderer Hinsicht als Mittel fungieren. Wie kann dann aber etwas auf *unbedingte Geltung* Anspruch erheben? *Unbedingte Geltung unter Bedingungen* – das scheint ein Widerspruch in sich. Wer ihn nicht auflösen kann, wird keine Ethik begründen können, die für *Menschen* gültig ist, erst recht keine, die *Individuen* ihre eigenen Gesetze gibt (10.1).

Der Hinweis auf die quasi *institutionelle Verfassung* der Person kann uns den Zugang zur Lösung erleichtern: Auch Institutionen haben Organe, und zwar nicht nur ausführende, sondern auch bestimmende. Die Verfassungsorgane eines Staates zum Beispiel legen verbindlich fest, wie im Geltungsbereich der Gesetze gehandelt werden soll. Die Gesetze werden vom Parlament beschlossen, das vorab auch über Grundsätze befinden kann, denen die Gesetze ihrerseits verpflichtet sind. Auch das höchste Gericht ist ein Organ, das sich aus den Bedingungen der Gewaltenteilung ergibt – also seine Stellung *nur in Relation* zu den anderen Organen hat – und gleichwohl Urteile fällen kann, die für alle anderen verbindlich sind – einschließlich seiner selbst. Dabei steht außer Zweifel, daß sich ein Verfassungsorgan wie das Parlament oder das höchste Gericht in allen seinen Funktionen *als Instrument* des Staates begreifen läßt. Das Organ ist und bleibt auch hier ein Mittel. Aber man sieht an der institutionellen Funktion der Organe, daß ihre Leistungen einen *normierenden* Charakter haben können, der – natürlich nur unter den geltenden Bedingungen – *unbedingte Geltung* beanspruchen kann.

So ist es auch mit der Vernunft des Menschen: Sie ist, wie immer wieder betont, ein *Lebensmittel des Menschen,* und zwar das wichtigste, das er hat. Insofern spricht zunächst nichts dagegen, es mit den Werkzeugen zu vergleichen, die andere Lebewesen haben. Der Krebs hat seine Zangen, die Schnecke ihr Haus, der Specht hat Schnabel und Flügel, der Eisbär hat sein Fell und der Mensch seine Vernunft. In diesem Vergleich, der natürlich nicht schon alles über die jeweiligen Lebewesen sagt, liegt nichts Unangemessenes. Im Vergleich der Arten müssen wir die unterschiedliche Aus-

stattung nebeneinanderstellen, wenn wir denn etwas über
uns und das Leben ringsum erkennen können wollen. Und
wenn wir Genaueres über die Leistungsfähigkeit der jeweiligen Organe aussagen wollen, haben wir natürlich die
ganze Verfassung eines jeden Lebewesens – und zwar in
Beziehung zu Umwelt, Konstitution und Population – einzubeziehen. Und erst hier treten die artspezifischen Besonderheiten auf, die den Vergleich jedoch nicht unmöglich
machen, sondern uns im Gegenteil über die – gerade auch
in der Abgrenzung schärfer hervortretenden – *Unterschiede* präziser urteilen lassen. Im Vergleich mit den Werkzeugen anderer Wesen kann man dann auch sagen, was an
der Vernunft ganz »unvergleichlich« ist.

Schon das *Schlußfolgern* ist eine Leistung, die wir so, wie
wir sie etwa am Beispiel einer logischen Schlußregel beschreiben, nur *von uns selbst her* kennen. Denn vollständig
beschrieben setzt sie stets das *Bewußtsein* dessen voraus,
der von einer Aussage konsequent zur nächsten geht. Da
sich die logische Konsequenz letzlich aber nur in einem
Verhalten ausdrückt (etwa dadurch, daß jemand den zu-
treffenden Schluß ausspricht oder sich ihm entsprechend
verhält), können wir allerdings auch überall dort, wo wir
bei einem Tier angesichts eines ihm neu gestellten Problems ein schlüssiges Verhalten beobachten, eine *Analogie
zur Vernunft* herstellen. Der Vergleich bietet sich sogar an,
wenn wir sehen, wie intelligent Schimpansen mit Rohr-
stöcken umgehen, die sie erst zusammensetzen müssen, um
an eine Banane heranzukommen, oder wie zielsicher Zie-
gen aus verschieden bezeichneten Kästchen zuerst das Fut-
ter entnehmen, das ihnen offenbar am besten schmeckt. In
Vergleichen dieser Art, so unvollkommen sie im einzelnen
auch sein mögen, tritt die *instrumentelle Funktion* unserer
Vernunft allerdings mit größerer Deutlichkeit hervor: Sie
ermöglicht uns Orientierung auch in unübersichtlichen
Lagen, sie erlaubt es, auch Inkompatibles zu vergleichen,
auf Künftiges zu schließen, Werkzeuge zu konstruieren

und uns selbst in Verbindung mit unseresgleichen vorzustellen.

Aber das ist eben nicht alles. Wir können die Vernunft
auch zur *Prüfung* dessen einsetzen, was sie uns selbst durch
ihre Schlüsse nahelegt. Sie kann nicht nur fehlerhafte
Schlußfolgerungen diagnostizieren und korrigieren, sondern ist auch in der Lage, einen in einer bestimmten Hinsicht einwandfreien Schluß in eine andere Perspektive zu
rücken und ihn dadurch als unzureichend zu bewerten. Die
Vernunft, die auf ein Ganzes schließt und von dorther den
Ausgangspunkt einbezieht, hat die Fähigkeit zum *Perspektivenwechsel*; sie ist nicht notwendig an einen einzigen
Ausgangspunkt mit nur einem zugehörigen Horizont gebunden. Sie hat die Beweglichkeit des Menschen zum Bestandteil ihres eigenen Verfahrens gemacht. Zwar muß sie
letztlich immer auf das *Selbst des einzelnen Menschen* zurück. Aber sie kann von ihm aus auf *sein Gegenüber* schließen und die Handlungslage aus *dessen Gesichtspunkt* zu
betrachten suchen. Sie kann auch das Selbst in mehrfacher
Hinsicht – als Wissenschaftler, als Patient oder als Staatsbürger – verstehen und von daher zu ganz unterschiedlichen Totalisierungen kommen, die sie selbst wiederum –
vielleicht aus der Perspektive des Weltbürgers – bewerten
kann.

So fungiert die Vernunft als *ein Instrument, das über
seine eigenen Leistungen urteilt und verfügt*. Doch dabei
wechselt es seine Funktion: In der Prüfung der *Verfahren*,
in der Wahl der *Ausgangspositionen* sowie in der Bewertung der jeweiligen Schlüsse auf den jeweils ermittelten
Zusammenhang wird aus dem *Instrument* eine **Instanz, die
über ihre eigenen Leistungen befindet**. Ihre einzigartige
Leistung besteht darin, daß sie auch über konkurrierende
Wertungen urteilen kann, die jeweils für sich, d. h. aus der
jeweiligen Position *vernünftig* erscheinen. So sitzt sie tatsächlich über *ihre eigenen Leistungen* zu Gericht. Darin
liegt der unendliche Vorzug der *Reflexion*, der zugleich

ein eminent praktischer ist. Denn indem sie über das *Eigene* gleichsam *wie ein Fremder* urteilen kann, ohne ihm wirklich fremd zu sein, ist sie *die vermittelnde Instanz schlechthin.*[12]

Nun brauchen wir nur noch zu sehen, daß diese Prüfung durch die *Vernunft als Instanz* sich keineswegs auf gutachterliche Äußerungen beschränkt. Natürlich kann die Vernunft, wenn wir es denn so wollen, bei der Exposition verschiedener Denkmodelle stehenbleiben. Sie gibt uns dann diverse Möglichkeiten an die Hand, eine Situation zu durchdenken und zu bewerten. *Aber es ist immer auch die Vernunft, die uns zu erkennen gibt, daß Denken nicht alles ist!* Niemand anders als sie kann uns vor Augen führen, daß in dieser konkreten Lage das bloße Spiel mit Alternativen nicht genügt und daß wir uns zu *entscheiden* haben – wenn es denn überhaupt noch auf uns selbst ankommen können soll. Und mit dieser Einsicht etabliert sich die Vernunft als ein *Organ im institutionellen Sinn.* Sie wird zur *Instanz*, die nicht mehr bloß erwägt und prüft, sondern die uns mit ihrer Einsicht *anweist*, das Entsprechende *zu tun.*

9. Die Vernunft als normative Instanz

Der Übergang von der Funktion des ganz im Dienst des Lebewesens stehenden *Instruments* zu einer *Instanz*, die den Anspruch erhebt, über das Handeln des ganzen Individuums zu befinden, erscheint auf den ersten Blick kaum verständlich. Außerdem zieht er Verdacht auf sich, weil es so aussehen könnte, als werde hier eine Zuständigkeit angemaßt. Ideologiekritiker könnten argwöhnen, es finde

---

12 Es gibt auch historische Anhaltspunkte dafür, daß die Vernunft sich spätestens dort zu regen beginnt, wo Eigenes mit Fremdem so verknüpft werden muß, daß es im eigenen Verhalten nebeneinander bestehen kann. Das geschieht besonders eindrucksvoll bei den Griechen des 5. Jh.s v. Chr.

eine Internalisierung gesellschaftlicher Autoritäten statt, die der Zensur Eingriffe von außen erspare. Das mag in einzelnen Fällen auch so sein. Aber unsere bisherigen Überlegungen erlauben die Feststellung, daß der Vorgang selbst ganz einfach zu verstehen ist: *Die Vernunft rückt lediglich in die Funktionsstelle des bewußten Selbst.* Das Selbst muß ja, damit überhaupt Handlungen möglich werden, über das Ganze des Leibes verfügen können. Wir haben also die »Autorität« schon in unserem *Selbst,* dessen praktische Leistung in gar nichts anderem besteht, als über den ganzen Menschen *sub specie aliorum* zu verfügen.

In diese Verfügung aber sind die Leistungen der Vernunft bereits integriert! Das »Selbst« ist nicht nur selbst ein Vernunftbegriff; es ist allein schon in der Erfassung der Situation auf die Schlüsse der Vernunft angewiesen. Das Ich benötigt Vernunft, um sich die Voraussetzungen und Konsequenzen seines Tuns vor Augen zu führen; und es bedarf der Vernunft, um sich überhaupt auf die Gemeinschaft beziehen zu können, von der es sich faktisch nur isolieren kann, wenn es buchstäblich nichts mehr tut und nichts mehr sein will.

So ist es nur natürlich, wenn die Vernunft als unsere beste Kraft, die bereits unser Selbstverständnis konstituiert, *dann* mit dem Selbst unmittelbar zusammengeht, wenn es um die *Repräsentanz des ganzen Menschen* geht. Dann *vertritt* sie, ja, dann *ist* sie das Selbst, um *in dessen Namen* das zu benennen und anzuweisen, was – *rebus sic stantibus* – *ihrer Einsicht* entspricht. Daß sich das Selbst solcher Einsicht nicht immer gewachsen fühlt, steht auf einem anderen Blatt. Doch so schwach, abgelenkt oder überlastet das Selbst auch immer sein mag: Als Instanz läßt sich die Vernunft einfach nicht umgehen. Denn in ihrer Zuständigkeit für das (allererst von ihr erschlossene) *Ganze* der Person wie für das *Ganze* der Situation wird sie ganz *von selbst* mit allem befaßt, was den Menschen, sobald er sich als Einheit versteht, berührt und betrifft. Wenn sich jemand als ganzer herausgefordert fühlt, ist bereits seine Vernunft im Spiel, und sie spricht ihr Urteil, wenn er als bewußte Einheit *von sich aus* reagiert.

Um diese Kompetenz der Vernunft für alle Probleme, die uns ganz betreffen, nicht mißzuverstehen, sei erneut betont, *daß die Vernunft nicht alles ist.* Nehmen wir die jedes Erleben einfärbende Gegenwart unserer *Stimmungen*, die uns nie verlassende Weite und Tiefe unserer *Gefühle*, die innere Gewalt unserer *Leidenschaften* oder den alles anstoßenden Impuls unserer *Empfindungen*, dann zeigt sich, wie verschwindend klein der seelische Anteil der Vernunft tatsächlich ist. Wir haben zwar kein Kriterium, das uns berechtigte, von der »grossen Vernunft des Leibes« zu sprechen und von ihr unsere bewußte Vernunft als »klein« abzugrenzen. Trotzdem kann diese Redeweise Zarathustras (Z 1, *Verächtern*; 4, 39) daran erinnern, daß die uns bewußte Vernunft nur *ein* Wirkungsmoment unter vielen Faktoren des Bewußtseins ist, das selbst wieder nur *ein* Wirkungsmoment unter vielen anderen Faktoren der Selbstorganisation des Lebens darstellt. *Die Bedeutung der Vernunft liegt allein in ihrer Stellung zum bewußten Tun des sich als Einheit begreifenden Menschen:* Wer tatsächlich *er* (oder *sie*) *selbst* sein will, wem daran liegt, als Person ernstgenommen zu werden, der hat sich bereits der Vernunft unterstellt. Denn nur sie kann ihm einen Begriff von sich selbst als *Person*, von der *Situation* und von der *Welt* geben, in der er sich befindet. Über sie ist er als Mensch, d. h. über die ihn tragende Menschheit (7.3) auf die *Menschlichkeit* verpflichtet.

Der in dieser Stellung wirksamen Vernunft kann es nun aber nicht gleichgültig sein, wie sie selbst in das Selbstverständnis der Person einbezogen ist. Ihr institutioneller Charakter verlangt nicht nur nach möglichst vollständiger Kenntnis der beteiligten Momente; diese Erwartung liegt bereits im theoretischen Erkenntnisinteresse der Vernunft, die in allem das ihr Wesentliche möglichst vollständig erkennen möchte. Der Vernunft muß darüber hinaus auch aus praktischen Gründen (schon allein aus Interesse am Erfolg ihrer Entschlüsse) an einer adäquaten Einschätzung *ihrer eigenen Leistung* gelegen sein. Diese Leistung ist aber niemals bloß auf das bezogen, was zu den vergangenen und gegenwärtigen Leistungen des Bewußtseins gehört, sondern zur Funktion einer *Instanz* ist immer auch der *Anspruch auf Künftiges* zu rechnen, auf das sie mit ihren Schlüssen notwendig ausgreift.

Damit sind wir an einem für die *Selbstbeschreibung des Menschen* entscheidenden Punkt: Um sich selbst adäquat zu erfassen, reicht es für den Menschen nicht aus, das gesammelte Wissen über seine vergangenen und gegenwärtigen Zustände zu verknüpfen und in ein kohärentes Bild einzutragen; seine Selbstkenntnis hat auch die mit der instantiellen Vernunft notwendig verbundenen Entschlüsse einzubeziehen, mit denen sie auf Kommendes ausgreift. Die Leistungen der Vernunft enthalten einen Vorgriff auf *künftiges Handeln*. Die können freilich nur hypothetisch sein, weil das Kommende eben nur erschlossen, aber nicht sicher gewußt werden kann.

Aber die Ungewißheit des Kommenden birgt immer auch eine mögliche Gefährdung dessen, was ist. »Gefährdung« scheint nur auf Risiken für gegebene Bestände zu verweisen, obgleich die Zukunft natürlich immer auch Entwicklung zum Besseren bringen kann. Aber *eines* muß tatsächlich so gesichert werden, wie es ist. Und das ist die *Vernunft* selbst. Sie muß *als Vernunft*, als *unsere beste Kraft*, d. h. als Instrument, das uns als tätige *Einheit* begreift und uns überhaupt erst erlaubt, Gefährdungen zu erkennen und mögliche Lösungen in Ansatz zu bringen, *unbedingt* gesichert werden, sofern uns überhaupt an uns, so wie wir uns selbst verstehen, gelegen ist. *Deshalb wacht die Vernunft als Instanz vor allem über die* **Bedingungen ihrer eigenen Funktion**. Sie hat dafür zu sorgen, daß der Mensch, was immer auch geschehe, seine Fähigkeit zur treffenden Erkenntnis, zur angemessenen Mitteilung und zur begründeten Entscheidung nicht verliert. Nur über sie bleibt er bewußt mit dem verbunden, was ihm wichtig sein muß: mit seinem *Leben*, seiner *Geschichte* und mit seiner *Kultur*. Also kommt es darauf an, daß ihm, was immer sonst auch geschehe, seine *Vernunft* erhalten bleibt. Und nur die Vernunft erlaubt ihm, *Mensch* zu bleiben.

Die Selbsterhaltung, die wir als natürlichen Impuls organischer Wesen kennen, begegnet uns also auch auf der Ebene der Vernunft.[13] Man mag sie auch hier als ein *Faktum* begreifen, das mit der Natur der Vernunft verbunden ist und einmal mehr die Lebensgrundlage dieses Organs zu erkennen gibt. Aber wenn die Vernunft – in der Funktion einer kontrollierenden und disponierenden *Instanz* – ihre Selbsterhaltung betreibt, dann wird daraus für das handelnde Individuum eine *Norm*. Denn die jeweilige *Konsequenz*, die sie durch ihre Schlüsse nahelegt, erhält eine Verbindlichkeit, die nicht allein durch die logische Schlußregel gefordert ist, sondern die an die *Wahrung der Vernünftigkeit überhaupt* gebunden ist.

Die Vernünftigkeit ist hier nämlich nicht einfach nur in Form der logischen Stimmigkeit einzuhalten; es geht nicht bloß um die Korrektheit im Verfahren des Schließens; die nämlich bewegt sich lediglich im Rahmen des technisch-instrumentellen Gebrauchs der Vernunft zu Zwecken, die selbst wiederum im Kontext anderer Zwecke gerechtfertigt sind. Es geht vielmehr um die Erhaltung der *Bedingungen* für logisches Schließen, für gesichertes Erkennen und rationales Entscheiden im Lebenskontext *überhaupt*. Und hier untersteht das Individuum einem *strikten Gebot*: Wenn es überhaupt an der Sicherung eines Lebens nach eigenen Vorstellungen interessiert ist, dann hat es vor allem die dazu erforderliche Vernunft zu sichern. Also steht es unter dem *verbindlichen Anspruch*, den auf die Sicherung seines Da-

---

13 Vgl. dazu die immer noch eindrucksvolle Arbeit von Manfred Sommer, die dem Topos der *Selbsterhaltung der Vernunft* bei Kant nachgeht (1977).

seins bezogenen praktischen Konsequenzen seiner Vernunft zu folgen.

So wird aus dem *Faktum* der im eigenen Interesse arbeitenden Vernunft eine *Norm*, der sich das Individuum zu unterwerfen hat, wenn ihm überhaupt an seiner Vernunft gelegen ist. Wer die Vernunft, die er als Instrument ohnehin nicht umgehen (obgleich fehlerhaft gebrauchen) kann, als Instanz akzeptiert, der unterstellt sich auch notwendig ihrem *Gebot*. In Situationen, in denen es einem Menschen darauf ankommt, ein für ihn *als Person* essentielles Problem anzugehen, wird aus der von der Vernunft erschlossenen *Konsequenz* ein *Imperativ*, dem er zu folgen hat – wenn er denn bei den *Prämissen* bleiben will, unter denen er das Problem angegangen ist. Kurz: *Wer die Vernunft als Instanz lebenswichtiger Entscheidungen anerkennt, der hat sich auch ihrem Urteilsspruch zu fügen.* Aus dem Resultat des Nachdenkens über mögliche Lösungen des anstehenden Problems wird eine *Anweisung*, die für den, der das Resultat als schlüssig anerkennt, *verbindlichen Charakter* hat. Und da die Vernunft die Probleme stets *exemplarisch* durchdenkt, folglich ihre Konsequenz in der Form einer *Regel* (wie man in diesem oder ähnlichen Fällen zu verfahren habe) anbietet, hat das praktisch verbindliche Resultat die *Form des Gesetzes*, dem das Individuum zu folgen hat. So kommt das *Sollen* in die Welt.

Diese Herleitung des Sollens dürfte augenblicklich dem Verdacht ausgesetzt sein, sie sei auf *hypothetische Imperative* beschränkt. Tatsächlich gilt sie nur für Individuen, die an der Wahrung ihrer Vernunft interessiert sind; nur wer Wert darauf legt, als ein vernünftiges Wesen zu gelten, der untersteht dem Gebot der Vernunft. Doch das ist, nach allem, was zuvor über die Person gesagt worden ist, keine beliebige Unterstellung, die man jederzeit auch durch eine andere ersetzen könnte! Im Gegenteil: Für Individuen, die sich als *Person* verstehen, gibt es gar keine Alternative. Sie haben schon so viel Vernunft in ihre Problemwahrneh-

mung, Situationsdiagnose, Weltorientierung und Selbsterkenntnis investiert, daß sie sich ohne Selbstwiderspruch
gar nicht von der Vernunft lossagen können.[14] Sie begreifen sich – auch wenn sie es aktuell nicht wissen sollten oder
so nicht ausdrücken würden – immer schon als *vernünftige Wesen*. Und da sie dies tun, unterstehen sie auch in den
für sie entscheidenden Handlungslagen dem Gebot der
Vernunft. Also kann man dem Imperativ – ganz im Sinne
Kants – auch eine *kategorische* Geltung zuschreiben. Man
sollte freilich gleich den Zusatz machen, daß dieser kategorische Imperativ, der seinen *Sinn* nur in bezug auf Personen
hat, in seiner *Geltung* stets auf das *Individuum* beschränkt
bleibt, das ihn sich in seiner Handlungslage selbst erschließt.

Die menschliche *Vernunft* verfährt also nicht einfach nur
so, wie sie tatsächlich verfährt; sie hat nicht nur *faktisch*
ihre (logischen) Regeln und die aus ihren Schlüssen folgenden Einsichten. Ihr Einsatz steht vielmehr auch unter dem
Anspruch, die von ihr allererst erschlossene und im Handlungszusammenhang repräsentierte personale Einheit zu
sichern. Und wo dies nicht einfach nur durch (theoretische) Aussagen zu leisten ist, weil ihr Schluß auf etwas ausgreift, das erst noch zu realisieren ist, wird aus ihrer ein-
heitssichernden Leistung eine das Handeln unter Anforderung stellende *Norm*. Weil aber die Vernunft im wesentlichen das Vermögen zu schließen ist, kann diese Forderung auf nichts anderes ausgehen als auf *Konsequenz*. Doch
das genügt vollauf, um in der auf Kommendes ausgerichteten Leistung der Vernunft die *Verbindlichkeit* zu erkennen,
der zufolge etwas *so* und nicht anders sein *soll*, weil sich

---

14 Die begründungstheoretische Leistung des »performativen« Selbstwi-
    derspruchs, die hier in Anspruch genommen wird, hat Karl-Otto Apel
    mit großem Scharfsinn herausgearbeitet. Es handelt sich um eine
    Gedankenfigur, die schon Sokrates einsetzt, und man kann sich auf sie
    stützen, ohne damit zum Diskursethiker zu werden (vgl. Apel, *Trans-
    formation der Philosophie*, Bd. 2, 1973, 358 ff.).

sonst das *Individuum*, das diese Leistungen trägt, selbst aufgibt.

So verlangt die Vernunft, die in der theoretischen Einsicht erschlossene *Einheit ihrer selbst* in den von ihr angeleiteten praktischen Akten wirksam zu machen. Und damit gewinnt die unter der prüfenden und entscheidenden Instanz der Vernunft gefundene Einheit der Person auch ihre praktische Bedeutung, die angesichts der *Kongruenz von Vernunft und Wille* (8.3) nicht überraschen kann: Diese Bedeutung liegt schlicht und ergreifend darin, daß sich die Person *nach ihren vernünftigen Einsichten richten will*. Sie ist dem Verfahren des schrittweisen Schließens gefolgt – nicht nur weil das für die geordnete Mitteilung von Erkenntnissen von Vorteil ist, sondern weil sie sich *nur so* ihrer eigenen Einsicht *vergewissern* kann. Und wenn sie auf diese Weise zu einer schlüssigen, also gut begründeten Einsicht gelangt, dann ist es *nur konsequent*, sich daran auch zu halten. Dann entspricht es ihrem im eigenen Vernunftgebrauch angelegten Anspruch, der eigenen Einsicht zu folgen.

Die Instanz der Vernunft gibt damit dem Individuum das *Gesetz*, nach dem es sich zu verhalten hat. Und wenn es bei dem Selbstverständnis bleibt, das ihm den vernünftigen Schluß auf die einsichtige Konsequenz allererst ermöglicht hat, dann kann es sich ihr praktisch nur um den Preis eines *Selbstwiderspruchs* entziehen. Wenn es sich so begriffen hat, wie es sich in der Selbsterkenntnis, in der Analyse der Situation und im Schluß auf die beste Handlung bereits begriffen hat, dann ist es nur der letzte folgerichtige Schritt, seiner Einsicht auch zu folgen: Dann *soll* das Individuum eben das tun, was ihm seine Vernunft nicht nur einfach vorstellt, sondern in Konsequenz der bereits bei der Ermittlung der Einsicht in Anspruch genommenen Position *kategorisch gebietet*.

Das heißt allerdings nicht, daß es dies tun »muß«! Denn es untersteht keinem *Naturgesetz*, das es nötigt, auch im praktischen Handeln bei *dem* Selbstverständnis zu bleiben, das es in der theoretischen Reflexion eingenommen hat. Wäre hier ein alternativloser Naturprozeß wirksam, gäbe es gar nichts zu überlegen. Im Sollen aber geht es nur um die *Konsequenz einer eigenen Einsicht.* Und wenn dem Individuum an der *Konsequenz in seinem eigenen Selbstbegriff* gelegen ist, dann untersteht es einer aus diesem Selbstbegriff folgenden *eigenen Verbindlichkeit,* so daß es die praktische Konsequenz als *Gebot* erfährt, dem es – aus eigener Einsicht – folgt. Dann »gehorcht« es einem Anspruch, dem es auch ausweichen könnte. Also ist »Sollen« hier der richtige Begriff, denn es geht um eine *Norm* für das eigene Tun.

Von *Normen* zu sprechen hat nur Sinn, wo die physische, physiologische oder logische Gesetzmäßigkeit nicht automatisch wirkt. Es müssen *Abweichungen* möglich sein, die selbst wieder einer praktisch wirksamen Kontrolle und Korrektur unterstehen. Man kann auch sagen, daß der Sinn einer Rede von *Normen* an die *Freiheit* gebunden ist. Dies ist beim Menschen offenkundig der Fall. Nachdem wir jedoch seine Freiheit als ein sozial indiziertes Verhältnis beschrieben haben, das sich erst in der Relation eines individuellen Willens zum Willen eines Anderen zeigt, könnten wir in Beweisnot geraten, wenn wir eine Freiheit beanspruchen, die der einzelne Mensch bereits im Verhältnis zu seiner eigenen Vernunft benötigt, sobald sie ihn unter normative Ansprüche stellt.

Doch von Beweisnot kann keine Rede sein, wenn wir die *soziomorphe Binnenstruktur* des Selbstbewußtseins in Rechnung stellen. Die Vernunft als Instanz hat sich gegenüber konkurrierenden Ansprüchen innerhalb des Individuums zu behaupten. Sie wirkt gleichsam in einem *dividuum,* das sich in verschiedene bewußte Aktionszentren aufgeteilt hat, die gegeneinander streiten. In diesem inneren Widerstreit hat die Vernunft ihre *disponierende Kraft* zu entfalten. Und hier hat sie einen *Willen* zur Geltung zu bringen, der durch die implizite Zwecksetzung ohnehin mit ihr verbunden ist. Es gibt den Willen somit nicht nur als Zeichen in den *äußeren Handlungsrelationen* verschiedener Personen untereinander, sondern man kann ihn (im übertragenen Sinn) auch auf das Binnenverhältnis einer Person beziehen: Das Ich (als Exponent der Vernunft) kann sich auf sein (internes) Alter ego (etwa als Exponent eines widerstrebenden Gefühls) beziehen.[15]

10. Die Vernunft als idealisiertes Ich

Die Selbstbeschreibung des Menschen bewegt sich damit nicht mehr im Bereich bloßer *Deskription*, sondern sie greift auf Leistungen vor, die dem Menschen von seiner eigenen Vernunft – und somit letztlich *von ihm selbst – abverlangt* werden. Das vernünftige Wesen kann sich selbst nicht ohne Ansprüche denken, die wir als *Selbstansprüche* einer in ihrem eigenen Gebrauch auf Vollständigkeit dringenden Vernunft zu deuten haben. Folglich kann sich auch das vernünftige Individuum nicht mit der bloßen Feststellung der Einsichten seiner reflexiven Akte zufriedengeben, die ja nur eine Form seines Handelns darstellen. Es beansprucht vielmehr, in seinem ganzen Handeln *konsequent* zu sein. Es ist empfindlich für Widersprüche nicht nur in seinen theoretischen, sondern auch in seinen praktischen Akten. Folglich verlangt es auch in seinen realen Vollzügen so zu sein, wie es sich begreift. Also schließt die Selbstbeschreibung der Person immer auch *präskriptive* Elemente ein. Sie *fordert* von sich, *so* – und nicht anders –

---

15 Darin liegt der Anhaltspunkt für die bis heute kontroverse Unterscheidung zwischen *Handlungsfreiheit* und *Willensfreiheit*. Die hier skizzierte Überlegung erlaubt einen Vorschlag zur Beilegung des Streits – auf der Grundlage einer genetischen und systematischen Priorität der Handlungsfreiheit, die nur in Relation zum Willen anderer zu erfahren ist.

zu sein. Ihre Tätigkeit ist eigenen *Erwartungen* ausgesetzt, zu denen sie sich wie zu einer *Norm* verhält.

Hinter den Selbstansprüchen der Person steht somit nichts anderes als die *Verbindlichkeit ihrer eigenen Schlüsse.* Und die organische *Leistung der Vernunft* besteht darin, daß sie die *disponierende und zugleich exekutive Einheit des handelnden Wesens* sichert. Das geschieht, indem sie ihre eigene Funktion als Instanz und Instrument erhält. Da sie vom Individuum selbst als ihr bewußt bestimmendes, prüfendes und entscheidendes *Organ* begriffen wird, kommt es zu einer *Identifikation des Organs mit dem Ganzen der Person.* Im Bewußtsein von den Gefährdungen und Grenzen des Individuums geschieht die Selbsterhaltung und Selbstentfaltung der Person durch das Organ der Vernunft. Sie wird, wie alle Organe, stellvertretend für das Ganze des Organismus tätig. Die Vernunft (als Teil) gibt das *Gesetz,* dem sich das Individuum (als das von der Vernunft begriffene Ganze) unterstellt.

In der Selbstbeschreibung des Individuums erscheint das wie eine substantialisierende Verselbständigung der Vernunft, so als sei sie ein Homunkulus, der seine Einsichten als Befehle ausgibt. Es mag so aussehen, als hätte auch unser Beschreibungsmodell von einer solchen Selbstverdoppelung profitiert. Tatsächlich aber geht es auch hier lediglich um einen Vorgang der *Selbstregulation des Organismus,* in dem einzelne Organe (gleichsam stellvertretend) für den ganzen Organismus tätig sind. Auf der Ebene des Selbstbewußtseins, die uns ja das Modell für alle Beschreibungen liefert (1.10; 4.1), wird diese Relation als Zuständigkeit des einen für das andere begriffen, wobei der soziomorphe Charakter der Selbsterfahrung eine wesentliche Rolle spielt. Und so können wir nicht anders, als die Vorgänge der ausdrücklichen Disposition des Individuums über sich selbst als *bewußte Selbstgesetzgebung der Person durch deren Vernunft* zu erfahren.

Die Besonderheit besteht darin, daß sich das Selbst eines

solchen Wesens mit seiner als Instanz fungierenden Vernunft *identifizieren* kann. Ja, man kann sogar *der Vernunft selbst* ein Selbstverhältnis nach Art eines vernünftigen Wesens zuschreiben. So dürfte die Vernunft das einzige Organ des Menschen sein, dem wir *das* Selbstverhältnis zugestehen, das strenggenommen nur der Mensch zu sich selber haben kann. Deshalb kann man ihr auch »Bedürfnisse« und »Interessen« zuschreiben, von denen man unterstellt, daß es die Bedürfnisse und Interessen des Menschen sind. Mehr noch: Interessen der Vernunft sind eben jene, die dem Menschen *wesentlich*, d. h. *von ihm selbst her wichtig* sind. Entsprechendes gilt von der »Freiheit« der Vernunft, die sie im soziomorphen Binnenraum der Person eben so gebraucht, wie die Person es im Verhältnis zu anderen Personen gewohnt ist.

Dennoch ist festzuhalten, daß Vernunft und Selbst nicht in jedem Akt identisch sind. Die *beste Kraft* erscheint in ihren Leistungen wie das *bessere Ich*, dem man entsprechen möchte. Also wirken die Einsichten der Vernunft wie *Vorgaben*, denen man, wenn man denn in guter Verfassung sein möchte, folgen will. Weil das Selbst *vernünftig sein will*, werden die Einsichten der Vernunft als das *Maß* begriffen, dem es sich selber stellt. Kurz: Die Vernunft gibt die *Normen* vor, die für die Person, weil sie sich selbst als vernünftig versteht, verbindlich sind. *Die Person steht unter dem Gesetz der Vernunft.* Ihr *Selbstbegriff* ist somit niemals bloß *deskriptiv*, sondern immer auch *präskriptiv*.

Der normative Gehalt des Begriffs der Person tritt hervor, sobald man sich vor Augen führt, wie selbstverständlich der *personale Selbstbegriff als vernünftiges Wesen* tatsächlich ist: Abgesehen von jenen Lagen, in denen nackte Not oder rasende Panik eine geordnete Überlegung unmöglich machen, ist die Vernunft beim wachen Menschen immer im Spiel. Denn er verfährt in jedem Vergleich, in jeder Wertung, in jeder Selbst- oder Fremdeinschätzung und in jedem Entschluß nach den *Regeln der Vernunft*. Als ermittelndes Instrument ist sie ständig in Gebrauch. Es ist unmöglich, nach dem Sinn von etwas zu fragen, ohne wenigstens den Sinn dieser Frage zu unterstellen; es würde den Abbruch jeder ernsthaften Verständigung bedeuten, jemandem mit der Bemerkung »logisch« zuzustimmen, ohne sich selbst an die Logik halten zu wollen. Bei jeder Beratung, jeder Orientierung und erst recht bei jeder Entscheidung richtet man sich bereits nach den *Verfahren der Vernunft*. Ist aber, sei es durch die Erkenntnis der Lage, die Suche nach den Bedingungen oder das Bedenken der Folgen, die Vernunft bereits in Tätigkeit, dann *gilt* das damit bereits in Gang gesetzte Verfahren! Dann *wirken* die Regeln der Vernunft, und man kann ihnen nur auf Gefahr des *Selbstwiderspruchs* entkommen. Also steht man mit dem *Gebrauch des Instruments* notwendig schon unter ihr als prüfender, richtender und folglich auch normierender *Instanz*. *Die Vernunft aber, die sich als Instanz begreift, wird zur **praktischen** Vernunft, wann immer es darauf ankommt und sie mit dem überlegenden und wollenden Selbst identisch wird.* Die Funktion der Instanz läßt uns somit auch verstehen, wie die allein durch ihre Fähigkeit zur selbstbezogenen Schlußfolgerung auf *Entscheidung* dringende Vernunft mit dem *Willen* zur Deckung kommen kann.

Personen sind also Wesen, die nicht nur zu *rationaler Überlegung*, sondern auch zu *konsequentem Handeln* fähig sind. In dieser Fähigkeit aber zeigt sich ein Vermögen, das mehr besagt, als daß dieses Wesen aufrecht gehen oder sich mit Hilfe von Symbolen verständigen kann. Denn indem es sich überhaupt als ein Wesen *versteht*, das *denken* und nach *eigener Einsicht handeln* kann, hat es bereits eingestanden, was ihm dies *bedeutet*. Einsichten betreffen die *ganze Person*, die sie hat, und Schlußfolgerungen in *Situationen*, in denen man selber steht, sind trivialerweise *auf einen selbst* bezogen. In ihnen *wirkt* die Vernunft bereits als

Instanz, der sich die Person schon im Nachdenken unterstellt. Die Person versteht sich als Person nur, weil sie in diesem Verstehen immer schon Vernunft *gebraucht*. Also steht sie auch unter dem Anspruch der Vernunft, nach ihren Einsichten zu verfahren. Und so wird – *allein durch die Anwendung auf sich selbst* – aus der technischen Regel ein praktisches Gesetz.

Nach alledem dürfte klar sein, daß die beschreibende Vernunft nicht davon absehen kann, daß der Mensch praktische Vernunft *hat*. Wenn er sie aber hat, dann kann es – zumindest ihm selbst – nicht gleichgültig sein, ob er sie auch *gebraucht*. Schon die Beschreibung ist mit der Erwartung verbunden, daß die Vernunft in ihrer Stellung als prüfende, wertende, entscheidende und lenkende Instanz verbleibt. Der normative Anspruch, die Vernunft auch im Sinne ihrer eigenen Einsichten zu gebrauchen, gehört der Vernunft notwendig zu, wann immer sich ein Mensch selber beschreibt. Eine Person ist somit niemals vollständig erfaßt, wenn man sich lediglich auf ihr empirisches *Sein* bezieht; nur mit der *Erwartung, die sie als vernünftiges Wesen notwendig auf sich selber richtet*, ist sie das, was sie in ihrer von Selbstansprüchen geleiteten Wirksamkeit ist.

Folglich schließt schon der Begriff der Person das für sie verbindliche *Sollen* ein. *Die Trennung von Sein und Sollen findet an der Person keinen Anhaltspunkt.* Das alles bewußte Tun allererst in Gang setzende *Selbst* des Handelns ist der Ursprung aller ethischen Probleme – und ihrer möglichen Lösung: *Die Person fügt sich dem Schema von Sein und Sollen nicht.* Sie ist vielmehr – gerade in den ethisch relevanten Momenten bewußten Handelns – ein *Sein mit einer Forderung an sich selbst*. Eine Person kann ihr Dasein nicht zureichend als einen bloß wie eine Ereigniskette ablaufenden Prozeß erfassen, sondern sie nimmt (vorausgesetzt, sie will sich adäquat begreifen) notwendig die *Selbstansprüche* hinzu, die sie hat, weil sie über eine instantielle

Vernunft verfügt. *Zum Selbstbegriff der Person, so kann man auch sagen, gehört immer auch ein* **ideales Bild** *von sich selbst.*[16]

Der praktische Selbstwiderspruch wäre unausweichlich, wenn man die bereits in sich normativ verfaßte Leistung der instantiellen Vernunft zwar konstatieren wollte, um dann jedoch hinzuzufügen: Das bedeute einem aber nichts. Die in ihrer Funktion als Instanz jederzeit selbst normativ verfahrende Vernunft, die in jeder die ganze Person betreffenden Tat mit dem planenden, entscheidenden und handelnden Selbst identisch wird, würde sich selbst verfehlen, wenn sie in einer auf Vollständigkeit bedachten Selbsterkenntnis so täte, als gingen sie ihre eigenen Ansprüche nichts an. Also muß man sich – die eigenen Probleme eingeschlossen – *selbst schätzen* und *selbst achten*, wenn man denn die Chance wahren möchte, vernünftig zu sein. Daran sieht man, daß der Selbstbegriff der Person, der auf dem gleichermaßen theoretischen wie praktischen Selbstverständnis des Individuums gründet, unmittelbar in die *moralische Problemstellung* führt.

16 Dieter Sturma beschreibt diesen Sachverhalt treffend als Verknüpfung von *Indexikalität* und *Idealität*: Zum Begriff der Person gehört nicht nur ein wahrheitsrelevanter Stellenwert im empirischen Zusammenhang der Dinge, sondern immer auch ein ideales Selbstbild (*Philosophie der Person*, 1997, 205 ff.).

9

Selbstgesetzgebung

Das individuelle Gesetz

1. Individualität: *conditio sine qua non* der Moral

Das Tier, das seine Gründe hat, handelt im *Bewußtsein von Regeln*. Denn wer Gründe hat, braucht *Regeln*, nach denen er sie versteht. Es sind aber nicht die Regeln (erst recht keine *vorab* als moralisch ausgezeichneten), die darüber entscheiden, ob eine Handlung *moralisch* genannt werden kann; sondern alles hängt an der *Stellung*, die der Einzelne zu seiner Handlungs- und Erklärungsregel einnimmt: Erkennt er sie *aus eigener Einsicht* als *für sich verbindlich* an, dann macht er eben dadurch daraus **sein Gesetz**. Ist dieses Gesetz durch seine *Vernunft* als schlüssig und treffend erkannt, so daß auch die Anderen (*nach seiner Meinung* und sofern sie sich *in seine Lage* versetzen) nicht anders als zustimmen könnten, und glaubt er überdies, ihm *auch gegen Widerstände* – **notfalls auch ganz allein** – folgen zu müssen, dann handelt er *im Bewußtsein moralischer Verpflichtung*. Dann weiß er, was er tun *soll*.

Das klarzumachen, ist die erste Aufgabe einer philosophischen Ethik und womöglich auch schon ihr äußerstes Ziel. Es schließt ein, daß die Ethik *keine jederzeit verbindlichen Vorschriften für alle und alles* machen kann; versucht sie es dennoch, gerät sie in Widerspruch zu ihrem eigenen Prinzip. Freilich kann man niemandem – auch keinem Philosophen – verwehren, daß er von seinen eigenen Grundsätzen und Zielen spricht. Doch eine solche Rede hat bestenfalls *exemplarische Bedeutung*.

Natürlich hat der beispielhafte Bezug auf *Grundsätze des Handelns* einen eminenten Sinn: Ohne die exemplarische

Rede von moralischen Geboten und Verboten wäre nicht nur die Erziehung junger Menschen unmöglich; wir könnten uns auch als Erwachsene über unsere wechselseitigen Ansprüche schlechterdings nicht verständigen, wenn wir nicht die »Sittlichkeit«, also *Prinzipien des angemessenen menschlichen Verhaltens* hätten. Wenn wir als Mensch unter Menschen leben wollen, müssen wir von den *Regeln des Anstands* ausgehen. Und es genügt keineswegs, sie einfach nur zu unterstellen: Wir haben die mit den Regeln verbundenen Erwartungen auch *ausdrücklich* zu machen, sobald es die Situation erfordert. Denn anders könnten wir keinen *Vorwurf*, keine *Beschwerde* und wohl auch keinen *Dank* formulieren; es hätte keinen Sinn, ein *Versprechen* zu geben oder dessen Einhaltung einzuklagen.[1] – Bei alledem aber kann es gar nicht anders sein, als daß wir mit diesen Regeln des guten Betragens so umgehen, als seien sie *unverbrüchlich*. Es gehört zum Charakter von Regeln, *allgemein* zu gelten. Wer von ihnen abweicht, muß gute Gründe haben – und damit wiederum *Regeln*.

Aber es gibt tatsächlich, auch im Rahmen ein und derselben Kultur, fortwährend und immer wieder allerbeste Gründe für *Ausnahmen*, ja, für *gebotene Ausnahmen*! Ausnahmen von der Regel sind so unvermeidlich, daß man zum sprichwörtlichen Prinzipienreiter würde, wollte man die Grundsätze tatsächlich als *universell* bezeichnen, so daß sie jederzeit und überall befolgt werden müßten. Wir handeln als einzigartige Individuen in einmaligen Situationen, so daß es, ontologisch betrachtet, eher als eine Ausnahme erscheinen könnte, daß ein Fall überhaupt einer Regel ent-

---

1 Außerdem gibt es einen Bereich, in dem Handlungsregeln tatsächlich verbindlich gemacht werden müssen, nämlich den des *Rechts*. In einem Zusammenhang, der – mit unterstellter Zustimmung eines jeden Einzelnen – durch eine gesellschaftliche Macht geordnet wird, muß es *allgemein verbindliche Handlungsregeln für alle* geben. Denn anders wäre die Macht, von der sich alle den Vorteil einer berechenbaren Lebenssicherung erhoffen, nicht zu sichern.

spricht. Doch darauf wollen wir uns hier nicht berufen; das
wäre ein ontologischer Purismus, den wir den metaphysischen Prinzipienreitern des absoluten Pluralismus überlassen. Denn tatsächlich ist es ja so, daß wir auch am Einzig-
artigen und Einmaligen *etwas Vergleichbares* finden und
eben darauf den Gebrauch von Regeln gründen. Regeln haben bereits von daher *etwas ursprünglich Pragmatisches*; ihnen liegt ein Probleme konstituierendes *Bedürfnis* zugrunde, das uns von allen vergleichsweise unwichtigen Unterschieden absehen und auf das *in diesem Fall Wesentliche*
achten läßt. Und nur auf das, *worauf es in einer Hinsicht
ankommt*, ist eine Regel gegründet.

Die Hinsichten aber können selbst wieder aus den aller-
besten Gründen *höchst verschieden* sein. Zwar versteht es
sich von selbst, daß wir nicht lügen sollen. Es ist dies ein
Gebot, das an *jedermann* ergeht, weil anders unserem Sprechen und Handeln die Verläßlichkeit entzogen wäre. Auf
nichts – noch nicht einmal auf die (natürlich endliche) Identität der Personen – wäre Verlaß, wenn wir nicht das Gebot
der Wahrhaftigkeit hätten. Und da letztlich nur der Einzelne weiß, wann er sich wirklich daran hält, ist es stets an
das Individuum gerichtet: *Du sollst nicht lügen*.

Aber welch eine Verirrung wäre es, daraus ein *jederzeit*
und *unter allen Umständen* gültiges Gebot zu machen, also
ein Gebot, das *keine Ausnahme* duldet. Natürlich wird
man lügen, daß sich die Balken biegen, wenn man dadurch
sein Leben retten kann. Wir würden es vielleicht sogar mit
gutem Gewissen tun, wenn wir dadurch einem in die
Hände von Erpressern geratenen Freund helfen könnten.
Genauso falsch wie ein absolutes Lügenverbot jedoch wäre
ein striktes *Gebot*, in lebensgefährlichen Lagen um jeden
Preis zu lügen. Die Erpresser brauchten dann gar keine
Fragen mehr zu stellen, weil sie von vornherein wüßten,
daß sie belogen werden; und im Polizeiverhör wäre es ein
Kinderspiel, sich moralisch zu verhalten.

In besonderen Lagen also kommen wir mit feststehenden

inhaltlichen Geboten nicht weit. Die einzige Empfehlung, die man hier geben kann, läuft darauf hinaus, sich *klug* zu verhalten. Klugheit aber heißt, alle seine Fähigkeiten in den Dienst des erstrebten Ziels zu stellen und es den Umständen entsprechend durchzusetzen. Das schließt die Lüge gegenüber dem Bösewicht genausowenig aus wie die Ehrlichkeit gegenüber dem Staatsanwalt. Warum aber sollte die Klugheit im Gegensatz zu moralischen Ansprüchen stehen? Möglicherweise hat sie, einem uralten Vorurteil der alteuropäischen Tradition entgegen, sogar einiges mit der Moral zu tun! Denn auch der unter moralischem Anspruch handelnde Mensch stellt seine Fähigkeiten in den Dienst des ihm vorrangig erscheinenden Handlungsziels – dies allerdings mit dem Zusatz, daß es hier speziell auf die *Fähigkeiten* ankommt, *durch die er sich selbst begreift*. Und dies sind, so wie er sich versteht, nun einmal seine *besten Kräfte*.

Natürlich kann man bedauern, in Notlagen gegen seine Überzeugung lügen zu müssen; man kann vorher oder nachher auch alle Anstrengungen unternehmen, damit solche Situationen, in denen ein Mensch durch die Umstände genötigt ist, zum Lügen Zuflucht zu nehmen, gar nicht erst aufkommen. Man kann also mit Nachdruck deutlich machen, wie wichtig das *Gebot der Wahrhaftigkeit* sowohl für den mitmenschlichen Zusammenhang wie für einen selber ist. Eine politische Öffentlichkeit ist ohne implizites Wahrheitsgebot gar nicht denkbar. Daraus aber ein unverbrüchliches, unter *allen* Bedingungen einzuhaltendes Gebot für den Einzelnen zu machen, ist nicht nur ein Unverstand, sondern zugleich ein Angriff auf die Moralität. Denn wer Unmögliches von ihr verlangt, schwächt ihre Geltung auch dort, wo die Erfüllung einer Forderung möglich ist.

Verfehlt wäre es auch, aus der Unterordnung des Lügenverbots unter das Gebot der Freundschaft eine feste Rangfolge abzuleiten. Denn es muß nicht der Freund, sondern es kann auch jeder andere in Gefahr geratene Mensch sein, dem ich notfalls durch eine Lüge zu Hilfe komme. Hier hat der Schutz des Lebens oder auch nur die Vermeidung eines Verbrechens Vorrang. Überdies hat das Gebot der Freundschaft augenblicklich hintanzustehen, wenn der Freund es ist, der mich zu einem Verbrechen anstiften will. Dann hat ihm gegenüber die Ehrlichkeit oder die Gesetzestreue Priorität, und man wird die Wahrheit sagen müssen.

So relativieren sich alle Grundsätze wechselseitig je nach den Ansprüchen der Handelnden und den Erfordernissen der Situation. Da gibt es kein hierarchisches System von Regeln, das eine bestimmte Handlung erzwingen könnte, sondern wir haben ein von der Vernunft erschlossenes *Geflecht von Wenn-dann-Beziehungen*, die uns in Form von *Verhaltensregeln* vorgeben, welche Konsequenzen bei gegebenen Ausgangskonditionen zu ziehen sind – *vorausgesetzt, daß wir uns selbst in einer bestimmten Weise verstehen*.

Von dieser letzten Bedingung hängt alles Weitere ab! Und nur wenn wir diese Bedingung in einer bestimmten Weise *selbst* erfüllen wollen, gibt es eine Prämisse, die dann für *alle* ethischen Aussagen gilt: Nur unter der *von uns anerkannten Voraussetzung eines bestimmten* **Begriffs unserer selbst** kann man einen Grundsatz formulieren, dem *alles* moralische Handeln untersteht. Aber auch diesen Grundsatz können wir der Verfügung des Einzelnen letztlich nicht entziehen, so daß die Universalität des *einen* Grundsatzes, auf dem die Moral beruht, an die *Bedingung der Individualität*, genauer: an die Bedingung des *individuellen Vernunftgebrauchs* geknüpft ist.[2]

Dieses alle Begründung tragende Prinzip der Moral ist das der **Selbstbestimmung durch die besten Kräfte, die man hat**. Wenn es denn *Vernunft* ist, die uns überhaupt erst er-

---

2 Zur Bedeutung von *Individuation*, *Identität* und *Situation* im moralischen Handeln siehe: Schwemmer, *Die Philosophie und die Wissenschaften*, 1990, 160 ff.

laubt, uns selbst in Situationen wahrzunehmen, wenn sie es ist, die uns allererst ermöglicht, eine Vorstellung von unserem Dasein und einer darin möglichen Lebensform zu gewinnen, wenn wir tatsächlich *nur durch sie* zu Problemlösungen gelangen, mit denen wir selbst auch einverstanden sein können, dann ist die *Sicherung einer Verfassung, in der wir uns mit Hilfe der Vernunft zu dem bestimmen, was uns richtig erscheint,* die *conditio sine qua non* alles Handelns. Dann haben wir darin den Grundsatz, der uns dazu bestimmt, *in bestmöglicher Verfassung* zu sein – einen Grundsatz, der uns vorgibt, unserer Einsicht zu folgen und dabei das vernünftige Wesen zu bleiben, als das wir uns im Augenblick der Problemerfahrung und der Reflexion selbst verstehen. Der Grundsatz rät uns genaugenommen nur, mit Blick auf unsere besten Kräfte *konsequent* zu sein. Und wer sich diesen Anspruch unter Beachtung der konkreten Lebensumstände, ohne die er selbst nicht wäre, was er ist, zu eigen macht, der stellt sich selbst unter den Anspruch der Moral.

Doch mit alledem greifen wir auf das Ende dieses Kapitels vor. Zunächst haben wir uns klarzumachen, daß sich menschliches Handeln tatsächlich im *Bewußtsein von Regeln* vollzieht und wie es zu verstehen ist, daß eine Regel zum *Gesetz eines Individuums* werden kann. Sollte dies einsichtig werden, so können wir endlich sagen, worauf sich die moralische Selbstreflexion bezieht und welches Problem sie zu lösen versucht.

2. Das Beispiel eines moralischen Konflikts

Beginnen wir mit einem harmlosen, auf den ersten Blick gänzlich moralneutralen Beispiel: Angenommen wir hätten die Absicht, ins Theater zu gehen. Der *vorgestellte Zweck,* auf den sich der unsere Handlung signalisierende *Wille* richtet, ist in diesem Fall der Besuch einer Aufführung. Kommt es zur Realisierung der Absicht, dann besteht die *Handlung* eben darin, dem Willen zu folgen. Was aber geschieht, wenn wir uns diesen Zweck vorstellen? Da reicht es mit Sicherheit nicht aus, sich einfach das Theater, also das Gebäude oder die Bühne mit dem Zuschauerraum – gleichsam als Bild – vor Augen zu stellen; es ist auch entschieden zu wenig, sich auf die Inszenierung zu freuen. Die Vorstellung des Zwecks erfolgt vielmehr dadurch, daß wir ihn uns *wirklich vornehmen* und damit die *Reihe der Bedingungen* durchlaufen, die uns den Theaterbesuch ermöglichen. Dazu gehört, daß wir den *Termin* der Aufführung vor Augen haben und wissen, daß wir an jenem Abend nicht durch eine andere Verpflichtung abgehalten werden. Also können wir den *Zeitraum* von heute bis zum Tag der Aufführung *in seiner erwarteten Regelmäßigkeit* überblicken. Dabei unterstellen wir die vertraute *Gesetzmäßigkeit im Ablauf der Dinge*.

Zu den Bedingungen des Theaterbesuchs gehört schließlich auch, daß man eine *Eintrittskarte* hat, über das nötige *Geld* verfügt oder sich dem Anlaß entsprechend *kleiden* kann, daß sich der *Gesundheitszustand* bis dahin nicht verschlechtert und man ausreichend *gegessen* und *geschlafen* hat, um einer Theatervorstellung überhaupt aufmerksam folgen zu können.

Das sind nur einige der Voraussetzungen, die erfüllt sein müssen, damit der Zweck des Theaterbesuchs auch tatsächlich realisiert werden kann. Jeder von uns durchläuft in seiner Vorstellung eine Vielzahl von Überlegungen, die sämtlich auf die *Verwirklichung* dieser auf den ersten Blick so einfachen Zielsetzung eines Theaterbesuchs bezogen sind. Bei näherem Hinsehen aber zeigt sich, daß wir auch mit den einfachsten Zwecken in den weitgehend *gesetzmäßig geordneten Gang der Dinge* eingebunden sind. Dadurch sind wir genötigt, zahlreiche *Zwischenziele* – wie die Freihaltung des *Termins*, die Nutzung eines *Verkehrsmittels*, den Besitz der *Eintrittskarte* oder die Gewährleistung der *psy-

cho-physischen Disposition – als die unumgänglichen *Mittel zum Zweck* anzuerkennen und diese ebenfalls (wie den Zweck) zu wollen.

Die *Zwangsläufigkeit* in diesem ganzen Handlungsablauf ist gar nicht zu übersehen, auch wenn es viele Varianten gibt, dasselbe Ziel zu erreichen. Und selbst, wenn es unsere Absicht wäre, den Theaterbesuch »alternativ« zu gestalten und dabei konventionelle Regeln zu brechen, gäbe es genügend andere physische, psychische und soziale Gesetzmäßigkeiten, die wir befolgen müssen, um auch nur das Ziel der Regelverletzung erreichen zu können. Schon der Versuch, die mißachtete Regel vor aller Augen zu blamieren, fordert seinerseits die Einhaltung zahlreicher physischer, psychischer und sozialer Bedingungen, die in die Regelhaftigkeit unseres Vorstellungs- und Handlungsablaufs einbezogen werden müssen. Also hat der *vorgestellte Handlungsablauf in jedem Fall seine Gesetzmäßigkeit*. Allein schon *bei uns selbst* muß *eins nach dem anderen* gehen – erst recht, wenn wir uns als das begreifen, was wir in allem immer auch sind: nämlich *Teil der Welt*, die wir uns nur als einen *gesetzmäßigen Zusammenhang* vorstellen können. Deshalb schreibt uns sowohl die *Ordnung der logischen Abläufe*, durch die unsere Vorstellungen schlüssig werden, wie auch die damit immer zusammenstimmende *Ordnung der Dinge* stets *verbindliche Reihenfolgen* vor, an die wir uns nicht nur wie an eine Äußerlichkeit zu halten haben, sondern die wir *von uns selbst her* einhalten müssen, ja, einhalten *wollen*, sofern wir unsere Zwecke tatsächlich realisieren möchten. *Würde man den Regelkanon des Denkens und der denkend erschlossenen Natur nicht beachten, käme es nie zur Realisierung eines Zwecks.* Also ist die Gesetzmäßigkeit des Zusammenhangs von Gedanken und Dingen zum Element der eigenen Vorstellung zu machen – wohlgemerkt, immer unter der Prämisse, daß man den Zweck *tatsächlich will*.

Handeln ist somit an die »Vorstellung gewisser Gesetze« gebunden.[3] Schon die (bewußte) Absicht, etwas nach *eigener Zwecksetzung* zu tun, vollzieht sich in einem ganzen *Komplex von Regeln*, der uns ganz selbstverständlich als die *Bedingung* eines jeden von uns gewollten Handlungserfolgs erscheint.

Die Regelhaftigkeit des Handelns tritt vermutlich selten ins Bewußtsein, weil sich unser alltägliches Tun *ganz selbstverständlich* in den gesetzlichen Kontext der Natur des Denkens und der Dinge fügt. Sobald aber der übliche Erwartungsmodus unterbrochen wird, indem ein Problem vor ernsthafte Schwierigkeiten führt, kommt auch die Regelstruktur unserer bewußten Selbstbewegungen zum Vorschein. Das gilt vornehmlich für die Natur der Dinge: Wir haben uns klarzumachen, daß und wie *eins aufs andere folgt*, und müssen versuchen, die uns bekannte *Reihenfolge möglicher Ereignisse* bewußt für die Lösung unseres Problems zu nutzen. Wenn etwa vor dem Theaterbesuch doch noch ein Terminproblem entsteht, so daß die Frage ist, ob wir noch rechtzeitig zur Vorstellung kommen können, so haben wir andere Verkehrsverbindungen zu prüfen, oder wir überlegen mit Blick auf den Kalender, ob nicht in den nächsten Wochen ein anderer Tag für einen wirklich entspannten Theaterabend zur Verfügung steht. Dann bedenken wir den erwarteten Gang der Dinge und kalkulieren im Kontext der bereits festliegenden Verpflichtungen, wie der Besuch der Vorstellung (die dann freilich – nach den beste-

---

3 Das ist eine Formulierung Kants, die sich an eben der Stelle findet, an der in der Grundlegung der Ethik zum ersten Mal der Terminus *Selbstbestimmung* gebraucht wird. In einer Analyse dieser Passage ließe sich zeigen, daß Kant hier eine rein deskriptive Funktionsanalyse des Wollens vornimmt, die zunächst noch gar nicht auf moralische Handlungen bezogen ist. Erst indem wir *uns selbst* in diesem an Regeln gebundenen Zusammenhang *ernst nehmen* und uns als dieses so (und nicht anders) wollende Wesen auch *selbst durchhalten* wollen, wird daraus – angesichts einer *uns selbst herausfordernden Entscheidungslage* – eine ethisch-moralische Konstellation (siehe: *GMS*; 4, 427).

henden Regeln – keine Premiere mehr ist) mit dem Reglement der alten Termine zusammenpaßt. Dabei führen wir die Regelmäßigkeit des einen Handlungsstrangs in den des anderen über und hoffen, daß sich eins ins andere fügt, so daß auch der zusätzliche Termin noch zum Besuch der Vorstellung paßt.

Aber auch wenn das Problem weniger in der Reihenfolge möglicher Ereignisse als *in uns selber* liegt, tritt die *Regelstruktur des Handlungsstrangs* schnell ins Bewußtsein: Wenn etwa der zusätzliche Termin nicht vor der Theatervorstellung liegt, sondern mit ihr zusammenfällt – was ist zu tun? Nun, dann habe *ich selbst* Prioritäten zu setzen!

Machen wir es konkret: Der Doktorvater lädt mich zu einem Arbeitsessen ein, um in Ruhe die letzte Etappe der Promotion besprechen zu können. Ziehe ich den Theaterbesuch vor – auch wenn nicht gleich ein Ersatztermin für die Besprechung zu finden ist? Die Antwort hängt davon ab, wie wichtig mir der Theaterbesuch ist und was ich mir persönlich – in der Wissenschaft und im Gespräch mit dem Betreuer – zutraue. Es geht um die eigenen Interessen und Ambitionen, die Sorge um den Erhalt eines guten Arbeitsklimas und den rechtzeitigen Studienabschluß, vielleicht auch nur um die Geschicklichkeit, mit der ich dem Professor erkläre, daß ich die Theatervorstellung auch aus einem sehr persönlichen Grund einfach nicht verpassen dürfe.

Gesetzt, das Problem mit dem Betreuer ist zugunsten des Theaterbesuchs gelöst. Er hat verstanden, daß man einem Theaterenthusiasten die Passion lassen muß, gerade auch wenn er wissenschaftlich produktiv bleiben soll; er akzeptiert meine Priorität *wie eine Regel*, die er im Umgang mit mir künftig zu beachten hat. Da kommt die Nachricht von der plötzlichen Erkrankung meines Vaters, der umgehend meinen Rat und Beistand braucht. Setze ich mich noch am selben Tag in den Zug, oder fahre ich erst am nächsten Morgen – *nach* dem Theaterbesuch? Die Verspätung könnte dazu führen, daß ich nicht mehr rechtzeitig vor der Bera-

tung über die vom Arzt empfohlene Operation bei ihm bin.
Die Entscheidung scheint klar: Die familiäre Verpflichtung
hat Vorrang; in diesem Fall setzt mein *Selbstbegriff* als Sohn
die Priorität.

Aber was ist, wenn ausgerechnet in dieser Theatervorstellung, auf die ich nun verzichten soll, meine neue Freundin ihren ersten Auftritt hat? Der Professor hatte dafür
Verständnis; können wir es auch vom Vater erwarten? Vielleicht gerade von ihm, wo er doch mehr Interesse für die
Beziehung zu der Schauspielerin bekundet hat als alle anderen Familienmitglieder?

Doch kommt es hier überhaupt auf das Verständnis des
Vaters an? Sollte ich nicht auf jeden Fall *selbst* mit dem behandelnden Arzt sprechen? Kann ich es *vor mir selbst*
rechtfertigen, den *Selbstbegriff* als Freund vor dem des
Sohnes rangieren zu lassen? Aber was wird die Freundin
sagen, wenn ich ihren ersten großen Auftritt verpasse, nur
um einen Termin wahrzunehmen, den ich doch auch tele-
fonisch erledigen könnte?

Nun ist es offenkundig: Aus dem so harmlos erscheinenden Theaterbesuch ist unversehens ein *moralisches Problem*
geworden – ein Problem, das mir *niemand abnehmen* kann
und mit dem *ich ganz allein* fertig werden muß. Natürlich
kann ich mich mit anderen beraten; in diesem Fall könnte
ich tatsächlich versuchen, das Gespräch mit dem Arzt tele-
fonisch zu führen. Doch vielleicht sagt er mir nur unter vier
Augen, wie es um den Vater steht? Vielleicht aber ist alles
gar nicht so dringlich, und es reicht, wenn ich einen Tag
später komme?

3. Selbstbestimmung im Handeln nach Regeln

So oder so ähnlich sind die Entscheidungen, die wir immer wieder im Leben zu treffen haben. Im Dreieck zwischen *Herkunft*, *Zukunft* und *gegenwärtigem Verlangen*

gibt es *unvermeidliche Rollenkonflikte*, denen sich derjenige, den sie betreffen, nicht entziehen kann – sofern er mit der Lösung noch *derjenige sein will, der er in der Konflikterfahrung ist*. Wenn aber diese Bedingung erfüllt ist und wenn es so ist, daß ich mit der Entscheidung für das eine das andere definitiv versäume, dann fällt die Verantwortung *allein auf mich* zurück, und sie kann mir von *niemand anderem abgenommen* werden.

Das – und nichts anderes – ist die *Signatur des moralischen Problems*. Es geht nicht um die Alternative von Egoismus und Altruismus, nicht um die Einhaltung eines wie auch immer gefaßten universellen Gesetzes, sondern allein um die *einsichtige Konsequenz meines Verhaltens*. Und die ist nur zu ermitteln, wenn ich mich auf die *Elemente meines Selbstbegriffs* besinne, der in dieser Lage leitend ist.

Der *Selbstbegriff* ist wesentlich ein *Inbegriff von Regeln*, die in seinem Zeichen *von mir* zu beachten sind. Zum *Doktoranden* gehören nicht nur die Kompetenz und das Interesse an einer eigenen wissenschaftlichen Erkenntnis, sondern auch die Bereitschaft, die Gepflogenheiten einer unter Zeitdruck arbeitenden wissenschaftlichen Organisation anzuerkennen. Das schließt Opfer bei den privaten Vorlieben ein. Zum Begriff des *Sohnes* reicht im biologischen und rechtlichen Sinn die bloße Abstammung; aber wenn *ich mich selbst* als Sohn dieses Vaters verstehe – eines Vaters, der mich nicht bloß gezeugt, sondern der sich jahrelang um mich gekümmert hat und der sich auch heute noch um mich sorgt –, dann gehört ein *Tableau von Verhaltensweisen* hinzu, die ich – als Sohn – *diesem* Vater schuldig bin. Das aber ist mir nur als *Inbegriff von Regeln* bewußt, die ich – mit dem Selbstbegriff – akzeptiere. Und ohne ein Bewußtsein von Regeln kommt selbst ein Liebhaber nicht aus: Er wird seine Geliebte fördern und erfreuen wollen, möchte ihr vermutlich gerade in ihren Schwächen entgegenkommen und in allem versuchen, den – aus seiner Sicht – besten Eindruck zu machen. Um den zu erzielen, wird er sich an

Regeln halten, auch wenn sie ihm selbst vielleicht gar nicht bewußt sind. Und selbst diese Regeln haben, so kurios es auch klingen mag, ihre Einheit in einem Selbstbegriff, in dem der Verliebte seine Einheit hat und der es ihm erlaubt, seine Ansprüche zu artikulieren.

Dabei ist unstrittig, daß die durchschnittlichen Verhaltensmuster weitestgehend aus gesellschaftlichen Zusammenhängen stammen; sowohl der *Verliebte* wie auch der *Sohn* oder der *Doktorand* haben *Rollenerwartungen* zu erfüllen, die es seit längerem gibt; also entsprechen auch die mit ihnen verknüpften Regeln *Konventionen*, die dem Individuum weit vorausliegen. Indem ich mich aber selbst als Sohn, Doktorand oder Freund akzeptiere, habe ich mir einen Großteil der zugehörigen Regeln zu eigen gemacht. Sie sind zum festen Bestandteil meines Verhaltensrepertoires geworden. Das schließt natürlich charakteristische Eigenheiten des Einzelnen nicht aus. Ein Vater-Sohn-Verhältnis kann Besonderheiten haben, die in keiner anderen Beziehung zu finden sind. Für den Selbstbegriff des Verliebten, dessen Glück wesentlich daran hängt, den individuellen Erwartungen der Geliebten zu entsprechen, gilt das erst recht. Auch ein Student wird nur dann besondere Hoffnungen wecken, wenn er in seinen allgemeinen Leistungen ein Moment der Ausnahme, der offenkundigen Exzellenz oder des produktiven Sonderlings erkennen läßt.

Doch für die Zurechnung des moralischen Problems ist es ganz unerheblich, wieviel Individualität in den Regeln ist, für die man jeweils optiert: Wenn ich mich für das *eine* oder für das *andere* entscheide, lege ich mich auf *die* Regeln fest, die der jeweilige Selbstbegriff impliziert. Indem ich mich in einem Fall primär als Sohn und nicht als Liebhaber verstehe, mache ich die Festlegung ausdrücklich: Es kommt zur bewußten *Aneignung*, zur expliziten *Akzeptanz* der zum jeweiligen Selbstbegriff gehörenden Verhaltensdisposition. Auch wenn die Disposition größtenteils aus gegebenen gesellschaftlichen Beständen übernommen ist, erhält sie mit der bewußten Option den Charakter einer *selbstge-gebenen Form*. Nunmehr bestimmt er sich ausdrücklich selbst. *Aus der **Selbstorganisation** der Lebensvorgänge und der **Eigenständigkeit** des gesellschaftlichen Verhaltens wird die selbstbewußte **Selbstbestimmung***. Das ist der Akt, den wir nach der befolgten Regel *erläutern* und *begründen* können.

Jedermann weiß, daß wir mit Blick auf erste Gründe oder letzte Zwecke niemals wirklich wissen, was wir tun. Der Sinn des Ganzen bleibt uns schon deshalb verschlossen, weil es gar keinen Sinn ergibt, dem Ganzen der Welt oder auch nur dem Ganzen eines Daseins einen ihm gleichsam von außen zukommenden Sinn zu unterlegen. Sinn kann es nur geben, wo verständige Wesen *ihre* Zwecke verfolgen oder in nachvollziehbarer Weise anderem *ihre* Bedeutungen zuschreiben können. Wenn wir sagen, daß wir wissen, was wir tun, kann folglich nur ein Wissen im Rahmen der üblichen Verständigung über unsere Wirksamkeit in der Welt gemeint sein. Und wenn der Kontext es erlaubt, ge-nügt eine Handbewegung, um den Anderen wissen zu las-sen, wie man eine Flasche öffnet.

Wissen über uns selbst in unseren Handlungen aber ha-ben wir nur, wenn wir auch die *Regeln* angeben können, nach denen wir die Handlung vollziehen. Insofern stellt die *Selbstbestimmung* eine *Steigerung* dar: Mit der Kompetenz, selbstbewußt nach eigenen Regeln zu handeln, haben wir auch die Fähigkeit, von unserer Selbstbewegung zumindest so viel zu wissen, daß wir sie *nach diesen Regeln erklären* können. Der *Wille* ist nicht mehr bloß das Zeichen für eine bevorstehende oder sich bereits vollziehende Tat, sondern er kann – *nach der selbstgesetzten Regel* – als Anfang des beabsichtigten Endes erläutert werden. Vor allem aber er-laubt das Selbstbewußtsein von den mit der eigenen Ent-scheidung übernommenen (und insofern selbst gesetzten) Regeln eine *Begründung* des eigenen Tuns. Hier kann das Individuum *seine Gründe* nennen und sich auf Regeln beziehen, die der eigenen Entscheidung zugrunde liegen. *So erweist sich die Selbstbestimmung als die Form des Verhaltens, die auf der Höhe des menschlichen Selbstbewußtseins steht.* In ihr handelt der Einzelne ausdrücklich *selbst*.

4. Der individuelle Anspruch der Moral

Das ausführlich entwickelte Beispiel vom Theaterbesuch läßt erkennen, wie unvermittelt aus einer alltäglichen Absicht ein *moralisches Problem* erwachsen kann: Wir haben etwas vor, das für sich genommen nicht nur harmlos, sondern womöglich überaus nützlich und somit lobenswert ist, das aber durch querliegende Anforderungen jederzeit so problematisch werden kann, daß pragmatische Arrangements allein nicht mehr zureichen. Zwar kann man durch Verknüpfung der Termine in der Regel technisch viel erreichen. Aber wenn man nur das *eine* tun kann, das *andere* aber lassen muß, und wenn man *selbst* eine Entscheidung zu treffen hat, die weder auf andere noch auf die Verhältnisse abgewälzt werden kann, *dann muß sich zeigen, was und wer man ist.* Genauer: *Dann hat man selbst darzutun, was »in einem steckt« und wer man damit eigentlich ist.* Und das – nichts anderes als das – ist der *Anspruch der Moral.*

Es kommt somit darauf an, *daß ich mich selbst entscheide. Nur durch den ernsthaften Willen zur eigenen Tat, nur durch den eigenen Entschluß werde ich dem gerecht, was und wer ich bin.* Bis zu diesem Punkt aber *bin* ich ein sich selbst organisierendes, selbst empfindendes und selbst wahrnehmendes, ein auf dieser Basis sich selbst erkennendes und selbst denkendes Wesen. Die ganze Natur des menschlichen Individuums zeigt in ihren sich dynamisch fokussierenden organischen, sozialen, psychischen und intellektuellen Leistungen stets das gleiche *Strukturprinzip der Selbstorganisation.* Wenn das Denken und Handeln eines Individuums überhaupt etwas bedeutet, dann bleibt dieses Strukturprinzip der selbstbezüglichen Dynamik von Individualität auch dort wirksam, wo es um die Bewältigung eines *Problems der eigenen Lebensführung* geht. Dann kommt es darauf an, daß ich mich *selbst orientiere*, mir *selbst ein Urteil bilde* und *selbst entscheide*, um dabei *in Übereinstimmung* mit dem zu bleiben, was bereits die *Wahrnehmung des Problems* ermöglicht und *denkbare Antworten* als *wirkliche Lösungen* erscheinen läßt: In solchen Lagen genügt es nicht, überhaupt einen gangbaren Ausweg zu finden, also irgend etwas zu tun, das irgendwie in die Wirklichkeit paßt. Das könnte man jemandem nur durchgehen lassen, wenn es gar keinen Entscheidungsspielraum mehr gäbe und nur noch das bloße Leben zu retten wäre.

Gesetzt aber, ich begreife mich in Wahrnehmung und möglicher Lösung des Problems noch als *ein vor anderen über sich selbst disponierendes Wesen*, gesetzt, ich räume mir selbst noch einen *Handlungsspielraum* ein, für den ich *eigene Gründe* geltend machen kann, dann fordert bereits der in der Problemerfahrung liegende individuelle Anspruch eine Lösung, in der ich – wenigstens für mich selber – *bleibe, was und wer ich bin*. Es gilt, die *individuelle Einheit* meiner selbst in allen Lagen des bewußten Daseins zu sichern. Nur in der *eigenen Entscheidung*, für die ich *meine Gründe* habe, wahre ich die *Selbständigkeit*, die (wie wir in 2.1, 4.7 und 6.4 gesehen haben) zu den Basiskonditionen des menschlichen Daseins gehört. *Was* ich aber in dieser Lage bin und *wie* ich mich darin verstehe, zeigt sich mir in dem *Problem*, das mich berührt und mich beschäftigt.

Es könnte ja auch sein, daß ich das Theater oder die Freundin sofort vergesse, wenn der Abschluß meiner Dissertation zur Debatte steht. Dann hätte ich erst gar kein Terminproblem mit meinem Doktorvater. Es könnte auch sein, daß der Auftritt der Geliebten für mich so essentiell ist, daß der sofortige Aufbruch zum Krankenbesuch gar keine Alternative darstellt. Dann *kann* ich einfach nicht vorzeitig fahren. Ich sage mir: »Die Liebe geht vor. Das hat der Vater in seiner Jugend gegenüber den Großeltern nicht anders gesehen.« Und schon habe ich selbst *gar kein Problem* mit dem Theaterbesuch und gehe reinsten Gewissens in die Vorstellung. Zwar mögen andere den Kopf schütteln, wie man in einer solchen Beziehung derartige Prioritäten setzen kann; vielleicht macht der Tod des Vaters, den ich nicht mehr lebend antreffe, nachträglich ein mich lebenslang belastendes Problem aus meiner Entscheidung. – Doch alles dies läßt deutlich werden, daß sich ein *individuelles Lebensproblem* nicht einfach als objektives Faktum in der Ordnung der Dinge wahrnehmen läßt. Es ist vielmehr *mein* Problem, das *ich* habe, weil ich mich als Doktorand *zugleich* als Liebhaber begreife, weil ich nicht allein als kommender Wissenschaftler, sondern auch als Freund anerkannt sein will, oder weil ich meine Liebe zu einer Frau über die Verpflichtung gegenüber dem Vater stelle.

Diese Dispositionen, wie immer sie im Einzelfall auch sein mögen, sind bereits *Konditionen des Problems*, das wir dann *moralisch* nennen, wenn wir als *Person*, genauer: *in unserem für die Situation konstitutiven Selbstbegriff* herausgefordert werden. Und wo der Konflikt *konkurrierende Selbstbegriffe* berührt, da habe ich mich für *einen* zu entscheiden, um den *Regeln* zu folgen, deren *Inbegriff* er ist. Dann habe ich für die mir in dieser Lage vorrangig erscheinende Identität optiert und zeige darin, wer ich in erster Linie bin. Natürlich gilt das nur in der aktuellen Konfliktsituation. Andere Entscheidungslagen können andere Prioritäten erfordern. Gleichwohl ist es auch im situativen Kontext gerechtfertigt, von *der* Identität in *dem* Selbstbegriff zu sprechen, der in der Entscheidung die Prämissen setzt.

Wie aber ist eine solche Entscheidung zwischen zwei konfligierenden Selbstbegriffen überhaupt möglich? Gibt es eine *Instanz*, die dafür noch *Kriterien* hat? So zu fragen heißt

– insbesondere nach den Ausführungen im 8. Kapitel –, die Antwort bereits zu wissen: Über konkurrierende Selbstbegriffe der Person kann nur ein *Selbstverständnis* entscheiden, das für beide in gleicher Weise zuständig ist. Das aber ist der *Selbstbegriff* als *vernünftiges Wesen*. In ihm wirkt die Vernunft als Organ besonderer Art, nämlich als *Instanz*, die über konkurrierende Positionen der Vernunft befindet (8.9).

Nach den vorausgehenden Überlegungen wird niemand den Verdacht hegen können, das *vernünftige Wesen* schwebe wie ein Deus ex machina auf die Bühne der Moralität. Die Vernunft ist längst im Spiel, ehe auch nur ein moralisches Problem auftreten kann. Denn *sie* ist es, die den *Zusammenhang der Realität* erschließt, in dem wir uns selbst als *wirklich* begreifen; sie gibt den Begriff der *Situation*, auf den der des *Problems* notwendig bezogen ist; und ihr verdanken wir unseren *Selbstbegriff*, ganz gleich, ob wir uns nun als Freund, Sohn, Student, Verkehrsteilnehmer, Hochschullehrer, Bundesbürger oder Philosoph verstehen. Von ihr muß daher auch die *Lösung* kommen, wenn es denn eine *wirkliche* Lösung sein soll, die sowohl vor der *Realität* wie auch vor dem eigenen *Selbstanspruch* – damit aber auch vor möglichen anderen, sofern sie ihrerseits vernünftig denken – bestehen kann. Nur in seiner eigenen Vernunft hat ein Mensch die Chance, ganz bei sich selbst und zugleich bei jedem möglichen (»denkbaren«) Anderen zu sein. Er kann bewußtes Individuum in einer Welt mit anderen Individuen sein, kann von seinen singulären Bedingungen (mit *dieser* Krankheit in *dieser* Lage mit *dieser* Todeserwartung) wissen und kann dennoch auch in seinem Bewußtsein real *und* argumentativ mit Anderen verbunden sein.

Es war der Irrtum des Existentialismus, das mit Recht in radikaler Selbständigkeit gedachte Individuum von Anderen und anderem ontologisch zu isolieren. Sartre und Camus übersahen (ebenso wie vor ihnen Nietzsche), daß schon das *Selbstbewußtsein* den ursprünglichen Bezug auf anderes vor Anderen impliziert; und sie bedachten nicht, daß bereits der *Begriff der eigenen Individualität* auf einem *Vernunftgebrauch* beruht, der nicht nur die wirkliche Gegebenheit der Welt und der menschlichen Gemeinschaft einschließt, sondern der in seiner Funktion auf *Öffentlichkeit* und *allgemeinen Nachvollzug* angelegt ist. Ist man aber als Person erst einmal so weit entwickelt, daß man ein *moralisches Problem* mit etwas hat, dann ist die *Vernunft* nicht einfach nur als konstitutives Begriffsvermögen beteiligt, sondern sie ist in geradezu obsessiver Weise in Anspruch genommen: *Sie* ist es, die eine *Handlungslage* mit explizitem Bezug auf das in ihr herausgeforderte, sich in einer bestimmten Rolle begreifende *Selbst* erfaßt und es ausdrücklich auf eine *Regel* bezieht, in der sie die *Person als ganze* bestimmen will. Und das geschieht nicht etwa erst in der *Lösung* des moralischen Problems, sondern bereits in dessen *Wahrnehmung*.

5. Was soll ich tun?

Die Wahrnehmung des moralischen Problems vollzieht sich in einer simplen *Frage*, die wir bereits bei Platon finden, deren prägnante Fassung aber erst Kant theoriefähig gemacht hat. Das ist vor allem deshalb so verdienstvoll, weil es sich um eben *die* Frage handelt, die sich in der Praxis *jeder ohnehin schon selber stellt*. Daher ist sie auch so unauffällig, und man sagt wohl nicht zu viel, wenn man behauptet, daß sie in ihrem Gewicht bislang niemals adäquat verstanden worden ist. Die Frage lautet: *Was soll ich tun?* Vielleicht ist die ganze bisherige Erörterung nur ein Kommentar zu dieser unscheinbaren Frage. Zu ihr ist im Gang der Untersuchung implizit bereits so viel gesagt, daß sich die Erläuterung jetzt auf vier Punkte beschränken läßt:

Die Frage *Was soll ich tun?* bezieht e r s t e n s ihren Sinn aus einem *Problem*, das jemand hat. Wäre da nicht eine *Situation*, die *jetzt* nach einer *Lösung* verlangt, würde man eine andere Formulierung wählen – zum Beispiel: *Wer oder was möchte ich sein?* So aber ist deutlich, daß da eine *Schwierigkeit* ist, die überwunden werden soll. Deutlich ist auch, daß es nicht um irgendeine Kleinigkeit geht, die man beiläufig erledigen könnte. Die Frage läßt im Gegenteil eine gewisse *Dramatik*, die man als *existentiell* bezeichnen möchte, erkennen. Offenkundig ist die *ganze Person* berührt, die auch als ganze auf einer Antwort besteht. Die Dringlichkeit muß keinen zeitlichen Nachdruck haben; aber sie hat eine *personale Valenz*, ist also nicht einfach abzutun. Wer sie – ohne gravierende Änderung in den Ausgangsbedingungen – einfach wieder fallenläßt, hat sie nicht ernsthaft gestellt. Man kann also festhalten, daß die Frage: *Was soll ich tun?* auf ein *Lebensproblem* von einigem *Ernst* gerichtet ist, das eine Lösung durch die Anstrengung der ganzen Person verlangt.[4]

Der Anspruch auf eine Lösung aber kann z w e i t e n s nur in einem *praktischen Kontext* erwachsen, in dem es selbstverständlich ist, *daß man etwas tun muß*. Es ist eine *Aktivität verlangt*. Die Frage: *Was soll ich tun?* artikuliert somit einen *Handlungsanspruch*, dem man sich offenbar nicht entziehen kann. Wenn man es dennoch versucht, ist eben dies auch eine Tat. Die vollständige Einbindung in das Leben, die dem selbständigen Wesen die Zuständigkeit für sich selbst in keinem Augenblick erläßt, und der reale Zu-

4 Der Ernst, über den sich Oscar Wilde in *The Importance of Being Earnest* (1895) so ausgiebig lustig macht, ist eine elementare Bedingung der moralischen Problemerfahrung. Eine Weile sah es so aus, als würde Ernst Tugendhat darauf näher eingehen (*Probleme der Ethik*, 1984, 169: »Ausblick auf eine Moral der Ernsthaftigkeit«); er hat es leider nicht getan. Mir geht es hier um den Nachweis, daß der Ernst bereits mit der *Problemerfahrung* verknüpft ist, die ihrerseits ihre Kondition im *Leben* hat: »Der Ernstfall ist der Normalzustand des Lebens.« (Markl, *Dasein in Grenzen*, 1984, 8)

sammenhang der vom Leben inaugurierten gesellschaftlichen Beziehungen, die wechselseitige Verantwortlichkeiten erzeugen, lassen bestenfalls *Pausen*, aber *keine Befreiung von der Notwendigkeit des Handelns* zu. Ganz unabhängig von der durch Eitelkeit oder Verzweiflung eingegebenen metaphysischen Frage, ob es sich überhaupt lohnt, etwas zu tun, ist hier die *Notwendigkeit der eigenen Aktivität* immer schon anerkannt; überdies hat sie durch den Bezug auf ein *Problem* immer auch einen spezifischen *Sinn*.

Schließlich liegt in der Überzeugung von der Unerläßlichkeit des Handelns ein unbestreitbarer *Ernst*. Wer verlangt, daß etwas getan werden muß, hat eine Vorstellung nicht nur von der Relevanz des *Problems*, sondern auch von dem zur Lösung erforderlichen *Prozeß*. Die prozessuale Notwendigkeit des Lebens wird als unabänderlicher Handlungsdruck der Praxis nicht nur hingenommen, sondern in der eigenen Handlungsbereitschaft anerkannt.

Der einfachste Tatbestand ist d r i t t e n s , daß hier ein *Individuum* nach einer Antwort auf eine praktische Frage sucht. *Ich* will wissen, was zu tun ist. Und *ich* will es wissen, weil *ich* mir darüber im klaren bin, daß *ich* hier gefordert bin. Es ist eine Frage, die ich an mich selber richte! Wenn aber ein Ich so fragt, dann braucht ihm auch niemand erst zu erklären, daß es auch *selbst* etwas tun muß. Dann ist die *eigene Zuständigkeit* bereits von ihm aus akzeptiert. Und nur in akademischen Debatten kann jemand auf die Idee verfallen, dieses so fragende Ich würde sich mit seiner Frage von seinesgleichen isolieren. Denn praktisch braucht es nichts von der faktischen Beteiligung der Anderen, auch nichts von ihrer womöglich bestehenden direkten Verantwortlichkeit in Abrede zu stellen. Wir leben in einem Geflecht uns tragender sozialer Beziehungen. Alles, was wir kennen und haben, ist nur *darin* möglich.

Aber es wäre absurd, daraus einen Einwand gegen die (stets ja nur *darin* mögliche) *individuelle Selbständigkeit* zu machen. Die unkündbare Lebensbindung der Menschen trägt ja auch kein Argument gegen die *Zuständigkeit des Einzelnen für sein eigenes Tun*. Im Gegenteil: Es ist immer nur das *Individuum*, das handeln kann. Und angesichts des moralischen Problems ist diese ursprüngliche Kompetenz des einzelnen Wesens von diesem selbst auf ausdrückliche Weise anerkannt. Es bedarf keiner besonderen Erwähnung, daß auch das Individuum, das glaubt, dem *Was soll ich tun?* nicht ausweichen zu können, sich *selber wichtig* nimmt. Also ist der *Ernst* der Frage auch aus der Sicht des *Akteurs* unübersehbar.

Der v i e r t e Punkt betrifft das *Sollen*, dessen Anspruch der Frage bereits zugrunde liegt. Die Moralphilosophen jüngerer Provenienz hätten sich viel Mühe ersparen können, wenn sie diese Prämisse der moralischen Problemstellung beachtet hätten.[5] Das Sollen ist mit dem *Selbstbegriff* gegeben (8.10). Folglich ist auch sein Anspruch akzeptiert, wenn man sich selbst im Licht einer Aufgabe begreift. Daß man ihr gewachsen sein will, gehört zum Selbstverständnis der Person. Man *kann* die Wahrheit sagen, wenn man will; man *kann* das Ja-Wort halten, das man einst gegeben hat.

Dieser *Zusammenhang von Selbstanspruch und Selbstbegriff* wird besonders deutlich, wo sich eine Person im Kontext lebenspraktisch vorgegebener Aufgaben versteht und das institutionelle Verhaltensmuster einer *Rolle* übernimmt (8.6). Wenn ich mich als *Vater* verstehe, dann weiß ich auch, daß ich für meine Kinder zu sorgen habe; wenn ich als *Staatsbürger* auf meinem Recht bestehe, dann kann ich nicht zugleich bestreiten, daß ich in dieser Rolle auch Pflichten habe. Und auch das so umfängliche, jeder In-

---

5 Die kritische Bemerkung zielt vor allem auf Ernst Tugendhat, der sich jahrelang erfolglos mit der Frage abgeplagt hat, wie man jemanden durch Argumente davon überzeugen könne, daß er »sollen« muß. Da es aber in der Tat so ist, daß man niemandem, der nicht *von sich aus* schon ein Bewußtsein der Verpflichtung hat, dieses Bewußtsein argumentativ beibringen kann, enden alle Versuche, hier etwas allein durch theoretische Gründe zu beweisen, zwangsläufig in einem skeptischen Vorbehalt gegenüber der »Universalität« moralischer Forderungen.

stitutionalisierung vorausliegende Selbstverständnis als *Mensch* hat einen normativen Gehalt.

Das zeigt die Tatsache, daß wir unseresgleichen *Vorhaltungen* oder *Vorwürfe* wegen ihres Verhaltens machen können. Schon die bloße Leistungsfähigkeit von Verstand und Vernunft verpflichtet; wer denken *kann, sollte* auch Gebrauch davon machen. Zwar ist das in dieser Allgemeinheit noch kein striktes moralisches Gebot. Aber sobald das Denken-Können ausdrücklicher Bestandteil eines individuellen Selbstbegriffs ist, kann auch daraus ein moralischer Anspruch erwachsen. Wie vertraut uns ein solcher Übergang von einer technischen Fähigkeit zu einer moralischen Verpflichtung ist, zeigt die Metapher vom »aufrechten Gang«: Wer die äußeren Bedingungen der normalen menschlichen Fortbewegung erfüllt, sollte auch eine ihr entsprechende innere Haltung beweisen. Allein durch den Akt der Aneignung wird aus einer *Technik* eine *Praxis*, und die erhält eine *moralische* Qualität, sobald die Aneignung *persönlich* verstanden wird.

Wer etwas kann, es aber gleichwohl *nicht* tut, braucht unter Umständen *Gründe* für die Rechtfertigung der Unterlassung – das insbesondere dann, wenn es (nach seiner oder nach der anderen Meinung) zu seinem *Selbstverständnis* gehört hätte, das Erwartete zu tun. Unsere Sprache gibt uns die Möglichkeit, diese auf ein Selbstverständnis gegründete Handlungs*erwartung* vom Handlungs*zwang* zu unterscheiden: Wer durch (unerwartet auftretende) Naturgewalten, durch physischen oder psychischen Zwang, den andere auf ihn ausüben, oder durch Schmerz oder Bedürfnisdruck zu etwas genötigt wird, der *muß*. Wen aber sein *Begriff von sich selbst* zu etwas verpflichtet, der *soll*. Natürlich kann man auch das Müssen, sofern es durch eine Handlung erfüllt wird, nicht vom Freiheitsanspruch lösen. »Niemand«, so sagt der Volksmund mit Recht, »muß müssen«.

Gleichwohl ist der Unterschied zu dem aus einem Selbstverständnis erfolgenden Sollen nicht schwer zu erkennen. Denn im Sollen kommt die *soziale Existenz* des Menschen zum Tragen. In ihm wird eine Verbindlichkeit vollstreckt, die sich nur *sub specie aliorum* begreifen läßt. Hier weiß sich ein Individuum in einer Position, die im Grunde auch ein anderes Individuum einnehmen könnte. Und es weiß in dieser Lage sehr genau, wann es von sich aus einen Anfang machen kann und wann nicht.

Die äußerlich wie innerlich unaufkündbare soziale Einbindung des Menschen ändert natürlich nichts daran, daß die Verbindlichkeit des Sollens *nur für das Individuum* gilt. Der moralische Anspruch ergeht *nur an den Einzelnen*, der ihm unter Umständen auch *ganz allein* zu folgen hat. Man darf die versprochene Treue nicht preisgeben, nur weil man von lauter Ehebrechern umgeben ist. Die moralische Verantwortung lastet somit allein auf dem *Individuum*, das sich ihr stellt. Und dennoch kommt es zu der im Sollen liegenden Verbindlichkeit nur, weil sich der Einzelne nach *Maßgabe einer Rolle* begreift, die ihn in ein Geflecht sozialer Zuständigkeiten einbezieht.

6. Ich stelle mich

Das gilt selbst für den äußersten Selbstbegriff des Menschen als *vernünftiges Wesen*. Das Selbst begreift sich auch hier in einem unmittelbar erfahrenen und mittelbar erschlossenen Kontext wechselseitiger Angewiesenheit unter seinesgleichen. Es *weiß*, was es sonst vielleicht nur fühlt: daß es nicht ohne die Anderen wäre und ohne sie auch keine Zukunft hätte. Insofern begreift es sich als *soziales Wesen*, das es aber nach den Ansprüchen der Anderen wie auch nach dem Anspruch an sich selbst nur sein kann, wenn es sich als *selbständig* begreift. Und eben diese Eigenständigkeit des Individuums kommt zum Ausdruck, wenn es *seiner eigenen Einsicht* (die sich in einer *Regel* ausdrückt) folgt. Und wenn dies – nach einem inneren Konflikt – gegen eigene Widerstände erfolgt, dann geschieht es im *Bewußtsein des Sollens*.

So kommt im Sollen auch noch die *innere Vielfalt* des Individuums zur Geltung. Der auslösende moralische Konflikt entsteht ja allererst durch *konkurrierende Selbstbegriffe*, die uns erkennen lassen, daß unser Selbst keine monolithische Einheit ist. Die Frage: *Was soll ich tun?* setzt verschiedene Handlungsmöglichkeiten voraus, die mit differenten Selbstbegriffen verknüpft sind. Nur deshalb berührt mich die Frage stärker als ein bloß auf die Sache bezogenes technisches Problem. Wäre ich von vornherein einig mit mir selbst, gäbe es den existentiellen Zweifel angesichts von Handlungsalternativen nicht: Ich brauchte nur (nach Art eines Utilitaristen) den wahrscheinlich besten Effekt zu berechnen und wüßte damit schon, was ich zu tun hätte.

Tatsächlich aber steht hinter dem moralischen Problem kein bloßer Zielkonflikt, der sich durch Optimierung der Kalkulation beheben ließe. Die moralische Frage berührt mich, weil ich mir *selbst zum Problem* geworden bin, sie also mein *Selbstverständnis* betrifft, und weil ich in meiner (praktischen) Antwort zu zeigen habe, wer ich denn eigentlich bin (oder wenigstens sein will). Und wenn das Ganze mehr als eine bloß rhetorische Selbstdarstellung ist, wenn ich also angesichts der differenten Handlungsmöglichkeiten *ernsthaft* in Zweifel bin, was ich tun soll, dann kostet die Entscheidung *Kraft*. Denn die praktische Option *für* einen Selbstbegriff bedeutet zugleich die (zumindest situative) Ausgrenzung eines anderen Begriffs, der mir ebenfalls entspricht. Dessen Attraktivität muß also überwunden werden. *Also liegt in jedem Sollen ein Widerstand, gegen den man anzugehen hat*. Die Selbstüberwindung des Alter ego gehört somit zur Dynamik des Sollens. Davon kann beim Müssen keine Rede sein. Also wird nicht nur die *implizite Sozialität*, sondern auch die *differenzierte Identität* des Selbst preisgegeben, wenn man das Sollen mit dem Müssen identifiziert (8.9).

Wenn aber der Selbstbegriff des Menschen so weit entwickelt ist, daß sich das Individuum eine *Würde* zuschreibt, dann gehört zu diesem Selbstbegriff auch das Bewußtsein, dieser Würde *selbst* entsprechen zu wollen und zu sollen. Das heißt natürlich nicht, daß dies jeder jederzeit auch – quasi automatisch – tut! Wäre dies so, brauchte die Frage *Was soll ich tun?* erst gar nicht gestellt zu werden. Die Norm ist ein *Anspruch*, den man verwerfen oder mißachten und vor dem man natürlich auch *versagen* kann. Das *Böse* des Menschen liegt nicht nur in seiner Schwäche gegenüber den von ihm selbst hochgehaltenen Ansprüchen, sondern vor allem auch in der bewußten, womöglich lustvollen Abweichung: Jemand weiß sehr wohl, was er tun soll. Aber er tut es nicht, weil er träge, feige oder unentschlossen ist oder weil er mit klarem Bewußtsein an einer anderen Zielsetzung festhält, die ihm verlockender erscheint. So morden Menschen aus Geldgier, lügen, um im Amt zu bleiben, oder versprechen etwas ins Blaue hinein, nur um eine peinliche Situation zu überstehen. Dabei dürfte es kaum einen geben, der nicht weiß, daß er »eigentlich« so nicht handeln darf. Deshalb gibt auch niemand gerne zu, daß er sich solcher Abweichungen von den ihm selbst bewußten Normen schuldig gemacht hat. Und wenn es dennoch zum Geständnis kommt, folgt die erklärte Reue auf dem Fuß.

An alledem zeigt sich natürlich eine Grenze der moralischen Argumentation: Die guten Gründe sind durchaus bekannt – kaum einer, der sie »eigentlich« nicht auch überzeugend fände. Aber man hält sich trotzdem nicht daran, weil anderes (vielleicht nur im Augenblick) wichtiger erscheint. Zum *moralischen Verhalten*, also zur *Bereitschaft* und *Fähigkeit*, den an sich selbst erfahrenen Normen und den zugehörigen guten Gründen wirklich zu folgen, gehört also einiges mehr als ein schlüssiges Argument. Gleichwohl weiß jeder, der sich ausdrücklich fragt, was er tun soll, was von ihm erwartet wird, und – was er mit der *an sich selbst* gerichteten Frage *von sich selbst* verlangt. Man hat also bereits eine *normative Einstellung*, wenn man mit moralischen Problemen in Berührung kommt. Ja, man kann ein Problem nur dann *als moralisch* erfahren, wenn man *normativ disponiert* ist. Die Frage *Was soll ich tun?* richtet man nicht einfach nur an sich selbst, sondern *man stellt sich ihr*. Es ist selbst schon ein *initialer moralischer Akt*, in dem man sich die Freiheit zuspricht, tatsächlich der Einsicht zu folgen, die man hat: **Ich stelle mich** – der Frage, die jederzeit von einem Anderen kommen kann, moralisch aber nur Gewicht hat, wenn es *meine eigene Frage* ist.

   Der Anspruch des Sollens ist also immer schon anerkannt, wenn man moralische Probleme hat. Für sie gilt, was für alle Probleme gilt: Es gibt sie nicht, wie es Dinge oder Ereignisse gibt, sondern sie entstehen immer erst mit der *Erwartung* des Wesens, das dieses Problem hat (1.6) und sich darin selbst Problem ist (1.9). So erfahren wir auch moralische Probleme allererst im *Bewußtsein einer individuellen Verpflichtung*, die sich als *Gewissen*, *Schuld* oder im Anspruch auf *tätige Anteilnahme* äußern kann. Bei jemandem, der dies bestreitet, kann man lediglich versuchen, ihm vor Augen zu führen, daß er sich offenbar selbst nicht genügend kennt. Wer aber, womöglich wider besseres Wissen, auf seinem Amoralismus beharrt, dem ist nicht zu helfen – jedenfalls nicht durch eine von außen an ihn herangetragene Argumentation.

   Natürlich muß jeder erst lernen, sich die Frage *Was soll ich tun?* zu stellen. Vermutlich geschieht das durch das *Beispiel*, das andere geben. Denn es ist hier wie beim Rechnen, Denken und Erinnern – also bei Leistungen, die man im strikten Sinn nicht lernen kann. Es bedarf der Anregung, insbesondere des Anreizes durch die Demonstration des Effekts und natürlich der beharrlichen Übung. Ohne Vorbild und ohne allgemeine Erziehung wird sich auch das moralische Bewußtsein kaum entwickeln. Aber sobald man es hat, stellt sich die Frage *allein aus ihm selbst*. Oder anders: Wenn man sich plötzlich diese Frage von sich aus stellt, dann *hat* man ein *Bewußtsein der Moralität*. Dann meldet sich die *Verantwortung*. Es regt sich das *Gewissen*, und das fordert, sich der eigenen *Verpflichtung* zu stellen.

Bleibt dieser spontane Akt aus, dann kann man nur von außen das wiederholen, wovon wir uns überhaupt die moralische Erziehung erhoffen: Man kann versuchen, ein gutes *Beispiel* zu geben. Führt es tatsächlich zu keiner eigenständigen Reaktion, dann kann man nicht ausschließen, tatsächlich ein Wesen ohne moralische Verantwortung vor sich zu haben. Doch obgleich die fortgesetzten Grausamkeiten, zu denen gerade kultivierte Menschen fähig sind, für das Gegenteil sprechen, so gibt es gleichwohl keine verläßlichen Hinweise darauf, daß es wirklich Individuen ohne moralisches Bewußtsein gibt. Selbst die großen Menschheitsverbrechen der letzten Jahrhunderte, die Ausrottung eroberter Völker, der Sklavenhandel, die Kinderarbeit, die politischen Säuberungen oder die Vernichtung der Juden, haben der Verbrämung durch Ideologien bedurft, die immerhin anzeigen, daß die Täter vor sich selbst und vor anderen eine Entschuldigung brauchten. Selbst hier also müssen zumindest Reste eines moralischen Bewußtseins vorhanden gewesen sein.

Und dennoch ist es eine seit der Romantik immer wieder mit kitzligem Gruseln gehegte, literarisch überaus produktive Idee, es könne *moralisch vollkommen indifferente Wesen* geben. Seitdem geistern *Immoralismus* und *Amoralismus* durch die philosophischen Debatten. Auch sie haben zur Vermehrung der philosophischen Literatur beigetragen, haben den Scharfsinn geübt und – via negationis – geholfen, den Status moralischer Probleme zu klären. Doch man darf nicht vergessen, daß die Position einer vollkommenen ethischen Indifferenz nur eine gedankliche Konstruktion darstellt – es sei denn, jemand *erfahre sie an sich selbst*. Hat man tatsächlich diesen schrecklichen Verdacht gegen sich selbst, dann prüfe man sich ernsthaft, ob man nicht doch gelegentlich zur Enttäuschung über sich oder andere neigt oder nicht wenigstens erwartet, daß jemand *tut*, was er *sagt*. Sollte zumindest ein Keim eines Vorwurfs gegen andere (oder gar gegen sich selbst) vorhanden sein, kann man den Selbstverdacht des Amoralismus getrost fallenlassen. – Dieses Verfahren kann man übrigens auch für den Umgang mit jedem Anderen empfehlen, der sich als *Amoralist* interessant zu machen versucht.[6]

7. Sei du selbst!

Gesetzt jedoch, man verleugnet sich nicht, gesetzt, man gesteht sich seine moralischen Ansprüche ein und nimmt im *Augenblick der Krise* die Frage *Was soll ich tun*? wirklich ernst: Wie kann es dann zu einer *verbindlichen Antwort* kommen? Wie kommt es überhaupt zum *moralischen Gebot*? Und wodurch sind die ethischen Gesetze *legitimiert*? Das sind die in der modernen Ethik vorrangig behandelten Fragen, und wir haben nunmehr alle Mittel in der Hand, um sie kurz, aber auf eine neue Weise zu beantworten. Wer sich den Blick nicht durch einen dogmatischen Kantianismus trüben läßt, wird erkennen, daß die hier vertretene Lösung Kant nahe ist, einem Kant, der übrigens sehr wohl wußte, daß seine Ethik in der Tradition des Sokrates steht.

In einem individuell erfahrenen moralischen Konflikt, ganz gleich, ob man ganz von selbst oder durch die Warnungen oder Vorwürfe der Anderen in ihn geraten ist, versteht sich das *Individuum* als *vernünftiges Wesen* – und zwar so, wie wir den Terminus erläutert haben (8.4/5). Dabei ist es wichtig zu wissen, daß es beides in einem ist: Es ist *Individuum* in einer *bestimmten Handlungslage*, und *in*

6 Dazu treffend: Williams, *Der Begriff der Moral*, 1978, 9 ff.

eben dieser begrifflich auf es selbst bezogenen Lage versteht es sich als *vernünftiges Wesen*. Indem das Individuum das Problem *erkennt*, sich selbst in einem Zusammenhang *begreift*, sich in ihm zu *orientieren* und zu *entscheiden* sucht, versteht es sich immer schon als Wesen, das in allen diesen Leistungen *seine eigene Vernunft gebraucht*. Folglich ist es auch keine Hypertrophie, wenn sich das Individuum – in dem oben (8.3) geschilderten Sinn – als *vernünftig* bezeichnet. Wir verwehren es auch niemandem, der täglich nur zwei Stunden trainiert und lediglich alle drei Wochen an einem Wettkampf teilnimmt, sich als Sportler zu bezeichnen. Es sind fast immer nur sehr begrenzte, oft nur vergleichsweise selten ausgeübte Tätigkeiten, aus denen wir unsere Selbstbegriffe gewinnen. Man denke nur an nichtprofessionelle »Skifahrer« oder an allein auf Bayreuth abonnierte »Wagnerianer«, an »Akademiemitglieder« oder »Kassenpatienten«. Sofern die partielle Tätigkeit überhaupt etwas Kennzeichnendes für das Individuum hat, kann sie für das Ganze stehen. So ist es auch mit dem vernünftigen Schließen: Wer sich der Vernunftschlüsse im Nachdenken, Orientieren, Verstehen, Entscheiden und Begründen bedient, der *ist* ein *vernünftiges Wesen*.

Allerdings ist die Vernunft in unseren Leistungen so unverzichtbar und derart präsent, daß es schwerfällt, aus ihr ein bloßes Rollenprädikat zu machen. Rollen wechseln, und Rollenkonflikte setzen unterschiedliche Rollen voraus. Das hat die exemplarische Erörterung konkurrierender Selbstbegriffe gezeigt: Man steht vor der Frage, ob man sich in dieser Lage als Doktorand, als Liebhaber oder als Sohn zu verhalten hat. Natürlich bleibt, wer einmal Sohn ist, immer Sohn, selbst nach dem Tod der Eltern. Aber spätestens wenn aus dem Sohn selbst ein Vater geworden ist, zeigt sich die soziale Begrenzung der eigenen Rolle als Sohn. Man hat gelegentlich auch andere Verpflichtungen wahrzunehmen und gelangt so, zumindest situativ, zu *anderen* Selbstbegriffen.

Nun hat es den Anschein, als sei dies beim *Selbstbegriff als vernünftiges Wesen* nicht anders: In der Regel lebt man vor sich hin und ist, gerade auch nach aufwendigen Lernprozessen, froh, sich einer neuerworbenen Routine überlassen zu können. Wer das für verdächtig hält, möge an sich selbst beobachten, wie es ihm nach dem Erlernen eines neuen Software-Programms ergeht: Auch er wird erleichtert sein, wenn er es endlich beherrscht und nur noch auf die Inhalte zu achten hat, derentwegen er sich des Computers bedient. Also dürfte es auch unverdächtig sein, wenn wir uns bei einem Großteil unserer alltäglichen Tätigkeiten der Routine überlassen, bei der ein ausdrücklicher Einsatz unserer Vernunft nicht zu erkennen ist. Somit scheint es ziemlich selten zu sein, daß wir unsere Vernunft explizit in Anspruch nehmen.

Und wenn wir sie denn doch einmal ausdrücklich zu Rate ziehen, dann scheint das wenig zu bewirken. Jedenfalls fassen wir immer wieder einmal vernünftige Vorsätze, nehmen uns vor, weniger zu arbeiten oder mehr Sport zu treiben, beschließen, diesmal kein weiteres Buch zu kaufen und auch keine weitere Vortragseinladung anzunehmen. Und was wird daraus? Wie viele fassen mindestens einmal jährlich den Vorsatz, nicht mehr zu rauchen, gesünder zu essen, weniger Auto zu fahren oder mehr Zeit für die Kinder zu haben? Und was wird daraus? Und was wird aus den mit so viel Vernunft formulierten Programmen der politischen Parteien, aus den Koalitionsverträgen oder den internationalen Abkommen?

Man braucht die Antworten gar nicht abzuwarten: *Unser Dasein hinterläßt eine breite Spur der Unvernunft*. Gewohnheiten, Besitzstände, Leidenschaften, Gefühle, Empfindlichkeiten und augenblickliche Stimmungen sind die attraktiven Kräfte im schwarzen Loch der Gedankenlosigkeit. Die Vernunft scheint einzig dazusein, um den Menschen spüren zu lassen, wie schwach sie bei ihm ausgebildet ist. So schien es lange Zeit nur natürlich zu sein, nicht den Menschen, sondern reine Geister für vernünftig zu erklären.

Ein solches Verständnis aber führt, wie wir (8.1/5) gesehen haben, zu einem Widerspruch im Begriff der Vernunft. Sie ist, was sie ist, nur angesichts der Probleme eines *endlichen*, von *Bedürfnis* und *Mangel* gekennzeichneten, stets an *leibliche Vorgänge* gebundenen Daseins. Natürlich kann niemand die Existenz reiner Geister ausschließen. Doch wenn es sie geben sollte, dann dürfte ihnen mit *der* Vernunft, die wir *nur von uns selbst* her kennen, wenig geholfen sein. Man kann sich auch kein Vergnügen denken, das ihnen die Vernunft bereitet, wenn sie nichts anderes haben sollten als nur Vernunft. Die Vernunft ist ein *menschliches Vermögen*, und es hat eben nur den Anschein, als werde sie von den Affekten und Nachlässigkeiten in eine marginale Position gedrängt. Denn wenn es richtig ist, daß die Vernunft sich in der *Leistung des Schließens* zeigt, dann ist sie eben damit *zentral* an allem beteiligt, was *uns wesentlich* ist. Dann ist *sie* es, die uns überhaupt erst *als handelnde Wesen* **organisiert**. Denn die Vernunft gibt uns den Anfang und das Ende unseres Tuns. *Alles* – begrifflich verstanden – haben wir von ihr: den Welt-, Selbst- und Situationsbegriff, jede Vorstellung von Einheit, Ganzheit und Zusammenhang, somit auch jeden Begriff von Absicht, Entscheidung, Erfolg, Effekt (und deren Gegenteil).

Also können wir, sofern wir uns als eigenständig handelnde Wesen verstehen, nicht auf die Vernunft verzichten – erst recht nicht, wenn wir es wirklich zu wollen versuchten. Denn bereits zum bloßen Wollen brauchen wir Vernunft; ohne sie hätten wir – buchstäblich – keinen Zweck. Also sind wir in jedem Moment, der uns als handelnden Wesen wichtig ist, auf die Leistungen des vernünftigen Schließens angewiesen – und dies so sehr, daß es schon befremdlich wirkt, wenn man aus dem Selbstverständnis als vernünftiges Wesen eine separate Rolle zu machen versucht. *Der Selbstbegriff des vernünftigen Wesens steht* *genaugenommen hinter **jedem** Rollenkonzept.* Er bezeichnet *keine separate soziologische oder psychologische Funktion,* die man neben anderen zusätzlich auch noch haben könnte; vielmehr fundiert und organisiert der Selbstbegriff des vernünftigen Wesens jedes mögliche Selbstverständnis, sofern es Handlung und Verständigung einschließt.

Nur durch diese *Funktion* kommt die Vernunft in ihre *überlegene Position.* Nur dadurch ist sie tatsächlich in allen Konfliktlagen, in denen Entscheidungen der *ganzen Person* verlangt werden, zuständig. Es ist also kein antiquierter Vernunftdogmatismus, der ihr eine Stellung über den anderen Vermögen zuspricht, sondern sie gelangt in die Position einer übergeordneten Instanz allein über ihre *durchgängige Kompetenz* in allen Leistungen des Erkennens, Verstehens, Nachdenkens und Entscheidens. Sie ist tatsächlich die *beste Kraft des Menschen,* der sie dann am stärksten braucht, wenn er nicht weiter weiß und dennoch nach einer Lösung sucht, die *mit seinem Begriff von sich selbst kompatibel* ist. Wo diese Bedingung gilt, da ist die Vernunft bereits in elementarer Weise beteiligt, und so ist es nur konsequent, die Lösung auch mit *ihren Mitteln* anzugehen.

Diesem Lösungsversuch stellt sich der Mensch notwendig als *vernünftiges Wesen,* ohne deshalb aber einen Konflikt mit seinem jeweiligen Rollenverständnis fürchten zu müssen. Er begreift sich in vollem Umfang als *Person* oder, wie wir auch sagen können, als *Mensch,* der niemals einfach bloß lebt, sondern stets unter *seinem eigenen Anspruch* steht. Und das Minimum dieses Anspruchs ist, für das, was er von sich aus tut, auch *eigene Gründe* zu haben. *Im Selbstanspruch des Menschen als eines vernünftigen Wesens kommen also nur die seine Handlungsfähigkeit konstituierenden anthropologischen Elemente zur Geltung, und die **Moralität** liegt lediglich darin, sich tatsächlich auch als **das** zu erweisen, was man nach **diesem eigenen Verständnis** ist.* Und da man stets *nur als Individuum* fragen, nachdenken, entscheiden und handeln kann, trifft die ganze Last der Verantwortung auch *das Individuum allein*.

Deshalb liegt das einfachste Kriterium für ein moralisches Problem darin, daß hier *ein Individuum **ganz auf sich gestellt*** entscheiden muß. *Dort, wo die Verantwortlichkeit nicht mehr teilbar ist, liegt somit die Herausforderung durch die Moral.* Auch wenn der Einzelne sich noch soviel Rat und Zuspruch holt, die Last der Entscheidung kann ihm von niemandem abgenommen werden. Spätestens vor der eigenen moralischen Frage kann niemand seiner Individualität entraten. Also liegt der erste Akt der moralischen Zurechnungsfähigkeit im Anspruch auf ein *Handeln in eigener Verantwortlichkeit*. *Selbständigkeit* ist das Kriterium, das seine Erfüllung in der *Selbstbestimmung* findet.

Da die *Vernunft*, wie wir gesehen haben, *auf allen Ebenen der Problemstellung beteiligt* ist, da sie die möglichen *Lösungen* entwirft, die *Kriterien für deren Prüfung* zur Verfügung stellt, die Unausweichlichkeit einer *Entscheidung* vor Augen führt, den Anspruch enthält, dem eine *begründete Entscheidung* genügen muß, und sie es schließlich auch ist, die uns die *Gründe* gibt, dominiert sie das ganze Verfahren. Sie ist das in allem benötigte *Instrument* und zugleich die unverzichtbare *Instanz*. Deshalb spricht sie, ganz gleich um welchen Konflikt es geht, das entscheidende Wort. Und da sie nicht nach Art einer fremden Instanz »über« dem Individuum schwebt, sondern (auch in der Funktion einer prüfenden Instanz) nur *in* dessen Leistungen zum Tragen kommt, muß sich dieser einzelne Mensch selbst als vernünftiges Wesen verstehen, um der Vernunft zu der von ihr geforderten Konsequenz ihrer Leistungen zu verhelfen. Genauer: Er muß sich angesichts des ihn selbst betreffenden und von ihm ernst genommenen Problems *immer auch* als vernünftiges Wesen verstehen, um zu einer Lösung zu finden, die seinem eigenen, im Grunde *immer auch* vernünftigen Anspruch genügt.

Damit erweist sich die Moralität als das entschieden *indi-*

*viduelle Handeln unter dem Anspruch der eigenen Ver-
nunft.* Um die Simplizität und Radikalität dieser Aussage
deutlich zu machen, könnten wir auch sagen: ***Moralität ist
dort, wo ein Individuum wirklich als es selber handeln will***.
Denn in diesem Anspruch liegt das Verlangen, *wirksam* und
konsequent zu sein. Das *eine* gelingt nur in realem Bezug auf
eine Situation, die allein mit Hilfe der Vernunft erschlossen
werden kann; das *andere* ist ebenfalls ohne Vernunft nicht
zu haben, denn nur *sie* ermöglicht es, einen Selbstbegriff ausdrücklich auch mit Blick auf verschiedene, wenn
auch vergleichbare Situationen als *denselben* festzuhalten.
Schließlich gibt die Vernunft auch den Rahmen für das
Handeln vor, durch das wir uns als wirksam und konsequent erweisen wollen, durch das wir in unserer Welt tatsächlich diejenigen sein und bleiben möchten, als die wir
uns begreifen: Dieser Rahmen ist das *Leben*, so wie wir es verstehen, genauer: *unser* Leben, in dem wir uns nach unseren
Vorstellungen selbst behaupten, vielleicht sogar bewähren
wollen.

Eine der kürzesten Formeln für diesen ganz und gar individuellen, dennoch niemals bloß auf uns selbst, sondern
stets auf eine widerständige Realität des Daseins bezogenen
und allemal von der Vernunft errichteten Anspruch hat
Nietzsche in einem Zusammenhang geprägt, in dem er
selbst vermutlich am wenigsten an das gedacht hat, was er
als Moral verwerfen wollte, und für das er doch ein eminen-
tes Beispiel gegeben hat. Die Formel findet sich keineswegs
zufällig in seiner biographischen Verzweiflungstat, die den
blasphemisch gemeinten und dennoch so unüberbietbar
schlichten Titel *Ecce homo* trägt. Die das Zentrum des moralischen Anspruchs freilegende Formel lautet: ***Verwechselt
mich nicht!*** »Hört mich! Denn ich bin der und der. Verwechselt mich vor Allem nicht!« (*EH, Vorw.*; 6, 257)

Wer so spricht, der wäre nicht glaubwürdig, wenn ihm an
seiner eigenen Leistung, am *eigenen* Wort und wohl auch an
seiner spezifischen Eigenart nicht gelegen wäre. Es wäre

auch unbillig, es bei dieser Forderung zu belassen, ohne seinerseits etwas für die eigene Unverwechselbarkeit zu tun. Wer das aber eingesteht, der hat eigentlich alles Wissen beisammen, das man braucht, um moralisch zu sein. Und er kann mit diesem Wissen auf die moralische Ursprungsfrage *Was soll ich tun?* eine im Prinzip erschöpfende Antwort geben: *Sei du selbst! Das ist der kategorische Imperativ einer Moral der Individualität.* Er wiederholt auf der höchsten Stufe der Selbstreflexion den ursprünglichen Impuls der Eigenständigkeit, den wir als eine entwickelte Form der spontanen Selbstreferenz des Lebens zu erkennen glauben.

8. Individuelle Allgemeinheit

Damit haben wir die e r s t e der oben gestellten Fragen beantwortet: Die Lösung des durch das *Was soll ich tun?* angezeigten personalen Konflikts kann nur von einem *Individuum* gegeben werden, das sich in seinen wechselnden Rollen ausdrücklich auch *als vernünftig* versteht. Und die *Verbindlichkeit* liegt in der *Schlüssigkeit*, mit der die Antwort selbst *als vernünftig* ausgewiesen ist. Es sind die *Konsistenz* und *Konsequenz* des *eigenen Wollens*, in denen die Moralität eines Menschen zutage tritt. Das »Gute« einer Tat liegt, wie Kant sagt, in der »Reinheit« des Willens. Der »reine Wille« ist aber nichts anderes als der nur auf vernünftige Gründe gestützte Wille. Damit ist nicht etwa behauptet, daß er nichts Empirisches enthalten dürfte; ohne empirischen Gehalt könnte sich der Wille auf nichts beziehen; er wäre also ohne konkretes Ziel und somit sinnlos. Es kann daher nur gemeint sein, daß er sich auf *in sich stimmige Gründe* stützt und daß *allein diese Gründe* den Ausschlag geben. Folglich ist es die innere Logik des Willens, aus der seine *Verbindlichkeit* entspringt. Mit anderen Worten: Ein moralisches Urteil gilt *allgemein*, wenn es *stringente Gründe* für sich hat.

Die *Allgemeinheit* moralischer Urteile wird von den Theoretikern mit solcher Intensität diskutiert, daß man den Eindruck gewinnen könnte, hier sei das wichtigste Problem der Ethik berührt. Davon kann in Wahrheit natürlich nicht die Rede sein, erst recht nicht, wenn darunter, wie es fast ausschließlich geschieht, die *interindividuelle Allgemeinheit* verstanden wird. Geht man von den *Problemen* – und nicht von einer sachfremden wissenschaftstheoretischen Vorgabe – aus, dann kann es zunächst nur um die *individuelle Allgemeinheit* gehen, also darum, ob die zu prüfende Antwort auf die moralische Frage für *alle vergleichbaren Handlungslagen dieses Individuums* gelten soll. Das ist ein berechtigter Anspruch. Denn wenn ich mich *jetzt* zu einer Entscheidung durchringe, dann muß sie, wenn sie überhaupt vernünftig genannt werden soll, mit dem Anspruch verbunden sein, in vergleichbaren Lebenslagen ebenso zu handeln. Insofern gilt sie *allgemein* für alle *jetzt* vorstellbaren analogen Situationen. Anders käme es weder zur Kompatibilität der zugrundeliegenden Regeln noch zur Konsequenz der als identisch gedachten Rolle. Ich müßte mich jedesmal als ein vollkommen *anderes* Individuum denken und müßte zudem die Einmaligkeit jeder Handlungslage derart forcieren, daß ich jede (auch nur formale) Gemeinsamkeit zwischen Theaterbesuchen, Doktorarbeiten oder Krankenvisiten bestreiten müßte. Unter solchen Voraussetzungen hätte die Vernunft womöglich gar nichts zu tun. Sie könnte weder Gemeinsames noch Trennendes benennen und erlaubte uns auch nicht, von Regeln, Gründen oder Rollen zu sprechen. Unter Bedingungen *absoluter Individualität* gäbe es noch nicht einmal die Möglichkeit, die Individualität auszusagen, geschweige denn Universelles auch nur zu denken.

Wir gehen aber (zumindest mit guten pragmatischen und epistemologischen Gründen) davon aus, daß es *vergleichbare* Handlungslagen gibt. Und da wir dies tun, ergibt es auch einen Sinn, von der Triftigkeit von Gründen oder von der (natürlich begrenzten) Identität von Personen und Situationen zu sprechen. Damit aber gehört es bereits zu den Sinnbedingungen des Nachdenkens über ein moralisches Problem, *Vergleichbares* zu finden, das ein Urteil in dieser Lage so absichern könnte, daß der Handelnde sich darin als der, der er ist und sein will, wiedererkennt. Also liegt die *individuelle Allgemeinheit* bereits im Anspruch, auf die moralische Frage *überhaupt* eine in sich stimmige *Antwort* zu finden. Wer nach einer vernünftigen Entscheidung in einer ihn persönlich bedrängenden Problemlage sucht, verlangt ohnehin nach einer *Schlüssigkeit*, die *individuelle Allgemeinheit* impliziert. Ohne sie gäbe es keine Regel, nach der man sein eigenes Handeln ausrichten könnte.

Aus der Sicht des Handelnden ist die *interindividuelle Allgemeinheit*, also das Verbindende zwischen verschiedenen Personen, ein sekundäres Problem. Für den Handelnden steht die Bewältigung *seines* Problems im Vordergrund; es ist *seine* Krise, aus der er herausfinden muß. Wenn es *nur* die Krise der anderen ist, hat er damit nichts zu tun; nimmt er jedoch Anteil an ihrem Schicksal, wird es damit auch sein eigenes Problem, vielleicht sogar sein eigenes Schicksal. Weniger dramatisch formuliert: Der Handelnde muß *seine* Antwort auf *seine* Frage finden. Die moralische Reflexion hat ihren Ausgangspunkt im Ich, zu dem sie in der praktischen Lösung notwendig zurückfinden muß. Das einzige nach Art eines Kriteriums festzuhaltende Ziel ist hier die *Übereinstimmung mit sich selbst*. Und die findet ihren formalen Ausdruck in der *Stimmigkeit* einer gefundenen Lösung mit dem sonstigen Verhalten der Person. Das konkrete Handeln dieses bestimmten Menschen muß zu dem passen, was er sonst in vergleichbaren Situationen tut. Der Einzelne muß sich in seinen eigenen Taten wiedererkennen können; und das wird wohl nur möglich sein, wenn er davon überzeugt ist, daß auch die anderen ihn darin wiedererkennen könnten (sofern sie ihn nicht verwechseln). Und eben diese Überzeugung hat ihr Kriterium in der *individuellen Allgemeinheit*: Etwas – und mag es auch noch so speziell sein – gilt *allgemein für mich*; ich habe darin etwas *Typisches für mich*, so daß ich eben darin auch von anderen als *Typ* oder *Charakter* erkannt werden kann.

9. Interindividuelle Allgemeinheit

Wenn dies hinreichend klar ist, kann man natürlich ergänzen, daß auch die *interindividuelle Allgemeinheit* nicht ohne Bedeutung ist. Kein Ich lebt für sich allein. Unabhängig von seiner faktischen Einbindung in den durch die Population gesteckten Lebensrahmen ist jedes Individuum auch von sich aus auf seinesgleichen bezogen (4.4/6 und 5.7). Also kann man es gar nicht aus dem sozialen Kontext lösen, in dem es von Anfang an lebt und auf den es ursprünglich aus ist. Von daher enthält jeder Inhalt des Denkens und Wollens soziale Momente; jede Absicht hat ihre interindividuelle Implikation; und jede Rolle ist, nicht nur in ihrer Form, sondern natürlich auch in ihrer inhaltlichen Auffassung, gesellschaftlich verfaßt. Also ist es auch für das Individuum von elementarer Bedeutung, wie sein Handeln von anderen begriffen und bewertet wird. Dabei gibt es ein offensichtliches Interesse an *Einheitlichkeit* und *Zustimmung*; *Konformität* wird gewünscht, insbesondere wenn man ihre sachlichen Gehalte selbst vorgeben kann. Aber man kennt auch die entschiedene Lust an der *Selbstauszeichnung* sowie die damit verbundene Folge der *Abwertung* und *Ausgrenzung* der Anderen. Deshalb ist für den einzelnen Fall nicht ausgemacht, ob der *Konsens* oder der *Konflikt* mit den Anderen gewünscht wird.

　　Doch das kann bei der Frage der Allgemeingültigkeit *moralischer* Urteile auch offen bleiben.[7] Das Thema ist hier

---

7 Darin liegt ein gravierender Unterschied zu *politischen* Urteilen, die – angesichts eines lebensbedrohenden Konflikts mit anderen – wesentlich auf die Konsensbildung mit seinesgleichen bezogen sind.

ja lediglich, ob die vom Individuum gefundene Konfliktlösung auch *für Andere* Geltung beanspruchen darf. Die Antwort liegt nahe, und um sie zu erhalten, bedarf es nur einer Ergänzung, die ihrerseits sogleich zu erkennen gibt, warum die meistdiskutierte Frage der neueren Ethik eher beiläufiges Interesse verdient: Um die Frage nach der *interindividuellen Allgemeingültigkeit* auch nur sinnvoll stellen zu können, müssen wir *die Anderen* ebenfalls als *vernünftige Wesen* begreifen! Denn anders ergibt die Verallgemeinerung keinen Sinn: Wenn die *Lösung* für ein Problem, das selbst nur unter Mitwirkung der Vernunft *verstanden* werden kann, nur unter Beteiligung der Vernunft möglich ist, müssen auch jene, für die sowohl das Problem etwas bedeuten wie auch die Lösung gelten können soll, sowohl ihre Problemerfahrung wie auch ihre Lösungskompetenz mit Hilfe *ihrer Vernunft* organisieren! Kurz: Wir müssen sie als *vernünftige Wesen* denken, wenn ihnen nicht nur der moralische Konflikt eines Anderen verständlich sein, sondern auch das moralische Handeln des Anderen einleuchten können soll.

Wenn dies aber so ist, dann stehen auch sie im Horizont der *individuellen Allgemeinheit*: Nur sofern sie sich (überhaupt oder für den vorliegenden Fall) mit dem moralisch handelnden Wesen *einig* wissen, nur sofern sie sich selbst *an dessen Stelle* denken können, kommen sie als echte Adressaten einer interindividuellen Allgemeinheit in Frage. Und sie können in diesem Fall zur gleichen moralischen Ansicht nur gelangen, wenn sich das in Frage stehende Individuum in seinem Konflikt tatsächlich vernünftig verhält. *Alles reduziert sich also auf die Frage der **inneren Konsequenz des Individuums***: Vorausgesetzt, der Einzelne gelangt zu einer korrekten Erfassung seiner Lage und zu einer adäquaten Beschreibung seiner selbst in ihr: Dann kann sich jeder mit ihm identifizieren, der sich in ähnlicher Lage entsprechend begreifen zu können glaubt. Er braucht sich dann nur noch in gleicher Weise auf die vernünftigen

Mittel zu besinnen, die auch dem Anderen zu Gebote stehen. Und dann ist es lediglich eine Frage der begrifflichen Stringenz, ob mich die Lösung des Anderen überzeugt. Wenn er in formal korrekter Weise für sich die richtigen Schlüsse gezogen hat, können sie (unter den genannten Bedingungen treffender Situations- und Selbsteinschätzung) in vollem Umfang auch vom Anderen übernommen werden. Dann impliziert die *individuelle* die *interindividuelle* Allgemeinheit.

Dabei sollte allerdings bewußt sein, daß es in den empirischen Zusammenhängen unseres Daseins *keine strikte Gleichheit* gibt. Daß die exakte logische Identität überhaupt auf die Wirklichkeit angewandt werden kann, ist ein Glück, über das wir nicht genug staunen können. Folglich wird man auch nicht davon ablassen können, nach einem metaphysischen Grund zu suchen, der die – nach unseren empirischen Prämissen – ganz und gar unwahrscheinliche *Intelligibilität unserer Welt* erklärt. *Logik* und *Mathematik* dürften dabei eine basale Rolle spielen. Dafür spricht auch ihre konstitutive Funktion in unseren sozialen Beziehungen – und nicht zuletzt in unserem Verhältnis zu uns selbst: Daß wir uns als *Individuum* begreifen, daß wir uns eine *Identität* zuschreiben oder daß wir die *Würde* des Menschen für *unantastbar* halten, sind begriffliche Leistungen von höchster Abstraktion, die wir gleichwohl als wirklich und wirksam ansehen; überdies: daß wir unsere Mitmenschen als *unseresgleichen* ansprechen, ihre Menge nach einer *Zahl* bestimmen können und ihre Macht nach *Mehrheiten* zu messen versuchen; ferner: daß wir uns auf *dieselbe Welt*, auf *ein und dieselben Dinge* und auf *gleiche Situationen* beziehen können – alles dies beweist *die alles Erkennen, Verstehen und Handeln tragende Funktion der Begriffe*. Die Begriffe liegen jeder Praxis voraus. Es hilft auch nichts, sie pragmatisch rekonstruieren zu wollen; denn sie werden bei jeder möglichen Rekonstruktion bereits in Anspruch genommen.

So gesehen tragen die Begriffe alles. Von daher ist es auch nicht befremdlich, daß *ein* (*erste* begriffliche Hypostasierung!) *Mensch* (*zweite* begriffliche Hypostasierung!) einen *anderen* (*dritte* begriffliche Hypostasierung) Menschen, den er als *seinesgleichen* (*vierte* begriffliche Hypostasierung) *versteht* (*fünfte* begriffliche Hypostasierung), unter den gleichen Anspruch stellt *wie sich selbst* (*sechste* begriffliche Hypostasierung). Dieser *Anspruch* wäre die *siebte* Hypostasierung in Folge, die man dann wohl kaum noch als begriffliche Anmaßung kritisieren könnte. Wenn ein »Ich«-sagendes Wesen zusammen mit anderen »Ich«-sagenden Wesen »Wir« sagen kann, müssen auch Ansprüche an die einzelnen Wesen möglich sein, sofern sie »Wir« sagen können. Und da, wie wir (in 5.7/8) gesehen haben, ein Ich sich stets erst im Spiegel der ursprünglich von ihm angesprochenen anderen »Ich«-sagenden Wesen begreift, liegt es besonders nahe, das, was es in individueller Allgemeinheit für sich selbst annimmt, korrelativ auch für die gleichgearteten Anderen anzunehmen.

Nichts liegt näher als der Schluß vom Ich auf die Anderen, weil das Ich sich konkret überhaupt erst in den ursprünglich von ihm adressierten Anderen erfährt. Also liegt der Schluß von der *individuellen* auf die *interindividuelle Allgemeinheit* überaus nahe. Ja, er ist so natürlich, daß er – vor der Ausbildung einer sich explizit behauptenden Individualität – sogar das erste zu sein scheint. Genealogisch liegt die Sittlichkeit, liegen Brauch, Recht und Anstand den individuellen Verhaltensregeln des einzelnen Menschen ohnehin weit voraus – gerade auch im Fall der Abweichung.

Und dennoch ist Vorsicht geboten. Sobald sich ein Mensch *ausdrücklich* und *ernsthaft* in seiner Eigenständigkeit präsentiert, muß er darin respektiert werden. Denn das begriffliche Netz, das wir so selbstverständlich über die Realität auswerfen (und von dem sie uns immer schon getragen zu sein scheint), hat seinen intellektuellen Ursprung nirgendwo anders als *im denkenden Ich*. Alle theoretischen

Erwartungen setzen hier an. Alle praktischen Ansprüche bedeuten nur etwas, sofern sie *von einem selbstbewußten Individuum* erhoben werden. Also kann man von dem seine eigenen Ansprüche vertretenden Menschen nicht einfach zur Tagesordnung des allgemeinen Begreifens übergehen. Vor allem dann nicht, wenn man ihm gegenüber einen Anspruch erhebt, der ausdrücklich auf das ernsthaft erfahrene Problem eines anderen Menschen bezogen ist. Geht es nur um physische Belange des Leibes, mag man allgemein und für jeden verbindlich festlegen, wie ein gebrochenes Bein geschient werden muß; kommen psychische Belange hinzu, kann es auch noch von allgemeiner Gültigkeit sein, vor einer größeren Operation eine Narkose zu geben; sind soziale Momente der Erhaltung und Entfaltung eines Gemeinwesens berührt, müssen Rechte verabschiedet und öffentlich bekanntgemacht werden, nach denen sich *jeder* – ohne Ansehen der Person – richten muß. Aber dort, wo jemand ausdrücklich und ernsthaft ein Problem mit einer ihn *ganz individuell* berührenden Frage hat, wird man die ihn *persönlich überzeugende* Lösung – auch wenn noch so viel Vernunft darin steckt – nicht einfach zur *allgemeinen Vorschrift* machen können.

Deshalb kann die Antwort auf eine moralische Frage strenggenommen immer nur *individuelle*, niemals aber interindividuelle *Allgemeinheit* haben. *Die Moral bleibt in ihren Aussagen **absolut individuell**.* Unter strengem epistemischen Anspruch kann somit aus der moralischen Regel, die sich ein Individuum gibt, niemals mehr als eine *Maxime* werden. Die Maxime ist aber, wie Kant sagt, nur »subjektiv«; d. h., er versteht sie selbst als ein *individuelles Gesetz*. Ein *objektives* Gesetz kann sich zwar jeder denken, es kann auch als Maßstab der instantiellen Vernunft fungieren, aber es kann nicht zum interindividuell verbindlichen Prinzip erklärt werden. Selbst Kant ist soweit nicht gegangen. Lesen wir genau, was sein kategorischer Imperativ besagt, dann dient in ihm das allgemeine Gesetz zunächst nur als

Kriterium für die Prüfung der Maxime, die dann, wenn sie die Prüfung bestanden hat, so zu befolgen ist, *als ob* sie ein allgemeines Gesetz wäre.

Das »Als-ob« gibt es zwar nur in der zweiten Formel des kategorischen Imperativs: »[...] handle so, *als ob* die Maxime deiner Handlung durch deinen Willen zum allgemeinen Naturgesetze werden *sollte*« (*GMS*; 4, 421; Hervorhebung V. G.). Doch die Formulierung bringt hier eine methodologische Distanz zum *Naturgesetz* zum Ausdruck, das für freie menschliche Handlungen nicht zuständig ist, sondern lediglich als Modell für die Gesetzmäßigkeit überhaupt herangezogen wird. Aber wenn wir ernst nehmen, was Kant wenig später mit ausdrücklicher Hervorhebung sagt, daß nämlich der Mensch »nur *seiner eigenen* und dennoch *allgemeinen Gesetzgebung* unterworfen« (432) ist, kommen wir ganz von selbst auf den *Vorrang des individuellen Gesetzes.* Denn jedes allgemeine Gesetz muß *immer erst als eigenes Gesetz* konzipiert sein, wenn es denn im Sinn des kategorischen Imperativs wirksam werden soll. Daher kann niemand ein allgemeines Gesetz akzeptieren, das er nicht als *sein eigenes Gesetz* begreift. Hier gibt es auch nach Kant einen *systematischen Vorrang der Individualität.* Georg Simmel hat also ganz richtig gesehen, daß die Moralphilosophie Kants bereits die Konzeption des individuellen Gesetzes enthält. Auch wenn man es bei Kant nicht expressis verbis lesen kann, so ist es doch in der Sache ausgebildet, und es reicht bei Kant begrifflich bereits weiter, als Simmel in seinem eigenen systematischen Vorschlag gekommen ist. *Somit bringt auch der kategorische Imperativ nur die strikt verstandene individuelle Allgemeinheit zum Ausdruck.* Er besagt, daß aus der individuell akzeptierten Regel ein **individuelles Gesetz** werden soll.

10. Autonomie

Damit sind wir beim äußersten Punkt der Selbständigkeit eines Individuums angelangt: Das einzelne Wesen wählt nicht nur für sich selbst die Nahrung aus, die sein Stoffwechsel braucht, entscheidet sich nicht nur für oder gegen einen Geschlechtspartner, den es zur Fortpflanzung benötigt, begnügt sich, wenn es entwickelt und zu bewußter Auswahl fähig ist, auch nicht damit, für mehr oder weniger Bewegungsraum, für oder gegen Spielgefährten, für bestimmte Fächer, Tätigkeiten, Lebenspartner, Parteien, für seine Formen des Aussehens, Auftretens und seinen Lebensstil zu optieren, sondern es gibt sich selbst *ein Gesetz* – *sein Gesetz*, wie wir gleich hinzufügen müssen.

Wenn wir wissen, daß mit jeder ernsthaften Entscheidung für ein bestimmtes Verhalten zugleich auch die Übereinstimmung mit der *Regel* verbunden ist, der dieses Verhalten folgt, dann liegt in der *Selbstgesetzgebung* zunächst nur eine andere Formulierung für die *Selbstbestimmung* vor, als die wir das selbstbewußte Verhalten beschrieben haben (9.3). *Selbstbestimmung* vollzieht sich im *Bewußtsein von Regeln*, und Regeln kann man immer auch als *Gesetz* bezeichnen. Üblicherweise ist jedoch mit dem Begriff des Gesetzes die Vorstellung einer *größeren Reichweite* und einer *stärkeren Verbindlichkeit* verknüpft. So ist es auch hier: Zwar kann sich, formal gesehen, die Entscheidung auch hier nur auf eine Regel beziehen, die der gewollten Handlung ihre Ordnung gibt. Doch der *Nachdruck*, der auf der Entscheidung liegt, erhöht die *Verbindlichkeit*: Man will im Ernst so und nicht anders handeln; in der entschlossenen Tat gewinnt man selber Festigkeit. Und geht das Individuum wirklich vernünftig auf die es tragenden kulturellen Lebensbedingungen ein, kommt es von selbst zur *Menschlichkeit* moralischen Handelns. Darin findet es zu den *Tugenden*, in denen es seine *personale Kompetenz* beweisen kann. Die Tugenden bilden bis heute den materialen Bestand der *Humanität*. Die aber wird nur gewahrt, solange sie nicht von außen aufgenötigt, sondern von jedem einzelnen selbst wahrgenommen und gelebt wird.

Die Selbstgesetzgebung, in der wir unserem Dasein eine *uns selbst stabilisierende und animierende Form*, einen *uns selbst fordernden Stil* geben, kann nicht auf ein paar rhapsodisch vorgestellte Situationen beschränkt bleiben. Wenn die Nachdrücklichkeit der Entscheidung ihr Gewicht durch den Bezug auf die *ganze Person* erhält, dann stellt sich zwangsläufig die Referenz auf den Rahmen ein, in dem nun einmal Personen kommen und gehen. Dieser Rahmen kann durch eine *begrenzte Phase* unseres Lebens – das Studium, ein Auslandsaufenthalt, eine Amtszeit oder die Zeit, in der die Kinder besondere Aufmerksamkeit verlangen – bestimmt sein. Seine natürliche Grenze aber hat er in unserer eigenen *Lebenszeit*. Wir brauchen nur nach dem Alter einer Person zu fragen – ganz gleich, ob es sich um den Berufseintritt, das erste Kind oder die zweite Eheschließung handelt: Stets denken wir den *Lebensrahmen eines Menschen* mit.

So ist es auch bei uns selbst. Deshalb steht dort, wo uns eine Entscheidung *wichtig* ist, der *ganze Erwartungskontext des eigenen Daseins* mindestens im Hintergrund. Der volle *Ernst* im Anspruch auf die Überwindung einer Krise stellt sich ein, wenn in ihr ein *eigenes Lebensproblem* erkannt wird. Es ist, um es deutlich zu sagen, eine *Lebenskrise*, die den Ernst einer moralischen Frage evoziert. Das klingt dramatisch, und so ist es auch, wenn wir zulassen, daß sich das Problem zuspitzt; wenn wir nicht in der Lage sind, situationsgerecht *und* grundsätzlich zu reagieren. Dabei ist es gewiß möglich, auf die Dramatisierung des *Lebensendes* zu verzichten. Mit ihr operieren vornehmlich jene auf Modernität Anspruch erhebenden Philosophen, die mit ihrem Denken die Theologie beerben wollen. Man kann auch sachlich feststellen, daß wir unser Leben nicht ohne die Zeitspanne denken können, in der es verläuft. *Also gehört der Tod zum Leben dazu*. Das weiß jeder, der sich beim Überqueren einer Straße beeilt, sich im Auto anschnallt oder in seiner Krankenversicherung bleibt.

Natürlich ist der mitbewußte eigene Tod so lange kein empirisches Faktum, als er nicht eingetreten ist. Aber wir können ihn mit Sicherheit – »todsicher« eben – erwarten und stellen uns in unserer Lebensführung auch ohne besondere Vorkehrungen darauf ein. Die sogenannte »Verdrängung« des Todes ändert daran nichts. Denn in ihr bestätigt sich ja gerade das Bewußtsein der Endlichkeit, das man für sich nur nicht konkret werden lassen möchte. Zum Glück gibt es auch die Euphorie des Anfangs, wie ihn die Jugend oder Verliebte kennen; das offene Ende, an das sie zeitweilig glauben, wird ihnen niemand verstellen wollen. Die Erfahrung der Endlichkeit machen sie schnell genug ganz von selbst: Sobald sie eine Entscheidung über ihre Zukunft fällen müssen, haben sie die Grenzen ihres Daseins schon mitgedacht. Und wenn es um den Ernst einer moralischen Herausforderung geht, darum, ob man, wie versprochen, die Schule oder das Studium abschließt, ob man sich, auch über eine Trennung hinweg, treu bleibt, ob einem die »Karriere« oder die Kinder wichtiger sind – stets ist der beschränkte Fundus des Lebens gegenwärtig. Deshalb hat die Entscheidung auch ihr Gewicht für das *Leben*. Die Regel, auf die man sich festlegt, ist nicht auf die einzelne Situation beschränkt; sie enthält vielmehr eine *Vorgabe* für das vor uns liegende Dasein und wird somit zu einem *selbstbestimmten Ordnungselement des eigenen Lebens*.

Wenn also das Individuum in seiner Antwort auf eine moralische Frage eine es selbst bindende Entscheidung für *sein ganzes Dasein* sieht, wird aus der *Regel*, die sich das Individuum in der Selbstbestimmung gibt, ein **Gesetz**. *Selbstbestimmung in der Perspektive des eigenen Lebens wird als **Selbstgesetzgebung** praktiziert*. Das ist kein hoheitlicher Akt, der einer konkreten Konfliktlösung vorausläuft, sondern ein inzident *mit ihr verbundener* Vorgang:

Indem ich mich konkret auf eine Handlung festlege und mit ihr deutlich mache, als *wer* ich darin erkannt werden will, optiere ich nicht nur für einen *Selbstbegriff*, sondern zugleich auch für eine *Lebensform*. Ich mache durch meine Praxis kenntlich, nach welchen Vorstellungen ich leben will. Nehme ich dies von seiner formalen Seite, so habe ich darin mein *Gesetz*.

Das auf diese Weise durch praktische Festlegung zur Richtschnur genommene Gesetz kann natürlich nur als *individuelles Gesetz* verstanden werden. Folglich darf auch die *Autonomie*, aus der Kant mit Recht den Gründungsakt der Moralität gemacht hat, nur als ein unüberholbar *individueller Vorgang* verstanden werden: Das Gesetz wird nicht nur *von* einem Individuum, sondern es kann auch nur *für* ein Individuum gegeben werden. Eine Person bezieht sich mit ihrer ganzen begrifflichen Kraft auf sich selbst. Sie gibt sich die *Form*, der sie nur selbst entsprechen kann. Dabei übernimmt die *Vernunft als Instanz der Selbstprüfung und Selbststeuerung* eine zusätzliche Funktion: Sie *kontrolliert* und *disponiert* nicht nur, sondern sie *legitimiert*.

Legitimation hat hier nicht den schwachen Sinn der Rechtfertigung, sondern meint im ursprünglichen Sinn des Wortes die *Gesetzgebung* über die ganze Körperschaft der Person: Die autonome Person gibt sich selbst eine *Verfassung*. Das ist – mit dem Seitenblick auf die Parallele von Person und Institution (8.7) – eine selbst wieder *Verbindlichkeiten erzeugende Form*. Der immer schon *präskriptive Selbstbegriff der Person* erhält nun ausdrücklich den Status einer *Norm*. Es ist dies aber eine Norm, die strikte Geltung nur innerhalb der Grenzen des individuellen Wollens beanspruchen kann. Darüber hinaus hat sie lediglich *exemplarische Bedeutung*. Wen immer die selbstgegebene Verfassung eines Mitmenschen überzeugt, der kann sich daran ein *Beispiel* nehmen. Will er ihm auch aus eigener Überzeugung folgen, muß er daraus *sein eigenes (Grund-)Gesetz* machen.

Damit ist es aber auch schon zum *Selbstgesetz* des Menschen geworden, der sich an seinesgleichen orientiert. Denn daß man Vorbilder braucht, daß man den Gestus annimmt, in dem andere nach ihren eigenen Vorstellungen handeln, daß man unter Umständen auch Anleitung benötigt und in jedem Fall viel zu lernen hat, ehe man zur eigenen, auch das Prinzip des eigenen Daseins festlegenden Selbstbestimmung gelangt, das dürfte außer Zweifel stehen. Zwar gilt auch hier, daß der Akt selbst nicht gelernt werden kann. Niemand kann mir sagen, wie es geht, daß *ich mir selbst* eine Verfassung gebe. Die Kompetenz zur praktischen Selbstkonturierung muß schon in mir liegen, wenn ich sie überhaupt praktizieren können soll.

Statt von »Gesetz«, »Prinzip« oder »Grundsatz« könnte man auch bescheidener von »Maxime« oder »Lebensregel« sprechen. Solange man damit die Kontinuität zum älteren Sprachgebrauch nicht vertuscht, ist auch nichts dagegen einzuwenden. Vor allem der Begriff der *Maxime* hat eine große, auch systematisch anschlußfähige Tradition.[8] Sie deckt nicht zuletzt das Moment der *Steigerung der eigenen Kräfte* ab: Man sucht nach *seinem Maximum*, weil man möglichst »vollkommen« sein will. Auch wenn der Begriff der Vollkommenheit heute aus der Mode gekommen ist, so benennt er einen Anspruch, der jedem vertraut ist, der wirklich etwas Eigenes leisten will. Man versucht, *sein Bestes* zu geben, und verlangt in der Regel auch das *Optimum* für sich.[9] – Im Vergleich der Termini aber zeigt sich, daß der

---

8 Ich erinnere nur an die zentrale Verwendung des Begriffs in der französischen Moralistik seit La Rochefoucauld. Bei Kant bezeichnet der Begriff exakt das individuelle Gesetz, das sich ein Individuum in seinen Handlungen gibt. Rüdiger Bittner, dem wir überhaupt die erste systematische Aufklärung über die Bedeutung der Maxime bei Kant verdanken, hat sie treffend als »Lebensregeln« beschrieben, die aussprechen, »was für ein Mensch ich sein will« (*Maximen*, 1974, 489). Vgl. dazu: Willaschek, *Praktische Vernunft*, 1992, 64 ff. und 149 ff.

9 Dazu sehr erhellend, wenn auch nur mit Bezug auf Kant: König, *Autonomie und Autokratie*, 1994, 23 ff.

Begriff des *Gesetzes* die *Nüchternheit* für sich hat, nur die *Funktion* zum Ausdruck zu bringen, die mit der selbstbestimmten Entscheidung verknüpft ist: *Man gibt sich selbst ein Gesetz, das man als Person für verbindlich hält.*

Statt von der juristisch okkupierten »Verfassung« könnte auch von der »Façon« oder von der »Form« die Rede sein. Nicht ohne Grund hat sich im Sport eine unverfängliche, nicht notwendig an Herrschaft und Recht orientierte Redeweise erhalten, die uns ohne Vorbehalt über die »Form« oder »Verfassung« eines Athleten urteilen läßt. Der Sport bietet auch den Vorteil eindeutiger Kriterien für die Messung der geforderten Leistung. Das ist im Leben anders. Zwar gibt es die »Lebensleistung« eines Individuums, und natürlich kann es an ihr auch »gemessen« werden. Doch was ist die Lebensleistung eines Menschen, dem der Krieg alles nimmt? Wie wollen wir die Größe bewerten, die jemand im Scheitern wahrt? Ist die aufopfernde Liebe einer Mutter nichts, nur weil aus dem Sohn ein großer Verbrecher wurde?

Trotz der Schwierigkeiten mit der Bewertung einer Lebensleistung empfiehlt es sich, nicht nur den juridischen Sinn im Blick zu haben; wir sprechen ja auch von der »körperlichen« oder »geistigen Verfassung« eines Menschen. Und in dieser weiten Bedeutung sucht sich das Individuum mit seiner moralischen Entscheidung in eine *Verfassung* zu bringen, in der es auf der *Höhe seiner Kräfte* und zugleich *einig mit sich selber* ist. Durch den bewußten Einsatz seiner besten Kraft steigert sich der Mensch – und bleibt doch der, der er ist. Das *Sei du selbst!* rückt in die Entwicklungsperspektive des Lebens und wird zum *Werde, der du bist!*

Bei aller Mühe um die treffende Beschreibung dessen, was in einer moralischen Entscheidung eigentlich geschieht, haben wir eine Sicherheit in der Verständigung mit unseresgleichen, eine Unmittelbarkeit im Sprechen über uns selbst: *Nur ein autonomes Individuum kann verstehen, was die Autonomie eines Individuums praktisch bedeutet.*

Jeder, mit dem wir uns auch nur über das adäquate Verständnis von Autonomie streiten können, hat einen eigenen Zugang zu eben der Ursprünglichkeit, aus der wir uns und unseresgleichen verstehen.

Damit haben wir auch die verbliebenen Fragen nach der Herkunft des *moralischen Gebots* und seiner *Legitimation* beantwortet: Das moralische Gebot stammt aus der *Selbstverpflichtung*, die bereits in der Frage *Was soll ich tun?* angelegt ist. Das Individuum muß sich, um als das, was es will, erkannt und anerkannt zu werden, selbst *Stetigkeit* geben. Also stellt es sein Ich, das immer schon Momente eines *Selbstentwurfs* enthält, von sich aus unter normative Erwartungen. So erhält der Entwurf des eigenen Verhaltens die Funktion einer *Vorschrift*. Aus dem *Selbstanspruch* wird ein *Selbstgebot*. Dem zunächst nur anschaulich gefaßten *Selbstbild* und dem nach dem Vorbild sozialer Rollen differenzierten *Selbstbegriff* wird ein eigenes *Grundgesetz* unterlegt, nach dem sich die Person als ganze versteht. In dieser selbstgegebenen, durch die Instanz der Vernunft gesicherten Verfassung liegt schließlich auch die *Rechtfertigung* für moralische Urteile, sofern ihre Geltung die Reichweite des eigenen Handelns nicht überschreitet. Das Territorium ist das eigene Leben, und die äußerste Grenze der Autonomie liegt im eigenen Tod.

Der Begriff der *Autonomie* macht in seinen Komponenten klar, worauf es in der Moral ankommt: Zunächst und vor allem auf das *Selbst* (τὸ αὐτό), das hier in der *Doppelrolle als Akteur und Adressat* fungiert: Vom Selbst geht etwas aus, das primär *für* das Selbst gültig ist. Das Selbst ist auch hier nur der Begriff für die *prozessuale Einheit* eines aus eigenen Energien gespeisten Regelkreises: *Etwas bezieht sich auf sich selbst zurück, so daß es in seiner Eigenart aktiv sein kann.* Das Leistungsminimum dieses Vorgangs liegt in seiner *Stabilisierung*; er ist jedoch, wo immer es geht, auf *Steigerung* angelegt. Das zweite Moment der Autonomie liegt im *Gesetz* (νόμος). Das ist die auf den Lebenszusammenhang des Selbst ausgreifende *Regel*, an die sich das Selbst zu halten hat, weil es *sein eigenes* Gesetz ist, das der Logik seines eigenen Selbst- und Weltverständnisses entspringt.

Die Bindung an das Gesetz folgt aus der Tatsache, daß man es sich selbst gegeben hat. Denn würde man das selbstgegebene Gesetz verwerfen, stünde man in *Widerspruch zu sich selbst*. Für den Selbstwiderspruch aber ist man empfindlich, weil der Begriff des Selbst bereits durch die Vernunft gewirkt ist. Wäre es anders, brauchten wir beim Lügen nicht rot zu werden. Die Scham zeigt an, wie tief der Identitätsanspruch in unserer leiblichen Verfassung verankert ist, auch wenn wir die Logik brauchen, um ihn dingfest zu machen.

So schließt die Autonomie des vernünftigen Wesens nur etwas ab, was in unserer Natur angelegt ist. Um so erstaunlicher ist es, daß es uns auf dem breiten und unausdenklich tiefen Sockel von Bedingungen gleichwohl darauf ankommt, etwas *unbedingt* zu wollen. Der Anspruch auf Autonomie, der die intellektuelle Selbständigkeit vollendet, zielt auf eben diese *Unbedingtheit*, von der, nachdem über so viele Bedingungen unseres Handelns gesprochen worden ist, abschließend die Rede sein muß. Wer aber auf die Unbedingtheit Anspruch erhebt, der muß auch sagen, wie sie mit der *durchgängigen Bedingtheit seines Daseins* zusammenstimmt. Nachdem am Anfang so großer Nachdruck auf *Wirklichkeit* und *Wirksamkeit* unserer Existenz gelegt wurde, muß am Ende kenntlich werden, wie denn ein Mensch, der sich selbst sein Gesetz gibt, indem er auch nur versucht, *nach eigener Einsicht* über die empirischen Bedingungen seines Daseins zu verfügen, überhaupt *wirksam* zu sein vermag. Das ist Gegenstand des letzten Kapitels, das zugleich einen Ausblick auf die realen Chancen des Menschen, der sich selbst als moralisch-vernünftiges Wesen versteht, geben muß. Deshalb ist abschließend von der *Selbstverwirklichung* die Rede.

Selbstverwirklichung

Das Absolute im Dasein

1. Unbedingtes unter Bedingungen

In diesem Buch wurde kaum eine Gelegenheit ausgelassen, die *realen Konditionen des menschlichen Daseins* zu betonen. Schon der Nachdruck, der auf dem *Leben* liegt, ist auf die *durchgängige Bedingtheit des menschlichen Daseins* bezogen. Denn das Leben ist der *Inbegriff der Bedingungen*, unter denen wir tätig sind. Und da auch das Leben selbst unter Bedingungen steht, ist es uns, nach allem, was wir wissen, vollkommen unmöglich, ihnen zu entkommen. Wir sind *durch und durch bedingt* und sind selbst nur Bedingungen für anderes unserer selbst. Der einzige Ausweg aus dieser Lage ist der Tod. Jedenfalls scheint er das Ende auch jener einzigen Lebensfunktion zu sein, die sich gegen die vollkommene Bedingtheit sträubt.

Diese Funktion ist das *Ich*, das gerade in Erkenntnis seiner durch und durch bedingten Lage unablässig davon ausgeht, etwas von sich aus anzufangen. Im dichtesten Geflecht von Bedingungen, nämlich *in uns selbst*, wo zu den *physischen* und *physiologischen* Konditionen auch noch die zur *Psyche* verdichteten *sozialen* Bedingungen hinzukommen, gibt es einen *ursprünglichen Akt*, der von uns selbst als *bedingungslos* begriffen wird, ja, begriffen werden *muß*, um überhaupt als spezifischer Akt eines Individuums verstanden werden zu können. Wir haben ihn bereits in Auftritt und Ausrichtung unseres *Selbstbewußtseins* kenntlich gemacht, sind ihm in der Fähigkeit des *Von-vorn-Anfangens* begegnet, haben den *Willen* als Zeichen einer *spontanen* Ausrichtung auf ein *eigenes Ziel* gedeutet und konnten in der *Verantwortung* eine Verbindlichkeit erkennen, die zwar ihren Anlaß in der *Gegenwärtigkeit der Anderen* hat, ihren Verpflichtungsgrund aber allein aus der *eigenen Zuständigkeit* bezieht. Schließlich konnte in der Leistung des *Begründens* die *allein aus uns selbst* stammende Antwort auf die Fragen der Anderen namhaft gemacht werden.

Alles das kulminiert in der *Selbstbestimmung* als dem originären Akt der Verfügung über uns selbst. Und es ist, als werde dem in der *Selbstgesetzgebung* die Krone aufgesetzt, wenn das Individuum sich in seinen autonomen Entscheidungen selbst legitimiert. So erscheint die Autonomie als ein Akt uneingeschränkter Machtvollkommenheit, als die *Selbstermächtigung des Individuums* schlechthin: Indem es von sich selbst ausgeht, ja, indem es auch nur »Ich« sagt und sich dabei selbst als den Träger eines Gedankens meint, setzt es sich gegenüber allen Bedingtheiten des Daseins *absolut*. Das Ich ist der Souverän seiner eigenen Akte.

So ist es tatsächlich. Und es ist keineswegs erst unter neuzeitlichen Bedingungen so. Das sich absolut setzende Selbst ist nicht relativ zu einer historischen Epoche. Seit es in der Verständigung mit seinesgleichen *aus sich heraus* einen Anfang macht, seit es vor seinesgleichen *eigene Ziele* benennt und damit *seine Freiheit* in Anspruch nimmt, versteht sich das Individuum als *Herr seiner selbst*. Somit gibt es auch keine Möglichkeit, die sich mit jeder Handlung faktisch vollziehende *Souveränitätserklärung des Menschen* geschichtsphilosophisch zu hintergehen und sie durch die Bindung an eine Epoche in Abhängigkeit von anderen Instanzen zu bringen. Das ist zwar seit Hegel immer wieder versucht worden. Aber bei jedem Vorschlag für die Festlegung eines *geschichtlichen Anfangs* für die Freiheit, den Willen oder das Subjekt mußten weit vorlaufende Ausnahmen konzediert werden. In historischer Zeit ist nicht auszumachen, wann das Individuum erstmals auftritt.

Vielleicht kann man dennoch eines Tages die Evolutionsgeschichte des Homo sapiens sapiens so weit rekonstruieren, daß man wenigstens die kulturellen Faktoren benennen kann, unter denen er zur individuellen Selbständigkeit gelangte. Aber damit wäre die *Unbedingtheit*, die das Ich in seinem Auftritt ursprünglich in Anspruch nimmt, keineswegs unterminiert. Eben dies lehrt uns die Analogie zur *Selbstorganisation* lebendiger Wesen. In ihr bilden die physikalischen, chemischen und biologischen Rahmenbedingungen nur so etwas wie den *Anlaß* für einen Vorgang, der als solcher *spontan* – und somit ohne direkte Einwirkung gegebener Ursachen – abläuft. Die Analogie zwischen Selbstorganisation, Selbstbewußtsein und Selbstbestimmung läßt immerhin hoffen, daß es einmal möglich sein wird, die Konditionen für den Auftritt und die Entfaltung des individuellen Selbst genauer zu beschreiben.

An der *Unbedingtheit des Selbst* würde das jedoch nichts ändern. Denn das *Absolute*, das hier mitten unter den Bedingungen des Lebens auftritt, ist *Teil seiner Funktion.* Das Absolute wird, wohlgemerkt, nicht als metaphysische Prämisse gesetzt, wird auch nicht ontologisch vorgeschoben, ist vor allem auch kein weltanschauliches Werturteil, an dem wir in Sorge um unsere Sonderstellung gleichsam schöpfungspolitisch festhalten, sondern es zeigt sich als *interne Prämisse der Leistung*, in der sich das Selbst präsentiert: *Wir verstehen nicht, was das Selbst bedeutet, wenn wir es nicht als eben dasjenige begreifen können, das von sich aus tätig wird.* Und dem korrespondiert unser eigenes Erkennen und Verstehen: Jeder intelligible Akt leistet das, was wir von ihm erwarten, nur dann, wenn wir ihn als einen *spontanen Akt* unserer selbst begreifen. Es ist offenkundig, daß wir uns bereits in der Beschreibung der ursprünglichen Selbsttätigkeit des Ich im Kreise drehen. Denn die Beschreibung erfolgt immer nur durch ein Ich, das selbst – aus seiner eigenen Logik heraus – *ursprünglich* und somit – trotz aller Bedingtheit durch Leben, Geschichte und Gesellschaft – *unbedingt* ist, genauer: *das wir in seiner spezifischen Leistung nur als ein Unbedingtes verstehen.*

Diese »Unhintergehbarkeit von Individualität«[1] muß in der Selbstgesetzgebung nicht erst erschlossen werden; sie ist vielmehr die anerkannte Voraussetzung jeder eigenen Entscheidung. Deshalb ist es auch gerechtfertigt, die Autonomie als eine *Steigerung* der in den Akten des Ich immer wieder neu erzeugten Eigenständigkeit zu sehen: Das Ich *ist* hier nicht einfach nur unbedingt, sondern es *bejaht* sich in dieser Unabhängigkeit. Es macht aus ihr den *selbstbewußten Ausgangspunkt* seiner eigenen Entscheidung. Und indem es sich in seiner »Unhintergehbarkeit« anerkennt, sich praktisch *auf seine Eigenständigkeit gründet*, weiß es auch von ihr. Und erst in diesem die Entscheidung anleitenden Bewußtsein von der Unbedingtheit der eigenen intellektuellen Existenz praktiziert es die Eigenständigkeit seiner Individualität. Es begreift sich als *absolut*. In diesem Begriff seiner selbst kommt es dann auch zum Anspruch auf die eigene *Würde*, also auf einen *absoluten Wert*, der durch nichts anderes aufgewogen werden kann.

Im Übergang von der Spontaneität des Selbstbewußtseins zu der mit der Autonomie beanspruchten Würde vollzieht der Mensch den *äußersten Akt der Selbstorganisation*. Die Selbstbestimmung wird zur ausdrücklichen Disposition über ein sich als Einheit begreifendes Leben und zeichnet sich *uno actu* als unvergleichlich aus. Damit scheint das Individuum alle Brücken hinter sich abzubrechen. Wenn wir aber genauer zusehen, wie es zu dieser *Selbstaufwertung in der Selbstgesetzgebung* kommt, werden wir zugleich erkennen, daß es sich damit allererst für eine *bewußte Kooperation mit seinesgleichen* öffnet. Die Verabsolutierung des Ich in der Autonomie führt nicht in die Selbstisolation des Ich; im Gegenteil: Das Ich macht sich vielmehr anschlußfähig für jeden, der sich auf dieselbe

---

1 Ich verwende die 1986 von Manfred Frank als Buchtitel gebrauchte Formel, die den Sachverhalt besser trifft als die Rede von der Subjektivität.

Weise selbst bestimmt. Damit liegt in der Selbstgesetzgebung nicht nur der *erste und wichtigste Schritt zur Selbstverwirklichung des Ich*, sondern zugleich auch der zur
gemeinsamen Praxis mit seinesgleichen.

2. Die letzte Instanz der Individualität

Wenn ein Individuum vor einer moralischen Entscheidung
steht, sich also *aus eigener Einsicht* genötigt sieht, auf die
Frage *Was soll ich tun?* eine eigene Antwort zu finden,
bleibt ihm letztlich nur *seine eigene Einsicht*. Das klingt
trivial und rigoros zugleich. *Trivial*, weil es gar nicht
anders sein kann, als daß die *eigene Einsicht* tatsächlich die
unverzichtbare intellektuelle Instanz des individuellen
Welt- und Selbstverhältnisses ist: Denn durch die *eigene
Einsicht* muß alles hindurch, was zur Meinung oder Erkenntnis eines Menschen werden soll; die *Überzeugung*,
die alle geistigen Leistungen eines Menschen trägt und die
uns individuell an die gemeinte Sache bindet, ist stets an
die jeweils eigene Einsicht geknüpft. Es klingt *rigoros*,
solange dies nicht klar ist. Denn dann könnte man meinen,
hier komme ein *Intellektualismus* zum Tragen, zu dem es
eine Alternative gebe. Man könnte glauben, anstelle der
Einsicht könne etwa auch ein »Gefühl« oder gar ein
»Instinkt« die geforderte Entscheidung erbringen.

Natürlich können Gefühl oder Instinkt, können Unlust,
Überdruß, Gewohnheit, ein alle Bedenken beiseite schie-
bender Trieb oder die schiere Gedankenlosigkeit den Konflikt beseitigen. Man kann sogar konzedieren, daß es in der
Mehrzahl aller Fälle eben solche vorrationalen Impulse
sind, die den krisenhaften Zweifel beseitigen oder überspielen. Doch über Lösungen dieser Art ist die Frage *Was soll
ich tun?* immer schon hinaus! Die von der Vernunft präsentierte Frage setzt einen Standard, dem die Antwort genügen
können muß. Und so kommt, wenn das Niveau der Frage

beibehalten werden soll, auch nur eine von der eigenen Einsicht getragene Antwort in Betracht. *Auf die vernünftig gestellte Frage kann adäquat nur mit Hilfe der Vernunft geantwortet werden.*

So überspannt das auch klingen mag: Oberflächlich gesehen ist man der tagtäglichen Praxis gar nicht so fern. Die Vernunft wird zwar – auch im Alltag – fortwährend beschworen; aber man läßt ihr in den Entscheidungen über das eigene Verhalten nur wenig Raum. Sie ist an so gut wie allen Leistungen des Begreifens, Erkennens, Planens, Handelns und Begründens in schlechterdings unverzichtbarer Weise beteiligt; doch wenn man die Qual der Wahl hat, darf sie zwar noch die Alternativen und Konsequenzen vorführen; ihre Gründe aber werden nur zu gern beiseite geschoben. Natürlich wird sie in der Regel unmittelbar danach wieder benötigt, damit man sich selbst und andere über die wahren Motive der eigenen Entscheidung täuschen kann. Und wenn man die aus der eigenen Vernunft stammende Frage *Was soll ich tun?* tatsächlich doch durch die Vernunft beantwortet hat, ist die Verführung offenbar groß, ihr dennoch nicht zu folgen. Gerade für eine Begründung der Ethik wäre es fatal, sich über diesen Umstand zu täuschen.

Man sollte sich aber auch nicht lange mit der Klage darüber aufhalten. Zwar ist es eine naheliegende philosophische Beschäftigung, dem Menschen ins Gewissen zu reden. Wer auf Wissen und Weisheit aus ist, kann nicht kommentarlos hinnehmen, daß sie gerade dort fehlen, wo sie am dringlichsten gebraucht werden – nämlich im praktischen Handeln der Menschen. Dazu aber bedarf es des Lamentos über das Menschlich-Allzumenschliche nicht. Besser ist, dem Einzelnen einfach vorzuführen, wieviel Vernunft trotz alledem immer schon in seinen Leistungen steckt. Er kann dann *von sich aus* sehen, daß ihn diese eigene Investition in sich selbst verpflichtet. Und um dieser ursprünglich selbst gesetzten Pflicht zu genügen, braucht er nur *konsequent* in eben *dem* zu sein, womit er *von sich aus* angefangen hat.

So einfach ist das. Aber vielleicht ist es gerade deshalb auch so schwer. Denn alle äußeren Instanzen, in Sonderheit die *gesellschaftlichen Institutionen* müssen versagen, wenn es darum geht, den Menschen zur Vernunft zu bringen. Zwar sind sie unabdingbar, um die Voraussetzungen zu schaffen: Sie haben für günstige Ausgangsbedingungen zu sorgen und müssen Hilfe leisten; sie sind unverzichtbare Mittel zur Artikulation und Realisierung gemeinsamer Ziele; ohne sie könnte auch das einzelne Wesen keine Stabilität gewinnen. Zur *Vernunft* jedoch kann ein jeder *nur durch sich selbst* gebracht werden. Was nur individuell – und dazu nur aus eigenem Impuls – wirksam ist, kann sich auch nur *von selbst* entfalten. Die Zuständigkeit des Individuums für den Einsatz seiner eigenen Vernunft ist zwar eine Elementarbedingung von Erziehung und Politik, setzt beiden zugleich aber eindeutige Grenzen. Vernünftig ist ein Mensch letztlich nur aus sich selbst.

Es ist also kein moralischer Überschwang, sondern lediglich Ausdruck einer durchaus ernüchternden Selbstbeschreibung des Menschen, wenn wir feststellen, *daß er auf seine Vernunft angewiesen ist*. Wir kennen die Vernunft nur als ein *Vermögen des Menschen*. Als *Organ* ist sie Element und Instrument des Lebensvollzugs; sie ist somit immer auch mit Trieben, Bedürfnissen, Gefühlen und sinnlichen Erwartungen verbunden. Also hat sie ihren *Wirkungsbereich* notwendig im *gesellschaftlichen Zusammenhang*. Gleichwohl entstehen ihr die moralischen Probleme allein aus ihr selbst: Da ist das *Ganze* einer Situation, die auf das *Ganze* einer Person bezogen wird, die darin Gefahr läuft, in *Widerspruch* zu sich und zum *Ganzen* ihres Lebens zu geraten. Auch hier sind die Elemente eines endlichen Daseins unverkennbar; allein das Risiko, die Gefahr, die mit dem Konflikt verbunden ist, stammt aus der von Mangel und Gegensatz geprägten Verfassung des Lebens. Gleichwohl ergibt es einen guten Sinn, von einem *Problem der Vernunft* zu sprechen, denn es sind *ihre* Begriffe, die den

Grundkonflikt der Person *erzeugen*. Gäbe *sie* nicht die *intelligiblen Einheiten des Selbst- und Weltbegriffes* vor, würde *sie* es nicht möglich machen, den von ihr erschlossenen Begriff der *Situation* auf das *Ganze eines Lebens* zu beziehen, dann gäbe es das Problem erst gar nicht, vor dem das Individuum mit seiner Frage steht. *Was soll ich tun?* ist die *selbstgestellte* Frage eines *Individuums*. Auch das Instrument, mit dem es zu seiner Frage kommt, mit dem es deren Bestandteile entwirft und auf sich selbst bezieht, ist allein die *Vernunft*. In das moralische Dilemma gerät ein Individuum nur, sofern es *Einsicht* in sich und seine Lage hat; *es erkennt mit seiner Lage auch sein Problem*. Folglich ist es nichts anderes als die *Einsicht*, dem es sein Problem verdankt.

Diese Selbstbezüglichkeit, die zur Problemstellung führt, ist schließlich auch für jede *Lösung* ausschlaggebend, die sich auf der Höhe des Problems bewegt. Man kann sich, wie jeder weiß, vor einem moralischen Problem auch drücken; man kann es vergessen, beiseite schieben oder mit ablenkenden Argumenten lächerlich machen. Zwar besteht die Gefahr, daß sich das Problem später – als Gewissen – wieder aufdrängt. Doch offenbar können Menschen auch mit einem schlechten Gewissen ganz komfortabel leben. – Davon muß hier nicht die Rede sein. Uns interessiert, was geschieht, wenn sich jemand der eigenen Frage *wirklich stellt*. Wer diese praktische Konsequenz aufbringt, der hat mit eben *den* Mitteln zu reagieren, die ihn das Problem überhaupt erst verstehen lassen. Also kommt nur eine *einsichtige Lösung* in Frage. Auf die *mit Hilfe der Vernunft* gestellte Frage *Was soll ich tun?* kann also *nur mit Hilfe der Vernunft* geantwortet werden.

Man lasse sich durch die Harmlosigkeit dieser Selbstbezüglichkeit eines so flüchtig erscheinenden Vermögens nicht täuschen: Wenn es denn stimmt, daß wir uns mit dem moralischen Problem in einer *existentiellen Krise* befinden, wenn es richtig ist, daß hier die gewohnte Orientierung mit einem

Mal versagt, wenn weder Tradition noch Routine, noch technisches Geschick eine Antwort bereithalten und auch die Flucht ins Vergessen unserem Selbstbegriff nicht genügt, *dann ist die Vernunft die* **letzte Instanz des Einzelnen**, um eine Lösung zu finden, die mit seinem eigenen Anspruch kongruiert. Dann ist er tatsächlich *allein auf sie* verwiesen.

Natürlich kann uns immer auch der Zufall zu Hilfe kommen; manchmal hat man das Glück, sich schließlich doch nicht fragen zu müssen, ob man bei der Wahrheit bleiben soll oder ob man seiner Verantwortung gerecht wird. Doch wenn einem das Glück nicht beispringt und wenn man auch nicht auf einen späteren Zufall setzen, sondern sich selbst *auf der Höhe der eigenen Kräfte* entscheiden will, dann ist in der Tat die *Vernunft* das einzige, was noch bleibt. Also entkommen wir ihr nicht, solange wir uns als Personen verstehen. Die Vernunft ist die *letzte Instanz*, der wir, solange wir auf Gründe setzen, *schlechterdings* nicht entraten können.

3. Das Absolute in Funktion

Deutlicher kann man den Einschlag des Unbedingten in die Bedingungen des Lebens nicht machen. Die Vernunft wird *benötigt*. Das Individuum, das allein für die Wirksamkeit der Vernunft sorgen kann, ist auf sie *angewiesen*. Es verlangt *von sich aus* nach einer Einsicht, die seinen Ansprüchen genügt. Und sofern es über diese Einsicht verfügt und sich ihr entsprechend entscheidet, kommt das Unbedingte mitten unter den Bedingungen des Lebens zur Geltung. Die Vernunft mag in ihren formalen Leistungen technisch reproduzierbar sein: Ihr *Gebrauch* durch das Individuum gehört zu den *spontanen* Akten des Selbstbewußtseins, kann also selbst nicht anders als *unbedingt* verstanden werden. In diesem *Gebrauch* liegt die *Gegenwart des Absoluten*.

Möglich aber wird sie durch nichts anderes als durch das *individuelle Selbst*. Im Selbst liegt der *Ursprung* des Absoluten. Denn wenn es die *Vernunft* ist, der wir allererst den Begriff des Absoluten verdanken, und wenn das *Selbst* es ist, das uns den Vernunftgebrauch eröffnet, dann gibt es keine andere Möglichkeit, als dem sich selbst als vernünftig begreifenden Selbst diese exzeptionelle Stellung zuzugestehen. *Als Ursprung des Absoluten aber ist es selbst absolut.*

Es dürfte jedem sofort deutlich sein, daß diese Feststellung weitreichende metaphysische Konsequenzen hat. Auch die Folgerungen für Ethik und Politik sind beachtlich. Denn wenn die These von der absoluten Stellung des selbstbewußten Individuums zutrifft, haben Natur und Leben, Gesellschaft und Kultur nur einen abgeleiteten Wert. Zwar kann und muß dieser Wert als überaus hoch veranschlagt werden. Aber er bleibt abhängig von *dem* Wert, den sich das sich als vernünftig bestimmende menschliche Wesen selber gibt. Es ist *allein die **Funktion** der Vernunft*, die den Menschen in eine Stellung bringt, die vor allem anderen geschätzt und gesichert werden muß. Denn die Vernunft liegt jeder denkbaren Wertung zugrunde. Wollen wir überhaupt irgend etwas als *wichtig* und *bedeutsam* ansehen, wollen wir sicherstellen, daß da etwas tatsächlich auch *für uns Bedeutung* hat, die nicht allein in einer theoretischen Auszeichnung zum Ausdruck kommt, sondern auch praktisch wirksame Folgen für uns haben kann, dann setzt diese Wertung in jedem Fall die *tätige Vernunft des lebendigen Wesens* voraus. Nur die Vernunft gibt uns *Gründe*. Nur sie kann ein Individuum *verpflichten*. Sie allein kann eine Handlungsregel so einsichtig auf das *Ganze einer Situation*, eines *Akteurs* und einer *Lebensperspektive* beziehen, daß sie als *verbindliches Gesetz* anerkannt werden kann.

Dies gilt aber nur, sofern wir die Vernunft als *unsere Vernunft* gebrauchen. Sie ist vom Selbstbewußtsein des Individuums nicht zu trennen, ja, sie *ist* Vernunft nur im ernsthaften Einsatz durch das individuelle Selbst. Man muß sie, um einen schönen Ausdruck Kants zu verwenden, »ausüben«, damit sie als Vernunft nicht nur wirksam, sondern auch erkennbar wird. Folglich gilt die Wertschätzung der Vernunft notwendig auch dem *Individuum*, das ihrer fähig ist.

Wenn aber der Vernunft ein aus nichts anderem als aus ihr selbst ableitbarer und insofern *absoluter Wert* zukommt, dann gilt dies auch für das *Selbst*. Denn die Vernunft ist nichts ohne das einzelne Selbst, das sich in ihr seine Welt erschließt. *Deshalb gebührt dem Wesen, das Vernunft hat, der höchste Wert.* Und dieser Wert ist nicht einfach nur der oberste in einer denkbaren Skala, sondern er ist *absolut*, weil in ihm die Bedingung für jede denkbare Wertung überhaupt zum Ausdruck kommt. Er setzt also einen *unbedingten Ausgangspunkt*, hinter den wir einfach nicht zurückgehen können. Denn wann immer wir es versuchen, nehmen wir die Maßeinheiten des vernünftigen Denkens mit.

Aus diesem Grund können auch die empirischen Generalbedingungen unserer Existenz, *Natur, Leben, Gesellschaft* oder *Kultur,* keinen höheren Wert darstellen. Denn wir brauchen nur zu fragen, wie wir an die Begriffe dieser umfassenden Rahmenbedingungen kommen, um augenblicklich zu erkennen, daß ihnen in jedem Fall noch etwas vorgelagert sein muß, wenn die Bewertung überhaupt Gültigkeit haben können soll: *Natur, Leben, Gesellschaft* oder *Kultur* haben nur einen Wert *für ein lebendiges Wesen,* das sie auch als wertvoll begreift.

Natürlich muß dieses Wesen *Bedürfnisse* haben, um überhaupt die in der Wertung zum Ausdruck kommenden Präferenzen haben zu können. Wenn es aber *allgemein* wertet und von *Sein, Natur, Leben* usw. spricht, dann geschieht dies nicht einfach als Ausdruck eines Bedürfnisses, sondern es ist durch die *Vernunft* vermittelt. Die Vernunft erschließt den *Begriff* (etwa den der *Kultur*), sie nimmt die *Abgrenzung* vor (etwa zwischen *Natur* und *Kultur*), und sie stellt sie in einen begrifflich faßbaren, somit auch *allge-*

mein mitteilbaren Zusammenhang mit dem Wesen, das die Hochschätzung ausdrückt. Eben dies geschieht durch den *Begriff* des Wertes. *Also ist es ein **seine Vernunft gebrauchendes Individuum**, das die Bedingung für die Wertschätzung von Sein, Natur, Gesellschaft oder Kultur abgibt.* Und es ist dies eine Bedingung, die selbst nicht weiter unterschritten werden kann.

4. Der Wert des Menschen

Damit kommt dem *menschlichen Individuum* die höchste Wertschätzung zu. Das klingt maßlos und in manchen Ohren vielleicht sogar absurd. Doch so ungeheuerlich diese absolute Selbstauszeichnung erscheinen mag: Sie ist überall da schon akzeptiert, wo die *Würde* des Menschen nicht bestritten wird. Wenn nämlich die Würde des Menschen als »unantastbar« gelten kann, so heißt das nichts anderes, als daß nichts, was immer in den handlungsrelevanten Weltverhältnissen vorkommen kann, höher bewertet werden darf als eben der *Mensch*. »Der Mensch« ist aber stets der *einzelne Mensch*; anders gäbe die Aussage (etwa in der Grundrechtsformel) keinen Sinn. Wäre da ein anderer Gegenstand (wie etwa die Erde) oder eine menschliche Einrichtung (wie der Staat, eine große Bibliothek oder ein Kunstwerk), die im Wert höher eingestuft werden müßte, hätte man einen Fall von legitimer Antastbarkeit des Menschen. Ähnlich wäre es, wenn eine Menge von Menschen – allein aufgrund ihrer Zahl – mehr Wert beanspruchte als ein einzelner Mensch. Gerade solche Fälle sollen aber durch das Grundrecht der Menschenwürde ausgeschlossen werden.

Man braucht also nicht zu befürchten, sich mit einer kapriziösen These zu isolieren, wenn man auf der *absoluten Selbstauszeichnung des Individuums* beharrt. *Die unbedingte Selbstschätzung, die allen anderen als vertretbar gel-*

tenden Wertungen zugrunde liegt, ist der moralische Basis-
akt unseres Selbstverständnisses. Er geht – wenn nicht allem
historisch gewachsenen Recht, so doch immerhin – dem
modernen Verfassungsdenken voraus. Nach den Grund-
rechten zu urteilen, versteht sich der Mensch tatsächlich als
absolut – und dies in *jedem* seiner einzelnen Exemplare!
Und darin übernimmt das Recht nur die von Anfang an gegebene Prämisse der Moral.

Daß von daher die Begründung *überindividueller Ver-*
pflichtungen, aus denen große Teile der Politik, aber auch
der Wissenschaft und der kulturellen Produktion bestehen,
zu den schwierigsten Aufgaben einer Theorie gesellschaftlicher Institutionen gehört, dürfte offensichtlich sein. Denn
wie unter den analysierten individuellen Bedingungen
überhaupt ein Individuum durch ein anderes wirksam verpflichtet werden kann, ist auf den ersten Blick nicht zu sehen. Hier liegt wohl das größte Problem der Rechts- und
Staatsphilosophie. Platon, Cicero, Hobbes und Kant hatten
einen Begriff davon und haben Lösungen vorgeschlagen,
die Person und Institution unter Wahrung der individuellen Eigenständigkeit verknüpfen. Ob ihre Vorschläge auch
unter den Bedingungen radikalisierter und vollkommen
autonomisierter Individualität überzeugen können, wird
seit Kierkegaard, Stirner und Nietzsche immer wieder bestritten.

Solange wir jedoch den *Selbstbegriff der Person* nicht von
der *Wirklichkeit* lösen, auf die sich alle Aktivitäten des lebendigen Wesens ursprünglich beziehen, und wenn wir bedenken, daß eine Person die *innere Hierarchie ihrer Dispo-*
sition über sich selbst nicht nur nach *Analogie einer leben-*
digen Organisation, sondern auch nach der einer *Insti-*
tution ausbildet, dann gibt es einen Weg von der *autonomen*
Person zur *legitimen Institution*, die Verbindlichkeiten für
jedes Individuum erzeugt, das Gründe hat, sich ihr zuzurechnen. Von Platon, Hobbes und Kant unterscheidet sich
dieser Zugang nur dadurch, daß er die *organischen, histori-*

schen und *situativen* Elemente im Selbstverständnis des Individuums ausdrücklicher macht, um darzutun, daß sich der *Begriff des Selbst* keineswegs nur auf ein personales Individuum beschränken muß. Denn es gibt nicht nur die Identifikation mit dem eigenen Leib, mit persönlichen Leistungen und Fähigkeiten, sondern auch mit der Eigenart, Herkunft und Fertigkeit anderer Menschen. Nur die individuelle Vernunft kann erklären, daß sie sich einer Gemeinschaft, einem Werk oder einer Idee opfert. Die *Instanz der Vernunft*, auch wenn sie in allem nur *individuell* werten und entscheiden kann, hat viele Möglichkeiten, sich selbst auf *allgemeine Bedingungen* zu verpflichten, die sie für sich selbst als verbindlich hinnimmt oder sich ausdrücklich setzt. – Doch dies sei hier nur angedeutet, um dem Verdacht zu begegnen, die erklärte Autonomisierung der Individuen habe einen gesellschaftlichen Atomismus zur Folge und ende politisch in Anarchie.

Was aber, wenn die These von der Unbedingtheit des in seiner Selbstbestimmung autonomen Ich den Verdacht entstehen läßt, das Individuum könne so gar nicht wirksam sein? Führt die Autonomie am Ende nicht in eine erbärmliche Isolation? Kreist die Selbstgesetzgebung nicht nur in sich selbst?

Gesetzt, ein Individuum beharrt gegen alle Belehrungen auf dem, was es für *seine* Einsicht hält; gesetzt, es kann allen Einwänden unter Berufung auf *seine eigenen* Überzeugungen und auf *seinen idiosynkratischen Selbstbegriff* begegnen: Läßt sich in einem solchen Fall die *moralische Autonomie* von einem *pathologischen Autismus* unterscheiden? Was ist, wenn ein durchtriebener Bösewicht sich auf den Ausnahmecharakter *seiner* Lage, auf die autochthone Stimme *seines* Gewissens oder überhaupt auf die *Einzigartigkeit seines Selbstbegriffs* beruft? Haben wir nach Maßgabe der individuellen Selbstbestimmung überhaupt einen Grund, ihn einen »Bösewicht« zu nennen? Ist nicht jeder im moralischen Sinne gut, der nur seinem *eigenen Anspruch* folgt und *eigene Gründe* nennen kann? Ist nicht auch der perfekte Verbrecher *konsequent*? Ist es überhaupt noch möglich, ein moralisches Urteil über einen anderen Menschen zu fällen? – Soll die Selbstbestimmung nicht ins moralische Zwielicht geraten, muß es auf diese Fragen eine Antwort geben.

5. Altruismus ist keine Alternative

In so gut wie allen Abhandlungen über den Zusammenhang von Ethik und Leben wird im Übergang von der naturalen zur moralischen Motivation der »Altruismus« eingeführt.[2] Nach herrschender Überzeugung beginnt die Ethik mit einem *zusätzlichen Motiv*, das sich beim Menschen in besonders ausgeprägtem Maße finden und ihn zu moralischen Handlungen befähigen soll. Dieses Motiv zeigt sich in der Bereitschaft, seinesgleichen beizustehen. Unter Umständen kann es schon gegenüber einem leidenden Tier zum Ausdruck kommen; seine ethische Bedeutung aber zeigt es in der Anteilnahme am Dasein anderer Menschen, die Hilfe oder Zuspruch nötig haben.

Kein Zweifel, daß es Mitleid gibt; kein Zweifel auch, daß es anderen helfen oder wohltun kann. Nietzsches wüste Polemik gegen das Mitleid ist eine Art Selbstschutz und philosophisch nur als pointierte Abgrenzung gegenüber Schopenhauer zu verstehen. Dennoch hat Nietzsche in einem recht: Im Mitleid ist kein Motiv wirksam, das im *Gegensatz* zum »Egoismus« steht. Zwar gibt es im Phänotyp eines Verhaltens offenkundige Unterschiede zwischen der Hilfsbereitschaft gegenüber anderen und der rücksichtslosen Durchsetzung des eigenen Vorteils; man kann auch bei

---

2 Vgl. Wuketits, *Evolution, Erkenntnis, Ethik*, 1984; ders., *Gene, Kultur und Moral. Soziobiologie – Pro und Kontra*, 1990, 51 ff.; Mayr, *Eine neue Philosophie der Biologie*, 1991, 98 ff. Dazu klärend: Siep, *Was ist Altruismus*, 1993.

sich selbst die Zuwendung zu seinesgleichen von der kruden Selbstsucht abgrenzen. Und es muß einfach zugestanden werden, daß die Haltung des Samariters etwas Vorbildliches hat; wir erkennen darin ein *Ideal der Mitmenschlichkeit*, in dem sich unser *ideales Ich* (8.10) vollendet. Aber stellen wir dabei wirklich unsere eigenen Ansprüche hintan?

Allein schon, wenn der Appell an die Mitmenschlichkeit praktisch etwas bewirken soll, muß er *vom Einzelnen* verstanden und aufgenommen werden! Das Individuum muß erkennen, daß es gut wäre, den von anderen vernommenen Aufruf nicht einfach bloß zu wiederholen, sondern *selbst* etwas im Dienst an seinesgleichen zu tun. In Ausnahmefällen (etwa unter der strikten Observanz jener, von denen die Forderung ausgeht) kann dies auch rein mechanisch erfolgen. Soll aber die mitmenschliche Hilfe überzeugend sein und über längere Zeit praktiziert werden, muß sie zum *eigenen Motiv* des Individuums werden. Es muß in der Anteilnahme und im Einsatz für den Anderen Aktivitäten sehen, die *ihm selbst* etwas bedeuten.

Es paßt daher gut zur Antriebsstruktur der Hilfeleistung, daß man sie sich besonders gern auch öffentlich zurechnet. »Tue Gutes und sprich darüber« ist eine Empfehlung, die den durchschnittlichen Erwartungen des Menschen ziemlich genau entspricht. Und wer ihr folgt, gibt zu erkennen, daß sein »Altruismus« sich bestens mit seinem »Egoismus« verträgt. Von einem *Gegensatz* kann keine Rede sein.

Auch jene, die ohne viel Aufhebens für andere tätig sind, tun dies vermutlich nicht in der Überzeugung, daß es ihnen selber schadet. Sie haben ihren »Altruismus« ebenfalls in ihren »Egoismus« integriert. Wie sollten sie auch anders *von sich aus tätig* sein? Das Leid der Anderen muß sie rühren, sie müssen es als schwer erträglich empfinden, daß Mitmenschen in Not geraten sind. Vielleicht sehen sie sogar einen Widerspruch zwischen ihrem günstigeren Schicksal und dem Elend der Anderen, so daß es mit ihrem *Selbstbe-*

griff als Nachbar, Mann, Frau, Mitbürger oder auch einfach als Mensch nicht vereinbar ist, untätig zu bleiben. Vielleicht aber haben sie auch jemand anderem versprochen, nicht teilnahmslos zu sein, haben womöglich sogar ein Gelübde abgelegt, das sie verpflichtet, für die jüngeren Geschwister, für die in Seenot Geratenen oder für die Armen auf den Straßen Kalkuttas dazusein. Vielleicht aber ist es einfach so, daß sie sich die Not vor den eigenen Augen nur dadurch erträglich machen, indem sie etwas zu ihrer Linderung tun. Also gibt man dem Bettler, auch wenn man sich vorgenommen hat, es bei der jährlichen Spende für das Rote Kreuz und den Samariterbund zu belassen.

In allen diesen Fällen kann von der in den Begriffen angelegten *Opposition zwischen Egoismus und Altruismus* keine Rede sein. So richtig es ist, zwischen der rücksichtslosen Verhaltensvariante auf der einen und der gedankenlosen auf der anderen Seite zu unterscheiden, so falsch wäre es, aus den *Extremen* eine ethische Alternative zu machen, die auf der einen Seite nur die *Sorge für sich selber* kennt und auf der anderen Seite das *Selbstopfer* im Dienst an den Anderen fordert. Es ist vielmehr so, daß alles selbständige, nicht durch Massenpsychose, durch Druck oder Drogen verursachte menschliche Handeln auf *individuelle Antriebe* angewiesen ist. Die aber brauchen stets ihr Motiv im einzelnen Wesen, das in der Rechtfertigung auf *eigene Gründe* verweisen können muß. Motiv und Grund aber müssen mit dem Selbstbegriff eines Individuums vereinbar sein. Sie sind auf die Kompatibilität mit anderen Strebungen und Zielen angewiesen und müssen in allem dem zuzurechnen sein, was ein Mensch *von sich aus* will.

Was aber *will* das Individuum? Man könnte mit guten Argumenten die These vertreten, daß der Mensch *ursprünglich* wie *letztlich* immer das will, *was ihm selber nützt*. Da »Nutzen« fälschlich unter Ökonomieverdacht steht, sollte man besser von dem sprechen, wovon jemand denkt, daß es *für ihn selber gut* sei. Es ist schwer vorstellbar, daß jemand wissentlich und ernsthaft seinen eigenen Schaden will. Diese Erkenntnis des Sokrates hat Platon zu der ungeheuren These zugespitzt, es sei allemal besser, »selbst von dem größten Übel befreit zu werden als einen anderen davon zu befreien« (*Gorgias* 458a).

Doch so weit brauchen wir gar nicht zu gehen. Wir können uns mit der Einsicht in die bereits biologisch fundierte anthropologische Grundbedingung unseres Handelns begnügen, der zufolge ein Individuum *immer nur aus eigenem Antrieb* handeln kann. Dazu benötigt es seine *eigene Einsicht*, die auf ein *eigenes Bedürfnis* oder einen *eigenen Anspruch* bezogen ist. Man muß daher immer als *der* handeln, der man ist. Den Anderen erreicht man nur so weit, wie man ihn sich vorstellt. Insofern nimmt man sich mit, wenn man aus der Perspektive des Anderen zu handeln versucht. Man wird sein Ego nicht los, selbst wenn man sich als Altruist versteht.

Man braucht daher, um sich moralisch selbst zu bestimmen, kein *anderer* und auch kein *vorab besserer* Mensch zu sein; man braucht vor allem keine »vornehm« vom Ich ablenkende Motivation. Im Gegenteil: *Das autonome Selbst muß das Ich sein, das es ist.* Es muß vor der Entscheidung, mit der es seine Krise zu überwinden sucht, das *ganze Selbst* sein können, wenn es denn *erfolgreich* sein will. Und erfolgreich will jeder sein, sobald er eigenständig handelt und Wert darauf legt, *verantwortlich* genannt zu werden. Damit aber möchte man möglichst alle Bedingungen in der Hand haben, die Einfluß auf den Effekt einer Handlung haben. Die Absicht schließt die Erfolgserwartung ein.[3] Und solange man sich selbst nicht vergißt, wird man im erreichten Ziel den eigenen Ausgangspunkt nicht verleugnen können. Wenn einem aber daran liegt, sich den *Erfolg* zuzuschreiben, kann man bei *Mißerfolg* nicht von sich absehen.

3 Dazu: Prauss, *Kant über Freiheit als Autonomie*, 1983, 172 ff. und 192 ff.

Daraus folgt im übrigen, daß der von Max Weber behauptete Gegensatz zwischen Gesinnungs- und Verantwortungsethik systematisch nicht zu halten ist. Zwar gibt es Menschen, die davon abzusehen versuchen, daß ihr Handeln, so unbedingt es in der Begründung letztlich sein muß, stets ein Geschehen unter realen Konditionen ist. Doch solange sie sich diesen Bedingungen empirisch nicht entziehen, können sie auch intellektuell nicht über sie hinwegsehen. Wer lebt, hat die Last des Lebens zu tragen; die Existenz der Anderen, so unentbehrlich sie auch sind, ändert daran grundsätzlich nichts.

Die Unverzichtbarkeit der Anderen nötigt allerdings – allein schon zur Sicherung der eigenen Handlungsfähigkeit – den *sozialen Kontext*, in dem man lebt, zu wahren und nach Möglichkeit zu fördern. Nur *weil* wir Individuen sind, hat die *Solidarität*, die bei Kant noch »Brüderlichkeit« hieß (3.1), einen so eminenten Wert. Da Selbstbestimmung *faktisch* ohne sie nicht möglich ist, muß sie – über den Selbstbegriff der Person, die davon immer wissen kann – zur *Norm* des eigenen Handelns werden.

6. Ego und Alter ego

Daß die Menschen in *gesellschaftlichen Zusammenhängen* leben, ist eigentlich so trivial wie die Tatsache, daß sie *leibhaftige Wesen* sind. Dennoch fällt es in der gedanklichen Rekonstruktion humaner Verhältnisse immer wieder schwer, der *soziopolitischen Elementarbedingung* des menschlichen Lebens Rechnung zu tragen. Vor allem, wenn die Ethik sich ihrer individuellen Ausgangsbasis bewußt geworden ist, wird sie mit dem Vorurteil zu rechnen haben, sie gehe an den *faits sociaux* vorbei. Um dem vorzubeugen, sei hier noch einmal betont, daß schon seine leibliche Organisation den Menschen auf seine Population verweist (4.5). Darin liegt bereits ein *physio-*

logisches Argument für die unaufhebbare *Sozialität des Individuums*.

Die aber schwächt sich, wie viele politisch motivierte Warnungen vor dem Individualismus unterstellen, mit der intellektuellen Entwicklung des Individuums nicht ab. Mit der Entfaltung der Individualität steigert sich die bereits biologisch gesetzte soziale Grundordnung des stets individuell verfaßten Lebens: Man wird in immer subtilerer Weise von der Tätigkeit der Artgenossen abhängig, so sehr, daß man schließlich sogar bewußte Leistungen in den gesellschaftlichen Zusammenhang einbringen muß, um sich als Individuum zu behaupten. Das klingt paradox, ist aber die aus individueller Wirksamkeit hervorgehende Wirklichkeit des mitmenschlichen Lebens: Aus dem immer schon vorgegebenen sozialen Kontext wird die mit eigenem Sinn gestaltete *Kooperation*. Der Mensch ist stets bemüht, aus dem Faktum der Gesellschaft das Produkt seiner eigenen Tätigkeit zu machen.

Und gerade weil wir uns in diesem Rahmen als Individuum wissen, ist uns die Gegenwart der Anderen in allem und jedem bewußt. Sie sind das zum Ego notwendig hinzugehörige Alter ego. Wir hegen Erwartungen an andere, sorgen uns um sie und begreifen uns selbst in Relation zu ihnen. Deshalb ist auch der Selbstbegriff nach Art des Rollenverständnisses angelegt: Sogar in unserem ureigenen Begriff von uns selbst sind wir auf unseresgleichen angewiesen. Von der gleichen biologischen Erbschaft an Organisation und Kondition, an Trieben und Fähigkeiten bis hin zum idiosynkratischen Verlangen, nicht verwechselt zu werden, sind wir, wenn auch in unterschiedlicher Weise, auf den *Mitmenschen* bezogen. Das Ego nimmt zwar Partei *für sich*, und es kann, wie man zu Genüge weiß, auch jederzeit *gegen* andere sein. Denn dadurch, daß jedes lebendige Wesen notwendig für sich selbst zu sorgen hat, steht es – spätestens bei knappen Gütern – in Konkurrenz zu seinesgleichen. Die ärgsten Feinde hat der Mensch, wie wir nicht erst seit

Hobbes, sondern spätestens seit Cicero wissen können, unter seinesgleichen (*De re publica* II,40/41).

Es wäre dennoch ein Trugschluß, daraus die konstitutive *Isolation des Einzelnen* zu folgern. Gerade dort, wo sich das Individuum in ausdrücklicher Profilierung behauptet, setzt es seinesgleichen als Vorgänger, Anhänger oder Nachfolger voraus. Es stellt sich in jedem Fall in die Kette der Generationen und bleibt – gerade auch in dem, worin es seine Einzigartigkeit demonstriert – ein *Exponent seiner Population. Jedes Ich gewinnt seine Kontur überhaupt nur in Relation zum Ich der Anderen.* Und noch in die betonte Abgrenzung von Anderen gehen Momente der Identifikation mit jenen ein, denen man sich näher glaubt. Insbesondere die exaltierten Subjektivismen sind sozialer Natur: Sie entspringen zumeist keiner Entgegensetzung *dieses einen Ich* zu *allen* anderen, sondern entstammen einer elitären Selbstauszeichnung einer *Gruppe* (der man sich selbst zurechnet) gegen eine zur Gesamtheit stilisierte *andere Gruppe.*

Das Individuum zeichnet sich somit primär durch Merkmale aus, die ursprünglich *sozialen Formationen* zugehören. Das Ego kommt nicht nur durch Abgrenzung, sondern mindestens ebenso häufig durch Einvernahme des Alter ego zu seiner Identität. Auch deshalb ist es unzulässig, aus der praktisch immer möglichen Opposition zwischen Ego und Alter ego einen feststehenden Gegensatz zu machen, der angeblich nur im Altruismus überwunden werden kann.

Alles dies läßt deutlich werden, daß ein sich autonom bestimmendes Individuum keineswegs von *isolierten* Selbstbedingungen ausgeht. Da ist kein solipsistisches »Bewußtseinszimmer«, das bestenfalls durch seine Ritzen einen Blick auf ein vom Bewußtsein unabhängiges Sein erlaubt; da ist auch kein »stilles Kämmerchen« der reinen Subjektivität, in dem jemand seine singulären Pläne schmiedet; da ist erst recht kein »Elfenbeinturm« absoluter Privation, die das Urteil eines Anderen für a priori unzuständig erklären könnte. Alle diese Metaphern haben überhaupt nur einen Sinn, wenn sie tragende »Außen«-Beziehungen unterstellen. Auch die heute mit so viel Aufwand diskutierten »Ontologien« der *ersten*, der *zweiten* und der *dritten Person*, die einer skeptizistischen Verselbständigung der Subjektivität entspringen, setzen die »Innen« und »Außen« durchwirkende Realität immer schon voraus. Deshalb tragen sie auch zu deren »Beweis« nicht das Geringste bei.

Die Grenzlinien der Individualität sind vielmehr *relativ zu anderen Individuen der gleichen Art*. Alle teilen sich in den Grundbestand des von der eigenen Population erschlossenen Daseins. Das die physische Wirklichkeit durchgängig machende Prinzip der Entsprechung von *actio* und *reactio* gilt auch unter den Bedingungen der Sozialität: Wo man miteinander in Berührung, in sozialer Verbindung ist, tangiert jede Bewegung des einen die des Anderen. Überdies lebt man – trotz der konstitutiven individuellen Unterschiede – unter weitgehend gleichen Bedingungen mit ziemlich gleichen Mitteln zu durchschnittlich gleichen Zielen. Jede Differenzierung findet im Medium dieser *elementaren Gemeinschaft* in den Beständen, Mitteln und Zielen statt. Der *consortio humana*, der »Schicksalsgemeinschaft der Menschen«, die schon Cicero auf jenem kleinen Ball (*globus*) angesiedelt sah, der von Ferne »wie ein Punkt« (*quasi punctum*) erscheint, kann lebend niemand entkommen (*De officiis* III,26; *De re publica* VI,15/16). Deshalb hat auch jeder Einzelne allen Grund, in seine Selbstschätzung diese ihn – gerade auch in seiner Singularität – allererst ermöglichenden Elementarbedingungen einzubeziehen. *Die Natur, das Leben, die Gesellschaft, die Institutionen und Traditionen sind inkorporierte Voraussetzungen des individuellen Selbst*. Wenn es sich selbst achtet, kann es schwerlich das verachten, woraus es besteht.

7. Vernunft und Wirklichkeit

Das Individuum hat sich daher auch praktisch in ein *Verhältnis der Anerkennung* zu dem zu setzen, worin und wovon es lebt. Ja, es kann letztlich gar nicht anders, als die *Realität*, in der es lebt, als die *Kondition*, das *Medium* und das *Telos* seiner eigenen Wirksamkeit anzusehen. Es erschließt *und* errichtet sich den Kontext, in dem es *ist und* – selbst in seinen kühnsten Träumen – *bleibt*. Wenn die Welt *wirklich* ist, sind wir es auch – und umgekehrt. Diesem durchgängigen Zusammenhang kann sich das individuelle Selbst des Menschen allein schon deshalb nicht entziehen, weil es nur in der *Wirksamkeit des Handelns* wirklich ist. Ganz gleich, ob wir von »Tat« oder »Entscheidung« sprechen, ob wir das »Wollen« oder »Schließen« meinen, oder ob vielleicht nur von der alles tragenden »Organisation« der physiologischen Prozesse die Rede ist: Stets ist das Selbst an eine *Wirksamkeit* gebunden, die wir ihm *selbst* zuschreiben. Es *ist* somit nur in einem *Prozeß*, der sich zwar durch die Eigentümlichkeit seiner internen Verfahren kennzeichnen, nicht aber von den ihn tragenden Bedingungen isolieren läßt.

Diesen durchgängigen Zusammenhang, der unser Denken und Handeln auch von »innen« her trägt, in dem die Natur ständig in Geschichte und die Geschichte wieder in Natur übergeht, hat Hegel durch sein großes Wort von der *Wirklichkeit des Vernünftigen* und der *Vernünftigkeit des Wirklichen* unnachahmlich bezeichnet.[4] Nur wer die große Rechnung der Philosophie mit der kleinen Münze der Gesellschaftskritik begleichen möchte, kann Hegels Diktum

---

4 Entsprechendes gilt für Leibniz' Diktum von unserer Welt als der »besten aller möglichen Welten«. Strenggenommen erläutert es nur die Prämisse, unter der wir uns selbst, die Welt und Gott begreifen. Diese Prämisse ist *unsere eigene Vernünftigkeit*, die bedeutungslos wäre, wenn sie nicht *wirksam* und somit *wirklich* wäre. In der Vernunft aber haben wir das *Optimum unserer selbst*, folglich – weil wir einfach nicht anders urteilen können – auch das der *Welt*.

empörend finden. Schon der Widerstand gegen »die Verhältnisse« setzt – zumindest in sich selbst – etwas Reales voraus, wenn er denn Erfolg haben soll. Und er hat Erfolg nur, wenn er nicht *gleichzeitig* gegen *alles* gerichtet ist. Also ist er auf die Wirklichkeit eines Ganzen angewiesen, wenn er überhaupt wirksam sein soll. Die aber ist bereits im *Widerstand* zu akzeptieren, und sie ist spätestens in dem Ziel anerkannt, dem der Widerstand dient.

Sogar der Utopist hält an eben *der* Wirklichkeit fest, in der seine Idee *wirksam* sein soll. Mag die Utopie auch nirgendwo sein und niemals so kommen, wie sie die Phantasie erträumt; mag die elende Gegenwart vor dem Entwurf einer visionären Zukunft geradezu nichtig erscheinen: *Daß* die Vision wirksam ist, *daß* sie Mut und langen Atem gibt und letztlich dem Ziel wirklich näher bringt, ist eine notwendige Unterstellung. Sich aus *einer* Wirklichkeit herauszuträumen, ist nur möglich, indem man sich in eine *andere* versetzt. Wir entkommen ihr daher nicht, solange wir von uns aus wirksam sind: Wirklichkeit ist der Inbegriff alles dessen, wozu nicht einfach bloß »alle« Dinge und Ereignisse zu rechnen sind, sondern wozu wir *selbst* gehören. Also bleibt uns ohnehin nichts anderes übrig, als uns in diesem Ganzen zu *verwirklichen*. Das Pathos des Individuums aber hat darin zu liegen, daß es dies *von sich aus* und *nach seinen eigenen Vorstellungen* tut – sich also *selbst verwirklicht*.

Das schließt die konkrete Kritik an einzelnen Zuständen natürlich nicht aus. Im Gegenteil: Die mit der Individualität bewußt gesetzte Grenze gegenüber anderen muß sich auch in der differenten Bewertung einzelner Lebensformen beweisen, wenn sie überhaupt zu einer materialen Bestimmtheit gelangen will. Aber wo diese Ausdifferenzierung zur Abwehr des gesamten Lebenszusammenhangs, etwa zum Unikum einer »negativen Dialektik«, wird, da führt sie das Denken selbst ad absurdum; die einzige Praxis, die jenen bleibt, die meinen, sie könnten konsequent für eine Generalverneinung plädieren, ist die Selbstliquidation. Die aber hat noch kein Selbst vollzogen, solange es denkt und spricht; erst recht keines, das für seine Position der radikalen Negation argumentiert. Also bedarf es nicht nur der *Anerkennung der Anderen* als Personen, um selbst als Person auftreten zu können; wir müssen mit dem Akt vorgängiger Akzeptanz von unseresgleichen auch die *Grundbedingungen* anerkennen, *unter denen wir gemeinsam leben*.

Das aber setzt auch ein positives Verhältnis zu unseren eigenen Lebenskonditionen voraus. In der Selbstbestimmung *dürfen* wir nicht nur von den eigenen Bedürfnissen und Interessen ausgehen, sondern wir *müssen* dies tun. *Ist eine Handlung nicht vom eigenen Interesse getragen, besteht die Gefahr, daß sie nicht ernsthaft ausgeführt wird.* Die Überzeugung, die zur Durchsetzung einer moralischen Entscheidung gehört, verlangt aus ihrer eigenen Logik die ganze Energie. *Das Selbst muß* **ganz** *– gleichsam in seiner leibhaftigen, psychosomatischen Existenz – zum Einsatz kommen können, wenn es sich selbst bestimmen will.* Nur so wird aus der Selbstbestimmung die *Selbstverwirklichung*. In ihr kommt das organisierende, wahrnehmende, erkennende, schließende, prüfende und lenkende Selbst zur vollen *Wirksamkeit* in dem, worin es ist, nämlich in der *leibhaftigen Realität seines Daseins*. Und wenn es dort nicht *wirklich ist*, werden auch die Steuerungsleistungen des Ich defizitär. Im Vollzug des eigenen Daseins muß sich zeigen, daß die separaten Leistungen des Selbst tatsächlich nur *Funktionen in einem Ganzen* sind. Dieses Ganze ist das leibhaftig selbstbewußte Individuum im Wirkungsfeld seines Lebens.

8. Rationaler Egoismus

Um die durchgängige, gleichsam Leib und Seele konzentrierende Dynamik der Selbstverwirklichung zu pointieren, kann man eine Formel verwenden, die nur mißverständlich ist, wenn man die voranstehenden Bemerkungen über Egoismus und Altruismus überliest: Das sich selbst bestimmende Individuum kann in vollem Umfang »Egoist« bleiben – wenn es nur versucht, ein »rationaler«, d. h. *vernünftiger Egoist* zu sein. Darin liegt keine Einschränkung seiner Moralität. Unter einem »rationalen Egoisten« ist ein Mensch zu verstehen, der seinen naturalen Antrieben *einsichtig* folgt; er ist ein Mensch, der seine gesellschaftlichen Ziele *mit Rücksicht* auf die gegebenen Bedingungen – also auch bezogen auf die Ansprüche der ihn tragenden Mitwelt – zu erreichen sucht; er vertritt ein »aufgeklärtes Eigeninteresse«[5], ist also ein selbstbewußt von eigenen Vorstellungen ausgehender Akteur, der *seine Gründe* zu nennen weiß.

Der »rationale Egoist« hat also sein *ganzes Selbst*, sofern es seiner Erkenntnis zugänglich ist, im Blick. Dabei wird er nach Möglichkeit auch auf die für ihn selber günstigen äußeren Lebensbedingungen achten. Somit weiß er, daß er sich selbst *nur unter Bedingungen* erhalten kann. Die Selbsterhaltung des rationalen Egoisten ist damit sowohl auf die *Natur* wie auch auf die *Kultur* bezogen, in der er lebt. Selbstbestimmung kann nur dann vernünftig genannt werden, wenn sie den *Zusammenhang* beachtet, in dem sich das Individuum *verwirklichen* will.

Man muß also seine Natur nicht nur nicht verleugnen, wenn man sich selbst bestimmt – man *darf* es auch nicht. *Autonomie kann nur in Übereinstimmung mit der eigenen Natur gelingen*. Sie verlangt auch keinen Bruch mit den gesellschaftlichen Konventionen, so richtig es ist, daß der moralische Konflikt gerade in einer individuell erlebten *Krise der Üblichkeiten* entsteht. Gleichwohl setzt der Anspruch auf Selbstbestimmung keine besonderen Bedingungen. Er nimmt lediglich die Prämisse der Organisation des menschlichen Handelns auf, zeigt, wie sich darin der Handelnde

5 Dazu: Gosepath, *Aufgeklärtes Eigeninteresse*, 1992.

selbst versteht, und spitzt sie auf eine *Zielsetzung* zu, *auf die es dem Einzelnen ankommt*. Selbstbestimmung erfolgt somit auf dem Wege einer *Konzentration der Kräfte*. Sie geschieht inmitten der Realität; sie stellt vorhandene Elemente des Daseins in ihren Dienst, ordnet sie mit Blick auf ihren spezifischen Zweck – und sieht dabei notwendig von anderem ab. *Das Selbst bringt sich auf den Punkt, der ihm wichtig ist; es gibt sich eine Verfassung, in der es – nach Möglichkeit in Entfaltung seiner besten Kräfte – sich selbst versteht.*

Dieses Verständnis muß nun aber keineswegs auf nur *einen* begrifflichen Inhalt festgelegt sein: Wenn sich ein Ich als *Vater* begreift, dann ist sein Selbst natürlich immer auch durch die Familie definiert, in der es seine Rolle ernst zu nehmen sucht. Begreift es sich als *Freund* oder *Nachbar*, gehen Momente der Beziehung ein, in der es lebt. Übernimmt ein Mensch Verantwortung als *Forscher*, geschieht das nicht unabhängig vom Fach – vermutlich auch nicht ohne Bezug auf Traditionen und Institutionen. Selbst der *Künstler* dürfte es schwer haben, sein Selbstverständnis ohne Kontext zu profilieren. Auf diese Weise ist der Selbstbegriff material gefüllt und bezieht Verbindlichkeiten ein, die allgemeine epistemische Elemente enthalten.

Somit hat der Selbstbegriff nicht nur eine *formale Konsistenz*, die wir logisch überprüfen können. Es gibt auch *sachliche Gehalte*, die einer allgemeinen Debatte zugänglich sind. Es ist also nicht nur die Realität des individuellen Handlungsgeschehens, auf die sich die moralische Erörterung eines Akts beziehen kann, sondern es kommen die *geschichtlichen und gesellschaftlichen Determinanten* hinzu, denen ein Selbst zu entsprechen hat, *wenn* sein Tun den Titel des moralisch Guten verdienen können soll. Und erst mit der vom Individuum selbst zu sichernden *Entsprechung zwischen Anspruch und Realität* kann es auf *Wirksamkeit* hoffen. Diese Entsprechung aber ist der *öffentlichen Prüfung* zugänglich.

Dabei ist es niemandem verwehrt, sein Leben ins Große zu rechnen und alles auf eine Karte zu setzen. Nur muß er *wahrhaft gute Gründe* haben. Er sollte sich seiner extremen Begabung sicher sein und das Risiko kennen, das in der vollkommenen Hingabe an ein Werk oder eine Aufgabe liegt. Wer, wie Nietzsche, sagen will, »ich weiss keinen besseren Lebenszweck als am Grossen und Unmöglichen [...] zu Grunde zu gehen« (2. *UB* 9; 1, 319), darf die *Konsequenz* nicht scheuen, die auch in diesem Selbstverständnis liegt. Nietzsche beruft sich auf eine antike Einsicht: *animae magnae prodigus* – ein großer Geist lebt verschwenderisch. Das kann sich erlauben, wer viel zu geben hat und den Augenblick nicht fürchtet, in dem alles ausgegeben ist.

9. Autonomie oder Autismus?

Wäre es nicht in allem immer nur *ein und dieselbe Realität*, die wir begrifflich zu fassen bekommen, könnte man den Eindruck haben, das selbstbewußte Individuum sei mindestens *zwei* Wirklichkeiten verpflichtet: *Zum einen* ist es auf die *physiologischen* (und damit zugleich die *physischen*) *Konditionen* angewiesen, mit denen es in Übereinstimmung sein muß, wenn es überhaupt handlungsfähig sein will; diese Bedingungen hat es in seine *Gründe* einzubeziehen, wenn es auch nur selbst von ihnen überzeugt sein will. Denn ohne sie kann es gar nicht *wirklich wollen*. Es muß ja *etwas* wollen, wenn überhaupt von einem *Wollen* die Rede sein soll (6.9). Dieses Etwas aber kann schlechterdings nicht außerhalb der Realität sein, denn sonst wäre es nicht »Etwas«, sondern einfach nichts. *Zum anderen* muß das Individuum auf die *soziale Wirklichkeit* bezogen sein, in der es *mit seinesgleichen* lebt. Ganz abgesehen davon, daß es ursprünglich auf die Gegenwart der Anderen ausgerichtet ist (5.8) und sich als Ego nur angesichts von Alter ego begreift, hat auch diese Bindung einen offenkundigen

Realitätsbezug. Der Einzelne ist *logisch* und *empirisch* auf eine mit anderen geteilte Welt hin angelegt. Folglich ist er nicht nur über seine *physische Präsenz* mit seinesgleichen in Kontakt (steht auch nicht bloß *psychisch* mit ihnen in Verbindung), sondern er bewegt sich, sobald er sein Handeln begründet, in einer mit allen anderen geteilten *Sphäre des Begriffs*, in der er mit dem, was er meint und will, unmittelbar bei *demselben* (jenem »Etwas«) sein kann, das auch Gegenstand des Wollens der Anderen sein kann.

Alles dies gilt mindestens für den Fall, daß ein Individuum sich selbst bestimmt und damit seine *Autonomie* in Anspruch nimmt. Also ist der Verdacht ausgeräumt, das souveräne Ich sei ohne Welt und Wirkung. *Die Autonomie hat nur unter den Bedingungen individueller Wirksamkeit einen Sinn.* Das eigenständige Selbst ist in den benötigten *Antrieben* wie in den erforderlichen *Anlässen*, vor allem aber in seinen eigenen *Gründen* an Natur und Kultur gebunden. Und da es, wenn es handelt, dies *von sich aus* tut, gilt diese Aussage ausdrücklich für es »selbst«. Das aber heißt: *Selbstbestimmung im Lebenskontext ist nur als Selbstverwirklichung möglich*. Folglich besteht auch keine Gefahr einer Verwechslung von *Autonomie* und *Autismus* (10.4).

Auch einer anderen Gefahr läßt sich damit entgegnen: Man muß das »große Individuum«, das sich von allen moralischen Bewertungen durch andere ausnimmt, nicht länger für unwiderleglich halten. Platon und Cicero, Machiavelli und Nietzsche haben die Figur des »großen Verbrechers« geschildert, der sich für souverän gegenüber jeder von anderen stammenden Wertung erklärt: Im *Recht* erkennt der Ausnahmemensch lediglich eine Konvention, an die er selbst nicht gebunden ist, und die *Moral*, sofern sie überhaupt eine Rolle spielt, ist allein seiner eigenen Willkür unterworfen. Die Geschichte lehrt bis in die Gegenwart, daß es sich nicht um literarische Fiktionen handelt. Und seit Nietzsche so weit ging, den außermoralischen Menschen nicht nur für unwiderleglich zu halten, sondern (exzeptionelle Begabung vorausgesetzt) sogar zum kulturellen Hoffnungsträger aufzuwerten, ist der »Immoralist« oder »Amoralist« zum festen Bestandteil der ethischen Grundlegungsdebatte geworden.

Es dürfte sofort kenntlich sein, daß dieses »große Individuum« der kritische Fall für eine Ethik der Selbstbestimmung ist. Mit den »kleinen« Verbrechern hat man moraltheoretisch keine Probleme: Sie verstricken sich in Lügen, schämen und verachten sich und geben, wenn es ihnen nützt, auch zu, daß sie unrecht getan haben; sie wissen in der Regel selbst, daß ihr Handeln verwerflich ist, und würden nie das Gegenteil behaupten. Wenn aber jemand in seiner Ruchlosigkeit *Konsequenz* beweist, wenn er *seine* Vernunft für sich in Anspruch nimmt und *seine eigenen* Gründe benennen kann: hat er sich dann nicht *sein eigenes Gesetz* gegeben? Ist er dann nicht sogar ein exemplarischer Fall gelungener Selbstbestimmung und auf jeden Fall ein Individuum, das *schwerlich verwechselt* werden kann? Zeigt sich an diesem Extremfall nicht, daß man doch ein materiales Prinzip für die Unterscheidung von Gut und Böse braucht und die Ethik der individuellen Selbstbestimmung gescheitert ist?

Es zeigt sich *nicht* – wenn wir beachten, daß auch die (selbsterklärten) Ausnahmen *Exemplare der menschlichen Gattung* sind und ihr somit in Natur und Gesellschaft, Geschichte und Kultur zugehören. Sofern sie Menschen und als Menschen Personen sind, können sie sich nicht wirklich ausnehmen – es sei denn, sie verleugneten sich selbst. Sie müßten auf jeden Einheitsanspruch verzichten, auch auf den, eine *Ausnahme* zu sein. Tun sie es nicht, haben auch sie *ihre* Gründe auf *den* Grund einzustellen, aus dem ein Anspruch notwendig kommt. Das aber ist ein *Selbstbegriff*, der in der Begründung auf *logische Konsequenz* und, wie wir nun sehen, auch auf *empirische Konsistenz* zu setzen hat. Daraus resultieren Verbindlichkeiten, die niemand aufkündigen kann, wenn er in Übereinstimmung mit dem eigenen Dasein bleiben will. Insofern muß sich jedes Individuum, auch die amoralische Ausnahmeexistenz, auf die es mit seinesgleichen verbindende *Realität* verpflichten lassen. Und die Verbindlichkeit besteht eben niemals bloß in »äußeren«, jederzeit bestreitbaren Tatsachen, sondern eben schon in der begrifflichen Konsequenz einer Handlung, wenn sie nur von *ein und demselben Individuum* verantwortet wird. Nur ein Amoralist, der selber gar nichts tut, würde sich nicht in Selbstwidersprüche verwickeln – das aber auch nur, weil es ihn *praktisch* gar nicht gibt. Meldet er aber allein schon mit seiner Selbstbezeichnung als »Amoralist« praktische Ansprüche an, braucht man nur zu warten, bis er dadurch, daß er überhaupt Ansprüche erhebt, Empörung zeigt oder auch nur Gründe nennt, sich selbst widerspricht.

Der moralische Autismus also hebt sich selber auf. Selbst die Ausnahmeexistenz eines »großen Individuums« könnte nicht von den Konditionen absehen, die es allemal zum *exemplarischen Fall eines menschlichen Daseins* machen. Auch außerordentliches menschliches Dasein vollzieht sich stets in einem realen Zusammenhang mit seinesgleichen. Folglich müssen die Gründe, die ein exzeptionelles Individuum für sich in Anspruch nimmt, der Tatsache seiner Einbindung in den physischen, sozialen und kulturellen Kontext seines Lebens Rechnung tragen.

Die Einsicht in den *realen Konnex* ethischer Verbindlichkeit hat noch einen *zweiten* – im Vergleich mit dem ersten – *positiven* Effekt, der durchaus der Erwähnung Wert ist. Denn nachdem Nietzsche die Moral aus dem Ressentiment der »Schwachen« gegen die »Starken« hergeleitet hat, wird das moralische Urteil selbst als *Quelle des Ressentiments* angesehen. Als »vornehm« gilt, wer gar nicht erst moralisch urteilt, schon gar nicht über andere.

Daran ist soviel richtig, daß bei moralischen Urteilen, die bekanntlich mit besonderer Leichtigkeit gefällt werden, allemal Zurückhaltung zu empfehlen ist. Man braucht, wenn man persönlich wertet, eine genaue Kenntnis der Umstände, und man hat sich, wenn es um einen Fall in der Nähe geht, zu fragen, wie der Betroffene den Vorgang wohl selber sieht. Aber man kann auch darauf setzen, daß jedes moralische Urteil über einen anderen Menschen, selbst bei größter Nähe, *hypothetisch* bleibt; denn *kategorische* Aussagen kann ein Individuum in moralischen Belangen nur über sich selber fällen. Deshalb darf man, auch wenn man die Verhältnisse in Neros Palast, in de Sades Keller oder in Clintons Weißem Haus nicht aus eigener Anschauung kennt, getrost moralisch werten. Es gibt keinen Grund, sich in Fällen offenkundiger Grausamkeit, Schamlosigkeit oder Verlogenheit mit den eigenen Aussagen zurückzuhalten; allerdings gibt es auch keine Veranlassung, mit ihnen aufzutrumpfen.

Wenn es uns aber Ernst mit unserer *Selbstverwirklichung* ist, können wir der moralischen Bewertung anderer genauso wenig ausweichen wie ihrem Urteil über uns. Ja, es wäre höchst problematisch, die moralische *Epoché*, wie dies hinter dem Ideal der »Vornehmheit« geschieht, zu einem Prinzip zu erheben. Wir sollten es vor allem dann nicht tun, wenn unsere eigenen Ansprüche und Ziele berührt sind. Denn wenn die Selbstverwirklichung im Bewußtsein der Angewiesenheit auf ein Alter ego stattfindet, wenn sie tatsächlich nicht nur ein *Selbst-*, sondern auch ein *Weltverhältnis* zum Ausdruck bringt, dann hat es uns zu kümmern, was die Anderen tun. Und wenn wir es – aus unserer Position – fragwürdig, unanständig oder verwerflich finden, gibt es keinen prinzipiellen Grund, dies nicht auch zu sagen. Am besten, man sagt es ihnen selbst. Alles andere wäre Gleichgültigkeit gegenüber der Realität, in der wir uns zu verwirklichen haben. – Wer jedoch an eben diesen Selbstverständlichkeiten einer ethischen Praxis zweifelt, dem kann ihre Gültigkeit nicht von außen bewiesen werden. Er muß sich, wie gezeigt, *selbst* zur Gewißheit seiner moralischen Überzeugungen bringen. Da er sich selbst, wie ebenfalls gezeigt, nur *respectu alterius* erkennen kann, ist er dabei niemals bloß bei sich selbst.

10. Selbstüberwindung

Der selbstbestimmt handelnde Mensch ist *das Unbedingte unter vollständigen Bedingungen*. Das ist eine zutiefst paradoxe und, wie man weiß, für viele unerträgliche Situation. Alle Kraft des Glaubens ist darauf gerichtet, sie zu überwinden; alle Kraft des Denkens und Handelns sollte darauf bezogen sein, sie produktiv zu machen.

Die Spannung zwischen Idealität und Faktizität schließt die *Entfremdung* von den Bedingungen ein, unter denen wir notwendig leben. Schon die Erkenntnis dieser Lage setzt die *Distanz* zu den Verhältnissen voraus. Deshalb ist es ein Irrtum ersten Ranges, die Entfremdung, unter der wir nicht erst arbeiten, sondern als intelligente Wesen immer schon denken und handeln, für *aufhebbar* zu erklären. Auch die nächsten Dinge müssen von uns *wie etwas Fremdes* betrachtet werden können, damit sie unserer Erkenntnis zugänglich sind. Und es gehört zur Lebenserfahrung, daß auch die von uns mit persönlicher Anteilnahme erarbeiteten Gegenstände jederzeit fremd werden können.

Solche Erfahrungen kann nur das selbstbewußte Individuum machen, und sie sind, wenn die Paradoxie noch einmal variiert werden darf, auch nur einem selbstbewußten Individuum zuzumuten. Nur das sich stets in mehreren Kontexten selbst vergewissernde Ich hält es aus, unter den Verwandlungen, Ablösungen und Trennungen zu leben und gleichwohl seine Identität zu behaupten. Nur das selbstbewußte Ich bringt die Kraft zu den unablässigen Aneignungen und Abgrenzungen auf, weil es im erlebten Wandel einen *Sinn*, einen *für es selbst bedeutsamen Sinn*, entdecken kann.

Oder – um das Ganze umzukehren: Man braucht sich nur klarzumachen, woran man bei bestimmten Verrichtungen besser *nicht* denken sollte, um zu erkennen, wie vielfältig die Mittel und Kräfte sind, mit denen wir uns als wechselhafte Wesen in wechselhaften Lagen selbst behaupten. Im Unterschied zum Chamäleon ändert der Mensch schon gegenüber sich selbst seine Farbe – und er bleibt dennoch – unter dem Einheit erfordernden Anspruch seines Handelns – *ein und dasselbe Wesen*. Und da es ihm offenbar nicht genügt, nur die Einheit dieser und jener Handlung zu unterstellen, da er vielmehr *Einheit* für die *Person als ganze* reklamiert, lebt er unter dem *Anspruch auf Identität*. Die Frage *Was soll ich tun?* ist das Indiz für diesen Anspruch – *und* dafür, daß er akzeptiert ist. Ich will, wenn ich so frage, *ein bestimmtes Individuum* sein.

In diesem Wollen operieren wir unvermeidlich mit *Begriffen*, nicht zuletzt immer auch mit *Selbstbegriffen*. Nur sie können in den wechselnden Konstellationen des Lebens, also in den *jeweiligen* Koalitionen und Oppositionen, eindeutige *Identifikationen* sichern. Aber das *Individuum*, das ein Selbstbegriff *qua Individuum* bezeichnen soll, wird auch durch ihn nicht vollständig erreicht. Es sind nicht von ungefähr die *Rollen*, in denen wir unserer Identität Konturen geben. Ein *Begriff* ist a priori nicht in der Lage, die *Individualität* zu fassen. Er kann ihr stets nur im Medium der Differenz, also in *Abgrenzung* gegenüber etwas anderem, einen lediglich in *dieser* Konstellation bestimmten Inhalt verschaffen. Als Individuum bleibt ein jeder unbegreiflich und insofern »unaussprechlich«: *Individuum ineffabile est*.

Wäre dies jedoch das letzte Wort, dann hätte das vorliegende Buch nicht geschrieben zu werden brauchen. Das Individuum, wenn es denn zum Gegenstand der Erkenntnis wird, ist auf *Begriffe* angewiesen.[6] Mehr noch: Seine letztlich unaussagbare Einzigartigkeit kommt nur in der *Korre-*

---

6 Dazu eingehend und treffend: Hampe, *Gesetz und Distanz*, 1996, 53 ff.

lation zum Begriff zum Ausdruck. Wir müssen es zu begreifen *versuchen*, um überhaupt feststellen zu können, daß gerade dort, wo es dem Begriff entspricht, noch ein Rest bleibt, der sich selbst dem treffenden Begriff entzieht.

Das gilt auch für den *Selbstbegriff*. Auch wenn er aus *nächster Nähe* und aus *intimer Kenntnis* stammt, auch wenn er mit den *Situationen* und *Problemen* variiert, so daß wir sagen könnten, *das Selbst liege im Schnittpunkt seiner Selbstbegriffe*, so erweist sich gerade in der gründlichen Bemühung, daß da etwas bleibt, das sich dem *Begriff* – ja, *den* Selbstbegriffen dieses einen Wesens – *nicht* erschließt. Das individuelle Selbst ist letztlich nicht mehr als der *Fluchtpunkt seiner Selbstbegriffe*. – Doch von eben dieser Unbegreiflichkeit weiß man nur, sofern man sich um einen Begriff des individuellen Selbst bemüht. Der Rückzug ins Unaussprechliche findet immer nur angesichts der vordringenden Begriffe statt. Die Begriffe aber brauchen wir nicht zuletzt, um etwas zu tun, das wir benennen und uns selber zurechnen können. So wirkt das Selbst noch in den Begriffen, denen es sich entzieht, und wir *überwinden* uns bereits selbst, indem wir uns eindeutig benennen.

Vor diesem Hintergrund wird auch verständlich, wie das bewußte Selbst die Spannung, in der jedes lebendige Wesen zwischen Trieb und Erfüllung lebt, *verstärkt*: Es ist sich in seinen Vorstellungen notwendig voraus. Es faßt, erfaßt und begreift sich, aber es hat darin stets *mehr* als den bloß empirischen Gehalt, den eine beschreibende Wissenschaft an ihm feststellen kann. Schon im *Bedürfnis* überschreitet sich jedes Lebewesen in Richtung auf ein »Noch-Nicht«; in der *Vorstellung* von einem möglichen Gegenstand der Befriedigung setzt es sich bereits ein Ziel; und im *Anspruch* bringt es sich damit selbst zur Deckung, ohne aber schon in der antizipierten Zukunft zu sein. Doch es wird nun nicht bloß vom Bedürfnis auf den kommenden Zustand zugetrieben, es will auch nicht einfach mit *Bewußtsein* irgendwo hin, sondern *es will zu sich selbst*. Da es sich selbst in seinem Begriff von sich selbst *voraus* ist, liegt auch seine *Wirklichkeit*, in der es zu sich kommen kann, *vor ihm selbst*. Es greift auf etwas vor, in dem es erst seine volle Realität gewinnen kann: *Es wird, was es ist*. Das ist der genaue Sinn von *Selbstverwirklichung*.

Selbstverwirklichung ist ein paradoxes Geschehen, weil es *Realität antizipiert*: Das selbstbewußte Individuum erfährt sich in seiner realen Wirksamkeit als unerfüllt, solange es *noch nicht* dort ist, wo es seinem Anspruch nach sein muß, um das zu sein, als was es sich *jetzt schon* begreift. In allen Tätigkeiten, die ihm wesentlich sind, ist der Mensch in der *Gegenwart* wirksam, um dadurch in der *Zukunft* einen *Effekt* zu erzielen, in dessen Antizipation er sich *schon vorher* versteht.

Dieser Vorgang kann im vollen Sinn des Wortes *Selbstverwirklichung* genannt werden. Denn hier verwirklicht sich das Selbst *durch eigene Wirksamkeit*. Es *bewirkt sich selbst*, bringt sich *durch eigenes Tun zur Wirklichkeit* – einer Wirklichkeit, in der es sich als *dieses Ich* versteht, als das es auch von Anderen verstanden werden möchte. Jeder präsentiert sich im Bewußtsein dessen, was noch vor ihm liegt. Und auch wenn er nicht sicher wissen kann, was kommt, so gehen doch die Aufgaben, in deren Vorschein er sich versteht, in die Vorstellung ein, die er von sich selber gibt.

So wirkt jeder bereits in der Gegenwart durch den als *Vorgriff* fungierenden *Begriff seiner selbst*, um sich als *wirksam* und am Ende *wirklich* zu erfüllen. Das ist ein riskantes Geschehen. Denn der Erfolg steht nicht allein in unserer Macht. Das Risiko des Daseins wird überdies besonders kenntlich: Denn im bewußten Ziel legen wir uns auf etwas fest; erst dadurch kann erfahrbar werden, *daß* wir etwas verfehlen, wenn wir es tun.

Dennoch überwinden wir uns auch hier und definieren uns in einem Zweck, in dem wir das sein wollen, was unser Anspruch vorwegnimmt. Wir haben uns zu realisieren, ohne voll über unsere Realität zu verfügen. Um so wichtiger ist es, von den *Gegebenheiten* auszugehen, die uns sicher sind. Die *Realität* liegt aber nicht nur im Ausgangspunkt, sie bleibt vielmehr die in jedem Akt zu gewährleistende Bedingung. Die selbstbewußte Handlung ist in jedem Akt ihres Vollzugs ein *reales Geschehen*, das die Vorstellung, von der wir uns leiten lassen, jederzeit widerlegen kann.

Mitten in dieser uns innen wie außen mitnehmenden Realität *wirkt* der *Selbstbegriff* als *ideales Moment*, indem er durch seinen Willen Zeichen setzt. Wo wir sie aufstellen, sind wir souverän. Und der eigene Weg, den wir durch sie bezeichnen, ist die *Realisierung unserer selbst*. In diesem Prozeß erfährt sich das Selbst als *organisierendes Moment* eben dessen, wovon es sich in Begriff und Vorgriff distanziert. Deshalb erleben wir bereits auf dem Weg Momente des Glücks, die nicht selten schon alles sind. Denn die Realisierung von Zwecken ist niemals bloß eine Frage der individuellen Kompetenz. Ohne die Gunst der Umstände gelingt nichts. Um so größer das Glück, wenn wir am Erfolg unseren eigenen Anteil haben.

Damit kann nur angedeutet sein, daß *Selbstverwirklichung* nie vollständig gelingt. Jeder zielt mit seinen Zwecken über das ihm mögliche Dasein hinaus und lebt, wenn er denn überhaupt anspruchsvoll ist, über seine Verhältnisse. Das selbstbewußte Individuum *fordert sich unablässig selbst heraus*. Dabei hat es sich *selbst zu überwinden*. Denn es ist, gerade in dem Verlangen nach Verwirklichung, auch in seinem Selbstbegriff einer Realität verpflichtet, bei der es gleichwohl nicht stehenbleiben kann und will. Mit dem Einsatz seines Begriffs von sich selbst greift es voraus und geht damit über sich selbst hinweg. Es *gebraucht* sich selbst und macht sich so zum Mittel seiner eigenen Zwecke. Dabei steht es unter dem Schicksal des Wissens, daß kein Zweck der letzte ist. Also kann es sich selbst in keinem wirklich genügen und muß in jedem erreichten Ziel über es – *über sich* – hinaus. Die metaphysische Beruhigung, die es in diesem Prozeß der Selbstüberwindung finden kann, liegt einzig darin, daß es im unablässigen Übergang zu neuen *Zwecken* ist.

Das Individuum hat seine Größe und seinen unvergleichlichen Wert nur im tätig bewältigten Prozeß seines Lebens und dies auch nur, sofern es sich darin selbst bestimmt. Zwar sprechen wir die Attribute des Menschen stets der *Gattung* zu; denn in ihr liegen die Voraussetzungen, die der Einzelne als Chance wahrzunehmen hat. Doch die Erfüllung liegt allemal in der *individuellen Leistung*. Diese Leistung kann in den großen Werken der Kultur der Vollendung nahe kommen; in der Kunst erscheint sie nicht selten in reiner Vollkommenheit. Doch gerade darin wirkt sie wie ein *Anspruch*, den es allererst zu erfüllen gilt. Nachdem es um einiges schwerer geworden ist, an einen Gott zu glauben, und unmöglich, die Sphäre der Gestirne als den Himmel anzusehen, müßte es dem Menschen eigentlich ein wenig leichter fallen, die Einsicht in die Unvollkommenheit seiner anspruchsvollen Existenz zu ertragen. Da aber die ins Große gerechneten *Ansprüche* bleiben, da wir in unserer *Sorge* wie auch in unseren *Erwartungen* die Grenzen unseres individuellen Daseins überschreiten, erzeugen wir die *Spannung zwischen Endlichem und Unendlichem* ständig neu. Folglich geht der *tragische Charakter des Daseins*, der mit der Abgrenzung und Abtrennung der Individualität gesetzt ist, nie verloren. Aber wer nur ein wenig nachdenkt, kann eben darin die Bedingung des Glücks erkennen.

Zuletzt aber darf nicht vergessen werden, daß wir mit dem durchgängigen Bezug auf *Leben, Geschichte* und *Kultur* sowie durch das unverzichtbare Lebensmittel der *Vernunft*, die wir als *Instrument* und als *Instanz* benötigen, in einen Kontext begrifflich faßbarer *Menschlichkeit* eingebunden sind, der nicht nur die *sachhaltigen Kriterien* für das moralische Handeln enthält, sondern uns in allem Handeln – und allen gegenteiligen Erfahrungen zum Trotz – immer wieder *hoffen* läßt.

Verzeichnis der Siglen

Die im Text mehrfach aufgeführten Ziffern verweisen auf die entsprechenden Kapitel und Abschnitte des vorliegenden Buches.

Literaturhinweise

Abel, Günter: Stoizismus und frühe Neuzeit. Zur Entstehungsgeschichte modernen Denkens im Felde von Ethik und Politik. Berlin / New York 1978.

Apel, Karl-Otto: Transformation der Philosophie. Bd. 2. Frankfurt a. M. 1973.

Arendt, Hannah: Vom Leben des Geistes. Bd. 2: Das Wollen. München 1979.

Assmann, Jan: Stein und Zeit. Mensch und Gesellschaft im alten Ägypten. München 1991.

Baumann, Zygmunt: Postmoderne Ethik. Hamburg 1995.

Bayertz, Kurt (Hrsg.): Verantwortung. Prinzip oder Problem? Darmstadt 1995.

Bieri, Peter: Willensfreiheit. Antrittsvorlesung an der Freien Universität Berlin. 15. 12. 1993. [unveröffentl. Typoskript.]

Birnbacher, Dieter: Das Dilemma des Personbegriffs. In: P. Strasser / E. Starz (Hrsg.): Personsein aus bioethischer Sicht. In: Archiv für Rechts- und Sozialphilosophie. Beiheft 73. Stuttgart 1997. S. 9–25.

Bittner, Rüdiger: Maximen. In: Akten des 4. Internationalen Kant-Kongresses. Mainz 1974. Abt. II. Bd. 2. Berlin / New York 1974. S. 485–498.

Blumenberg, Hans: Die Legitimität der Neuzeit. Frankfurt a. M. 1966.

– Selbsterhaltung und Beharrung. Zur Konstitution der neuzeitlichen Rationalität. In: Akademie der Wissenschaften und der Literatur. Abhandlungen der Geistes- und Sozialwiss. Klasse (1969). Nr. 11. Mainz 1970. S. 333–383.

Bollnow, Otto: Die Lebensphilosophie. Berlin/Göttingen/Heidelberg 1958.

Buck, August: Die Rangstellung des Menschen in der Renaissance: dignitas et miseria hominis. In: Archiv für Kulturgeschichte 42 (1960) S. 61–75.

– Einleitung. In: Giannozzo Manetti: Über die Würde und Erhabenheit des Menschen (De dignitate et excellentia hominis). Übers. von H. Leppin. Hamburg 1990. S. VII–XXXIV.

Carrier, Martin / Mittelstraß, Jürgen: Geist, Gehirn, Verhalten.

Das Leib-Seele-Problem und die Philosophie der Psychologie. Berlin / New York 1989.

Cassirer, Ernst: Individuum und Kosmos in der Philosophie der Renaissance. Leipzig/Berlin 1927. Nachdr. Darmstadt 1963.

– Axel Hägerström. Göteborg 1939.

Dilthey, Wilhelm: Einleitung in die Geisteswissenschaften [1883]. In: W. D.: Gesammelte Schriften. Bd. 1. 9. Aufl. Stuttgart 1990.

– Beiträge zur Lösung der Frage vom Ursprung unseres Glaubens an die Realität der Außenwelt und seinem Recht [1890]. In: W. D.: Gesammelte Schriften. Bd. 5. Stuttgart 1957. S. 90–138.

– Das Wesen der Philosophie [1907]. In: W. D.: Gesammelte Schriften. Bd. 5. Stuttgart 1957. S. 339–416.

– System der Ethik. In: W. D.: Gesammelte Schriften. Bd. 10. 4. Aufl. Stuttgart 1981.

Düsing, Klaus: Selbstbewußtseinsmodelle. Moderne Kritiken und systematische Entwürfe zur konkreten Subjektivität. München 1997.

Eigen, Manfred / Winkler, Ruthild: Das Spiel. Naturgesetze steuern den Zufall. München/Zürich 1975.

Fellmann, Ferdinand: Lebensphilosophie. In: F. F. (Hrsg.): Geschichte der Philosophie im 19. Jahrhundert. Reinbek b. Hamburg 1996. S. 269–349.

Frank, Manfred: Die Unhintergehbarkeit von Individualität. Reflexionen über Subjekt, Person und Individuum aus Anlaß ihrer postmodernen Toterklärung. Frankfurt a. M. 1986.

– (Hrsg.): Analytische Theorien des Selbstbewußtseins. Frankfurt a. M. 1994.

Gadamer, Hans-Georg / Vogler, Paul (Hrsg.): Neue Anthropologie. 7 Bde. Stuttgart [u. a.] 1972–75.

Gehlen, Arnold: Anthropologische und sozialpsychologische Untersuchungen. Mit einem Nachwort hrsg. von H. Schnädelbach. Reinbek b. Hamburg 1986.

Gerhardt, Volker: Handlung als Verhältnis von Ursache und Wirkung. Zur Entwicklung des Handlungsbegriffs bei Kant. In: G. Prauss (Hrsg.): Handlungstheorie und Transzendentalphilosophie. Frankfurt a. M. 1986. S. 98–131.

– Leben und Geschichte. Menschliches Handeln und historischer Sinn in Nietzsches zweiter »Unzeitgemäßer Betrach-

tung« [1984]. In: V. G.: Pathos und Distanz. Stuttgart 1988.
S. 133–162.

– Selbstbestimmung. Über Ursprung und Ziel moralischen
  Handelns. In: Metaphysik nach Kant? Stuttgarter Hegel-
  Kongreß 1987. Hrsg. von D. Henrich und R.-P. Horstmann.
  Stuttgart 1988. S. 671–688.

– Die Moral des Immoralismus. In: G. Abel / J. Salaquarda
  (Hrsg.): Krisis der Metaphysik. Festschrift für Wolfgang
  Müller-Lauter. Berlin 1989. S. 414–447.

– Die Perspektive des Perspektivismus. In: Festschrift für
  Mazzino Montinari. Nietzsche-Studien 18 (1989) S. 260–281.

– Selbständigkeit und Selbstbestimmung. Zum Problem der
  Freiheit bei Kant und Schelling. In: H.-M. Pawlowski / S.
  Smid / R. Specht (Hrsg.): Die praktische Philosophie Schel-
  lings und die gegenwärtige Rechtsphilosophie. Spekulation
  und Erfahrung. Abt. II. Bd. 3. Stuttgart-Bad Cannstatt 1989.
  S. 59–105.

– Politisches Handeln. Über einen Zugang zum Begriff der
  Politik. In: V. G. (Hrsg.): Der Begriff der Politik. Stuttgart
  1990. S. 291–309.

– Was ist ein vernünftiges Wesen? In: H. Girndt (Hrsg.): Selbstbehauptung und Anerkennung. Spinoza – Kant – Fichte –
  Hegel. Bonn-St. Augustin 1990. S. 61–77.

– Die Perspektive des Menschen. In: V. G. / N. Herold (Hrsg.):
  Perspektiven des Perspektivismus. Würzburg 1992. S. V–XV.

– Das Prinzip der Verantwortung. Zur Grundlegung einer öko-
  logischen Ethik. Eine Entgegnung auf Hans Jonas. In: V. G. /
  W. Krawietz (Hrsg.): Recht und Natur. Berlin 1992.   S. 103–
  131.

– Selbstbegründung. Nietzsches Moral der Individualität. In:
  Nietzsche-Studien 21 (1992) S. 28–49.

– Genealogische Ethik. In: A. Pieper (Hrsg.): Geschichte der
  neueren Ethik. Bd. 1. Tübingen/Basel 1992. S. 284–313.

– Moderne Zeiten. Zur philosophischen Ortsbestimmung der
  Gegenwart. In: Deutsche Zeitschrift für Philosophie 40 (1992)
  Heft 6. S. 597–609.

– Das wiedergewonnene Paradigma. Otfried Höffes moderne
  Metaphysik der Politik. In: Philosophische Rundschau 39
  (1992). S. 257–277 Wiederabgedr. in: W. Kersting (Hrsg.):
  Gerechtigkeit als Tausch? Auseinandersetzungen mit der

politischen Philosophie Otfried Höffes. Frankfurt a. M. 1996.
S. 61–87.
– Die Politik und das Leben. Antrittsvorlesung am 15. 6. 1993.
In: Schriftenreihe der Humboldt-Universität zu Berlin 1.
Berlin 1994.
– Sinn des Lebens. Über einen Zusammenhang zwischen anti-
ker und moderner Philosophie. In: Praxis – Vernunft –
Gemeinschaft. Auf der Suche nach einer anderen Vernunft.
Hrsg. von V. Caysa und K. D. Eichler. Weinheim 1994.
S. 371–386.
– Über den Sinn des Lebens (Teil II). In: Zeitschrift für Philoso-
phische Praxis (1994) S. 25–31.
– Immanuel Kants Entwurf »Zum ewigen Frieden«. Eine Theo-
rie der Politik. Darmstadt 1995.
– Tod und Politik. Über eine grundlegende Bedingung der poli-
tischen Welt. In: P. Fischer (Hrsg.): Freiheit oder Gerechtig-
keit. Perspektiven Politischer Philosophie. Leipzig 1995.
S. 40–69.
– Vom Willen zur Macht. Anthropologie und Metaphysik der
Macht am exemplarischen Fall Friedrich Nietzsches. Berlin /
New York 1996.
– Der groß geschriebene Mensch. Zur Konzeption der Politik
in Platons »Politeia«. In: Internationale Zeitschrift für Philo-
sophie 6 (1997) Nr. 1. S. 40–56.
– Das individuelle Gesetz. Über eine sokratisch-platonische
Bedingung der Ethik. In: Allgemeine Zeitschrift für Philoso-
phie 22 (1997) Heft 1. S. 3–21.
– Die Asche des Marxismus. Über das Verhältnis von Marxis-
mus und Philosophie. In: Jahrbuch »Politisches Denken«
1998. Stuttgart 1998. S. 17–46.
– Cicero als Zeitgenosse. Zur Aktualität der politischen Theorie
Ciceros. In: Jahrbuch »Politisches Denken« 1999. [In Vorb.]
Gosepath, Stefan: Aufgeklärtes Eigeninteresse. Eine Theorie
theoretischer und praktischer Rationalität. Frankfurt a. M.
1992.
Groethuysen, Bernhard: Philosophische Anthropologie. Mün-
chen/Berlin 1931. Nachdr. München 1969.
Habermas, Jürgen: Erläuterungen zur Diskursethik. Frankfurt
a. M. 1991. S. 119–226.
Hampe, Michael: Gesetz und Distanz. Studien über die Prinzi-

pien der Gesetzmäßigkeit in der theoretischen und praktischen Philosophie. Heidelberg 1996.

Heckhausen, Heinz / Gollwitzer, P. M. / Weinert, Franz E.
(Hrsg.): Jenseits des Rubikon. Der Wille in den Humanwis-
senschaften. Heidelberg 1987.

Heidegger, Martin: Sein und Zeit. 16. Aufl. Tübingen 1980.

– Einleitung in die Philosophie. Freiburger Vorlesung Winter-
semester 1928/29. In: M. H.: Gesamtausgabe. Bd. 27. Frankfurt a. M. 1996.

Henrich, Dieter: Selbstbewußtsein. Kritische Einleitung in eine
Theorie. In: Hermeneutik und Dialektik. Festschrift für
Hans-Georg Gadamer. Hrsg. von R. Bubner [u. a.]. Bd. 1.
Tübingen 1970. S. 257–284.

– Fluchtlinien. Philosophische Essays. Frankfurt a. M. 1982.

– Grund und Gang spekulativen Denkens. In: Metaphysik nach
Kant? Stuttgarter Hegel-Kongreß 1987. Hrsg. von D. Henrich und R.-P. Horstmann. Stuttgart 1988. S. 83–120.

– Subjektivität als Prinzip. In: Deutsche Zeitschrift für Philosophie 46 (1998) Heft 1. S. 31–44.

Hobbes, Thomas: Leviathan. Nach dem Original von 1651 mit
einer Einl. hrsg. von C. B. Macpherson. Harmondsworth
1968.

Höffe, Otfried: Kants kategorischer Imperativ als Kriterium des
Sittlichen. In: Zeitschrift für philosophische Forschung 31
(1977) S. 354–383.

– Moral als Preis der Moderne. Ein Versuch über Wissenschaft,
Technik und Umwelt. Frankfurt a. M. 1993.

Jonas, Hans: Organismus und Freiheit. Ansätze zu einer philo-
sophischen Biologie. Göttingen 1973. Neuaufl. u. d. T.: Das
Prinzip Leben. Ansätze zu einer philosophischen Biologie.
Frankfurt a. M. 1994.

– Das Prinzip Verantwortung. Versuch einer Ethik für die tech-
nologische Zivilisation. Frankfurt a. M. 1979.

Kant, Immanuel: Kant's gesammelte Schriften. Hrsg. von der
Königlich Preußischen Akademie der Wissenschaften. Berlin
1902 ff.

Kienzle, Bertram / Pape, Helmut (Hrsg.): Dimensionen des
Selbst. Selbstbewußtsein, Reflexivität und die Bedingungen
von Kommunikation. Frankfurt a. M. 1991.

Kobusch, Theo: Die Entdeckung der Person. Metaphysik der

Freiheit und modernes Menschenbild. 2., durchges. und erw. Aufl. Darmstadt 1997.

König, Peter: Autonomie und Autokratie. Über Kants Metaphysik der Sitten. Berlin / New York 1994.

Kristeller, Paul Oskar: Die Würde des Menschen. In: P. O. K.: Studien zur Geschichte der Rhetorik und zum Begriff des Menschen in der Renaissance. Göttingen 1981. S. 66–79.

Krohn, Wolfgang / Küppers, Günter (Hrsg.): Selbstorganisation. Aspekte einer wissenschaftlichen Revolution. Braunschweig/Wiesbaden 1990.

Küppers, Bernd-Olaf: Der Ursprung biologischer Information. Zur Naturphilosophie der Lebensentstehung. München/Zürich 1986.

Küppers, Günter: Selbstorganisation: Selektion durch Schließung. In: G. K. (Hrsg.): Chaos und Ordnung. Formen der Selbstorganisation in Natur und Gesellschaft. Stuttgart 1996. S. 122–148.

Landmann, Michael: Problematik. Nichtwissen und Wissensverlangen im philosophischen Bewußtsein. Göttingen 1949.

Libet, B. / Gleason, C. A. / Wright, E. W. / Pearl, D. K.: Time of Conscious Intention to Act in Relation to Onset of Cerebral Activity (Readiness-Potential). The Unconscious Initiation of a Freely Voluntary Act. In: Brain 106 (1983) S. 623–642.

Löwith, Karl: Das Individuum in der Rolle des Mitmenschen [1928]. In: K. L.: Sämtliche Schriften. Bd. 1. Stuttgart 1981. S. 9–197.

Ludwig, Bernd: Die Wiederentdeckung des Epikureischen Naturrechts. Zu Thomas Hobbes' philosophischer Entwicklung von *De Cive* zum *Leviathan* im Pariser Exil 1640–1651. Frankfurt 1998.

Luhmann, Niklas: Paradigm lost: Über die ethische Reflexion der Moral. Rede anläßlich der Verleihung des Hegel-Preises 1989. In: N. L. / R. Spaemann, Paradigm lost: Über die ethische Reflexion der Moral. Frankfurt a. M. 1990. S. 7–48.

Manetti, Giannozzo: Über die Würde und Erhabenheit des Menschen (*De dignitate et excellentia hominis*). Übers. von H. Leppin, Hamburg 1990.

Markl, Hubert: Dasein in Grenzen. Die Herausforderung der Ressourcenknappheit für die Evolution des Lebens. Konstanz 1984. (Konstanzer Universitätsreden. 149.)

Mayr, Ernst: Eine neue Philosophie der Biologie. Vorwort von H. Markl. München/Zürich 1988. Überarb. und erw. Aufl. 1991.

Mead, George Herbert: Geist, Identität und Gesellschaft aus der Sicht des Sozialbehaviorismus. Mit einer Einl. hrsg. von Ch. W. Morris [1934]. Frankfurt a. M. 1973.

Medawar, Peter B.: Die Einmaligkeit des Individuums. Frankfurt a. M. 1969.

Nagel, Thomas: The View from Nowhere. New York / Oxford 1986.

Nida-Rümelin, Julian: Kritik des Konsequentialismus. München 1993.

Nietzsche, Friedrich: Sämtliche Werke. Hrsg. von G. Colli und M. Montinari. Kritische Studienausgabe. [KSA.] München / Berlin / New York 1980.

Nikolaus von Kues [Cusanus]: *De coniecturis*. Die Mut-Maßungen. In: Philosophisch-Theologische Schriften. Hrsg. von L. Gabriel. Bd. 2. Wien 1966. S. 1–209.

Pico della Mirandola, Giovanni: *De hominis dignitate*. In: G. P. d. M.: Respublica literaria. Hrsg. von J. Dyck und G. List. Bad Homburg / Berlin / Zürich 1968.

Pieper, Annemarie: »Ein Seil geknüpft zwischen Tier und Übermensch«. Philosophische Erläuterungen zu Nietzsches erstem »Zarathustra«. Stuttgart 1990.

Plessner, Helmuth: Die Stufen des Organischen und der Mensch. Einleitung in die philosophische Anthropologie [1928]. In: H. P.: Gesammelte Schriften. Bd. 4. Frankfurt a. M. 1981.

– Soziale Rolle und menschliche Natur [1960]. In: H. P.: Gesammelte Schriften. Bd. 10. Frankfurt a. M. 1985. S. 227–240.

– Die Frage nach der Conditio humana [1961]. In: H. P.: Gesammelte Schriften. Bd. 8. Frankfurt a. M. 1983. S. 136–217.

Popper, Karl R.: Objektive Erkenntnis. Ein evolutionärer Entwurf. Hamburg 1973.

– Alles Leben ist Problemlösen [1991]. In: K. R. P.: Alles Leben ist Problemlösen. Über Erkenntnis, Geschichte und Politik. 2. Aufl. München/Zürich 1994. S. 255–263.

Prauss, Gerold: Einführung in die Erkenntnistheorie. Darmstadt 1980.

– Kant über Freiheit als Autonomie. Frankfurt a. M. 1983.
– Handlungstheorie und Transzendentalphilosophie. Frankfurt a. M. 1986.
– Die Welt und wir. Bde. 1/1, 1/2 und 2. Stuttgart 1990, Stuttgart/Weimar 1993, 1999 [i. Vorb.].
Prinz, Wolfgang: Die Reaktion als Willenshandlung. In: Psychologische Rundschau 49 (1998). S. 10–20.
Reemtsma, Jan Philipp: Im Keller. Hamburg 1997.
Reinhardt, Karl: Platons Mythen. Bonn 1927.
Ritter, Joachim: Das bürgerliche Leben. Zur aristotelischen Theorie des Glücks [1956]. In: J. R.: Metaphysik und Politik. Studien zu Aristoteles und Hegel. Frankfurt a. M. 1969. S. 57–105.
– Landschaft. Zur Funktion des Ästhetischen in der modernen Gesellschaft [1963]. In: J. R.: Subjektivität. Sechs Aufsätze. Frankfurt a. M. 1974. S. 141–163.
Rohs, Peter: Feld – Zeit – Ich. Entwurf einer feldtheoretischen Transzendentalphilosophie. Frankfurt a. M. 1996.
Roth, Gerhard / Schwegler, Helmut: Das Geist-Gehirn-Problem aus der Sicht der Hirnforschung und eines nicht-reduktionistischen Physikalismus. In: Ethik und Sozialwissenschaften 6 (1995) Heft 1. S. 69–77.
Rothschild, Michael L.: Bionomics. London 1992.
Rudolph, Enno: Odyssee des Individuums. Zur Geschichte eines vergessenen Problems. Stuttgart 1992.
Sartre, Jean-Paul: Das Sein und das Nichts. Reinbek b. Hamburg 1947.
Schnädelbach, Herbert: Zur Rehabilitierung des »animal rationale«. In: H. Sch.: Zur Rehabilitierung des »animal rationale«. Vorträge und Abhandlungen 2. Frankfurt a. M. 1992. S. 13–37.
– Rationalitätstypen. In: Ethik und Sozialwissenschaften 9 (1998) Heft 1. S. 79–89.
Schwartländer, Johannes: Der Mensch ist Person. Kants Lehre vom Menschen. Stuttgart [u. a.] 1968.
Schwemmer, Oswald: Die Philosophie und die Wissenschaften. Zur Kritik einer Abgrenzung. Frankfurt a. M. 1990.
– Die kulturelle Existenz des Menschen. Berlin 1997.
Seebaß, Gottfried: Wollen. Frankfurt a. M. 1993.
Siep, Ludwig: Was ist Altruismus? In: K. Bayertz (Hrsg.): Evolution und Ethik. Stuttgart 1993. S. 288–306.

Simmel, Georg: Was ist uns Kant? [1896]. In: G. S.: Gesamtausgabe. Bd. 5: Aufsätze und Abhandlungen 1894–1900. Hrsg. von H.-J. Dahme und D. P. Frisby. Frankfurt a. M. 1992. S. 145–177.

Simon, Josef: »Leben«. In: H. Krings / H. M. Baumgartner / Chr. Wild (Hrsg.): Handbuch philosophischer Grundbegriffe. Studienausgabe. Bd. 3. München 1973. S. 844–859.

Skalweit, Stephan: Der Beginn der Neuzeit. Epochengrenze und Epochenbegriff. Darmstadt 1982. (Erträge der Forschung. Bd. 178.)

Snell, Bruno: Die Entdeckung des Geistes. Studien zur Entstehung des europäischen Denkens bei den Griechen. 6., durchges. Aufl. Göttingen 1986.

Sommer, Manfred: Die Selbsterhaltung der Vernunft. Stuttgart-Bad Cannstatt 1977.

Spaemann, Robert: Glück und Wohlwollen. Versuch über Ethik. Stuttgart 1989.

– Personen. Versuche über den Unterschied zwischen »etwas« und »jemand«. Stuttgart 1996.

Spalding, Johann Joachim: Betrachtung über die Bestimmung des Menschen. Greifswald 1748.

Sturma, Dieter: Philosophie der Person. Die Selbstverhältnisse von Subjektivität und Moralität. Paderborn [u. a.] 1997.

Theunissen, Michael: Der Andere. Studien zur Sozialontologie der Gegenwart. Berlin 1965.

Thyen, Anke: Was bedeutet: Autonomie der Moral? In: Jahrbuch »Politisches Denken« 1998. Stuttgart 1998. S. 109–124.

Tugendhat, Ernst: Selbstbewußtsein und Selbstbestimmung. Frankfurt a. M. 1979.

– Probleme der Ethik. Stuttgart 1984.

– Die Hilflosigkeit der Philosophen angesichts der moralischen Schwierigkeiten von heute. In: E. T.: Philosophische Aufsätze. Frankfurt a. M. 1992. S. 371–382.

– Vorlesungen über Ethik. Frankfurt a. M. 1993.

Uexküll, Jakob von: Umwelt und Innenwelt der Tiere. 2. Aufl. Berlin 1921.

Vollmer, Gerhard: Evolutionäre Erkenntnistheorie. Angeborene Erkenntnisstrukturen im Kontext von Biologie, Psychologie, Linguistik, Philosophie und Wissenschaftstheorie. 4. Aufl. Stuttgart 1987.

Wein, Hermann: Untersuchungen über das Problembewußtsein. Berlin 1937.

Wieland, Wolfgang: Platon und die Formen des Wissens. Göttingen 1982.

Willaschek, Marcus: Praktische Vernunft. Handlungstheorie und Moralbegründung bei Kant. Stuttgart/Weimar 1992.

Williams, Bernard: Der Begriff der Moral. Eine Einführung in die Ethik. Stuttgart 1978.

– Kritik des Utilitarismus. Frankfurt a. M. 1979.

– Ethics and the Limits of Philosophy. Cambridge (Mass.) 1985.

Wilson, Edward O.: Sociobiology. The New Synthesis. Cambridge (Mass.) 1975.

– On Human Nature. Cambridge (Mass.) 1978.

Wittgenstein, Ludwig: Vortrag über Ethik. In: L. W.: Vortrag über Ethik und andere kleine Schriften. Hrsg. und übers. von J. Schulte. Frankfurt a. M. 1989.

Wolf, Ursula: Die Suche nach dem guten Leben. Platons Frühdialoge. Reinbek b. Hamburg 1996.

Wright, Georg Henrik von: Norm and Action. London 1963. – Dt.: Norm und Handlung. Übers. von G. Meggle und M. Ulkan. Königstein/Ts. 1979.

– Handlungslogik. Ein Entwurf [1967]. In: G. H. von W.: Handlung, Norm und Intention. Untersuchungen zur deontischen Logik. Hrsg. und eingel. von H. Poser. Berlin 1977. S. 83–103.

– Explanation and Understanding. Ithaca / New York 1971. – Dt.: Erklären und Verstehen. Übers. von G. Grewendorf und G. Meggle. Frankfurt a. M. 1974.

Wuketits, Franz M.: Evolution, Erkenntnis, Ethik. Folgerungen aus der modernen Biologie. Darmstadt 1984.

– Gene, Kultur und Moral. Soziobiologie – Pro und Kontra. Darmstadt 1990.

Sachregister

Zum Autor

VOLKER GERHARDT, geb. 1944, stammt aus Guben (Brandenburg), wuchs in Hagen (Westfalen) auf und studierte Philosophie, Psychologie und Rechtswissenschaft in Frankfurt und Münster. Dort auch Promotion (1974) und Habilitation (1984). Seit 1985 Professor für Philosophie in Münster; 1986 Gastprofessur an der Universität Zürich; von 1988 bis 1992 Leiter des Instituts für Philosophie an der Deutschen Sporthochschule in Köln; 1992 Ruf auf die Gründungsprofessur für Praktische Philosophie in Halle; im Oktober 1992 Annahme des Rufes auf den Lehrstuhl für Praktische Philosophie (Schwerpunkt: Rechts- und Sozialphilosophie) an der Humboldt-Universität zu Berlin. Mitglied der Berlinisch-Brandenburgischen Akademie der Wissenschaften.